DIE ANTIKEN KULTSTÄTTEN DER WELT

Von Stonehenge bis zum Ayers Rock

DIE ANTIKEN KULTSTÄTTEN DER WELT

Von Stonehenge bis zum Ayers Rock

Enzo Bernardini

VERLEGT BEI
KAISER

Enzo Bernardini
Der 1940 in San Remo geborene Autor widmete sich der historischen und naturwissenschaftlichen Archäologie und verfasste zu diesen Themen zahlreiche Bücher und Artikel, des Weiteren organisierte er nationale und internationale Fachtagungen und zeichnete für Fernsehproduktionen verantwortlich. Enzo Bernardini war 17 Jahre lang als Sekretär des Istituto Internazionale di Studi Liguri tätig und übernahm in der Folge die Leitung einer Fachabteilung des Istituto Geografico De Agostini. Insgesamt verfasste er an die dreißig Bücher, so z. B. *Arte millenaria sulle rocce alpine* (Sugar, Mailand 1975), *La preistoria in Liguria* (Sagep, Genua 1977), *Guida alle civiltà megalitiche* (Vallecchi, Florenz 1977), *Sardegna antica* (Vallecci, Florenz, 1979), *Le Alpi Marittime e le »Meraviglie« del Monte Bego* (Sagep, Genua 1979), *Lungo le strade del Sale dal mar Ligure a Ginevra* (Sagep, Genua 1981), *Liguria – itinerari archeologici* (Newton Compton, Rom 1981), *Toscana antica* (Sagep, Genua 1982), *L'Italia preistorica* (Newton Compton, Rom 1983), *La provincia di Imperia – la Riviera e il suo entroterra* (De Agostini, Novara 1985), *San Remo, storia e anima di una città* (De Agostini, Novara 1987), *Liguria* (De Agostini, Novara 1991 und 1998), *Le incisioni rupestri della Valle delle Meraviglie* (Blu edizioni, Peveragno-Turin 2001), *L'Italia delle Stazioni vol. 1 und 2* (Trenitalia-Leonardo International, Mailand 2001 und 2002), *Villaggi di pietra* (Blu edizioni, Peveragno-Turin 2002), *In viaggio con i treni d'epoca* (Trenitalia-Leonardo International, Mailand 2003), *Borghi nel verde* (Blu edizioni, Peveragno-Turin 2003). In jüngster Zeit beschäftigt sich der Autor erneut mit den großen Geheimnissen der Archäologie, insbesondere mit Felsritzungen und versunkenen Kulturen.

Chefredaktion: Valeria Camaschella
Graphische Leitung: Marco Santini
Technische Leitung: Roberto Ghidoli
Redaktionsleitung: Davide Bernardini

Die in diesem Werk veröffentlichten Bilder stammen von der DeA Picture Library

Karte: Renata Besola
Herausgegeben von Studio Booksystem, Novara
Redaktion: Michele Micheletti, Angelo Ramella

Deutsche Erstausgabe

Titel des italienischen Originals: »Il libro dei luoghi misteriosi«
Einzig berechtigte Übertragung aus dem Italienischen:
Carmen Schöninger

E-Mail: office@kaiserverlag.com
www.kaiserverlag.com

Einbandgestaltung und Satz: Context Type & Sign Pink GmbH, St. Veit/Glan
Druck und Bindearbeit: Gorenjski Tisk, Kranj-Slowenien

INHALT

HEILIGE STÄTTEN

Magische Orte

Versunkene Städte

Einführung

Während der letzten Phasen seiner Entwicklung wurde der Mensch sich mehr und mehr seiner selbst und der ihn umgebenden Welt gewahr, sodass er damit begann, nach immer exakteren Antworten auf seine Fragen und Ängste zu suchen. Mit Hilfe von Mythen vermochte er seinen tiefsten Überzeugungen ein »Gesicht« zu verleihen, doch gelang es ihm nicht, seiner Vorstellungskraft und Phantasie zu entfliehen, die sich seiner angesichts der oft schwer zu erfassenden Realität bemächtigten. In jenen Situationen, in denen weder Traum noch Phantasie oder Religion die erhofften Antworten liefern konnten, flüchtete sich der Mensch in die Arme des Ungewissen und des Geheimnisvollen und vertraute sich der Kraft geheimnisvoller Mächte an. Er bemerkte mehr und mehr, dass es in seinem Leben unvorhergesehene Ereignisse gab, die sich nicht kontrollieren ließen und für die er eine dunkle und mystische Welt verantwortlich machte, die sich inmitten des Alltäglichen verborgen hielt. Ängste konnten mit Hilfe von Riten besiegt werden, sodass diese zu einem essenziellen Bestandteil des Lebens und der Sozialstrukturen wurden. In späteren Zeiten wurde der Mensch sich jenes Erbes bewusst, das ihm seine Vorfahren hinterlassen hatten, und er begann sich zu fragen, welche Bedeutung die oft imposanten Überreste aus längst vergangenen Zeiten hatten. Er war gezwungen, seine Meinung über das bis dahin als primitiv und eingeschränkt gegoltene Wissen seiner Vorfahren zu revidieren und neu zu überdenken. Das steigende Interesse für die Vergangenheit und für die eigenen, weit zurückreichenden Wurzeln hat neuen Vorstellungswelten zur Bewältigung der gedanklichen Zeitreisen Raum gegeben und die heute noch zu bestaunenden steinernen Zeugen dieser Entwicklung sind mehr als faszinierend – man denke dabei nur an die Pyramiden von Gizeh und an Stonehenge oder an die Steinalleen von Carnac oder die Ruinenstädte von Teotihuacán und Machu Picchu. Trotz der wachsenden Zahl archäologischer Untersuchungen und Ausgrabungen blieben viele der Geheimnisse der Vergangenheit ungelöst und öffnen somit vor allem unbestätigten Theorien und Spekulationen Tür und Tor.

Zwar vermochte der Fortschritt in den Bereichen Wissenschaft und Technik mit vielen »Märchen« aufzuräumen und Erkenntnisse in den richtigen Kontext zu bringen, doch ist die Anzahl der ungelösten Geheimnisse und Rätsel auch heute noch groß. Selbst in unserer aufgeklärten Gegenwart gibt es noch Mythen, Symbole und Legenden, deren Ursprünge weit in die Vergangenheit zurückreichen. Häufig wurden diese mit tatsächlichen historischen Begebenheiten vermischt oder mit Ereignissen in Zusammenhang gebracht, für die es keine Erklärung gab – neue Legenden und Mysterien erhielten so Nahrung.

Viele der prähistorischen sakralen Bauten dienten als einfache Observatorien zur Beobachtung der wichtigsten Himmelsphänomene: Tatsächlich war das Wissen um die Bestimmung des Laufes der Sonne und des Mondes sowie um die Berechnung von Tagundnachtgleiche, Sonnenwenden und Finsternissen unter jenen Kulturen weit verbreitet und stellt mit das außergewöhnlichste kulturelle Erbe jener Zeit dar.

Dieses Werk umfasst die bedeutendsten heiligen Stätten der Welt und widmet sich ihrer Geschichte, ohne dabei Vorurteile zu hegen, aber auch ohne Phantastereien Raum zu geben, die jeglicher Grundlage entbehren. Stattdessen werden hier die zahlreichen ungelösten Geheimnisse in den Mittelpunkt gerückt, sodass es nicht notwendig ist, irgendwelche neuen »Rätsel« dazu zu erfinden oder über Tatsachen und Umstände Spekulationen anzustellen, die sich bei näherer und ernsthafter Betrachtung als durchaus erklärbar erweisen. Mittels sorgfältiger Abwägung und Beurteilung der bestehenden Erkenntnisse sowie der wahrscheinlichsten Interpretationen beschreibt dieses reich illustrierte Werk an die 40 heilige Stätten, versunkene Kulturen und vergessene Mythen. Nach geographischen Regionen eingeteilt, werden am Ende des Buches weitere 80 heilige Plätze der Erde detailliert beschrieben und vorgestellt, den Abschluss bilden ein umfassendes Glossar und ein Index.

In unserer heutigen Zeit gelten Mysterien nicht mehr als unantastbares Tabu; vielmehr ist das Unbekannte Anlass für umfassende Untersuchungen – und wer weiß, vielleicht gelingt es irgendwann erneut, eine weitere Antwort auf die vielen ungelösten Rätsel unserer aller Vergangenheit zu finden.

Enzo Bernardini

In der Karte nicht verzeichnet sind **Atlantis** (die einstige Lage des sagenumwobenen Kontinents ist nicht bekannt), **Kornkreise** (unregelmäßig auftretendes Phänomen) und **Labyrinthe** (die Anzahl ist zu groß).

Troja
Delphi
Knossos
Jerusalem
Gizeh
Petra
Berg Ararat
Babylon
Mekka
Mohenjo Daro
Potala
Angkor
Fujiyama
Ayers Rock
abwe

HEILIGE STÄTTEN

Seid gegrüßt, Ihr Herren der Wahrheit, ohne Schuld,
die Ihr bis in alle Ewigkeit leben werdet,
bis zu den Grenzen der Unendlichkeit.
(*Aus dem* Buch der Toten)

Die Reaktionen des Menschen angesichts des Unverständlichen, des Großen, aber auch des Schrecklichen fanden seit jeher Ausdruck im Glauben an das Göttliche. Die verschiedenen Religionen mit ihrer Symbolik und Spiritualität beschränkten sich jedoch nicht nur auf die unsichtbare gedankliche Welt, sondern manifestierten sich auch in der stofflichen Realität und wurden so zu fortwährenden und dauerhaften Zeugen der Traditionen der Menschheit. Viele der heiligen Orte und Stätten versetzen uns auch heute noch in großes Erstaunen, während sie gleichzeitig eine Reihe von Fragen aufwerfen, auf die wir nicht immer eine Antwort finden. Es ist nahezu unmöglich, nach dem Verstreichen Tausender von Jahren den in Steine und Felsen geritzten Botschaften eindeutige Bedeutungen zuzuordnen, und auch das Hineintauchen in die Welt längst versunkener Kulturen ist nur bedingt möglich.
Angefangen von den perfekten Pyramiden Ägyptens über die imposanten Monumente der Megalithkulturen bis hin zu den klassischen Tempeln wecken all diese Bauwerke, die gleichzeitig Wächter unvorstellbarer Geheimnisse zu sein scheinen, eine Vielzahl an Emotionen in ihren Betrachtern. Neben den Kult- und Begräbnisstätten gibt es ganze Städte, die zum Sinnbild der verbreitetsten Religionen der Menschheit geworden sind, und die großen Tempel und Kirchen vermögen auch heute noch mit ihrem Symbolismus und ihrer Anziehungskraft die Massen zu bewegen. Es erscheint unumgänglich zu sein, dass angesichts dieser Vielzahl an Vorstellungen und Glaubensrichtungen Legenden mit der Wahrheit verschmelzen und reale Kultstätten, tatsächliche historische Persönlichkeiten und mündlich überlieferte Geschichten zu einer Einheit werden.
Die lange Reise des Menschen auf der Suche nach Antworten hat glücklicherweise eine Vielzahl an Spuren hinterlassen, die heute noch in den bedeutendsten Kultstätten unserer Erde zu bestaunen sind und auf den Seiten dieses Buches festgehalten wurden.

DIE GEHEIMNISSE DER GROSSEN PYRAMIDE

Die gigantische und majestätische Cheopspyramide zeugt von der einzigartigen Baukunst der ägyptischen Dynastien und zieht seit jeher die Menschen in ihren Bann. Selbst heute noch gibt es auf viele der damit verbundenen Fragen und Rätsel noch keine eindeutigen Antworten. So gilt nach wie vor als ungeklärt, warum die Mumie des Pharaos bzw. dessen Grabbeigaben bis heute nicht gefunden werden konnten.

Die Cheopspyramide ist die größte und älteste der drei Pyramiden von Gizeh, und das einzige der Sieben Weltwunder, das heute noch zu bestaunen ist. Sie diente als Grabmal für den Pharao Khufu (sein griechischer Name lautete Cheops), den zweiten Pharao der 4. Dynastie, der von ungefähr 2613 bis 2566 v. Chr. 23 Jahre lang Ägypten regierte. Obwohl sich in dieser Region zwei weitere Pyramiden befinden, gilt die nördlich liegende Cheopspyramide angesichts ihrer Erhabenheit als einzigartig. Berechnungen ergaben, dass in ihrem Inneren der Petersdom, die Dome von Mailand und Florenz sowie die Westminster Abbey und Saint Paul's Cathedral Platz finden würden. Die Präzision, mit der die Große Pyramide errichtet wurde, ist mehr als erstaunlich und wirft bis heute eine Reihe von Fragen auf,

Elfenbeinstatue von Cheops
Laut Herodot war Cheops ein grausamer und erbarmungsloser Herrscher, die zeitgenössischen Schreiber beschrieben ihn hingegen als herausragenden Pharao.

Cheops' Sohn
Links unten ist eine Statue von Cheops' Sohn Chephren zu sehen, die 1860 im Taltempel gefunden wurde. Das Foto unten rechts zeigt die Cheopspyramide.

die trotz modernster Erkenntnisse und Methoden nicht definitiv und eindeutig beantwortet werden können. Das Bauwerk ist exakt nach den Himmelsrichtungen Nord-Süd bzw. Ost-West ausgerichtet und besteht aus über zwei Millionen Steinblöcken, von denen jeder einzelne durchschnittlich zweieinhalb Tonnen wiegt. Ungefähr 15 km von Kairo entfernt befinden sich südwestlich von der Cheopspyramide auf demselben Plateau zwei weitere, kleinere Pyramiden, die als Chephren- bzw. Mykerinospyramide bekannt sind. Sowohl Chephren (der Sohn Cheops') als auch Mykerinos (der Sohn Chephrens) waren Pharaonen der 4. Dynastie. Die Chephrenpyramide ist 143,5 m hoch und an der Spitze ist noch die ursprüngliche Kalksteinverkleidung vorhanden. Im Inneren der 65,5 m hohen Mykerinospyramide wurde ein aus Basalt gefertigter Steinsarkophag gefunden, der jedoch nunmehr auf dem Meeresgrund liegt, da das Schiff, das den Sarg nach England hätte transportieren sollen, nach einem heftigen Sturm mitsamt seiner kostbaren Ladung in den Fluten versank. Alle drei Pyramiden waren durch Aufwege mit den so genannten Taltempeln verbunden, in denen unter den wachsamen Augen der lebensgroßen Statuen die Rituale zu Ehren der Pharaonen stattgefunden hatten. Neben dem Taltempel der Chephrenpyramide befindet sich die berühmte und geheimnisvolle Statue der Sphinx, einem Mischwesen mit dem Körper eines Löwen und dem Kopf eines Menschen. In keiner der drei Pyramiden wurden Überreste der jeweiligen Pharaonen gefunden und es gilt bis heute als ungeklärt, ob die Mumien bei eventuellen Plünderungen zerstört oder ob sie möglicherweise hier gar nicht bestattet wurden.

Pyramiden und Skulpturen
Man geht davon aus, dass das Gesicht der Sphinx jenem des Pharaos Chephren nachempfunden ist. Das untere Bild zeigt die berühmte »Mykerinos-Triade«, eine Skulptur, die im Taltempel der Mykerinospyramide (links unten) gefunden wurde.

Der Bau der Großen Pyramide

Über das tatsächliche Alter der Cheopspyramide ist man sich auch heute noch nicht einig: Gemäß den neuesten Erkenntnissen gelten die drei ziemlich nahe beieinander liegenden Datierungen 2605 bis 2580 v. Chr., 2589 bis 2566 v. Chr. sowie 2550 bis 2528 v. Chr. als am wahrscheinlichsten. Die Errichtung des Bauwerks dauerte an die 20 Jahre, wobei für die Durchführung eine außerordentlich hohe, wenngleich nicht näher bestimmte Anzahl an Arbeitern notwendig war. Die kürzlich erfolgte Entdeckung einer ungefähr 500 m südöstlich der Pyramiden liegenden Arbeitersiedlung mit Nekropole lassen jedoch den Schluss zu, dass hier zwischen 20.000 und 30.000 Menschen untergebracht waren. Die Arbeiter, die alle drei Monate ausgetauscht wurden, wurden hier versorgt und erhielten sogar einen Lohn für ihre Arbeit, wodurch bewiesen ist, dass es sich hier also nicht wie bislang angenommen um Sklaven handelte. Während die durchschnittliche Lebensdauer eines Arbeiters 35 Jahre betrug, belief sich jene der hier tätigen Angestellten und Beamten auf ungefähr 60 Jahre. Angesichts dieser Erkenntnisse erscheint es plausibel, dass insgesamt 200.000 Mann an der Errichtung der Großen Pyramide beteiligt waren. Alle drei Monate wurden die jeweils tätigen 2500 Mann ausgetauscht (das sind 10.000 Arbeiter im Jahr), sodass eine Bauzeit von 20 Jahren als durchaus wahrscheinlich gilt. Dazu müssen jedoch auch noch die in den Steinbrüchen tätigen Arbeiter gerechnet werden, deren Aufgabe es war, die für den Bau benötigten Steinblöcke herauszuschlagen und zur Pyramide zu transportieren. Die Kalksteine für die Verkleidung stammten aus den Steinbrüchen von Tura (13 km entfernt); die Granitsteine für die Königskammer wurden aus Assuan (965 km entfernt) herbeigeschafft. Der griechische Geschichtsschreiber Herodot, der die Pyramiden im 5. Jahrhundert v. Chr. besuchte, ging davon aus, dass die Vorbereitung der Steinbrüche 10 Jahre und die Errichtung der Pyramide selbst 20 Jahre in Anspruch genommen hatte. Wie war es jedoch möglich, mit den damaligen Mitteln ein derart gigantisches Bauwerk zu errichten? Zur Beantwortung dieser Frage gelten die folgenden zwei Theorien als am wahrscheinlichsten: Zum einen die Errichtung einer spiral-

Ägyptens unermüdliche Arbeiter
Die eindrucksvolle Cheopspyramide hebt sich deutlich von den Grabstätten der anderen Herrscher der 4. Dynastie ab. Für die Errichtung wurde eine ganze Arbeitersiedlung angelegt, die die schier unerschöpflich erscheinende Anzahl an Arbeitern beherbergte. Das kleine Bild zeigt geschliffene Werkzeuge, die in der hier befindlichen Nekropole gefunden wurden.

DIE DATEN DER CHEOPSPYRAMIDE

Grundfläche	5,2 ha
Seitenlänge (pro Seite)	230 m
Ursprüngliche Höhe	146,5 m
Aktuelle Höhe	144 m
Neigungswinkel	51°
Verbaute Steinblöcke	2.500.000
Durchschnittsgewicht der Steinblöcke	2,5 t
Maximalgewicht einiger Steinblöcke	15 t
Heutige Anzahl der Stufen	201
Ursprüngliche Anzahl der Stufen	215–220
Abweichung der Verlegung	2,5 cm
Quader für die Verkleidung (nicht mehr vorhanden)	115.000
Höhe der Quader für die Verkleidung	0,75–1,50 m

Dienst an der Wissenschaft oder Sakrileg?
Das Innere der Großen Pyramide. Das Geheimnis, das diese einzigartigen und gewaltigen Bauwerke umgibt, fasziniert selbst nach Tausenden von Jahren noch immer die Menschheit. Das untere Bild zeigt die Nekropole, in der die Arbeiter bestattet wurden.

förmig um die Pyramide führenden Rampe, zum anderen die als weniger wahrscheinlich geltende Errichtung einer einzigen, sehr langen und mit der Pyramide in die Höhe wachsenden Rampe. Tatsächlich bietet die Variante der spiralförmigen Rampe eindeutige Vorteile: So wäre für deren Errichtung weniger Material notwendig gewesen und die für die Verkleidung notwendigen Kalkquader konnten einfach über diesen mitwachsenden Anbau bis zur Spitze transportiert werden. Da die Verkleidung der Pyramide von der Spitze ausgehend nach unten erfolgte, konnte auf diese Weise auch die Rampe mit Fortschreiten der Arbeit wieder Stück für Stück abgetragen werden. Der Transport der Steinblöcke erfolgte mit Hilfe von Lastkähnen, die auf hölzernen Kufen oder Walzen übers Land gezogen wurden (in der Nekropole wurde das Grab eines Vorstehers gefunden, dessen Mannschaft für die Walzen zuständig gewesen war). Ab dem Mittelalter wurden die aus Tura stammenden Kalkquadern jedoch wieder abgetragen und als Baumaterial für die Errichtung der Häuser im nahe liegenden Kairo verwendet. Die Frage nach der präzisen Ausrichtung der Pyramide nach den vier Himmelsrichtungen (mit einer Abweichung von weniger als einem Zehntel Grad!) und die möglichen Gründe dafür ist nach wie vor Gegenstand heftiger Debatten. Auch die Anordnung der Kammern und Schächte im Innern der Cheopspyramide, die nicht nur vom herausragenden baulichen und logistischen Wissen, sondern auch von den umfassenden astronomischen Kenntnissen der Ägypter zeugt, versetzt die Fachwelt selbst nach 4600 Jahren noch in Erstaunen.

Im Pyramideninneren

Im Jahr 820 unserer Zeitrechnung entdeckte Abdullah al Mamun, der Kalif von Bagdad, auf der nördlichen Seite der Cheopspyramide einen Eingang, durch den auch heute noch die Touristenscharen das Innere dieses majestätischen Bauwerks betreten. Nach einem kurzen Wegstück teilt sich der enge, aufwärtsführende Gang in einen oberen und einen unteren Abschnitt: Der untere Korridor verläuft bis unter die Erdoberfläche und endet in einer unvollendeten Grabkammer, der obere Gang führt zu einer weiteren Gabelung. Von hier aus gelangt man entweder über einen eben angelegten Korridor in die Königinnenkammer oder über den aufwärtsführenden Gang in die steil ansteigende Große Galerie, die angesichts ihrer gewaltigen Maße mit einer Länge von 47,4 m und einer Höhe von 8,5 m zu Recht als solche bezeichnet wird. Im Anschluss an die Große Galerie liegt die Königskammer, deren Decke zum Ausgleich des Drucks durch fünf aus Granit gefertigte Entlastungskammern gestützt wird.

Die Männer des Kalifen fanden hier einen leeren Sarkophag, der jedoch keinerlei offensichtliche Spuren vorangegangener Plünderungen aufwies – vorhandene Meißelspuren könnten jedoch das Gegenteil beweisen. Was war nun aber der Grund dafür, dass die Pyramiden von Gizeh nicht als Begräbnisstätten genutzt wurden? Die Antwort auf diese Frage könnte in der genaueren Betrachtung der in der Pyramide verlaufenden Gänge liegen, die ursprünglich für Luftschächte gehalten wurden. Von der Königskammer aus verlaufen zwei Schächte mit quadratischem Querschnitt (ca. 30 cm), die jeweils auf der Nord- bzw. der Südseite der Pyramide bis nach außen dringen. Während der erste dieser Schächte mit einer Neigung von 30° auf den Stern Alpha Draconis und somit auf den nördlichen Himmelspol ausgerichtet war, wurde der zweite Schacht mit einem steileren Winkel von 45° angelegt und weist in Richtung dreier Sterne des Sternbilds Orion. Heute geht man davon aus, dass über diese Schächte das Ka des verstorbenen Pharaos, also dessen Seele, von der Königskammer aus den Weg in die Himmelsgefilde finden sollte, um hier seinen angemessenen Platz unter den Göttern einzunehmen. Interessant erweist sich in diesem Zusammenhang auch die Tatsache, dass die für die Cheopspyramide stehenden Hieroglyphen diese als »Pyramide des Sonnenauf- und -untergangs« bezeichnen. Von der Königinnenkammer aus zweigen drei ähnlich große Schächte ab, dringen jedoch scheinbar nicht bis nach außen: Die ersten beiden verlaufen in nördlicher Richtung, wobei der erste bereits im Jahr 1872 von dem Engländer Dickinson entdeckt wurde, während der zweite erst im September 2002 gefunden wurde und erst noch näher untersucht werden muss. Der dritte, nach Süden führende Schacht wurde 1993 von dem Deutschen Guttenberg entdeckt, doch nach 65 m (16 m von der Außenmauer entfernt) versperrte ein aus Kalkstein gefertigter und mit zwei kupfernen Handgriffen versehener Verschlussstein den Weg. Am 16. September 2002 fand hier ein spektakulärer Versuch statt, der von der National Geographic Society finanziert und im Fernsehen übertragen wurde: Mit Hilfe eines kleinen Roboters, dem Pyramid Rover, wurde ein kleines Loch in den Verschlussstein gebohrt, um mittels einer Miniaturkamera einen Blick auf die dahinter verborgenen Geheimnisse werfen zu können. Doch die Hoffnung, hier auf die Schatzkammer zu stoßen, wurden nicht erfüllt, da sich hinter dieser steinernen Blockade nur ein weiterer, mit einigen Zeichen versehener Verschlussstein verbarg. Momentan arbeiten die Forscher daran, auch dieses zweite Hindernis überwinden zu können. In der Zwischenzeit werden die kupfernen Griffe genauen Untersuchungen und Analysen unterzogen, da man hofft, auf diese Weise eine genaue Datierung hinsichtlich der Errichtung und des Alters der Cheopspyramide zu erhalten.

Die Reise ins Jenseits

Im Jahr 1954 machte man südlich von der Cheopspyramide eine sensationelle Entdeckung: In einer von 40 Steinblöcken (allesamt aus Kalkstein gearbeitet) geschützten Grube fand man ein großes Schiff mit Rudern, das zur Gänze aus libyschem Zedernholz gefertigt war. Zerlegt in insgesamt 1274 Einzelteile, die wiederum in 13 Schichten übereinander gelagert wurden, überstand das Schiff in seinem Versteck nahezu unbeschadet die vielen seither vergangenen Jahre. In mühevoller Kleinarbeit wurde das Boot rekonstruiert und ist heute in einem eigens dafür errichteten Museum in der Nähe der Cheopspyramide zu bestaunen. Das 43,3 m lange und in der Mitte 5,9 m breite Schiff mit einer Tonnage von 40 Tonnen war möglicherweise einzig und allein zum Transport des einbalsamierten Leichnams des Pharaos erbaut worden, als wahrscheinlicher gilt jedoch die Theorie, dass dieses Schiff als »Sonnenbarke« konstruiert wurde, die dem Ka, also der Seele Cheops', eine angenehme Reise in die Himmelsgefilde ermöglichen sollte. Nicht zu vergessen ist in diesem Zusammenhang, dass der nach Süden gehende Schacht der Königskammer tatsächlich auf das Sternbild Orion ausgerichtet ist. Auch in den Pyramidentexten des Pharao Unas scheint diese Theorie eine Bestätigung zu finden: Eine Inschrift in der Grabkammer des Pharaos erzählt vom Sonnengott Ra, der Unas mit an Bord seiner Sonnenbarke nimmt und sich mit ihm gemeinsam zu den Himmelsgefilden aufmacht.
Östlich der Pyramide wurden drei weitere Gruben gefunden, die jedoch keinerlei Schiffe oder Teile davon enthielten. Eine in der Zwischenzeit entdeckte fünfte Grube muss noch genau untersucht werden, doch ist es gut möglich, dass diese eine zweite Sonnenbarke enthält. Tatsächlich gab es in der Zeit der 4. Dynastie zwei Arten von Schiffen, nämlich Ruder- und Segelboote, und so erscheint es durchaus als wahrscheinlich, dass hier eine Sonnenbarke mit Segeln versteckt wurde.
Die Tatsache, dass drei der Gruben leer waren, bedeutet nicht unbedingt, dass hier bereits Plünderungen stattgefunden haben. Um zu vermeiden, dass Tempel, Gräber oder andere heilige Stätten von Dieben heimgesucht wurden, mussten sich die Ägypter umsichtiger Täuschungsmanöver bedienen. Die Frage, warum keine der drei Pyramiden von Gizeh (ebenso wie auch der Großteil der anderen 80, am linken Nilufer zwischen Abu Roash und Maydum gelegenen Pyramiden) sterbliche Überreste von Pharaonen enthielt, bleibt jedoch weiterhin ungeklärt. Die Steinblöcke, die die Kammer mit der entdeckten Sonnenbarke geschützt hatten, tragen die Inschrift Chephrens, des Sohnes und Nachfolgers Cheops'. Dies weist darauf hin, dass Chephren die Bestattung seines Vaters veranlasst hatte und die Barke nach dessen Tod als Grabbeigabe in der Grube versenken ließ. Der Verbleib der übrigen Grabbeigaben ist nach wie vor ungewiss – die Frage, ob sie geraubt wurden oder noch immer irgendwo ihrer Entdeckung harren, bleibt ungeklärt.

Die Sonne und der Falke
Der Sonnengott Ra wird zumeist mit dem Gesicht eines Falken dargestellt, auf seinem Kopf thront eine Sonnenscheibe.

Eine Reise in die Ewigkeit
Die Sonnenbarke Cheops' wurde im Jahr 1954 entdeckt. Das in 1274 Einzelteile zerlegte Schiff wurde in mühevoller Kleinarbeit rekonstruiert.

DAS GRAB DES TUTANCHAMUN

Da in den Pyramiden keinerlei Überreste oder Kammern mit Grabbeigaben gefunden wurden, gilt der Fund des Grabes des Tutanchamun als die bedeutendste Entdeckung aus der Zeit des alten Ägyptens (1320 bzw. 1360 v. Chr.), zumal es als einziges von Grabräubern verschont geblieben war. Die Nachricht von seiner Entdeckung ging 1922 um die Welt: Nach 15 Jahren intensiver Suche im Tal der Könige entdeckte der von Lord Carnarvon finanziell unterstützte britische Ägyptologe Howard Carter das nahezu unversehrte Grab, das im Zuge der Errichtung eines neuen, für den Pharao Ramses VI. bestimmten Grabes unter antiken Arbeiterhütten verschüttet worden war. Es dauerte mehr als zehn Jahre, um die 2250 sichergestellten Objekte aus dem Bestand der Grabbeigaben des Pharaos zu untersuchen, einzuordnen und zu analysieren. Tutanchamun starb bereits im Alter von 18 Jahren und seine Mumie wurde im Innersten einer Reihe von ineinander gestapelten Sarkophagen beigesetzt. Der äußerste Sarkophag hatte eine rechteckige Form und bestand aus Quarzit, die folgenden zwei waren aus vergoldetem Holz gearbeitet und hatten die Form einer Mumie. Der innerste Sarkophag bestand aus purem Gold und enthielt eine Totenmaske, deren Antlitz aus Keramik, Gold und Lapislazuli gefertigt war. Im Grab befanden sich verschiedenste Grabbeigaben, die dem jungen Pharao die Wiedergeburt ermöglichen sowie eine Reise im Totenreich mit allen Annehmlichkeiten gewährleisten sollten. Neben der historischen Bedeutung dieses Fundes, der über 33 Jahrhunderte im Sand verborgen geblieben war, machte auch die Geschichte eines unheilvollen Fluches, der auf dem Grab lasten sollte, in den Zeitungen aller Welt Schlagzeilen. Ausschlaggebend dafür war die Veröffentlichung einer Inschrift (die es wie sich später herausstellte in Wahrheit gar nicht gegeben hatte), die besagte, dass jeder, der es wagen sollte, Hand an das Grab zu legen, eines gewaltsamen Todes sterben würde. Das plötzliche Dahinscheiden Lord Carnarvons im Jahr 1923 nach einem Mückenstich gab diesen Gerüchten ebenso neue Nahrung wie der unerwartete Tod des Stiefbruders Carnarvons oder der Sturz des französischen Ägyptologen Georges Bénédicte im Grab des Pharaos, bei dem er zu Tode kam. Tatsächlich starben von den insgesamt 22 Personen, die bei der Graböffnung zugegen waren, nur zwei eines sozusagen »natürlichen« Todes. Selbst heute noch hält sich die Geschichte, dass die todbringende Mücke Lord Carnarvon genau an jener Stelle in die Wange gestochen hatte, an der die Mumie Tutanchamuns eine Narbe aufweist. Schließlich tauchten sogar Zweifel darüber auf, ob die im Grab gefundene Mumie tatsächlich die sterblichen Überreste Tutanchamuns enthielt bzw. ob es sich hier wirklich um das Grab dieses Pharaos handelte, da die Sarkophage keinerlei Inschriften aufwiesen, die dies bestätigen konnten. Auf der ersten der das Grab verschließenden Türen hatte Howard Carter jedoch die Inschrift »Nebkheprure« gefunden, jenen Namen, mit dem Tutanchamun den Thron bestiegen hatte.

Die Totenmaske
Die Totenmaske, die das Gesicht des Pharaos bedeckte, war aus zwei gehämmerten Goldblechen mit einer beträchtlichen Dicke gefertigt worden. Das Gewicht der Maske beläuft sich auf ca. 10 kg.

Ein Grab voller kostbarer Schätze
Das Bild rechts zeigt die auf eine goldene Unterlage gebettete Mumie – eine Rekonstruktion des Grabes, wie Howard Carter es vorgefunden hatte; ebenso der Dolch und das Pektoral mit dem heiligen Skarabäus neben vielen anderen, unvorstellbar kostbaren Beigaben.

Geheimnisse und Rätsel

Eine Vielzahl von Forschern, die sich mit den Geheimnissen der Großen Pyramide beschäftigen, lehnen die Theorien der offiziell anerkannten Ägyptologie ab und wenden sich stattdessen eigenen Hypothesen zu, die zwar in der Fachwelt keinerlei Anerkennung finden, sich jedoch als besonders interessant für das breite Publikum erweisen. Auch andere wissenschaftliche Zweige beeinflussen das Entstehen neuer Thesen, die immer wieder Anlass zu heftigen Debatten geben. So hat z.B. eine von der Society for Physical Research von Toronto durchgeführte Analyse ergeben, dass die Granitsteine in der Königskammer Gammastrahlung emittieren, die möglicherweise psychische und vielleicht sogar therapeutische Auswirkungen auf den Menschen haben könnten.
Der französische Forscher Antoine Bovis hat erkannt, das sich die Körper der in der Königskammer liegenden toten Insekten nicht zersetzten. Dabei ist noch nicht klar, ob dieses Phänomen durch das hier herrschende trockene Mikroklima ausgelöst wird oder ob dafür möglicherweise die durch die Pyramidenform hervorgerufene hohe Energiekonzentration verantwortlich zeichnet. Im Hinblick auf die letztgenannte These gilt es jedoch zu bedenken, dass diese Energie von den unzähligen Touristen, die täglich die Pyramide besuchen, restlos zerstreut und aufgezehrt wird.
Eine Reihe von Wissenschaftlern geht davon aus, dass die Pyramiden als astronomische Observatorien errichtet wurden, andere wiederum beschäftigen sich ausgiebig mit komplizierten mathematischen Berechnungen, um die in der Geometrie der Monumente verborgenen Geheimnisse aufzuspüren. Insbesondere sticht hier die akkurate Anwendung der Kreiszahl Pi ins Auge, die den Ägyptern damals entweder bereits bekannt gewesen sein muss oder zufällig in diesem Ausmaß hier auftaucht.
Die mögliche Verbindung der Cheops- oder auch der anderen Pyramiden mit den Sternkonstellationen und der Astronomie im Allgemeinen war Gegenstand einer Vielzahl wissenschaftlicher Studien, die zum Teil erstaunliche Ergebnisse brachten. Der gesamte Komplex der Pyramiden von Gizeh könnte demnach eine Rekonstruktion des Sternbilds Orion sein, mit der Cheopspyramide als Gürtel, ausgerichtet in südlicher Richtung zum Stern Teta Orionis. Die Projektion der Schatten der Cheopspyramide gibt zudem angeblich Aufschluss über den Zeitpunkt der Sonnenwenden bzw. der Tagundnachtgleichen, während die Abmessungen jener Pyramiden, deren Namen sich auf die Sterne beziehen (z. B. die Pyramide von Abu Rawash, der Stern »Sehedu« – also Orion), der Größe derselben am Firmament entsprechen sollen. Auch die Pyramiden von Dahschur bei Sakkara scheinen nach einem Sternbild ausgerichtet zu sein, nämlich jenem der Hyaden. Waren die Pyramiden somit tatsächlich nicht mehr als die religiös und astronomisch motivierte Abbildung des nächtlichen Sternenhimmels? Ganz gewiss fehlte es den alten Ägyptern nicht am nötigen Wissen zur Erstellung komplexer astronomischer Berechnungen, zumal ihnen die vier Grundrechnungsarten sowie die Grundlagen der Geometrie vertraut waren. Sie waren dazu in der Lage, einfache Gleichungen zu lösen, sie bedienten sich eines Dezimalsystems mit Kardinal- und Ordnungszahlen und sie konnten problemlos Oberflächen, Volumen, Winkel und Seiten von Dreiecken berechnen. Ohne diese profunden

Geheimnisvolle Hieroglyphen
Diese Inschrift enthält den Namen eines Verstorbenen. Die Bedeutung der ägyptischen Hieroglyphen blieb lange Zeit ungeklärt. Erst die Entdeckung des dreisprachigen Steins von Rosette ermöglichte die Entzifferung dieser faszinierenden Bilderschrift.

Kenntnisse wäre der Bau der Pyramiden und anderer großartiger Monumente nicht möglich gewesen.
Gegenwärtig wird in Fachkreisen auch wieder heftig über die Datierung der Pyramiden debattiert. Einige Wissenschaftler haben die Konstellationen der Sterne und Planeten während der letzten Jahrtausende rekonstruiert und kamen so zu dem Schluss, dass die Ausrichtung der Pyramiden einer Konstellation folgte, die nicht vor 4600 Jahren, sondern vielmehr vor 10.000 Jahren am Himmel stand. Es versteht sich von selbst, dass diese Datierung die Vertreter der offiziell anerkannten Ägyptologie mehr als aufgebracht hat. Wenn man nun bedenkt, dass zu den bisher genannten Theorien auch noch jene hinzukommen, die das Volk der alten Ägypter als Erben der Bewohner des sagenumwobenen Atlantis betrachten oder es sogar als »von Außerirdischen gelenkt« bezeichnen (eine Theorie, die nicht einmal von den tolerantesten Ägyptologen unterstützt wird), wird das hohe Maß an Widersprüchlichkeiten und gegensätzlichen Meinungen mehr als deutlich. Angesichts der majestätischen Größe und der faszinierenden Erhabenheit der Pyramiden ist es jedoch nur allzu verständlich, dass die Vorstellungskraft der Menschen keine Grenzen mehr kennt und sich die Bewunderung für die Erbauer dieser einzigartigen Monumente sich ins Unermessliche steigert. Die Flut der unzähligen Bücher, die bis heute über dieses Thema verfasst worden sind, beweist dies deutlich. Plinius der Ältere, der im 1. Jahrhundert n. Chr. die Pyramiden besuchte, zeigte sich jedoch wenig beeindruckt von der Größe dieser Bauwerke, die er als »nutzlose und unsinnige Zurschaustellung« des unermesslichen Reichtums der Pharaonen bezeichnete.

Die Chephrenpyramide
Auf der Spitze der Chephrenpyramide, die nicht lange nach der Cheopspyramide errichtet worden war, ist bis heute die Originalverkleidung aus Kalksteinen erhalten geblieben.

Stonehenge, Tempel der Blausteine

Stonehenge ist das bedeutendste und faszinierendste Megalithmonument Großbritanniens, doch zu welchem Zweck war es vor Tausenden von Jahren von seinen geheimnisvollen Erbauern errichtet worden? Diente es als heilige Begräbnisstätte oder als einfacher Sonnentempel? Oder handelte es sich hierbei gar um ein komplexes und ausgefeiltes Observatorium? Wie waren die Steine aufgestellt worden und woher kamen diese gewaltigen Felsblöcke?

Erstmals schriftlich erwähnt wurde Stonehenge vermutlich in einem Text der *Historischen Bibliothek*, die vom griechischen Historiker Diodor vor ungefähr 2000 Jahren verfasst worden war. Im 1. Jahrhundert v. Chr. beschrieb er darin ein »Land der Kelten«, eine Insel im Ozean von derselben Größe wie Sizilien. Die Bewohner dieser im Norden liegenden Insel bezeichnete er als »Hyperboreer« und er beschrieb eine heilige, dem Gott Apollo geweihte Stätte von kreisrunder Form, die von Opfergaben reich geschmückt war. Gemäß Diodors Ausführungen diente diese Stätte als Tempel für heilige Zeremonien, abgehalten von den Bewohnern, begleitet von Gesängen und dem Spiel von Instrumenten ...

Im 12. Jahrhundert verfasste Geoffrey of Monmouth eine Geschichte der Könige Britanniens, in der auch der Zauberer und Prophet Merlin vorkam. Gemäß der Sage waren es seine Zauberkräfte, mit deren Hilfe die gigantischen und mit magischen Kräften erfüllten Steinblöcke von Irland nach England gelangten. Später ging man davon aus, dass Stonehenge von den Kelten oder den Römern errichtet worden war. Bereits zu Beginn des vergangenen Jahrhundert erkannte man die ersten Zusammenhänge der Steinformation mit den Himmelskonstellationen, doch erst im Jahr 1950 wurde das tatsächliche Alter des Megalithmonuments sowie seine Bedeutung als Sonnentempel deutlich. Im Jahr 1965 brachte der amerikanische Astronom Gerald Hawkins eine Studie mit dem Titel *Stonehenge Decoded* heraus, die detailliert auf die astronomische Bedeutung Stonehenges eingeht.

Älter als die Kelten
Dieses keltische Fundstück stammt aus der Eisenzeit. Lange Zeit galten die Kelten als Erbauer von Stonehenge, tatsächlich war dieser Steinkreis bereits über 1500 Jahre zuvor errichtet worden.

Die Magie der Steine
Stonehenge gilt als eine der faszinierendsten und geheimnisvollsten Stätten der Erde. Angesichts der machtvollen Steinblöcke fällt es nicht schwer, sich Priester aus längs vergangenen Zeiten bei ihren Zeremonien vorzustellen.

Die Entstehungsgeschichte von Stonehenge

Im Süden Englands, mitten in der Ebene von Salisbury (Wiltshire), liegt ein Gebiet, eingebettet zwischen den Hügeln (*Downs*), der Ebene und der Küste. Hierher kamen vom europäischen Kontinent während des Neolithikums Gruppen von Siedlern in mehreren Etappen, die Landwirtschaft und Viehzucht betrieben. Auf den Hügeln errichteten sie Dörfer aus Holzhütten, die von kreisförmigen Gräben umgeben waren, sowie strikt gerade verlaufende Straßen. Die Stammesführer wurden in eindrucksvollen lang gestreckten Hügelgräbern (*Long Barrows*) bestattet, während die sterblichen Überreste der einfachen Dorfbewohner dem Feuer übergeben wurden. Die Asche dieser Feuerbestattungen wurde in Löchern vergraben, die in kreisförmigen, um das Dorf herumlaufenden Gräben und Erdwällen (*Henges*) angelegt wurden. Die Begräbniszeremonien erfolgten im Inneren der *Henges* oder als lange Prozessionen über die eindrucksvollen Straßen (*Cursus*). Die Vertreter dieser »Windmill-Hill-Kultur«, benannt nach ihrer größten Siedlung (ca. 4000 v. Chr.), gelten als Träger der megalithischen Religion mit ihren großen Steingräbern. Dieser Kultur folgte die Glockenbecherkultur, die sich vor allem dem Abbau und der Verarbeitung von Metallen widmete. Der Name geht auf die charakteristischen Tonbecher in Glockenform zurück, die für die Darbringung von rituellen Trankopfern – zumeist Bier – verwendet wurden.

Merlin, der Zauberer
Eine Legende erzählt davon, dass die Steine für Stonehenge durch die magischen Kräfte von Merlin, dem Zauberer, an ihren Bestimmungsort gelangten. Hier sollte dann die »Sternwarte der sieben Pforten und der sieben Fenster« entstehen.

Ungefähr ab dem Jahr 2200 v. Chr. besiedelten die kriegerischen Stammesführer von Wessex dieses Gebiet, eine Kultur, die sich durch eine straffe militärische Organisation sowie durch weitreichende Handelsbeziehungen mit Europa und dem Mittelmeerraum sowohl über den Land- als auch über den Seeweg auszeichnete. Der hohe Entwicklungsgrad dieser Kultur aus der Bronzezeit zeigt sich u. a. auch in der Umgestaltung von Stonehenge, wo aus gewaltigen Monolithen ein neuer Kreis errichtet und eine Reihe von Trilithen aufgestellt wurde. Die Errichtung dieser neuen Steinsetzung zeugt nicht nur von den umfassenden baulichen Fähigkeiten dieser Kultur, sondern auch von den geradezu erstaunlichen astronomischen Kenntnissen, auf denen die Anordnung der Steine beruhte.

Die Hügelgräber
Dieses für England typische Hügelgrab stammt aus der Zeit der Glockenbecherkultur, deren Namen von den hier gefundenen charakteristischen Grabbeigaben herrührt.

Die erste Phase: Stonehenge I

Wie schon erwähnt, war es die Windmill-Hill-Kultur, die während des Neolithikums die erste Anlage von Stonehenge errichtete. Mit der Hilfe von aus Hirschgeweihen gefertigten Grabungswerkzeugen sowie mit geschliffenen Steinäxten erbauten die Vertreter dieser Kultur einen *Henge*, eine kreisförmige Anlage mit einem Durchmesser von 97,5 m. Umgeben war diese Anlage von einem beinahe 2,5 m breiten und 1,5 m tiefen Graben. Am Rand des *Henge* wurden 56 Löcher angelegt, die nach ihrem Entdecker, dem Altertumsforscher John Aubrey, benannt sind. Einige dieser »Aubrey-Löcher« enthielten – ebenso wie der Graben – Überreste von Feuerbestattungen, die eine genaue Datierung der Anlage ermöglichten. Am Eingang dieser kreisförmigen Anlage befanden sich zwei große Monolithen; außerhalb des Kreises wurde ein gewaltiger, über 5 m hoher Sandstein aufgestellt, der so genannte *Heel Stone* oder *Fersenstein*. Am inneren Rand wurden gegen Ende des Neolithikums vier weitere Monolithen, die so genannten *Station Stones* oder *Stationssteine*, errichtet, von denen jeweils zwei von Gräben umgeben sind und zwei auf kleinen Hügeln stehen. Die Achsen dieser vier Monolithen kreuzen sich im Zentrum des *Henge* und bilden so zwei gleichschenkelige spitze Dreiecke mit 45°-Winkeln. Diese als *Sarsen* bezeichnete Sandsteinblöcke stammen aus den Marlborough Downs, einer hügeligen Gegend mit einem Steinbruch, rund 32 km von Stonehenge entfernt.

Der *Fersenstein* ist genau auf die Position des Sonnenaufgangs am Tag der Sommersonnenwende (21. Juni) ausgerichtet. Dreht man sich hier um 90°, blickt man hingegen in der Verlängerung genau auf den Sonnenaufgang am Tag der Wintersonnenwende. Die Bedeutung der vier *Stationssteine* scheint hingegen komplexerer Natur zu sein und ist somit auch heftig umstritten: Während einige Forscher davon ausgehen, dass sie zur Bestimmung des Sonnenaufgangs am Tag der Sommersonnenwende sowie der Tagundnachtgleiche dienten, vertreten andere die Meinung, dass mit Hilfe dieser vier Monolithen die Position des Mondaufganges am Tag der Sommersonnenwende sowie der höchste Punkt beim Aufgang im Süden bzw. der tiefste Punkt beim Untergang im Norden bestimmt werden konnten. Interessant ist in diesem Zusammenhang die Tatsache, dass nach der Umgestaltung der Anlage während der dritten Phase keiner der vier *Stationssteine* mehr vom Zentrum aus zu sehen und auch die Sicht auf den jeweils gegenüberliegenden versperrt war. Dieses Faktum brachte einige Wissenschaftler zu der Ansicht, dass die *Stationssteine*

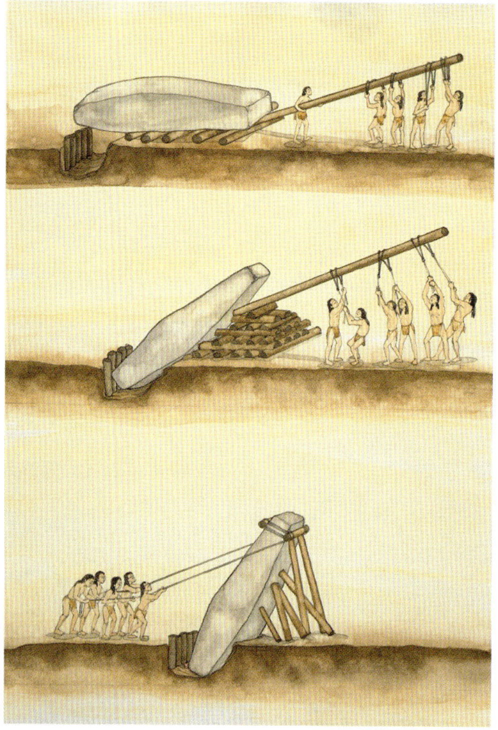

Gegen die Schwerkraft
Um die gewaltigen Steinblöcke aufzurichten, könnten die Urheber der imposanten Steinkreise eine ähnliche Technik wie hier dargestellt angewandt haben. Dank dieser außergewöhnlichen Fertigkeiten überdauerten die steinernen Monumente viele Jahrtausende.

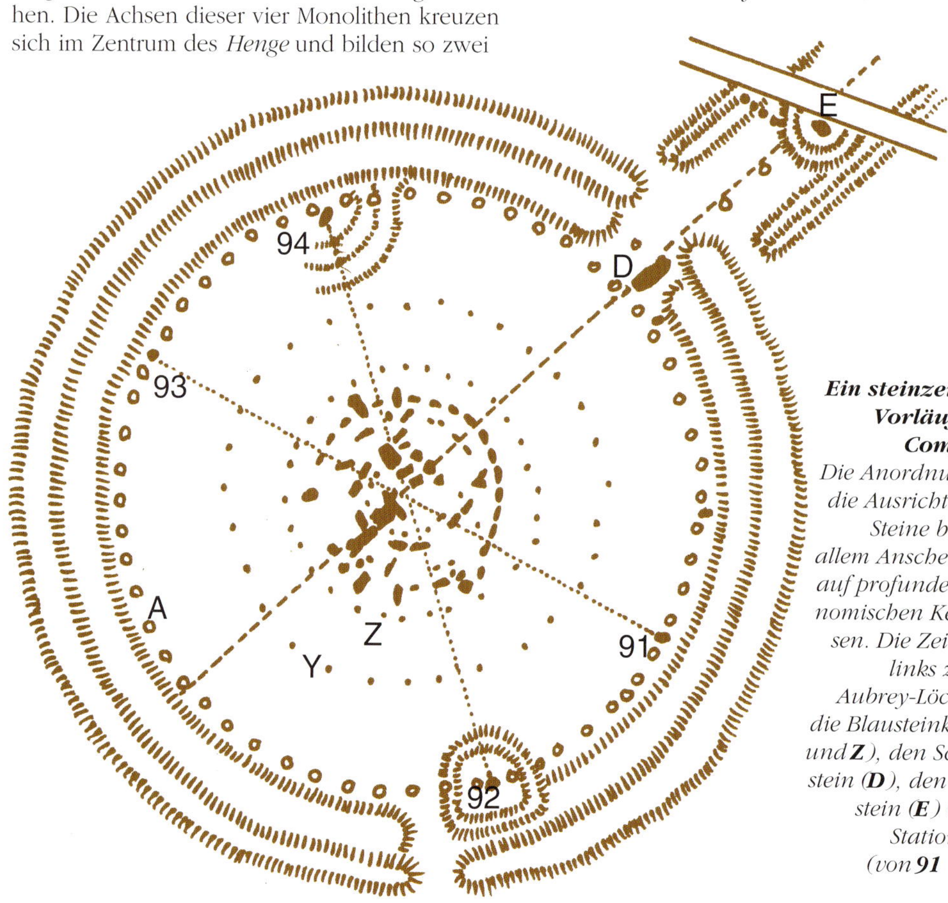

Ein steinzeitlicher Vorläufer des Computers
*Die Anordnung und die Ausrichtung der Steine basierten allem Anschein nach auf profunden astronomischen Kenntnissen. Die Zeichnung links zeigt die Aubrey-Löcher (**A**), die Blausteinkreise (**Y** und **Z**), den Schlachtstein (**D**), den Fersenstein (**E**) und die Stationssteine (von **91** bis **94**).*

erst in einer späteren Bauphase aufgestellt wurden.
Die in Stonehenge stattgefundenen Begräbnisriten sowie eine Reihe steinerner Symbole, die eindeutig der Beobachtung der Sonnen- und vielleicht auch der Mondlaufbahn während der Jahreszeiten dienten, werfen eine Reihe von Fragen auf: War die kreisförmige Anlage anfangs eine Begräbnisstätte und erst später eine Sternwarte zur Sonnen- und Mondbeobachtung oder waren diese beiden Aspekte miteinander verbunden? Waren die astronomischen Beobachtungen Teil der religiösen Kulte der hier lebenden Völker oder dienten sie rein praktischen Aspekten zur Bestimmung der für den Ackerbau so wichtigen Jahreszeiten?

Zweite Phase: Stonehenge II

Ungefähr 2200 v. Chr. wurde in Stonehenge von der Glockenbecherkultur die erste große Megalithformation errichtet. Im Zentrum wurden zwei konzentrisch angeordnete Halbkreise mit 82 Löchern angelegt, in denen verschieden hohe Menhire, die so genannten *Bluestones* oder *Blausteine*, aufgestellt wurden. Der Name rührt von der blauen Farbe des Dolerits, eines Kupfersulfats, her. Insgesamt wurden 80 Monolithen aufgestellt, zwei seitliche Löcher blieben aus bislang unbekannten Gründen leer. Des Weiteren wurden mehrere, aus Sandstein bestehende *Sarsensteine* am Eingang der Anlage aufgestellt, von dem aus einigen Wissenschaftlern zufolge die so genannte Avenue, ein 600 m langer und 12 m breiter (22 m inklusive der seitlichen Gräben) Prozessionsweg, ihren Anfang nahm. Dieser Weg war ausgerichtet auf den *Fersenstein* und wurde somit von der Achse der kreisförmigen Anlage halbiert.
Die Bedeutung und Funktion der beiden konzentrischen Halbkreise aus Blausteinen ist bis heute nicht eindeutig geklärt. Die scheinbare Unvollständigkeit (auch zwei weitere Löcher in der Nähe des Eingangs blieben leer) könnte einigen Forschern zufolge darauf schließen lassen, dass die Arbeit infolge der Schwierigkeiten, die durch die Bearbeitung so vieler verschiedener Monolithen aufkamen, schließlich unterbrochen oder eingestellt wurde.
Diese Erklärung ist jedoch recht zweifelhaft, da der Transport der zum Teil aus großen Entfernungen herangeschafften Steine mit einem immensen Kraft- und Materialaufwand verbunden war, sodass die Wahl der verschiedenen Gesteinsarten eine tiefere Bedeutung haben musste. Aber welche?

Königlicher Forscherdrang
Während eines Aufenthaltes in der Gegend von Stonehenge erwachte die Neugier in König Jakob I. und er beauftragte einen Forscher damit, die faszinierenden Steinblöcke genau zu untersuchen.

Der Wissenschaft oder der Religion geweiht?
Lange Zeit hielt man Stonehenge für eine Art Zeremonientempel, später wurde seine astronomische Bedeutung erkannt. Die auf der Zeichnung dunkel gezeichneten Steine sind jene, die auch heute noch an ihrem ursprünglichen Platz stehen.

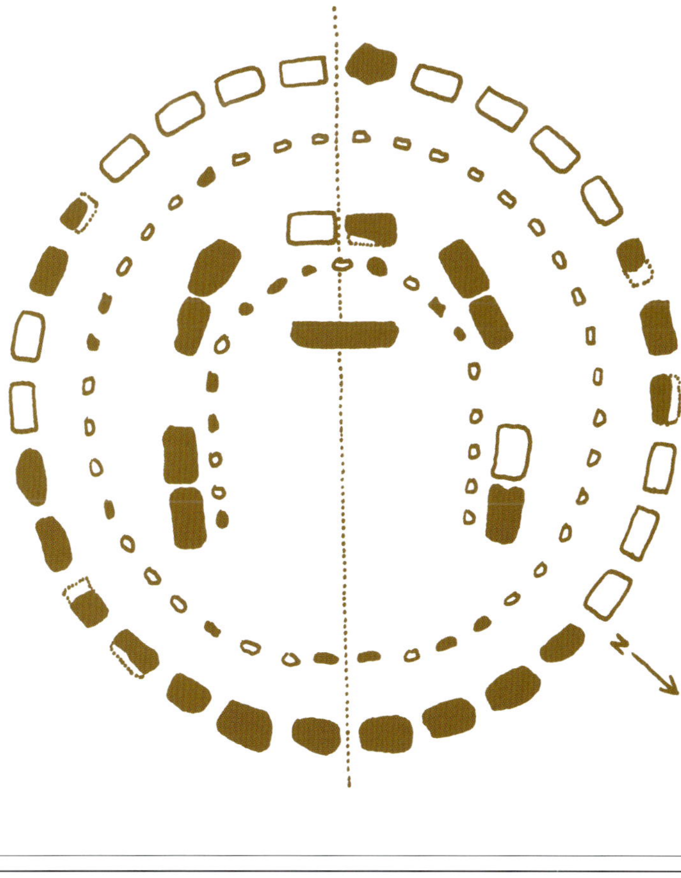

Dritte Phase: Stonehenge III

Die dritte und endgültige Neuanordnung der Steine von Stonehenge erfolgte durch bislang unbekannte Erbauer, die von den Stammesführern der Wessex-Kultur angeheuert worden waren (ungefähr ab 1800 v. Chr.). Der doppelte Ring der Blausteine wurde entfernt und durch einen neuen, aus 30 Sandsteinblöcken bestehenden Kreis mit einem Durchmesser von 30 m ersetzt. Die etwas mehr als 4 m hohen Steine waren sorgfältig bearbeitet worden und wogen durchschnittlich 25 Tonnen. Auf den Steinen ruhten so genannte Decksteine, die jeweils etwa 3,20 m lang und leicht gekrümmt waren, sodass ein durchgehender Ring aus horizontal aufliegenden Blöcken entstand. Jeder einzelne der Trägermonolithen wurde nach oben hin etwas breiter, um die Perspektive auszugleichen. An der Oberseite wurden jeweils zwei Zapfen herausgearbeitet, die genau in die dafür vorgesehenen Vertiefungen der Decksteine passten.

Steinzeitliches Erbe
Grundriss und perspektivische Ansicht von Stonehenge, geprägt von der Zeit und den Menschen. Gut zu erkennen ist das »Hufeisen« im Inneren des äußeren Kreises.

Auf diese Weise wurde eine größere Stabilität der nunmehr beinahe 5 m hohen Steinkonstruktion erzielt. Im Inneren des imposanten Steinkreises wurden fünf gewaltige Trilithe in Hufeisenform aufgestellt. Die Höhe der Trilithe ist unterschiedlich und reicht von 7,70 m (der mittlere Trilith, mit 50 Tonnen wiegenden Blöcken) bis 6,50 m (die beiden seitlichen Trilithe). Ebenso wie beim äußeren Ring wurden auch hier die Decksteine mittels entsprechender Zapfen und Vertiefungen auf den Trägermonolithen verankert.

Im Zentrum der hufeisenförmig angeordneten Steine – genau in der Mitte der Achse des äußeren Kreises – wurde der so genannte *Altar Stone* oder *Altarstein* platziert, ein großer Block aus Glimmersandstein mit einer Länge von 4,80 m, einer Breite von 1 m und einer Dicke von 50 cm. Um das Jahr 1550 v. Chr. wurde im Inneren des großen Kreises aus Sarsensteinen ein zweiter Kreis aus 40 unbearbeiteten Blausteinen aufgestellt, deren Höhe von 70 cm bis 2 m reichte und die jeweils vom Zentrum aus gesehen einander gegenüberstanden. Im Halbkreis der fünf Trilithen wurde ein weiterer Halbkreis aus 19 unterschiedlich hohen Blausteinen (von 1,83 m bis 2,83 m) errichtet, auf denen zum Teil Decksteine ruhten. Schließlich wurden außerhalb der Sarsensteine zwei weitere konzentrische Ringe aus 29 bzw. 30 Löcher (»Y«- und »Z«-Löcher) angelegt, die vielleicht als Vertiefung für später wieder entfernte Blausteine dienten. An den gewaltigen Eingang erinnert heute nur mehr ein einzelner, umgefallener Steinblock, der als *Slaughter Stone* oder *Schlachtstein* bezeichnet wird.

Unglaubliche Meisterleistung
Die obere Zeichnung zeigt Stonehenge während einer der drei Bauphasen.

Das Gewicht von Tonnen
Der Transport der Blausteine von Wales (Schottland) zu ihrem Bestimmungsort stellt für sich genommen bereits eine unvergleichliche Leistung dar.

Stonehenge heute

Die Zeit und insbesondere der Mensch haben deutliche Spuren an dem berühmten Megalithmonument hinterlassen: So stehen vom großen Kreis der Sarsensteine nur mehr 17 Monolithen und sechs Trägersteine gegenüber des *Heel Stone* und von den fünf Trilithen sind nur mehr drei intakt, von den übrigen zweien ist je nur ein einzelner Monolith stehen geblieben. Das Hufeisen aus Blausteinen besteht nur mehr aus neun Menhiren und ebenso viele stehen noch aufrecht im entsprechenden Kreis. Eine Vielzahl an Steinblöcken liegt umgestürzt am Boden und zeugt so vom Verfall dieses einzigartigen Bauwerks. Doch trotz dieser unleugbaren Zeichen der Zeit hat Stonehenge nichts von seiner machtvollen Erhabenheit verloren, und auch heute noch ist die Harmonie der Proportionen und die ausgefeilte Symmetrie der Anordnung der Steine zu erkennen. Jahr für Jahr pilgern beinahe eine Million Menschen hierher, um sich selbst von der Einzigartigkeit dieses steinernen Tempels überzeugen zu können. Die UNESCO hat Stonehenge aufgrund seiner geheimnisvollen Bedeutung, seines Alters und seiner Geschichte zum Weltkulturerbe der Menschheit erklärt.

DER TRANSPORT DER BLAUSTEINE

Nahezu alle Wissenschaftler sind sich darüber einig, dass die für Stonehenge verwendeten Blausteine aus den Steinbrüchen der Preseli-Berge in Pembrokeshire im Südwesten von Wales stammen. Der Forschung zufolge gibt es zwei mögliche Routen, über die die hier herausgebrochenen Doleritblöcke – Dolerit ist ein grobkörniger Basalt – nach Stonehenge transportiert worden sein können: Die erste Variante umfasste eine Strecke von 300 km, die bei Umgehung des Bristol-Kanals nur über das Festland führte. Die zweite Variante führte anfangs über das Festland zur Küste bis zum Gebiet der heutigen Stadt Cardiff und nach Überquerung des Kanals und einem weiteren Wegstück über den Fluss Avon wieder über das Festland (nur mehr 3 km). Die Länge dieser Strecke belief sich auf 200 km, wobei nur die Hälfte über Land zurückzulegen war. Der Transport auf dem Festland erfolgte mittels Schlitten und muss – da das Rad und auch der Einsatz von Metallwerkzeugen noch nicht bekannt war – mit immensen, aus heutiger Sicht schier unglaublichen Kraftanstrengungen verbunden gewesen sein.
Die aus den Steinbrüchen herausgebrochenen Blöcke wogen durchschnittlich vier Tonnen und wurden über zu Walzen umfunktionierten Baumstämmen weitertransportiert. Um sie vom Ufer des Flusses Avon die 3 km nach Stonehenge noch über Land zu transportieren, war der Bau einer Straße notwendig, deren letzten 600 m noch zum Prozessionsweg *(Avenue)* ausgebaut wurden. Einigen Wissenschaftlern zufolge war die *Avenue* jedoch erst um 1400 v. Chr. erbaut worden, also zu einer Zeit, in der die Steine von Stonehenge bereits ihre endgültige Anordnung erhalten hatten. Der Transport der gewaltigen Blöcke von Wales über eine derart lange Strecke sowie der Bau einer 3 km langen Straße waren nur mittels einer beinahe übermenschlichen Kraftanstrengung möglich, die sich wiederum nur durch den Glauben jener Völker an die Magie und den Zauber dieser speziellen und für die Errichtung ihrer Sternwarte scheinbar notwendigen Steine erklären lässt. Irgendetwas muss die Erbauer jedoch an der endgültigen Umsetzung ihrer Pläne gehindert haben, denn die beiden Kreise aus Blausteinen blieben unvollendet.

Lord Byron
In seinem zwischen 1818 und 1824 entstandenen Epos Don Juan *stellt Lord Byron die Frage nach der Bedeutung und der Funktion des geheimnisvollen Steinkreises von Stonehenge.*

Die Bedeutung von Stonehenge

Stonehenge war insbesondere in den letzten 50 Jahren Gegenstand vieler wichtiger Studien sowie Thema unzähliger Publikationen und Artikel. Die darin veröffentlichten Thesen und Meinungen der zahlreichen Forscher widersprechen sich jedoch in vielerlei Hinsicht. Die auf den hier gemachten Funden basierenden wissenschaftlichen Erkenntnisse ermöglichten zwar im Groben die Datierung der drei Bauphasen, doch ist selbst diese nicht eindeutig, da die mittels der Radiokarbonmethode ermittelten Daten einem gewissen Kalibrierungsprozess unterliegen. Die diesbezügliche Schwankungsbreite kann mehrere Jahrhunderte umfassen und hätte somit eine Verschiebung der Chronologie bzw. eine Neustrukturierung der Abläufe zur Folge. Einige Wissenschaftler vertreten die Theorie, dass der Transport der großen Steinblöcke keinesfalls von weit entfernten Steinbrüchen erfolgt sein kann, zumal sie angeblich in nur 5 km Entfernung von Stonehenge Gestein mit Doleriteinschlüssen entdeckt haben wollen. Beweise dafür gibt es jedoch nicht. Am heftigsten umstritten ist jedoch nach wie vor die astronomische Bedeutung dieses eindrucksvollen Megalithmonuments – eine These, die lange Zeit überhaupt als »Unsinn« verworfen worden war. Mittlerweile gilt die astronomische Funktion der Steine als unumstritten, wenngleich die Auslegung und Interpretation derselben

Geweihte Stätte
Das große Bild wurde vom Zentrum des megalithischen Tempels mit seinen gewaltigen Steinblöcken aus aufgenommen.

auf mannigfache Weise erfolgt und somit erneut Grundlage heftiger Dispute ist. Vor allem die von Gerald Hawkins vertretenen Theorien sind Gegenstand vieler Diskussionen. Die wichtigsten diesbezüglichen Punkte sind:

- Die fünf zentralen Trilithen dienten der Beobachtung des Auf- und Untergangs der Sonne und des Mondes während der Sonnenwenden;
- Die vier »Stationssteine« an den Spitzen der zwei durch gedankliche Linien entstehenden Dreiecke wiesen auf den Aufgang des Mondes am Tag der Sommersonnenwende;

Machtvolle Erhabenheit und Präzision
Um den auf den Trägermonolithen ruhenden Decksteinen eine gewisse Stabilität zu verleihen, fertigten die Erbauer steinerne Zapfen, die in exakt dafür vorgesehene Vertiefungen passten.

- Die 59 »Y«- und »Z«-Löcher dienten als Kalender für zwei Mondmonate mit je 29,5 Tagen;
- Die 19 Blausteine des »Hufeisens« standen für den Mondzyklus von 18,6 Jahren.

Gemäß Hawkins diente Stonehenge also als Observatorium zur Bestimmung der Sonnen- und Mondzyklen, aber auch zur Vorhersage von Sonnenfinsternissen. Im Hinblick auf die These zur Sonne teilen viele Wissenschaftler diese Ansicht; was aber den Mond und die Vorhersagung von Finsternissen anbelangt, scheiden sich die Geister. Welche dieser Theorien mag wohl die richtige sein?
Stonehenge, das noch lange nicht zur Gänze erforscht ist, birgt jedoch noch viele weitere Geheimnisse. Die Perfektion der Anordnung der Steine und der Errichtung des Monuments setzt profunde mathematische und geometrische Kenntnisse voraus. Als Maßeinheiten für das Bauwerk dürften das megalithische Yard und der Fuß mit 81,6 cm bzw. 31,7 cm gedient haben, die auch in anderen megalithischen Monumenten des Kontinents und des Mittelmeerbeckens Anwendung gefunden haben. Waren die Erbauer Stonehenges dieselben, die auch an anderen Orten steinerne Gräber und Tempel errichtet hatten oder waren sie vielmehr Erben eines jahrtausendealten Wissens, das über eine megalithische Kultur und Religion an sie weitergegeben worden war?
Eine der Theorien hinsichtlich der Geometrie des Bauwerkes besagt, dass der Umfang des Sarsensteinkreises (30 m) ein Zehntel des im Innern der Cheopspyramide einbeschriebenen Kreisumfanges beträgt und dass die Höhe (4,90 m) einem Dreißigstel der Pyramidenhöhe entspricht. Auch wenn zwischen der Errichtung dieser beiden eindrucksvollen Bauwerke Jahrtausende liegen, gibt es Hypothesen, die von einer gemeinsamen Inspiration – basierend auf dem Sonnenkult und den Himmelsphänomenen – ausgehen.

WEITERE STEINKREISE

In Großbritannien gibt es mehrere megalithische Steinkreise, wenngleich sie nicht mit Stonehenge vergleichbar sind. Nichtsdestotrotz handelt es sich hier ebenfalls um beeindruckende Steinsetzungen, die vermutlich ebenso astronomische Funktionen hatten und somit für die Landwirtschaft betreibenden Bauern von großer Bedeutung waren. Insbesondere der **Steinkreis von Callanish** ist hier zu erwähnen, der im Nordwesten Schottlands auf den Western Isles liegt: Der Kreis besteht aus 13 hohen und schmal geformten Monolithen (der höchste ist 4,75 m hoch) und der Durchmesser beläuft sich auf etwa 12 m. Vom Steinkreis weg führen zwei seitliche »Arme«, wodurch der Eindruck eines »keltischen Kreuzes« entsteht. Vermutlich umgaben zwei konzentrische Ringe den zentralen Kreis, von dem vier Straßen, die jeweils in eine der Himmelsrichtungen zeigten, wegführten. Zweck dieses Monuments schien ein einfacher, aber effektiver Sonnenkalender zu sein, da mittels der von den Monolithen auf den Boden geworfenen Schatten jederzeit die Position der Sonne und des Mondes und somit der Wechsel der Jahreszeiten bestimmt werden konnten. Jüngsten Theorien zufolge diente der Steinkreis von Callanish jedoch vor allem als Mondobservatorium. Auch hier lässt sich nicht sagen, welche der Hypothesen nun die richtige ist und ob sie tatsächlich mit den Absichten übereinstimmen, die die hier lebenden Menschen vor 3800 Jahren hegten.

Avebury und Silbury Hill

Der neolithische Komplex Avebury, zu dem der gigantische Steinkreis von Avebury, der geheimnisvolle Silbury Hill und die Steinalleen gehören, stellt die größte megalithische Anlage der Welt dar. Doch zu welchem Zweck waren all diese fantastischen Steinsetzungen angelegt worden? Welche Riten und Zeremonien wurden hier zelebriert? Und warum wurde der gesamte Komplex in einer derartigen Größe errichtet? Bestand eine Verbindung zwischen den megalithischen Steinkreisen, den Steinalleen, den Gräbern und den künstlichen Hügeln?

Der größte megalithische Steinkreis *(Henge)* der Welt befindet sich in Avebury in der Nähe von Marlborough (Grafschaft Wiltshire) in nur 26 km Entfernung von Stonehenge. Von besonderer historischer Bedeutung sind hier auch die prähistorischen Anlagen von Silbury Hill (der größte künstlich aufgeschüttete Hügel Europas aus dem Spätneolithikum) und West Kennet (hier befindet sich das größte Hügelgrab Englands). Eine 2,4 km lange Steinallee *(West Kennet Avenue)* verlief vom südlichen Eingang zum Overton Hill. Des Weiteren befindet sich hier der Windmill Hill, wo bedeutende historische Funde aus der Zeit der Windmill-Hill-Kultur gemacht wurden. Der Komplex Avebury stellt somit die bislang bedeutendste megalithische Anlage aus dem Neolithikum und der Bronzezeit dar und war von ca. 2600 bis 2000 v. Chr. Zentrum der hier lebenden Völker und Stämme.

Geheimnisvolles Avebury

Im Steinkreis von Avebury liegt heute das gleichnamige idyllische Dorf, doch einst befanden sich hier vier, in gleichem Abstand voneinander liegende Eingänge, die jeweils in eine der vier Himmelsrichtungen wiesen und von denen vier Alleen wegführten. Der Hauptkreis mit einer Fläche von 11,3 Hektar und einem Durchmesser

Immense Kraftaufwendung
Um die Unmengen Erde und Geröll für Silbury Hill aufzuschütten, waren Berechnungen zufolge 18 Millionen Arbeitsstunden notwendig.

Meisterwerke der Natur
Die Steine von Avebury wurden – anders als jene von Stonehenge – nicht bearbeitet.

Begehrtes Gut
Mehr als der natürliche Zerfall drohte die Hand des Menschen die Steine von Avebury zu zerstören. Viele der Monolithen wurden für die Errichtung der Häuser im gleichnamigen Dorf verwendet.

von 437 m war ursprünglich von einem Erdwall und einem Graben begrenzt. Der Graben ist heute nur mehr 9 m tief, zur Zeit der Errichtung der Anlage wies er jedoch eine Tiefe von beinahe 17 m auf. Auf dem aus 112.000 m³ Geröll und Schutt bestehenden Wall wurden 98 Sandsteinmonolithen in einem gleichmäßigen Abstand von 11 m aufgestellt, die tief im Boden verankert wurden.
Die unbearbeiteten Steine hatten eine längliche, dreieckige oder rautenähnliche Form und die größten von ihnen, die jeweils bei den Eingängen aufgestellt worden waren, wogen an die 40 Tonnen. Heute stehen nur mehr 27 Steine an ihrem ursprünglichen Ort.
Im Inneren des äußeren Hauptkreises befanden sich im Norden und im Süden zwei so genannte Kromlechs (kreis- oder halbkreisförmige Steinsetzungen) mit einem Durchmesser von je 95 m, die von 27 bzw. 29 Monolithen gebildet wurden. Im Zentrum des nördlichen Kromlechs, von dem heute nur mehr vier Steine übrig sind, befanden sich ursprünglich drei »U«-förmig angeordnete Steine, die vermutlich als Altar für zeremonielle Riten dienten. Im Zentrum des südlichen Kromlechs, von dem noch fünf Steine stehen, befand sich ebenfalls ein als Altar dienender Felsblock, doch fehlt heute von ihm jede Spur. Die hier durchgeführten archäologischen Studien haben ergeben, dass diese immense Anlage mittels Hacken aus Hirschgeweihen und Schaufeln, die aus den Schulterblättern von Ochsen gefertigt waren, errichtet worden war – aus geschliffenem Stein wurde nur eine einzige Axt gefunden. Die Monolithen selbst wurden mit Hilfe von Baumstämmen an ihren Bestimmungsort transportiert und mittels schiefer Ebenen bzw. durch den Einsatz von Hebeln und Seilen aufgerichtet. Die am Grund des Grabens gefundenen Keramikfragmente ergaben, dass dieser von neolithischen Kulturen (von 2600 bis 2200 v. Chr.) angelegt worden war, während die beim Wall entdeckten Fragmente aus der Bronzezeit stammen. Dies lässt den Schluss zu, dass der Erdwall von hiesigen Kulturen unter Beteilung (oder Aufsicht?) der Glockenbecherkultur errichtet worden war. Doch wenngleich die Art und Weise der Entstehung dieser einzigartigen Anlage bekannt ist, liegen die kulturellen Hintergründe nach wie vor im Dunkeln.

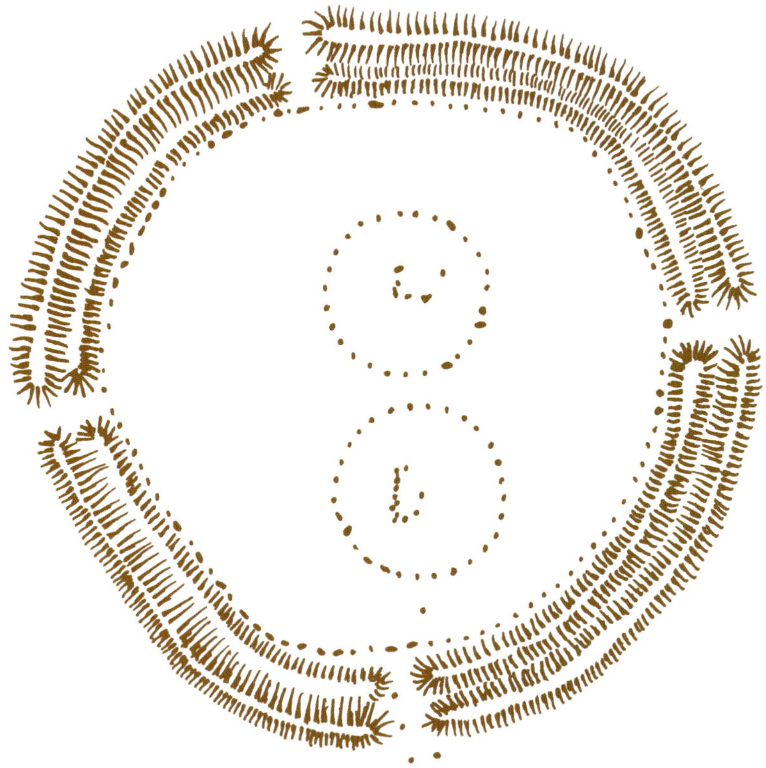

Grundriss des Steinkreises von Avebury
Um den Steinkreis von Avebury zieht sich ein gewaltiger Erdwall. Die zwei kleineren Kreise im Inneren stellten vermutlich das Zentrum der Kultstätte dar und waren somit Schauplatz heiliger Zeremonien und Riten.

Steinerne Palisade
Von den ursprünglich 98 Monolithen des äußeren Hauptkreises stehen heute nur mehr 27 an ihrem ursprünglichen Ort (Foto unten).

Die West Kennet Avenue

Vom südlichen Eingang des megalithischen Steinkreises von Avebury aus führte ein 15 m breiter und 2,4 km langer Prozessionsweg zum Overton Hill. Diese Steinallee wird heute als *West Kennet Avenue* bezeichnet und bestand aus 200 paarweise angeordneten Sandsteinblöcken mit einer durchschnittlichen Höhe von 3 m und einer länglichen bzw. rautenähnlichen Form. Am Overton Hill befand sich das so genannte *Sanktuarium*, ein Monument, das über einen gewissen Zeitraum hinweg als Tempel diente. Das Dach dieses holzgedeckten und kreisrund angelegten Baus wies in der Mitte eine große Öffnung auf. Nachdem das Monument mindestens dreimal wiederaufgebaut wurde, ohne daran Veränderungen vorzunehmen, entstanden daraus in der Zeit der Glockenbecherkultur zwei konzentrische Steinkreise, die möglicherweise zur selben Zeit errichtet wurden, wie die Kromlechs im Inneren des Avebury-Komplexes. Ebenfalls in jener Zeit entstand im nördlichen Sektor eine weitere *Avenue*, die heute durch die Setzung von 60 Monolithen (30 an jeder Seite) wieder rekonstruiert wurde. An jenem Punkt, in dem sich die *Avenue* mit dem megalithischen äußeren Ring Aveburys schneidet, befindet sich ein gewaltiger, rautenförmiger, 4 m hoher und noch etwas breiterer Felsblock, der den Namen »The Devils Chair« trägt. Vermutlich ist es seinen gewaltigen Ausmaßen zu verdanken, dass er jene Zeit, in der die Puritaner im 17. Jahrhundert im Zuge der Christianisierung alles Heidnische systematisch zerstörten, unbeschadet überstand. Es ist noch nicht so lange her, dass sich die Mädchen des hiesigen Dorfes anlässlich des Maifestes auf einen wie einen Sessel geformten Vorsprung dieses Steins setzten, um ihre Fruchtbarkeit zu erhöhen. Einige Forscher sind der Ansicht, dass die zu beiden Seiten der *Avenue* angeordneten Menhire als männliche und weibliche Symbole zu interpretieren sind. Waren Avebury und die anderen Monumente somit Kultstätten für verschiedene Fruchtbarkeitszeremonien?

West Kennet Long Barrow und Windmill Hill

Nicht weit vom Sanktuarium entfernt befindet sich das größte prähistorische Grab Englands, ein lang gestrecktes, völlig von Erde bedecktes Hügelgrab mit einer Länge von 104 m. Im Inneren befindet sich eine Galerie aus Sandsteinblöcken, von denen der größte eine Höhe von 3,7 m aufweist und 16 Tonnen wiegt. Zu beiden Seiten des Korridors liegen je zwei Grabkammern mit einem dreieckigen Grundriss, und am Ende des Ganges befindet sich ein polygonaler Raum. Das den Fürsten und deren Familienmitgliedern vorbehaltene Grab enthielt die sterblichen Überreste von 46 Menschen, die vermutlich in der Blütezeit des Neolithikums (ab 3700 v. Chr.) hier begraben wurden. In dieselbe Zeit fällt auch die erste Ansiedlung von Bauern und Viehzüchtern auf dem natürlichen Hügel Windmill Hill nordwestlich von Avebury. Nahezu 1000 Jahre später wurde diese Erhebung von drei konzentrisch verlaufenden Gräben eingegrenzt, von denen der äußerste einen Durchmesser von 365 m hatte. Der Zugang war nur über zwei einander gegenüberliegende erhöhte Straßen möglich. Der Hügel blieb weitere 1000 Jahre besiedelt, bis er schließlich Teil einer weitläufigen, aus runden Hügelgräbern bestehenden Nekropole wurde. Trotz der zahlreichen Fundstücke erweist sich die Erstellung eines eindeutigen historischen Bildes als äußerst schwierig. So ist bis heute nicht geklärt, welcher Zeit die im Hügelgrab von West Kennet gefundenen sterblichen Überreste zuzuordnen sind. Gehörten sie zu den ersten Siedlern, die – wie

angenommen – aus Nordfrankreich hierher kamen? Dies würde zumindest die fehlenden gemeinsamen Merkmale mit dem megalithischen Komplex Aveburys erklären. Befand sich am Hügel von Windmill Hill eine Ansiedlung, oder diente er – wie es aus heutiger Sicht als wahrscheinlicher gilt – als Unterbringungsort für das Vieh? Wenn es schon keine Kultstätte war, handelte es sich hier vielleicht um einen Versammlungsort für die damaligen Völker und Stämme?

Silbury Hill

Zum neolithischen Komplex von Avebury gehört auch Silbury Hill, ein in der Ebene von Marlborough künstlich aufgeworfener Hügel mit einer Höhe von 40 m. Der Hügel mit einem Durchmesser von 167 m verläuft nach oben hin in einer perfekt konischen Form, wodurch sich der Durchmesser ganz oben auf 30 m verringert. Wissenschaftler haben errechnet, dass für die Errichtung des Hügels um ungefähr 2700 v. Chr. 500 Mann in zehn Jahren 350.000 m³ Erde und geröllhaltigen Schutt bewegen und verarbeiten mussten. Eine archäologische Grabung auf dem Hügel hat gezeigt, dass die Errichtung auf einer Reihe von konzentrisch und in Terrassenbauweise angelegten Ringen basierte, die einer nach dem anderen zur Erhaltung der konischen Form bedeckt und verfüllt wurden. Bis heute konnte jedoch nicht geklärt werden, zu welchem Zweck Silbury Hill errichtet wurde. Nach heutigem Wissensstand handelte es sich nicht um eine Begräbnisstätte, und wenn es einst Monolithen gegeben hatte, so sind diese heute spurlos verschwunden. Auch gibt es kein Indiz dafür, dass der Hügel als Kultstätte für heilige Zeremonien gedient hatte. Der englische Schriftsteller und Archäologe Michael Dames ging von hier durchgeführten zeremoniellen Riten aus, die zu Ehren der Großen Mutter abgehalten wurden. Er musste jedoch einräumen, dass die tatsächliche Bedeutung Silbury Hills vermutlich für immer ein großes Geheimnis bleiben wird. Sowohl hinsichtlich Silbury Hill als auch hinsichtlich des gesamten Komplexes von Avebury stellt sich jedoch die Frage, ob die hier befindlichen Monumente nicht Fruchtbarkeitstempel darstellten, die für jedermann zugänglich waren, während der Zutritt zu Stonehenge als astronomisches Observatorium einer streng limitierten Priesterkaste vorbehalten war.

Spenderin des Lebens
Von Malta bis Nordeuropa waren Kulturen weit verbreitet, deren Glaube auf der Existenz der »Großen Mutter«, einer mächtigen matriarchalischen Göttinnenfigur, aufgebaut war.

Geheimnisvolles Hügelgrab
Bis heute ist nicht geklärt, zu welchem Zweck Silbury Hill von seinen Erbauern errichtet worden war.

DIE STEINERNEN RIESEN VON CARNAC

Unglaubliche 3000 Menhire bilden bei Carnac, dem Zentrum der europäischen Megalithkulturen, lange steinerne Reihen, die in dieser Form auf der Welt einzigartig sind. Waren es religiöse Motive, die ihre Erbauer zur Errichtung dieser gigantischen Anlage inspirierten? Welche Stämme vermochten eine derartige Leistung zu erbringen – und woher kamen sie? Gab es einen Zusammenhang zwischen den langen Monolithreihen und den anderen Megalithmonumenten dieser Gegend?

Um ca. 10.000 v. Chr. siedelten sich Stämme, deren Mitglieder Fischer, Jäger und Sammler waren, auf den Inseln der kleinen Bucht von Quiberon im Süden der Bretagne an. Diese Inseln waren jenen berühmten Megalithstätten vorgelagert, die heute die Namen Carnac und Locmariaquer tragen. Insbesondere auf den Inseln Teviec und Hoëdic wurden aus Muscheln und Sand angelegte Gemeinschaftsgräber in Hügelform gefunden, die mit Steinen gekennzeichnet waren. Möglicherweise waren diese Gräber Vorläufer und Vorbild für die großen Megalithgräber, wie sie ab 4800 v. Chr. hier überall zu finden sind. Die in dieser Gegend vorhandenen gewaltigen Granitsteinblöcke sowie der als wahrscheinlich geltende Einfluss anderer Kulturen, deren Glauben auf Totenkulten basierte, bildeten die Grundlage für die ältesten Megalithmonumente in Europa, zu denen unter bisweilen unglaublich lang gestreckten, künstlich aufgeschütteten Hügeln verborgene einfache Dolmen sowie Kammern-, Galerie- und Ganggräber zählen.

Das Ganggrab von Gavrinis auf einer Insel vor Carnac z. B. besteht aus 29 Trägersteinen, von denen 23 beeindruckende Gravuren in Form von Spiralen, Äxten und Schlangenlinien aufweisen. Des Weiteren sind hier an Fingerabdrücke erinnernde Halbovale zu finden, deren symbolische Bedeutung sich uns bis heute nicht erschließt.

In der Bretagne befinden sich noch viele weitere, außerordentlich beeindruckende Megalithmonumente wie Menhire und Kromlechs, besonders fallen hier jedoch die gewaltigen Reihen einzelner Monolithen ins Auge, die ab 3500 v. Chr. errichtet wurden und diese Region zu einer der historisch bedeutendsten weltweit gemacht hat.

Granitene Zeitzeugen
Die unzähligen Gräber, Steinalleen, Steinkreise und Menhire machen Carnac zu einem der bedeutendsten historischen Zentren der Welt. Die beiden Fotos zeigen Ansichten des gewaltigen Komplexes.

Rätselhafte Steine
Viele der steinernen »Alignements« scheinen eine astronomische Bedeutung zu haben; der Hintergrund anderer Alleen liegt jedoch völlig im Dunkeln.

Das steinerne Heer von Carnac

Stätte der Toten
Die Steinalleen von Kermario (»Stätte der Toten«) beeindruckt durch die einzigartige Symmetrie der Monolithreihen.

Die französische Stadt Carnac liegt an der Mündung des Flusses Crach an der Küste von Morbihan in unmittelbarer Nähe der ruhigen Bucht von Quiberon. Hier befindet sich eine Vielzahl von Megalithmonumenten jeder Größe und Form, von denen insbesondere die in Reihen (*Alignements*) angeordneten Steine bekannt sind. Zusätzlich gibt es hier aber auch Gang- und Galeriegräber, Dolmen, große, einzeln stehende Menhire sowie lang gestreckte oder runde Hügelgräber, die sich in der Nähe der Steinreihen befinden und diese an manchen Stellen sogar kreuzen. Der Name *Carnac* bedeutet nichts anderes als »Steinhaufen«, ein überaus passender Name für dieses Gebiet samt Umland. Nordöstlich von Carnac liegt das große Hügelgrab von Saint-Michel mit einer Länge von 122 m, einer Breite von 35 m und einer Höhe von 10 m. In seinem Inneren befinden sich mehrere Grabkammern, in denen überaus interessante und aufschlussreiche Funde aus der Zeit um 3500 v. Chr. gemacht wurden. Am höchsten Punkt dieses Hügelgrabes steht heute eine Kapelle, die hier zur Christianisierung dieses »heidnischen« Platzes errichtet worden war. Von hier aus hat man einen fantastischen Rundumblick und in nördlicher Richtung erstrecken sich die Alignements von Le Ménec, so weit das Auge reicht. Am Anfang der Le Ménec-Reihen liegt ein großer ovaler Kromlech mit einem Durchmesser von 107 m, der von 70 Menhiren mit einer durchschnittlichen Höhe von 1 m begrenzt wird. Die Steinreihen verlaufen in nordöstlicher Richtung und sind in elf parallel zueinander liegenden Linien angeordnet, die sich über eine Breite von durchschnittlich 100 m und einer Länge von ca. 1170 m erstrecken. Die Höhe der Granitsteinblöcke verringert sich von anfangs beinahe 4 m auf etwas weniger als 1 m; die Reihen verlaufen jedoch nicht strikt gerade, sondern schneiden sich an gewissen Punkten sogar, um ein kurzes Wegstück später wieder in die ursprüngliche parallele Linie zurückzukehren. Ein weiterer ovaler Kromlech mit einem Durchmesser von 90 m befindet sich am anderen Ende der Steinreihen (insgesamt stehen hier 1099 Monolithen) ebenso wie ein großes Dolmengrab. In einer Entfernung von nur 240 m liegt eine weitere Steinallee, die Alignements von Kermario (»Ort der Toten«), deren stets in die gleiche Richtung verlaufenden Reihen in zehn parallelen Linien angeordnet sind. Die 100 m breiten und 1120 m langen Steinreihen bestehen aus insgesamt 1029 Menhiren, deren Höhe sich von anfangs 6,40 m auf letztlich 60 cm verringert. Der Anblick der Alignements von Kermario ist grandios: Die imposanten Steinreihen verlaufen über einen sanft geschwungenen Hügel, an dessen höchsten Punkt sich eine aus den Steinen der Umgebung errichtete Windmühle befindet. Das letzte Teilstück von Kermario geht über in die etwas abseits liegenden Steinreihen von Le Manio sowie

in das aus 39 Menhiren bestehende »Viereck«. Etwas weiter nördlich befindet sich ein gewaltiger Menhir, der »Riese von Manio«; während in südlicher Richtung das Hügelgrab von Kercado liegt, das den Anfangspunkt einer dritten Steinallee, den Alignements von Kerlescan (keltisch für »Krematoriumsstätte«) darstellt. Diese megalithische Anlage verläuft in Richtung Osten und ist in 13 parallelen Reihen mit insgesamt 555 Steinen angeordnet. Die Höhe der Steine verringert sich hier von anfangs 4 m auf letztendlich 80 cm, die Reihen sind in etwa 880 m lang über eine Gesamtbreite von 140 m. Am Ende der Reihen liegt ein halbkreisförmiger Kromlech aus 39 Monolithen. Weiter südlich verläuft die etwas kleinere Steinallee von Petit Ménec mit insgesamt nur 100 Steinen. Insgesamt stehen hier 2934 Menhire in vier Gruppen von 10 bis 13 Reihen, die über eine Gesamtstrecke von beinahe 4 km verlaufen. Zudem gibt es Hinweise auf weitere Steinalleen, diese wurden jedoch beinahe zur Gänze zerstört. Allem Anschein erstreckten sich diese von Sainte-Barbe und Plouharuel (hier steht noch ein kleiner Abschnitt) über eine Strecke von weiteren 4 km bis zum Fluss Crach. 12 km nordwestlich von Carnac verlaufen die Alignements von Kerzerho bei Erdeven, deren zehn Reihen oftmals in unregelmäßigen Linien mit einer Gesamtbreite von 64 m über eine Länge von 2105 m verlaufen. Doch damit nicht genug: Auf einer Insel westlich der Bucht bei Saint-Pierre-Quiberon befindet sich eine Gruppe von Menhiren, die von der Küste ausgehend direkt ins Meer führen. Vermutlich versanken diese Steine infolge tektonischer Verschiebungen hier in den Fluten. Doch warum befinden sich ausgerechnet im Gebiet von Carnac derart viele Megalithmonumente und zu welchem Zweck waren sie erbaut worden?

Die Alignements von Kerzerho

In der Nähe von Erdeven, einer kleinen Stadt an der Atlantikküste der Bretagne, verlaufen die megalithischen Steinalleen von Kerzerho (oben und auf den beiden Seiten unten).

Legenden und Mythen

Gemäß einer Legende handelt es sich bei den Monolithen von Le Ménec (oben) um römische Soldaten, die infolge der Gebete des flüchtenden hl. Cornelius zu Stein erstarrten.

Interpretationen, Überzeugungen und Mysterien

Im 19. Jahrhundert schrieb der französische Schriftsteller Gustave Flaubert, dass die Anzahl der über Carnac kursierenden verrückten Geschichten die Anzahl der Steine bereits überträfe. Diese Aussage macht deutlich, dass viele der Erklärungsversuche für die Existenz und die Hintergründe der bretonischen Steinalleen jeglicher Grundlage entbehren und zuweilen eher ins Reich der Phantasie, denn in jene der Wissenschaft gehören. Dank der Fortschritte in den Bereichen Forschung und Technik ist es heute zwar möglich, den Wissensstand auf eine andere Basis zu stellen, doch sind die steinernen Riesen von Carnac nach wie vor von einem großen Geheimnis umgeben. Wie aus den Namen der Alleen und der hier befindlichen Orte hervorgeht, war die ursprüngliche Motivation vermutlich in einem überlieferten Ahnenkult begründet, der die Geister der in Gemeinschaftsgräbern bestatteten Toten in Ehren hielt. Nach dem Auftauchen von Landwirtschaft betreibenden Völkern vollzog sich jedoch die Verwandlung in Richtung eines naturalistischen Kultes, der auch auf die Himmelsphänomene Bezug nahm. Untersuchungen haben gezeigt, dass die Steinalleen von Kerlescan auf die Positionen des Sonnenaufgangs während der Tagundnachtgleichen ausgerichtet waren, während die Alleen von Kermario sich in Richtung der Position des Sonnenaufgangs am Tag der Sommersonnenwende erstreckten; die Reihen von Ménec liegen dazwischen. Auch andere Monolithalleen scheinen eine astronomische Bedeutung zu haben, da sie allem Anschein nach auf jahreszeitlich bedeutende Daten wie dem 4. Februar (Wachstum der neuen Pflanzen), dem 6. Mai (Blütezeit), dem 8. August (Erntezeit) und dem 8. November (Aussaat) ausgerichtet sind. Gemäß dem Oxforder Professor Alexander Thom stellt die megalithische Anlage in Carnac einen »astronomischen Kalender« gigantischen Ausmaßes dar, die den neolithischen Völkern durch Beobachtung des Mondkreislaufs zur Bestimmung der Jahreszeiten und somit des natürlichen Kreislaufes diente. Thom bemerkte, dass die Reihen der Alleen in regelmäßigen Abständen von 8, 10, 12 und 14 megalithischen Yards (ein Yard = 81,6 cm) angelegt worden waren und dass die Ovale an jenen Punkten, in denen eine Gruppe in die nächste übergeht, »pythagoreische« Dreiecke umfassen. Zweifellos besaßen die Kulturen, die diese Steinalleen errichtet haben, ein profundes mathematisches und geographisches Wissen, dem sie durch ihre komplexen astronomischen

Ein illustrer Besucher
Gustave Flaubert besuchte die steinernen Alleen von Carnac und erwähnte sie auch in einem seiner Tagebücher.

DER GROSSE MENHIR VON ER GRAH

Östlich von Carnac, in jenem Gebiet, in dem sich auch die Anlage von Locmariaquer befindet, liegen die Überreste eines gigantischen Menhirs *(Foto unten)*, der die Theorien von Alexander Thom bestätigen könnte: Der Monolith von Er Grah *(»Men Er Grah«)* wurde im Jahr 1722 vermutlich durch ein Erdbeben oder einen Blitzschlag zerstört und in vier Teile gespalten. Alexander Thom zufolge war dieser gewaltige Menhir als Hauptbezugspunkt für die Mondbeobachtung aufgestellt worden. Der ursprünglich 20,3 m hohe und 250 Tonnen schwere Stein wurde aus einem gigantischen Granitblock herausgeschlagen und mit außerordentlichem Geschick von den Vertretern einer neolithischen Kultur aufgestellt. Der Standort war präzise gewählt, denn von hier aus war der Stein in einem Umkreis von 13 km sichtbar. Von gewissen Punkten der Steinalleen sowie von anderen megalithischen Monumenten aus war es möglich, mit seiner Hilfe den Auf- und Untergang des Mondes zu beobachten und somit die Anzeichen für das unmittelbare Bevorstehen von Finsternissen zu erkennen. Bislang fehlen für diese Theorie jedoch fundierte Beweise, sodass sie in der Fachwelt gleichermaßen auf Anerkennung wie Ablehnung stößt. In der Nähe des »Men Er Grah« befindet sich der »Table des Marchands« (der Name geht auf seine Bedeutung als Versammlungs- und Handelsplatz zurück), ein Dolmengrab, in dem sich eine halbovale Kammer befindet. Auf dem großen Deckstein hat man ein einige Ritzzeichnungen gefunden, die vier Reihen von Äxten sowie im Zentrum eine Sonne zeigen. Auch hier verschmelzen die megalithischen Symbole in den Gräbern mit den möglichen Funktionen der steinernen Monumente, sodass die Entschlüsselung der tatsächlichen Bedeutungen sich noch schwieriger gestaltet.

Beobachtungen Ausdruck verliehen. Doch wenn bereits ein Steinkreis in der Größe von Stonehenge die oben genannten Zwecke erfüllen konnte, warum wollten die Stämme in Carnac dann eine derart große Anlage (ursprünglich erstreckte sie sich über 8 km und umfasste mindestens 5000 Menhire) errichten?
Experten sind der Meinung, dass hier an der Küste von Morbihan ein gigantischer astronomischer Kalender angelegt worden war, der alle bekannten Bezugspunkte für die Beobachtung der Himmelsphänomene umfasste. Außerdem sollte mittels der hohen Anzahl der himmelwärts gerichteten Steine ein Höchstmaß an Energie »eingefangen« werden. Tatsächlich gibt es auch heute noch eine Vielzahl an außerordentlich hochsensiblen und ausnehmend empfänglichen Menschen, die schwören, dass sie hier zwischen den Steinen ein hohes Maß an elektrischer Energie wahrnehmen können. Für viele Wissenschaftler entbehrt die Theorie des astronomischen Kalenders jedoch jeglicher Grundlage, zumal es ihrer Meinung nach keine eindeutigen Beweise für eine derartige Funktion der Steinreihen von Carnac gibt und sich auch kein derartiger Zusammenhang mit dem ursprünglichen Totenkult herstellen lässt. Stattdessen halten sie es für wahrscheinlich, dass hier Riten zur Erhöhung der Fruchtbarkeit des Viehs (diese wurden hier noch bis zur Zeit der römischen Besetzung durchgeführt) oder andere Zeremonien abgehalten wurden. Allen Theorien zum Trotz scheint es jedoch so, als würden die steinernen Riesen von Carnac ihr Geheimnis noch für längere Zeit – vielleicht sogar für immer? – wahren.

Beeindruckende Linien in der Landschaft
Die Steinalleen von Carnac umfassen die vier Felder Kerlescan, Kermario (oben), Le Ménec und Le Petit Ménec. Einige Forscher gehen davon aus, dass die Reihen dieser vier Felder ursprünglich als Einheit angelegt worden waren.

CARNAC - ZENTRUM DER MEGALITHKULTUREN EUROPAS

Einige Tausend Jahre nach der Besiedelung der Inseln Teviec und Hoëdic kamen aus dem Osten neue Völker in diese Gegend, die sich dem Bau von länglichen Hügelgräbern widmeten und einen besonderen Totenkult hegten. Die Riten und Glaubensvorstellungen dieser Stämme breiteten sich aus und erreichten sogar die Britischen Inseln. Zur See fahrende und metallverarbeitende Stämme (die sich u. a. bei Lizo in der Nähe von Carnac ungefähr 3500 v. Chr. ansiedelten) brachten weitere neue kulturelle Einflüsse hierher und trugen somit zur Festigung der Tradition der großen megalithischen Grabbauten bei. Als wahrscheinlich gilt, dass diese Völker Carnac als heilig betrachteten. Von hier aus brachten sie ihr Wissen bis zu den Britischen Inseln und noch weiter in die weiten Ebenen und Fjorde Nordeuropas. Carnac könnte so etwas wie ein Pilgerort gewesen sein, der auserwählt worden war, um hier die mächtigen Steingräber für die Fürsten dieser Stämme zu errichten. Als neue neolithische Kulturen hierher kamen, die sich der Landwirtschaft und der Viehzucht widmeten, wandelte sich der bisher vorherrschende Totenkult zu einem naturalistischen Kult, der auf die großen Himmelsphänomene und den Lauf der Jahreszeiten ausgerichtet war. In dieser Zeit wurden die großen Steinalleen, die gewaltigen, einzeln stehenden Menhire und viele andere imposante Steinmonumente errichtet. Wenngleich die bisher gemachten Funde und der momentane Stand der Wissenschaft die soeben ausgeführte Chronologie als durchaus wahrscheinlich gelten lassen, gibt es keine fundierten Beweise für die Richtigkeit dieser Theorien. Ob die Geheimnisse der einzigartigen, aus Tausenden Steinen bestehenden Alleen von Carnac jemals gelüftet werden können, ist nach wie vor ungewiss.

Das Ganggrab von Newgrange

Das schönste Ganggrab Europas ist exakt auf die Position des Sonnenaufgangs während der Wintersonnenwende ausgerichtet, sodass an diesem Tag die Sonnenstrahlen für kurze Zeit das dunkle Innere strahlend hell erleuchten. Handelt es sich hier um ein besonders beeindruckendes Beispiel so genannter »Kalenderbauten«? Wurde es als Grab oder als Sonnenobservatorium errichtet? Welche Bedeutungen haben die unzähligen, in die Steine geritzten Symbole und Zeichnungen?

Ungefähr ab der Mitte des Neolithikums, also um ca. 3600 v. Chr., kamen aus Nordfrankreich verschiedene Völker und Stämme auf die Britischen Inseln, angezogen von der flachen bis leicht hügeligen Landschaft, die sich besonders für die Landwirtschaft eignete. Aber auch die zahlreich vorhandenen Steinbrüche sowie in späterer Zeit die reichen Erzvorkommen (insbesondere Zink) machten dieses Land für neue Siedler so anziehend. Auf diese Weise schwappte die Megalithkultur, die in der Bretagne in imposanten Steinalleen, Steinkreisen oder Steingräbern ihren Ausdruck fand, auch nach Großbritannien über, wo sie den geographischen Gegebenheiten angepasst wurde. Das Resultat waren gewaltige, lang gestreckte Hügelgräber, kreisrunde Bauten, umgeben von tiefen Gräben und mächtigen Erdwällen (*Henges*), sowie lange, erhöhte Straßen (*Cursus*), die vermutlich als Prozessionswege gedient haben. In Irland angekommen, stießen die Neuankömmlinge schließlich auf Bedingungen, die jenen ihres Heimatlandes deutlich ähnlicher waren. Das Vorhandensein zahlreicher Steine ermöglichte die Errichtung bedeutender Megalithgräber, wobei insbesondere das Tal des Flusses Boyle – ungefähr 40 km nordöstlich von Dublin – zur Stätte einer regen, in dieser Art einzigartigen Bautätigkeit wurde. Hier gibt es nicht weniger als 25 Ganggräber mit dem für hier charakteristischen Grundriss in Kreuzform, wobei die verwendeten Steine über und über mit geometrischen und abstrakten Motiven versehen wurden, deren symbolische und religiöse Bedeutung jedoch nur zum Teil bekannt ist. Zur bedeutendsten Megalithanlage gehören fünf *Henges* sowie die drei Gräber von Knowth (dies ist das älteste und wurde ca. um 3650 v. Chr. errichtet), Dowth und Newgrange. Zweifelsohne ist das Ganggrab von Newgrange das schönste Europas und beeindruckt insbesondere durch die zahlreich vorhandenen Steingravuren.

Im Inneren des Grabes
Im Halbdunkel des Ganges scheinen Bilder von uralten Zeremonien zu Ehren vorkeltischer Gottheiten wieder lebendig zu werden.

Das Tal der Hügelgräber
Im Tal des irischen Flusses Boyne wurden in prähistorischer Zeit außergewöhnlich viele Hügelgräber errichtet.

Von Gras bedeckt
Die Randsteine von Newgrange bestehen aus weißem Quarzit, der das Sonnenlicht besonders hell reflektiert, sodass sich das Hügelgrab deutlich vom Grün der Umgebung abhebt. Auf dem unteren Bild ist ein kleineres Hügelgrab zu sehen, das sich ebenfalls hier im Tal des Flusses Boyne befindet.

Das Geheimnis von Newgrange

Das Hügelgrab von Newgrange hat einen kreuzförmigen Grundriss und wird von einem künstlich aufgeschütteten, ellipsenförmigen Hügel mit einem Durchmesser von 76 m bedeckt. Ursprünglich belief sich die Höhe dieses Hügels auf 14 m, nach umfangreichen Renovierungsarbeiten beträgt die Höhe heute wieder etwa 9 m. Der Hügel selbst besteht aus wechselnden Schichten aus Erde und weißem Quarz, wobei die Quarzblöcke am vorderen Rand unbedeckt blieben und sich somit dem Auge des Betrachters präsentieren. Die äußere Eingrenzung des Grabes ist ihrerseits von 97 grün schimmernden und reich verzierten Begrenzungssteinen umgeben, von denen jeder einzelne durchschnittlich 10 Tonnen wiegt. Der Eingang wird von einem Trilithmonument gebildet, darüber befindet sich ein rechteckiger Schlitz, der ursprünglich von einem verschiebbaren Stein verschlossen gewesen war. Am Tag der Wintersonnenwende wurde dieser schließlich zur Seite geschoben, um das Eindringen der Sonnenstrahlen zu ermöglichen. Der Eingang selbst war mit einer enormen Steinplatte (3,2 m lang und 1,6 m hoch) verschlossen, deren Oberfläche ebenfalls reich mit spiralförmigen Motiven versehen worden war. Ein großer Steinkreis aus 35 aufrecht stehenden Monolithen umgab die gesamte Grabanlage, sodass sich der Gesamtdurchmesser auf 104 m belief. Heute stehen von diesem Kreis jedoch nur mehr 12 Steine unbeschadet an ihrem ursprünglichen Platz. Der innere 19 m lange und 6,1 m hohe Gang wird von zwei Reihen fest aneinander gefügter und reich verzierter Steinquader gebildet; die Decke besteht aus knapp 100 Platten. Am Ende des Ganges liegt eine 6,5 x 5,2 m große Kammer mit einem Kraggewölbe und drei großen, seitlich offenen Alkoven, in denen sich je ein Steinblock mit einer leichten Vertiefung befindet. Sowohl die Decke als auch die Trägersteine weisen eine erstaunliche Vielfalt an Verzierungen und Ritzzeichnungen auf. Einige der Steine wurden mit Hilfe eines Körners oder Bohrers perforiert, sodass sie regelmäßig angeordnete Löcher aufweisen, deren Zweck und Bedeutung jedoch unbekannt sind.

Die besonders beeindruckenden Gravuren beim Eingang wurden neu eingeritzt, nachdem die vorherigen Muster und Linien glatt geschliffen worden waren. Die Zwischenräume zwischen den einzelnen Blöcken wurden mit Hilfe von Schutt abgedichtet, der von hiesigen Siedlungen stammte. Die darin enthaltene Holzkohle ermöglichte die Bestimmung der drei Datierungen 3400 v. Chr., 3350 v. Chr. und 3300 v. Chr. Bereits auf den ersten Blick weist das Ganggrab von Newgrange also Eigenheiten auf, die es deutlich von den anderen Gräbern entlang des Flusses Boyne unterscheiden und somit die Bedeutung dieses Bauwerks als Grabstätte in Frage stellen.

Grab oder Tempel?

Die Öffnung oberhalb des Einganges, dessen steinernes »Dach« eine Reihe eingeritzter Doppelspiralen und Rauten ziert, konnte ursprünglich mit einem verschiebbaren Stein verschlossen werden. Wurde der Stein zur Zeit der Wintersonnenwende – dies ist der kürzeste Tag im Jahr – bewegt und die Öffnung freigelegt, drang das Sonnenlicht hindurch, suchte sich seinen Weg durch den Gang und erhellte schließlich die Kammer mit den steinernen Nischen (in denen im Übrigen Reste menschlicher Asche gefunden worden waren) für eine Dauer von ungefähr 20 Minuten. Zweifellos war der Tag der Wintersonnenwende von besonderer religiöser und zeremonieller Bedeutung für die damaligen Völker und Stämme, da zu diesem Zeitpunkt die Natur neu erwacht und der ruhenden Erde neues Leben eingehaucht wird. Die eingeritzten Figuren – insbesondere die Spirale, die als dynamisches Symbol der Sonne, aber auch des Lebens selbst gilt – lassen den Schluss zu, dass Newgrange ungeachtet seiner Bauweise als Hügelgrab eher als Kultstätte gedient hat. Die besondere Ausrichtung der Anlage deutet darauf hin, dass hier heilige Zeremonien der Sonne zu Ehren abgehalten wurden. Diese wurde als Lebensspenderin gefeiert und ihr Lauf am Himmel galt als Symbol für die Reise der Verstorbenen in die jenseitige Welt. Mittels entsprechender Riten sollte die Verbindung zu den Ahnen aufrechterhalten werden. Es wird angenommen, dass die Überreste der verstorbenen Gemeinschaftsmitglieder auf die Steinblöcke in der Kammer gelegt wurden, sodass auch sie von den Lichtstrahlen der Sonne erhellt wurden. Auf diese Weise sollte ihre Präsenz aus dem Jenseits heraufbeschworen und das Fortbestehen des Stammes gewährleistet werden. Newgrange diente demnach nicht unbedingt als Grabstätte im engeren Sinn, sondern eher als unterirdischer Sonnentempel. Die Reise des Lichtstrahles ins dunkle Innere symbolisierte mit seiner Helligkeit und Wärme die Neuentstehung des Lebens sowie den ewigen Kreislauf von Geburt und Tod in der Natur. Dessen ungeachtet sind es jedoch vor allem die unzähligen in die Steine eingravierten Symbole und Zeichen, die Zweifel an der Bedeutung von Newgrange als Grabstätte im herkömmlichen Sinn aufkommen lassen.

Der Eingang
Eine gewaltige Steinplatte, genannt Threshold Stone, *liegt vor dem Eingang des Grabes von Newgrange und beeindruckt durch seine reichen Verzierungen, von denen insbesondere die als sakral geltende Dreifachspirale ins Auge sticht.*

Beeindruckende Baukunst
Die Decke des Korridors besteht aus ungefähr hundert horizontal aufliegenden Steinen gewaltiger Größe.

Die Sonne als Lebensspenderin
Das Hügelgrab von Newgrange ist von 97 großen Randsteinen (Kerbstones) *umgeben, von denen einige beeindruckende Gravuren aufweisen. Besonders häufig tauchen Spiralmotive auf, die die Sonne und das Leben selbst symbolisieren.*

Geheimnisvolle Zeichen in Stein gemeißelt

Die auf den Monolithen im Inneren des Grabes bzw. auf den 97 äußeren Randsteinen zu findenden Ritzmotive sind meist geometrischer, abstrakter Natur und stehen in engem Zusammenhang mit der zeremoniellen Bedeutung des Monuments. Am häufigsten sind »Zickzack«-Zeichnungen, gefolgt von einzelnen konzentrischen oder halben Kreisen sowie Spiralen, Bogenkaskaden, Rauten, Schlangenlinien, Dreiecken und kleinen Vertiefungen bzw. Löchern. Am beeindruckendsten sind die Spiralen, die einzeln, doppelt oder als Dreifachspiralen u. a. die gesamte Steinplatte vor dem Eingang sowie den Deckstein der Kammer zieren. Die Spiralform findet sich auch in anderen Megalithbauten wie z. B. im Tempel von Al-Tarxien in Malta, der ebenfalls steinerne Becken enthält und durch einen Trilith-Eingang zu betreten ist. Die Häufigkeit des Spiralmotivs lässt darauf schließen, dass auf diese Weise nicht nur der Lauf der lebensspendenden Sonne, sondern im weiteren Sinne auch die ebenfalls lebensspendende göttliche »Erdmutter« symbolisiert werden sollte. Obwohl die Anlage von Newgrange durchaus Gemeinsamkeiten mit anderen Tempeln erkennen lässt, ist sie in vielerlei Hinsicht einzigartig: So gibt es eine Reihe von Motiven, die tatsächlich nur hier zu finden sind, obwohl mehr als 700 der im Tal des Flusses Boyne aufgestellten Monolithen Felszeichnungen aufweisen. Experten gehen davon aus, dass mittels dieser speziellen Symbole verschiedene Himmelsphänomene festgehalten wurden. So wurde z. B. in den äußeren Randstein »K52« eine ganze »Himmelskarte« geritzt, die als eine Art »Sonnenkalender« interpretiert wird und die den engen Zusammenhang zwischen der lebensspendenden Kraft der Sonne und der Natur bzw. den Menschen verdeutlicht. Die ovale Form des künstlich aufgeschütteten Hügels sowie der lange unterirdische Gang und die dunkle Kammer am Ende scheinen das Innere des Mutterleibes zu symbolisieren. Eine häufig übergangene Besonderheit stellt die hohe Säule im Inneren dar, zu deren beiden Seiten in früherer Zeit zwei Kugeln aus Kreidestein gelegen sind. Diese Säule stellte vermutlich das männliche Fortpflanzungsorgan als Gegenstück zum Weiblichen dar und gibt somit Einblick in die tiefere Bedeutung der Anlage von Newgrange, deren Funktion als Grab, Tempel oder Observatorium bis heute umstritten ist.

Sitz der Götter?
Das untere Bild zeigt eines der Steinbecken, deren genaue Bedeutung jedoch bis heute nicht bekannt ist. In der keltischen Mythologie war Newgrange der Sitz des Gottes Aengus.

CHRONIK EINER WINTERSONNENWENDE

Professor Michael O'Kelly (Universität von Cork) erlebte 1969 den Tag der Wintersonnenwende im Inneren des Ganggrabes von Newgrange und hielt diese minutiös fest: »Genau um 9.54 Uhr des 21. Dezember tauchte der obere Rand der Sonnenscheibe am hiesigen Horizont auf, und um 9.58 Uhr schien der erste direkte Sonnenstrahl in die Öffnung oberhalb des Eingangs. Langsam tastete der Strahl sich durch den Korridor vor und berührte dabei fortschreitend den Boden bis zum vorderen Rand des steinernen Beckens in der Kammer. Als der dünne Strahl sich langsam auf eine Breite von 17 cm ausdehnte und über den Boden der Kammer strich, wurde das Becken schließlich in strahlendes Licht getaucht. Auch das vom Boden reflektierte Licht erhellte nun die seitlichen Nischen und das Kraggewölbe und ließ die verschiedenen Details hervortreten. Exakt um 10.04 Uhr zog sich das Lichtbündel wieder langsam zurück und verließ um punkt 10.15 Uhr endgültig die Kammer.«

Der kürzeste Tag
Am Tag der Wintersonnenwende, dem kürzesten Tag des Jahres, wird die Grabkammer im Inneren für 17 Minuten von der Sonne erhellt.

DIE TEMPEL VON MALTA, DER ERDMUTTER GEWEIHT

Zwischen 3600 und 2500 v. Chr. errichtete eine hochentwickelte Zivilisation in Malta 30 megalithische Tempel, in denen Überreste weiblicher Statuen der Erdmutter gefunden wurden. Welche Geheimnisse bergen diese faszinierenden Bauten? Wer war dieses Volk? Warum war die Insel im Jahr 2500 v. Chr. plötzlich wieder verlassen? Welche Bedeutung haben die tiefen, an Gleise erinnernden Rillen, die im Kalkstein auf der ganzen Insel zu finden sind?

Ungefähr 5000 v. Chr. erreichten die ersten Siedler die Mittelmeerinsel Malta. Es handelte sich hier um Bauern und Viehzüchter, die aus der Gegend um Stentinello bei Siracusa (Sizilien) stammten. Bezeichnend für diese Kultur war die Herstellung bestimmter Keramiken, die sich durch Verzierungen mit geometrischen Figuren, hervorgehoben durch weiße Farbe, deutlich von anderen unterschieden. In den folgenden Jahrhunderten kamen weitere Völker von Sizilien nach Malta, deren kulturelle Zuordnung ebenfalls anhand der jeweiligen Keramiken möglich war. Ungefähr ab dem Jahr 3600 v. Chr. begann man auf der Insel Gozo mit der Errichtung der megalithischen Tempel von Ggantija (»Turm der Riesen«); danach folgte eine Übergangszeit (von 3300 bis 3000 v. Chr.), in der die unterirdische Tempelanlage von Hal Saflieni entstand. Die Blütezeit der maltesischen »Tempelzivilisation« war um ca. 2500 v. Chr. erreicht, als auch die Anlagen von Mnaidra, Hagar Qim und Tarxien entstanden, die allesamt reich mit Spiralmotiven und Symbolen verziert waren, die der im Mittelmeerraum häufig verehrten Erd-

Die Riesen von Gozo
Auf der Insel Gozo wurden um 3600 v. Chr. die neolithischen Tempelanlagen von Ggantija errichtet. Die zwischen 1816 und 1820 entdeckten Überreste gehören zu den besterhaltenen Megalithmonumenten Maltas.

Altes und Neues vereint
Das untere Bild zeigt eine Ansicht der Hauptstadt Valletta. Auf dem kleineren Bildausschnitt sind die Reste der megalithischen Tempelanlage von Ggantija zu sehen.

Der Tempel von Hagar Qim
Die maltesischen neolithischen Bauten sind wahre architektonische Meisterleistungen, insbesondere in Anbetracht der primitiven Werkzeuge, mit denen sie errichtet wurden.

mutter zugeordnet werden. Für die Zeit danach gibt es jedoch keinerlei Spuren mehr, die auf diese Kulturen verweisen, und es scheint beinahe so, als wären sie aus bis heute unbekannten Gründen plötzlich vom Erdboden verschwunden. Neuankömmlinge nutzten die Tempelanlagen von Tarxien über 1000 Jahre als Begräbnisstätte für ihre Toten und errichteten einfache Dolmen, wie sie auch in Salento (Apulien) zu finden sind – ein möglicher Hinweis zur Herkunft der neuen Siedler. Um 1500 kamen erneut Zuwanderer aus Sizilien nach Malta, die sich hier in befestigten Dörfern niederließen. In dieser Zeit scheinen auch die tiefen und in höchstem Maße geheimnisvollen »Karrenspuren« entstanden zu sein, die wie Gleise die gesamte felsige Inseloberfläche überziehen. Später nahmen die Karthager, die Phönizier und die Römer die Insel in ihren Besitz. Seit der Errichtung der Megalith-Tempel von Malta waren nunmehr bereits Tausende von Jahren vergangen und ihre Erbauer längst in Vergessenheit geraten.

TIEFE SPUREN IM FELSEN

Die Inseln von Malta bewahren mehr als nur ein Geheimnis: So stellen z. B. die mysteriösen »Karrenspuren« oder »Cart-Ruts« die Wissenschaft vor ein bislang ungelöstes Rätsel *(unten)*. Es handelt sich hier um V-förmige, häufig parallel verlaufende Furchen, die sich in einem Abstand von ca. 1,30 m voneinander befinden und eine Tiefe von durchschnittlich 6 bis 10 cm aufweisen. Diese »Gleise« verlaufen über die felsige Oberfläche von Malta und Gozo und führen sowohl durch Täler als auch über Berge. Insbesondere die Kreuzungen fallen ins Auge, die sich kaum von den modernen Gleisanlagen in den Bahnhöfen unserer Zeit unterscheiden. Auch die Stellen, an denen die tiefen Spuren vom Strand ins Meer führen und hier verschwinden, sind beeindruckend. Die Tatsache, dass einige der Spuren durch punische Grabanlagen voneinander getrennt wurden, beweist, dass die tiefen Furchen älter sein müssen, doch eine genaue Datierung ist nicht möglich. Einige der »Gleise« führen von alten Tuffsteinbrüchen bis zu den Toren von Dörfern aus der Bronzezeit, sodass sie vielleicht tatsächlich für irgendeine Art von Transportsystem dienten. Doch wer hat die mit Rädern oder Kufen versehenen und mit Tuffstein vollbeladenen Karren bzw. Schlitten gezogen? In der Ebene könnten es vielleicht Lasttiere gewesen sein, doch diese hätten niemals eine Steigung von 45° bewältigen können. Nur Menschen wären dessen fähig gewesen. Die momentan geltende Datierung auf 1500 v. Chr. bis 700 v. Chr. kann einen früheren Ursprung nicht ausschließen. Allem Anschein nach bleibt dieses Rätsel jedoch ebenso wie viele andere des prähistorischen Maltas auch weiterhin ungelöst.

Architektonische Meisterleistungen aus grauer Vorzeit

Die megalithischen Tempel von Malta sind die ersten vom neolithischen Menschen geplanten und umgesetzten Anlagen im Mittelmeerraum. Die an mehreren Orten entstandenen Bauten wirken majestätisch und spiegeln eine bis zum damaligen Zeitpunkt noch nie da gewesene Kreativität und Innovativität wider. Ihre typische Form wurde über mehr als ein Jahrtausend beibehalten, einzig und allein die Art der Errichtung änderte sich infolge neu erworbenen architektonischen Wissens oder aufgrund veränderter religiöser Vorstellungen. Um die Anlage wurde eine gewaltige Außenmauer errichtet, deren Form meist an ein liegendes »D« erinnerte. Im Inneren befanden sich unterschiedlich viele Kammern (zwei bis sechs), die symmetrisch einander gegenüberliegend oder in Form eines dreiblättrigen Kleeblattes angeordnet wurden und auf einen Korridor oder einen zentralen Hof – oder auch auf beides – ausgerichtet waren. Die Räume waren apsidial oder oval und von einem starken Mauerwerk begrenzt. Zwischen der äußeren Schutzmauer und den Wänden lag ein Abstand von bis zu 5 m, der zur Gänze mit Erde, Schutt und Geröll gefüllt wurde. Die runde Form dominierte bis ins kleinste Detail, es existierten keinerlei scharfe Kanten oder Ecken.

Vom drei- zum vierblättrigen Kleeblatt
Der Tempel von Ta' Hagrat war ursprünglich in Form eines dreiblättrigen Kleeblattes angelegt, in späterer Zeit wurde dann eine der Apsiden geteilt.

In den zentralen Innenhöfen befanden sich Altäre sowie Schalen, Vasen und Statuen von beeindruckender Größe, die bei der Durchführung der religiösen Riten benötigt wurden. Auch Tiere wurden bei verschiedenen Zeremonien geopfert. Die vom Halbrund dominierten Fassaden der Anlagen blickten auf weitreichende Plätze; häufig befand sich an den Wänden neben den aus gigantischen Steinblöcken gebildeten Trilitheingängen ein steinerner Thron. Die Decken bestanden aus Holz, doch sind davon keinerlei Überreste mehr vorhanden. Die enorme Größe der Kalksteinblöcke, mit denen die Außenmauer errichtet worden war, wirft eine Reihe von Fragen in Zusammenhang mit dem Abbau des Gesteins sowie dessen Bearbeitung und Transport auf, zumal die Malteser in jener Zeit nur Steinwerkzeuge zur Verfügung hatten.

Maltas Legenden

Einer Legende zufolge waren die megalithischen Tempel Maltas von einer Gruppe halbgöttlicher Riesen errichtet worden, da nur sie allein über ausreichende Kräfte verfügten, um die gewaltigen Kalksteinblöcke der Erde zu entreißen und zu transportieren. Am Rand der auf der Insel Gozo liegenden Hochebene von Xaghra befinden sich die beiden Tempel der Anlage von Ggantija, umgeben von einer 6 m

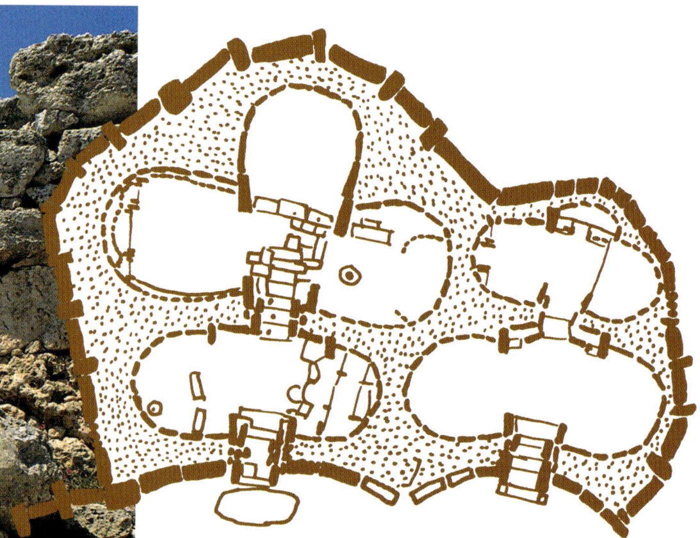

Runde Formen dominieren
Charakteristisch für die Megalithbauten Maltas ist das Fehlen von scharfen Kanten und Ecken. Sowohl die umgebenden Mauern als auch die inneren Wände der Kammern waren von den Erbauern sorgfältig abgerundet worden. Links und oben: die Anlage von Ggantija.

Spiralen des Lebens
Die Spirale als Symbol für Kreativität und das Leben an sich ist in vielen alten Kulturen präsent, häufig auch in Form einer Schlange oder eines Hakenkreuzes.

hohen und aus enormen Monolithen bestehenden Außenmauer. Der südliche Tempel ist der ältere und größere der beiden. Im Gegensatz zu den in früherer Zeit entstandenen Anlagen von Kordin und Ta' Hagrat, die in Form eines dreiblättrigen Kleeblatts erbaut worden waren, wurden hier erstmals fünf apsidiale Räume errichtet. Ein imposanter Eingang aus zwei Reihen perfekt gearbeiteter Orthostaten führt in zwei einander gegenüberliegende Kammern; ein weiterer, dem Eingang gegenüberliegender Durchgang führt in drei größere Räume, die in Form eines dreiblättrigen Kleeblatts angelegt und auf einen ebenso wie die Gänge gepflasterten Hof ausgerichtet sind. In der größten Kammer (10,5 x 9 m) befindet sich ein Altar aus horizontal gelagerten Kalksteinplatten, die auf kleinen Säulen ruhen und von zwei hohen, vertikalen Monolithen in drei Teile unterteilt sind. Die sich nach innen neigenden Innenwände der Räume müssen einst verputzt und bemalt gewesen sein. Mehrere Löcher in verschiedenen Monolithen weisen darauf hin, dass es hier Türen gegeben hat; andere Steine weisen spiralförmige Erhebungen auf oder sind über und über mit kleinen Löchern und Vertiefungen bedeckt, die mit Hilfe eines Bohrers entstanden sein müssen. Neben den Altären sind hier auch Nischen, Tabernakel, Steinvasen und kleine viereckige Gucklöcher – in den Wänden als Scharten, in den Böden als Öffnungen – zu finden, allesamt Details, die auf ein hohes Maß an architektonischem Wissen verweisen. Der nördliche, kleinere Tempel verfügt über vier einander gegenüberliegende und nahezu halbrunde Kammern; zur Erhöhung der Stabilität wurden auf den oberen Rändern bei den Eingängen sowie in den Kammern bei den Stützträgern konkav geformte Steinblöcke eingepasst.

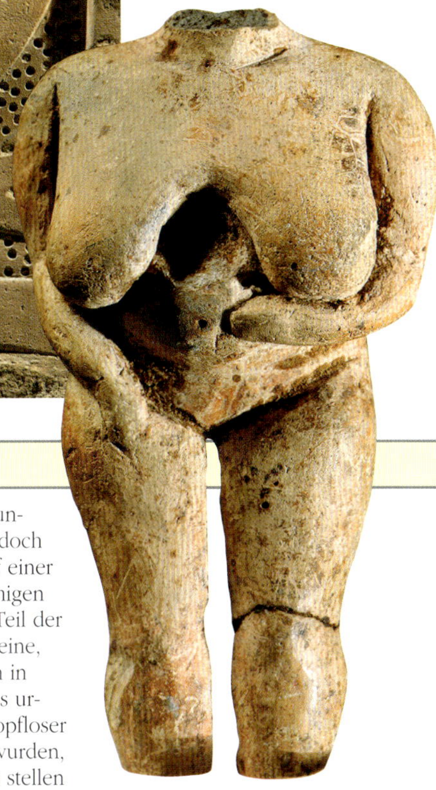

DIE STEINERNEN FRAUEN VON MALTA

Die gewaltige Frauenstatue, die im Tempel von Tarxien gefunden wurde *(siehe Seite 49)*, ist zwar nicht mehr vollständig, doch lässt sie eine ursprüngliche Größe von ca. 3 m erahnen. Auf einer im Hof des südlichen Tempels stehenden und mit spiralförmigen und geometrischen Motiven verzierten Platte ist der untere Teil der Statue noch erhalten geblieben: Zwei überproportionierte Beine, zum Teil verdeckt mit einem in Falten gelegten Rock, enden in zwei gut geformten und normal proportionierten Füßen. Das ursprüngliche Aussehen lässt sich aufgrund zweier weiterer kopfloser Statuen erahnen, die im Tempel von Hagar Qim gefunden wurden, die eine aufrecht stehend, die andere sitzend: Beide Statuen stellen üppig geformte weibliche Gottheiten dar, deren Schenkel und Gesäße gewollt überproportional dargestellt wurden. Die Bedeutung derartiger Skulpturen lässt sich aufgrund einer weiteren Statue nachvollziehen, die als »Venus von Malta« *(rechts)* bezeichnet wird. Der nackte Frauenkörper ist üppig gearbeitet und besitzt zwei große und doch natürlich wirkende Brüste. Die im Hypogäum von Hal Saflieni gefundene Skulptur der »Schläferin von Malta« *(links)* lässt sich hingegen nicht so ohne weiteres einordnen: Hier wurde eine ausnehmend üppig geformte weibliche Figur mit entblößter Brust und einem die Beine bedeckenden Faltenrock dargestellt, während sie auf einem Bett liegt und scheinbar schläft. Den Kopf hat sie dabei auf den abgewinkelten Arm gebettet. Zweifellos fanden im Hypogäum Zeremonien statt, so könnte es also sein, dass hier das Abbild einer Priesterin entstanden ist, die vielleicht im Schlaf geheimnisvolle Botschaften von den Göttern oder den Verstorbenen aus der jenseitigen Welt empfängt. Die Megalith-Tempel von Malta enthielten jedoch auch phallische Symbole sowie Zeichnungen von Tieren (Ziegen, Hammel, Ochsen, Stiere, Schweine), sodass auch die Existenz eines weitgreifenden Fruchtbarkeitskultes möglich erscheint. Die insbesondere im Tempel von Tarxien immer wieder auftretenden Spiralformen (einfache, doppelte oder mehrfache Spiralen) werden von Experten als Symbol für einen Kult gedeutet, in dessen Zentrum das Leben an sich stand.

Das Hypogäum von Hal Saflieni

In der Nähe der maltesischen Stadt Paola befindet sich das ebenso beeindruckende wie rätselhafte Hypogäum von Hal Saflieni. Diese Megalithanlage war vermutlich als Bindeglied zwischen der Welt der Lebenden und der Welt der Toten erbaut worden, deren beider Schicksal in den Händen einer Fruchtbarkeitsgöttin lag. Das Hypogäum besteht aus einem komplizierten Labyrinth aus Gängen und Kammern, das sich über drei unterirdische Ebenen erstreckt. In der bis zu 10,5 m in die Tiefe reichenden Anlage wurden die Überreste von 6000 bis 7000 Menschen gefunden.
Die Trilitheingänge, die runde Form der Kammern und die ockerfarbenen Spiralornamente an den Wänden und den gewölbten Decken helfen ebenso wie die zahlreichen Altäre und Nischen dabei, sich von den an der Oberfläche befindlichen Tempeln ein besseres und detaillierteres Bild zu machen. Auf der zweiten Ebene des Hypogäums befindet sich der »Orakelsaal«, ein rechteckiger Raum mit einer kleinen Nische in Augenhöhe, die ein besonderes Geheimnis birgt: Werden hier einige Worte gesprochen oder auch nur geflüstert, sorgt eine ungewöhnliche Akustik dafür, dass sie gut verständlich von Wand zu Wand hallen. Vielleicht wurden auf diese Weise bedeutende Weissagungen oder Botschaften empfangen und weitergeleitet. Im Zentrum des Hypogäums liegt der »Wartesaal«; von hier aus gelangt man in die »Hauptkammer«. Das dahinterliegende »Sancta Sanctorum« war der Durchführung von Zeremonien vorbehalten. Allen Räumen gemein sind angedeutete Trilitheingänge, abgerundete Stützträger und großzügige Kraggewölbe. Experten sind der Meinung, dass die Anlage von Hal Saflieni Eingeweihten vorbehalten und somit der Öffentlichkeit nicht zugänglich war. Neben bedeutenden Ritualen und Zeremonien fanden hier aller Wahrscheinlichkeit nach auch Sekundärbestattungen statt – doch wie lässt sich die außergewöhnlich hohe Anzahl von 7000 hier entdeckten Skeletten erklären?

Der obere Tempel von Mnaidra
Die großen, für den Bau verwendeten Blöcke bestehen aus gelblichem Globigerin-Kalkstein, der in dieser Gegend häufig vorkommt. Im Hintergrund ist die Insel Filfola zu sehen.

Schädel von außergewöhnlicher Größe
Im Hypogäum von Hal Saflieni wurden die Überreste von ca. 7000 Menschen gefunden. Für die Archäologen erwies sich insbesondere die Tatsache, dass einige Schädel eine erstaunliche Größe aufwiesen, als besonders interessant.

Tempel mit Meeresblick
Die drei Tempel der Anlage von Mnaidra wurden auf zwei Ebenen errichtet und mit großen Steinblöcken in unterschiedlichen Perioden erbaut.

Mnaidra und Hagar Qim

An der westlichen Küste Maltas, gegenüber der Insel Filfola, liegen die drei Tempel von Mnaidra. Alle drei Tempel stammen aus unterschiedlichen Perioden und sind auf einen halbkreisförmigen, über zwei Ebenen reichenden Hof ausgerichtet. Der oberste Tempel ist der älteste; sein Grundriss entspricht einem dreiblättrigen Kleeblatt und wiederholt somit die Form der Anlagen von Ggantija. Der untere Tempel ist am besten erhalten und beeindruckt durch eine wunderschöne konkave Fassade sowie durch zwei Kalksteinblöcke im Inneren, die mit einer Vielzahl von dekorativen Lochmustern versehen wurden. Interessant sind auch schlitzförmige Öffnungen, die vermutlich für Weissagungen von Bedeutung waren. Der jüngste Tempel steht in der Mitte und verfügt über einen monumentalen Eingang. Auf einem Stein wurde eine eingemeißelte Zeichnung gefunden, die die gesamte Tempelanlage zeigt. Im südlichen Tempel, der in der ältesten Tarxien-Periode errichtet wurde, enthalten die ersten beiden einander gegenüberliegenden Kammern große Wandnischen sowie ein Trilithmonument, das über und über mit kleinen Bohrlöchern verziert ist. Die Tatsache, dass sich eine Reihe von Kalksteinblöcken gleichmäßig und fortlaufend nach innen neigen, weist darauf hin, dass die Räume ursprünglich mit einem Kraggewölbe überdacht gewesen waren.

In kurzer Entfernung von der Anlage von Mnaidra befindet sich auf einer Anhöhe der größte Megalithkomplex der Insel, der Tempel von Hagar Qim. Die Fassade der mehrfach ausgebauten Anlage ist äußerst beeindruckend und umfasst einen 5 m hohen, aus dem Mauerwerk ragenden Monolithen sowie die größte bekannte Kalksteinplatte mit einer Höhe von 7 m und einem Gewicht von 20 Tonnen. Einige der Kammern, die auf den Innenhof hinausgehen, sind mit »pilzähnlichen« Altären ausgestattet, die auf kleinen, mit Lochmustern versehenen Pfeilern ruhen. Des Weiteren befinden sich hier durchbohrte Kalksteinblöcke und Nischen, in denen weibliche Statuen – u. a. die berühmte »Venus« – gefunden wurden.

Die Stimme der Götter
Die Innenwände der Tempel von Mnaidra (unten) wiesen kleine Öffnungen auf, dahinter verbargen sich geheime Kammern, in denen sich vermutlich die Priester bei ihren Weissagungen verborgen hielten.

ANATOLISCHE SPUREN IN DEN ALPEN

Die Entdeckung einer megalithischen Kultstätte im italienischen Aostatal wirft eine Reihe von Fragen auf, da hier – inmitten der Alpen – Spuren von anatolischen Siedlern gefunden wurden. Welche Bedeutung hatte dieses Gebiet für die kleinasiatischen Stämme und in welcher Verbindung steht es zu den Legenden über die Helden Kadmos, Jason und Herakles? Und welche Personen sollten die menschenähnlichen Stelen darstellen?

Zu den überraschendsten archäologischen Entdeckungen der zweiten Hälfte des 20. Jahrhunderts gehört zweifellos die Megalithkultstätte von Saint-Martin-de-Corléons westlich von Aosta. Die Monumente wurden ungefähr zwischen 2900 und 2000 v. Chr. von Stämmen frequentiert, die in mehreren Immigrationswellen über verschiedene Wege aus dem Osten nach Europa und in die Alpen kamen. Als man hier im Jahr 1969 mit Grabungen für ein Bauvorhaben begann, wurden in einer Tiefe von 6 m die ersten Spuren einer eindeutig prähistorischen Kultstätte entdeckt. Die nachfolgenden, unter der Leitung des Archäologen Franco Mezzena durchgeführten Untersuchungen dauerten nahezu 30 Jahre und die in diesem Zeitraum ans Licht gebrachten Monumente zeugen von einer religiös und kulturell weit entwickelten Zivilisation. Die heute durch Holzschuppen geschützte und teilweise wieder eingegrabene Anlage ist aus historischer Sicht von einzigartiger Bedeutung, da hier erstmals ein komplexes Gesamtbild, resultierend aus der mannigfachen Besiedlung, untersucht und erforscht werden kann. Ungefähr im 3. Jahrtausend v. Chr. überquerten aus Armenien und Transkaukasien stammende Völker die Alpen, um sich hier in den Tälern niederzulassen. An einer Stelle im

Stelen in Menschengestalt
Diese aus mehreren Fragmenten zusammengesetzte Stele trägt ein reich verziertes Gewand, Pfeil und Bogen, eine Kette und einen breiten Gürtel. Möglicherweise dienten diese Attribute der Darstellung einer männlichen Gottheit.

Megalithische Kultstätte
Dieses Bild zeigt die Ausgrabungsstätte in Saint-Martin-de-Corléans. Sowohl die Gräber als auch die Aneinanderreihung der Löcher, in denen die Totempfähle gestanden haben, sind deutlich sichtbar.

Steingräber
Auf dem nebenstehenden Bild ist der auf einer aus Geröll gebildeten dreieckigen Basis ruhende Dolmen zu sehen. Das untere Bild zeigt ein Dolmengrab ohne Trägerstein.

Geweihter Boden
Auf dem über beide Seiten gehenden Bild sind Pflugspuren zu erkennen, die im Zuge eines sakralen Rituals in den Boden gegraben wurden.

Aostatal, an der sich die Gebirgspässe des Großen und des Kleinen Sankt Bernhards kreuzen, errichteten sie neben einer Ansiedlung auch die erste freistehende Kultstätte in diesem Gebiet. Dazu stellten sie auf einer Ebene eine Reihe von hölzernen Pfosten enormer Größe auf – eine Art Aneinanderreihung von Totems –, die von Nordosten nach Südwesten blickten. Gestützt wurden diese Pfähle von gewaltigen Steinen, an die heute jedoch nur mehr die tiefen Löcher im Boden erinnern. In den Löchern fand man die Überreste von verbrannten Widderköpfen.

Von der Kultstätte zur Nekropole

Nicht lange danach, ungefähr zwischen 2700 und 2600 v. Chr., wurde die Anlage vergrößert, sodass die Totempfähle nunmehr Teil einer weitläufigen Kultstätte waren. Dazu wurde der Boden sorgfältig gepflügt und umgeackert und an einer Stelle innerhalb der Furchen eine Vielzahl an menschlichen Zähnen (zum größten Teil Schneidezähne) ausgesät. Experten sind der Meinung, das dieses einzigartige Weiheritual dem Aufstellen von 35 2 m großen und 1 m breiten anthropomorphen Stelen vorangegangen ist. Heute liegen diese großen Monolithen in Trümmern, da sie von nachkommenden Völkern zur weiteren Verwendung zerstört worden waren. Das Gesicht der steinernen Gestalten war ebenso wie die Arme und Beine nur angedeutet, das Gewand mit breitem Gürtel hingegen reich verziert. Die Gravuren, die die menschenähnlichen Stelen schmücken, sind besonders fein gearbeitet und zeigen Äxte und Pfeile und Bögen sowie Wehrgehänge aus Doppelspiralen und Luren (bronzenes Blasinstrument). Diese Gegenstände weisen auf eine patriarchalische Kultur hin, in der männliche Helden als Götter verehrt wurden – weibliche Figuren sind deutlich in der Minderzahl. War diese Kultstätte also eine Art primitives Pantheon, in dem diese Menschen, die ihre weit entfernte Heimat verlassen hatten, um hierher zu kommen, ihre Götter der Stein-Bronze-Zeit verehrten?

Die großen Gräber

Die Kultstätte bestand bereits seit über drei Jahrhunderten, als zwischen 2400 und 2300 v. Chr. mit der Errichtung von großen Megalithgräbern begonnen wurde. Die beeindruckenden viereckigen Dolmen bestehen zum Teil aus vier bearbeiteten und geschliffenen Tragsteinen mit nur einem Deckstein, wobei viele der hier aufgestellten Blöcke nicht aus dieser Gegend stammen. Einer der Dolmen besitzt seitlich eine türartige Öffnung, bei einem anderen ist der Deckstein über und über mit Kupellen verziert, die miteinander durch kleine Kanäle verbunden sind. Der größte Dolmen wurde auf eine dreieckige Grundplatte aus Geröll platziert, die wie ein Schiffsbug gearbeitet wurde. Sollte auf diese Weise ein »Begräbnisschiff« symbolisiert werden? Oder sollte an die Schiffsreise erinnert werden, die der Verstorbene unternommen hatte, um hierher zu gelangen? Die Scherben eines glockenförmigen Schnurkeramikbechers, die in zwei Fundamentgräben gefunden wurden, geben Auskunft über die Herkunft jener Stämme, die die Dolmen errichtet hatten. Ein 15 m langes und über 2 m breites Ganggrab entpuppte sich als Gemeinschaftsgrab, doch muss dieses erst noch genauer untersucht werden. Eine Schicht aus weißen Quarzfragmenten lässt die Vermutung zu, dass es sich hier um ein Grabmal eines der Stammesführer handelt: Im Inneren befinden sich mehrere intakte Gräber; in einem davon liegt das ausgestreckte Skelett eines Mannes (vielleicht des Anführers?), der in der linken Hand den enthaupteten Schädel einer jüngeren Person hält – dem schön geformten Gebiss nach zu urteilen, gehörte er vermutlich einer Frau. Auch diese Form der Bestattung entspricht den Gebräuchen östlicher Kulturen, die häufig auch Menschenopfer beinhalteten. Könnte es sich hier also um das sehr umstrittene Ritual der Witwenopferung gehandelt haben?
In der nachfolgenden Zeit wurde dieses Gebiet von seinen Siedlern verlassen. Erst gegen 2000 v. Chr. kamen neue Stämme hierher und errichteten hier eine Nekropole mit kleinen Einzelkistengräbern aus Stein. Dafür verwendeten sie die vorhandenen Stelen und zertrümmerten sie bei Bedarf. Im Lauf der folgenden Jahrtausende wurde die Anlage infolge der Überschwemmungen des Flusses Dora Baltea unter einer dicken Schicht aus Sand und Schlamm begraben, die von den Archäologen mit großer Geduld Stück für Stück wieder abgetragen wurde. Kürzlich durchgeführte Studien haben gezeigt, dass die Totempfähle, die rituelle Umackerung des Bodens und die links von den Pfählen angeordneten Stelen so ausgerichtet sind, dass sie dem kompletten, 18,61 Jahre dauernden Lauf des Mondes über den Nachthimmel folgen. Eine Seite der Plattform des großen Dolmen blickt genau in Richtung des Sonnenaufgangs während der Wintersonnenwende, andere Gräber sind auf die Untergangsposition des Sternes Deneb aus dem Sternbild des Schwans ausgerichtet. Wurde also auch hier bei der Errichtung dieser sakralen Stätte auf die Himmelsbeobachtung Bedacht genommen?

Beeindruckende Gräber
Das nebenstehende Bild zeigt die sorgfältig gearbeitete Öffnung, die den Zugang in jenen Dolmen ermöglichte, der auf einer dreieckig geformten Basis ruhte (2400–2300 v. Chr.). Oben ist ein Ausschnitt einer anthropomorphen Stele zu sehen.

Aosta und die Helden der Antike

Die eindeutige Zuordnung der gefundenen Rillenkeramiken macht es möglich, die verschiedenen Völker zu unterscheiden, die von den Ostküsten des Schwarzen Meeres und von Transkaukasien kommend ungefähr um 2900 v. Chr. das Aostatal erreichten. Mittels der gefundenen Tonfragmente konnte die Reiseroute dieser Stämme rekonstruiert werden: Demnach gab es sowohl in Poliochni auf der Insel Lemno als auch auf Lipari (Insel nördlich von Sizilien) diverse Siedlungen; eine Gruppe kam wahrscheinlich von Sardinien und Korsika zu den Mündungen der Rhone, während eine andere Gruppe von der Insel Elba aus die Mündungen des Flusses Magra erreichte, um über Lunigiana, wo sich ein weiterer Komplex mit anthropomorphen Stelen befindet, und über die Poebene in die alpinen Täler vorzudringen. Doch wer waren diese Menschen? Handelte es sich vielleicht um das Volk der *Ligues*, von den Römern Ligures genannt, also die Vorfahren der Ligurer? Waren sie diejenigen, die den Pflug, den Wagen, das Wissen um die Metallurgie und die für die Navigation auf den Meeren und Flüssen notwendigen astronomischen Kenntnisse der Astronomie in den westlichen Mittelmeerraum gebracht haben? Organisierten sie die erste systematische Überquerung der alpinen Gebirgskette? Die megalithische Nekropole von Aosta lässt zudem noch faszinierendere Verbindungen und mythisch-magische Zusammenhänge vermuten: So waren es nach der griechischen Mythologie die drei Helden Kadmos, Jason und Herakles, die den Westen eroberten und besiedelten. Die Reiseroute der letzteren beiden entspricht im Mittelmeer- und Atlantikraum bzw. entlang der Flüsse des kontinentalen Europas erstaunlicherweise in vielerlei Hinsicht dem tatsächlichen Weg, den die Völker aus dem Osten den Spuren der Rillenkeramikfragmente folgend zurücklegten.

Jason, der Argonautenführer
Diese Verzierung auf einer Vase aus dem 5. Jahrhundert v. Chr. zeigt Jason mit Athene. Jason, der der Legende nach die Argonauten nach Kolchis führte, gilt als einer der Eroberer des Westens.

DIE NEKROPOLE »PETIT CHASSEUR« VON SION

Die Tatsache, dass aus Anatolien kommende Völker das Aostatal besiedelten, wird auch durch eine andere bedeutende Megalithkultstätte bewiesen, nämlich durch die Nekropole »Petit Chasseur« von **Sion** (Schweiz). Sowohl hinsichtlich der Chronologie (ca. 2900 bis 2000 v. Chr.) als auch hinsichtlich der Übergangsperioden lassen sich hier auf der Nordseite der Alpen eine Vielzahl von Gemeinsamkeiten mit der Kultstätte von Saint-Martin-de-Corléans feststellen: So wurde auch in Sion ein großer Dolmen auf einer dreieckigen, 16 m langen Grundplatte *(Bild rechts)* errichtet, es wurden 20 menschenähnliche Stelen aufgestellt, die einem Kriegsgott geweiht waren und 10 große Menhire wurden in einer Linie aufgestellt. Des Weiteren bauten Neuankömmlinge auch hier 11 steinerne Kistengräber und verwendeten dazu die Stelen als Decksteine. Später wurde die entstandene Nekropole von Stämmen der Glockenbecherkultur, die aus dem Rhonetal hierher gekommen waren, übernommen. Auch die Gräber in Sion wurden schließlich von neuen Invasoren geplündert, bevor diese ebenfalls dieses Gebiet wieder verließen. Angesichts dieser Übereinstimmungen steht zweifelsfrei fest, dass die prähistorischen Anlagen der Kultstätten im Aostatal und in Sion von denselben Völkern errichtet wurden, die dieselben Wege über die Alpen nahmen und denselben Angriffen von feindlichen Invasoren ausgesetzt waren. Die Spuren neolithischer Siedlungen auf den Anhöhen in der Nähe der beiden Städte zeigen die frühe Besiedelung beider Gebiete – doch die Frage, welcher der beiden Orte zuerst von den aus dem Osten kommenden Immigranten in Besitz genommen wurde, ist bis heute nicht geklärt.

Das Orakel von Delphi

Im antiken Griechenland galt das berühmte Orakel von Delphi als der «Nabel der Welt». Doch welchem Zweck diente der *Thòlos von Marmarià?* Warum fiel Pythia während ihrer Sitzungen in Trance? Welche Bedeutung hatte der Stein *Omphalòs* (»Nabel«) im Apollonheiligtum? Und trafen die Weissagungen auch tatsächlich ein?

Im Herzen von Griechenland befindet sich in einer Höhe von 570 m über dem Meeresspiegel auf den südwestlichen Hängen des geheimnisvollen Berges Parnassos das Apollonheiligtum. Diese nicht weit vom Golf von Korinth entfernte und inmitten einer herrlichen Landschaft gelegene Orakelstätte ist sowohl aus kulturhistorischer als auch aus archäologischer Sicht von einzigartiger Bedeutung.
Die Tempelanlage blickte auf das Tal des Flusses Pleistos hinab, über ihr befanden sich die vorspringenden felsigen Wände der Phaidriaden (die »Glänzenden«), die die Schlucht von Kastalia bilden, in der eine heilige Quelle entsprang. Auf mehreren, künstlich errichteten Terrassen gebaut, war die Orakelstätte von einer 190 m langen und 135 m breiten Mauer umgeben, die von neun Pforten unterbrochen war. Ein sakraler Prozessionsweg führte den Hügel zwischen ungefähr zehn kleinen Schatzhäusern hinauf, die hier von verschiedenen griechischen Städten errichtet worden waren, um regelmäßig Opfer darbringen zu können. Im Tempelkomplex standen 3000 Statuen und andere Kunstgegenstände, von denen jedoch nur mehr eine äußerst geringe Anzahl erhalten ist. Im oberen Bereich des Apollontempels hielt

Tempel einer Göttin
Das obere Bild zeigt den Thòlos von Marmarìa neben dem Tempel der Athene in Delphi. Der Beiname Pronaia bedeutet »vor dem Tempel« und ist darauf zurückzuführen, dass die Pilger, die zum Apollontempel reisten, zuerst hier ankamen.

Apollon und Pythia
Die Legende besagt, dass Apollon der Prophetin Pythia die Antworten eingab. Das Bild links zeigt einen Teil einer Marmorstatue des griechischen Gottes aus dem 6. Jahrhundert v. Chr.

sich im Adyton die Prophetin Pythia bei ihren Weissagungen auf. Kein Krieg und keine Maßnahme öffentlichen Interesses wurde in Angriff genommen, ohne vorher das Orakel von Delphi zu befragen, und auch das Volk wandte sich mit seinen persönlichen Belangen an die Priesterin. Über ein Jahrtausend lang war das Orakel von Delphi religiöses Zentrum der gesamten griechischen Welt und hatte somit bedeutenden Einfluss auf die Politik und die Sozialstrukturen.

Beeindruckende Details
Die ionischen Säulen zeichnen sich durch ein Kapitell aus, das mit Voluten (spiralförmig eingerollte Ornamente) verziert ist.

Die Orakelstätte

Die Ursprünge des Orakels von Delphi gehen auf die mykenische Kultur (ungefähr 1500 v. Chr.) zurück, als eine einfache, aus Lorbeerzweigen gebaute Hütte Gaia, der griechischen Erdgöttin, geweiht wurde. Der Platz wurde ausgewählt, weil hier aus einer Erdspalte vulkanische Gase austraten, die eingeatmet die Sinne verwirrten. Ungefähr um 800 v. Chr. wurde hier der erste Steintempel errichtet; der Legende nach tötete der junge Apollon an dieser Stelle die gewaltige Schlange Python und machte somit selbst diesen Ort zum Zentrum des ihm gewidmeten Kultes. Mehrmals wurden bauliche Veränderungen an dem Tempel vorgenommen; eine Säulenreihe umgab die Anlage, auch ein Theater und ein Stadion wurden errichtet. Alle vier Jahre fanden hier zu Ehren Pythias Wettkämpfe und Spiele statt, bei denen Musiker und Dichter sich in ihrer Kunst maßen. Neben dem Tempel der Athena Pronaia (die Wächterin des Tempels) wurde im Jahr 390 v. Chr. ein kleiner Tempel mit kreisförmigen Grundriss errichtet, der so genannte *Thòlos von Marmarìa:* 20 dorische Säulen wurden aufgestellt, ebenso viele korinthische Halbsäulen befanden sich in der Cella.
Der Zweck dieses Rundtempels ist bis heute nicht bekannt, ebenso wenig wie die Funktion eines ähnlichen Tempels in Epidauros beim Asklepieion. Möglicherweise war der Tempel in Epidauros einem gottgleichen Helden geweiht oder er diente als Aufbewahrungsstätte für die heiligen Schlangen – eine Funktion, die der *Thòlos von Marmarìa* jedoch ganz sicher nicht innehatte. Vielleicht war der Rundtempel von Marmarìa speziellen Zeremonien und somit einem engen Kreis von Eingeweihten vorbehalten.

Der Tempel des Apollon
In Delphi stand der berühmteste griechische Tempel der Antike. Dieser war dem Gott Apollon geweiht, der hier der Legende nach die mächtige Schlange Python tötete.

Der Nabel der Welt

Gemäß der griechischen Mythologie ließ Zeus eines Tages jeweils am entgegengesetzten Ende der Welt einen Adler frei, um zu sehen, wo die Weltenmitte lag. Bei Delphi trafen die beiden Adler schließlich über einem heiligen, kuppelförmigen Stein aufeinander, der der Legende nach vom Himmel gefallen war. Dieser von einer Art Netzrelief überzogene Stein galt als Omphalòs (»Nabel der Welt«) und ist heute im Archäologischen Museum in Delphi zu bewundern, wo auch die berühmte Statue des »Wagenlenkers« (460 v. Chr.) ausgestellt ist. Die Griechen verehrten jedoch mehrere solcher Steine: Zwar war jener von Delphi unzweifelhaft der Mittelpunkt der Welt, doch gab es auch Steine, die das Zentrum der einzelnen Nationen, Städte oder Kultstätten darstellten. Dieser Glaube führte schließlich dazu, dass auch in den Tempelfundamenten ein runder Stein eingegraben wurde, eine Tradition, die später auch die Etrusker und Römer übernahmen. Auch in späterer Zeit behielt die Setzung des ersten Steines bei der Errichtung eines Bauwerks ihre besondere Bedeutung bei.

Das Orakel

Wer auch immer das Orakel von Delphi befragen wollte, musste zuvor eine streng geregelte Abfolge von Ritualen über sich ergehen lassen: Nach der Reinigung mit dem Wasser der heiligen Quelle Kastalia musste der Pilger – Frauen war die Befragung des Orakels grundsätzlich untersagt – sich dem Urteil einer geweihten Ziege stellen: Zitterte das mit kaltem Wasser bespritzte Tier, durfte es geopfert werden, blieb es hingegen ruhig, musste der Pilger unverrichteter Dinge wieder von dannen ziehen. Nach Bezahlung des vereinbarten Tributs übergab der Pilger dem Priester eine kleine Tafel, auf die er seine Frage geschrieben hatte. Danach folgte er ihm und der Prophetin in den Tempel, wo er in einem Raum, der an das Adyton angrenzte, wartete. Schließlich wurden ihm vom Priester die Antworten gebracht, die sich zumeist als zweideutig und nicht selten als unverständlich erwiesen. Die erste in der Reihe der Prophetinnen war eine Jungfrau, die nur einmal im Jahr, am siebten Tag des Geburtsmonats Apollons (Februar/März), Antworten auf die vielen an sie gerichteten Fragen gab. Nach der Entführung einer jungen Prophetin wurden jedoch Frauen eingesetzt, die älter als fünfzig Jahre alt waren. Der stetige Zuwachs an Pilgern hatte zur Folge, dass zwei Frauen mit einer dritten als Reserve nunmehr am siebten Tag

Der Wagenlenker von Delphi
Diese berühmte Bronzestatue ist heute im Archäologischen Museum von Delphi zu bewundern. Ursprünglich stand sie auf einer Anhöhe hinter dem Apollontempel.

Quelle der Reinheit
Bevor die Pilger ihre Fragen an Pythia richten konnten, mussten sie sich zuerst beim Kastalia-Brunnen einer rituellen Reinigung unterziehen. In den Nischen wurden die Votivgaben aufbewahrt.

eines jeden Monats als Pythia weissagten. Pilger, die aus Städten kamen, die in Delphi einen Botschafter hatten, konnten das Orakel auch an anderen Tagen befragen, sodass die Priesterinnen schließlich das ganze Jahr über tätig waren. Die jeweils für die Weissagungen eingeteilte Prophetin musste sich morgens zuerst in der Quelle von Kastalia einer rituellen Reinigung unterziehen, danach das heilige Wasser aus der Quelle Kassotis trinken und schließlich Blätter des Lorbeerbaumes sammeln, die sie dann zerkaute. Im Anschluss daran wurde sie in Begleitung einer Prozession von den Priestern und Gläubigen in den Tempel gebracht. Im Adyton setzte sie sich dann auf einen dreibeinigen goldenen Hocker, der über einer Spalte im Erdreich aufgestellt war, und atmete, mit einem Lorbeerblatt im Mund, die austretenden vulkanischen Gase ein. Schon bald darauf fiel sie in einen tranceähnlichen Zustand.

Blick in die Zukunft

Das obere Bild zeigt den Ausschnitt einer Vasenmalerei, die einen Pilger bei der Befragung Pythias darstellt. Rechts ist eine Statue zu sehen, die ursprünglich den Giebel des Asklepieions von Epidauros schmückte.

Die Überlieferung besagt, dass die Antworten auf die Fragen der Pilger nur unverständliche Laute gewesen wären, die von den Priestern interpretiert und in Hexametern (seltener in Prosa) niedergeschrieben wurden. Dem griechischen Philosophen Plutarch zufolge, der über dreißig Jahre lang als Priester im Orakel von Delphi tätig gewesen war, war es jedoch Apollon selbst, der Pythia die Visionen sandte, die sie dann in eigenen Worten an die Fragesteller weitergab. Die unterschiedlichen Versionen lassen sich entweder damit erklären, dass eine der beiden schlichtweg falsch ist, oder dass die Vorgehensweise sich im Verlauf der Jahrhunderte geändert hatte. Der immer größer werdende Andrang von Pilgern bewirkte, dass die anfängliche, tief religiöse Bedeutung mehr und mehr in den Hintergrund trat. Um dem Ansturm gerecht zu werden, wurde sogar ein »schnelles Orakel« eingeführt, das mittels Losziehung die einfachen Fragen beantwortete. Nicht alle vertrauten jedoch den auf diese Weise erhaltenen Antworten, sodass sich die Priester zunehmend in mehrdeutige Orakelsprüche flüchteten. Die Ablehnung dieser Form der Weissagung durch berühmte Philosophen führte gemeinsam mit der zunehmenden Bedeutung der Astrologie und der Geheimkulte wie dem Isiskult schließlich dazu, dass das Orakel mehr und mehr an Ansehen und somit an Einfluss verlor. Als der byzantinische Kaiser Theodosisus die Befragung des Orakels 385 n. Chr. verbot, gehörten der einstige Ruhm und Glanz dieser Kultstätte längst der Vergangenheit an.

ANDERE ORAKEL DER ANTIKE

Das Orakel von Delphi war nicht das einzige, das es in jener Zeit in Griechenland gab. So schliefen die Pilger im Asklepieion von **Epidauros** im Portikus des Tempels, wo sie prophetische Träume hatten, die sie schließlich heilen sollten. Im Heiligtum des Zeus in **Dodona** wurden die Fragen der Pilger auf einfachste Art und Weise beantwortet: Die Fragen wurden in Bleitafeln geritzt, die zusammengebogen in einer Amphore hinterlegt wurden. Die Priestern entnahm schließlich diese Tafeln und beantwortete die darauf stehenden Fragen ohne diese vorher zu lesen mit einem einfachen »Ja« oder »Nein«. Auch die in der Ebene von **Troja** immer wieder erblickten Geister der hier in der Schlacht gefallenen Helden galten als Orakel: Waren sie mit Staub bedeckt, so verhießen sie Dürre und Trockenheit, erschienen sie in Schweiß gebadet, so bedeutete dies ein Regenjahr, waren sie hingegen mit Blut besudelt, so kündeten sie von Unheil und Schrecken. Das Orakel im unterirdischen Hypogäum von Hal Saflieni auf **Malta** sprach durch einen Spalt in der Wand zu dem dahinter wartenden Bittsteller. Häufig wurde bei den Orakelsprüchen jedoch etwas »nachgeholfen«: Besonders raffiniert ging dabei Alessandro di Abonutico vor, der in der nördlichen Türkei als vermeintlicher Prophet wirkte: Er bediente sich dabei des Schlangengottes Glykon, den er angeblich gezähmt hatte, und ließ diesen durch die Nachbildung einer Schlange »sprechen« – mit eigener Stimme, versteht sich.

CUMAE – DIE HÖHLE DER SIBYLLE

In Cumae, bei Neapel, führt eine steinerne Galerie in die Höhle der Seherin Sibylle, deren Herkunft bis heute unbekannt ist – und hat die Prophetin tatsächlich hier ihre Weissagungen getätigt? Wie viele dieser Sibyllen gab es in der Geschichte der Antike? Worum handelte es sich bei den *Sibyllinischen Büchern*? Welche Seite der Sibylle hat uns Vergil in seinem Werk *Aeneis* überliefert?

Cumae, die erste griechische Kolonie im Westen, wurde zwischen 750 und 730 v. Chr. von Siedlern gegründet, die von der griechischen Insel Euböa kommend das nordwestliche Ende des Golfs von Neapel in Besitz nahmen. Die Stadt wurde auf einem befestigten Hügel errichtet und blickte hinab auf das Meer. Das Landschaftsbild mit seinen Anhöhen, Tälern und Seen wurde geprägt von weit zurückliegenden vulkanischen Aktivitäten, deren Auswirkungen jedoch heute noch in Form von seismischen Bewegungen und heißen Thermalquellen spürbar sind. Den Überlieferungen nach entschieden sich die Griechen für diesen Ort, nachdem sie dem Klang von Zimbeln gelauscht und den Flug einer Taube beobachtet hatten. In Wahrheit dürfte jedoch eher die Motivation, die Handelswege in diesem Gebiet auszudehnen, hinter dieser Entscheidung gestanden haben. Die Stadt wuchs und florierte und gewann mehr und mehr an Bedeutung. Von hier aus kam das Alphabet nach Italien und in den hiesigen Gewässern verloren die Etrusker nach einer herben Niederlage (474 v. Chr.) die Seeherrschaft über das Tyrrhenische Meer. Von der antiken Stadt, die später zu Rom gehörte, sind bis heute noch Spuren erhalten geblieben, so z. B. ein Stück der mit großen abgespaltenen Steinplatten gepflasterten Via Domiziana, Teile der Mauer und Überreste der Tempel von Zeus und Apollon aus dem 5. Jahrhundert v. Chr., die später von den Römern wiederaufgebaut wurden. Auch das Forum mit den Thermen und dem einer Göttertriade geweihten Tempel stammt aus jener Zeit. An jener Stelle, wo heute der Pinienwald von Licola liegt, befand sich einst der Hafen. Die »Via Sacra« führt den Hügel zur Akropolis hinauf, auf deren südlicher Seite die Höhle der Sibylle, eines der berühmtesten Orakel der Antike, liegt.

Auswirkungen eines Vulkans
Die Landschaft der Campi Flegrei (Phlegräische Felder) ist seit ungefähr 10.000 Jahren geprägt von seismischer und vulkanischer Aktivität. Das untenstehende Bild aus dem 16. Jahrhundert zeigt einen Solfatara, einen Vulkan dieser Region, der ausschließlich Wasserdampf und Schwefelwasserstoff ausstößt.

Antike Pfade
Die Pflastersteine der Via Sacra, die den Hügel zur Akropolis hinaufführt.

Licht und Schatten

Die Grotte der Sibylle besteht aus einer gerade verlaufenden, 131 m langen Galerie mit trapezförmigem Querschnitt, ähnlich den Gängen in den mykenischen Burgen. Sechs Fenster durchbrechen den aus dem Tuffstein der Insel geschlagenen Korridor an der zum Meer blickenden Seite, sodass Licht in den Gang fallen kann. Auf diese Weise entstand ein Wechselspiel von Licht und Schatten, von Hell und Dunkel, das tiefen Eindruck bei den Ratsuchenden hinterließ. An der dem Berg zugewandten Seite der Galerie befindet sich eine Reihe von Becken, in denen sich die Prophetin der Überlieferung nach vor ihren Weissagungen einer rituellen Reinigung unterzog. Von einem Vestibül, das am Ende des Korridors liegt und das mit einigen aus dem Fels gehauenen Sitzen ausgestattet ist, gelangt man in einen unterirdischen Raum mit rechteckigem Grundriss und drei großen gewölbten Nischen. Angrenzend befindet sich ein weiterer Raum, der ebenfalls über drei Nischen verfügt. Heute geht man davon aus, dass im größeren der beiden Räume die Seherin ihre Sitzungen abhielt, während die kleinere Kammer ihr als Wohngrotte diente. Im Jahr 1932 entdeckte der italienische Archäologe Amedeo Maiuri die Höhle und ordnete sie aufgrund einer hier gefundenen Bronzescheibe der Seherin

Sibylle zu. Die Scheibe enthielt eine Inschrift aus dem 7. Jahrhundert v. Chr., verfasst in einem ionischen Dialekt, die von einem in Cumae befindlichen Orakel berichtet. Wenngleich die Höhle heute allgemein als Grotte der Sibylle anerkannt wird, sind nicht alle Historiker dieser Meinung. Die in die Höhle hinabführende Galerie wurde vermutlich im 6. oder 5. Jahrhundert aus dem Fels geschlagen, doch andere Theorien besagen, dass sie bereits vor der Gründung von Cumae existiert hat. Ursprünglich könnte sie als Warenlager für die griechischen Siedler auf Ischia gedient haben, die steinernen Becken enthielten vielleicht Wasserreserven. Auch die Möglichkeit, dass die Becken Teil einer römischen Verteidigungsanlage waren, ist für einige Experten nicht zur Gänze von der Hand zu weisen. War diese Höhle also tatsächlich der Ort, an dem die Seherin Sibylle ihre Visionen prophezeite? Oder geschah dies an einem anderen, bisher noch nicht entdeckten Ort?

Heidnisches und Christliches
Der Zeustempel von Cumae wurde im 6. Jahrhundert v. Chr. errichtet und später mehrfach umgebaut. Im frühen Christentum wurden hier ein Altar und ein Taufbecken errichtet (oben). Auf dem großen und dem kleinen Bild rechts oben sind Teile der Grotte der Sibylle zu sehen.

Zehn Sibyllen

Der eigentliche Ursprung des Namens »Sibylle« in Zusammenhang mit den Seherinnen ist nicht bekannt. Charakteristisch für diese Prophetinnen war jedoch die Tatsache, dass sie unterschiedlichen Heiligen oder Gottheiten dienten und ihre Weissagungen, die meist von Unheil und Elend kündeten, ungefragt äußerten. Möglicherweise geht die Legende dieses Orakels auf die libysche Sibylle (Tochter von Zeus und Lamia) oder auf die hellespontische Sibylle (Sibylle von Marpessos), die ihre Prophezeiungen auf Blättern niederschrieb, zurück. Gemäß den römischen Überlieferungen stammte die ursprüngliche Sibylle aus dem Orient und diente dem Gott Apollon, der ihr die Gabe der Weissagung verlieh. Ovid schrieb in seinem Werk *Metamorphosen*, dass Apollon versprach, ihr jeden Wunsch zu erfüllen, wenn sie nur ihm gehören würde. Die Angebetete wünschte sich so viele Lebensjahre, wie eine Hand voll Sand Körner enthielt. Mehr als tausend Lebensjahre wurden ihr so geschenkt, doch leider hatte sie bei ihrem Wunsch auf die Bewahrung ihrer Jugendlichkeit vergessen und so alterte sie unaufhörlich, ohne Aussicht auf den erlösenden Tod. Die Legende erzählt auch, dass die Seherin die Fähigkeit besessen haben soll, gleichzeitig an unterschiedlichen Orten aufzutauchen, doch glaubt man dem römischen Schriftsteller Terenzio Varrone, gab es in Wahrheit zumindest zehn dieser Prophetinnen, nämlich die Sibylle aus Persien, die Sibylle aus Libyen, die Sibylle von Delphi, die cimmerische Sibylle, die Sibylle von Erythrai, die samische Sibylle, die Sibylle von Cumae, die hellespontische Sibylle, die phrygische Sibylle und die Sibylle von Tibur. In den Werken anderer Schriftsteller werden jedoch auch noch u. a. die thessalische Sibylle, die chaldäische Sibylle und die italische Sybille erwähnt. In diesem Zusammenhang ist noch darauf hinzuweisen, dass allein die Sybille von Cumae auch noch unter den Namen Demo, Amalthea, Deiphobe, Herophile und Circe bekannt war. Also wie viele dieser Seherinnen gab es nun tatsächlich?
Als interessant erweist sich auch die Tatsache, dass Cumae ebenso wie Delphi in einer Vulkanlandschaft liegt und dass die Prophetinnen beider Orakel dem Gott Apollon dienten. In der Zeit des Römischen Kaiserreichs konnten Besucher des Apollontempels von Cumae auch das Grab der Sibylle besichtigen. Im 1. Jahrhundert

Die Sibyllen
Ursprünglich gab es nur eine Seherin mit Namen Sibylle, später wurden jedoch ganz bestimmte Prophetinnen mit diesem Namen benannt. Terenzio Varrone (1. Jahrhundert v. Chr.) überlieferte uns zumindest zehn verschiedene »Sibyllen«.

Die Sibylle in der darstellenden Kunst
Unten links ist ein Porträt von Perugino und in der Mitte ein Bild von Domenichino zu sehen. Rechts davon ist ein Gemälde abgebildet, das den Abstieg Aeneas' in die Unterwelt zeigt. Ebenso auf dem Bild zu sehen sind der Vater Anchises und die Sibylle von Cumae.

n. Chr. verlor man jedoch das Interesse an dieser einst so berühmten Prophetin, wenngleich sie bis ins 4. Jahrhundert den Menschen in Erinnerung blieb.

Die Sibyllinischen Bücher

Die Überlieferungen erzählen, dass die Sibylle von Cumae neun prophetische Schriften verfasst hatte, die sie für eine horrende Summe dem herrschenden König zum Kauf anbot – nach der Version von Plinius hatte es sich dabei um Lucius Tarquinius Superbus, den letzten König von Rom (534–510 v. Chr.) gehandelt; in Varrones Schriften ist hingegen von Lucius Tarquinius Priscus, dem fünften König Roms (616–578 v. Chr.), die Rede. Nachdem sich der König geweigert hatte, einen derart hohen Preis für die Schriften der Sibylle zu zahlen, übergab sie die ersten drei dem Feuer. Anschließend bot sie die übrigen sechs erneut dem König an und verlangte dafür denselben Preis, den sie auch für die neun Schriften verlangt hatte. Erneut lehnte der König ab, woraufhin sie weitere drei der Schriften verbrannte. Nun änderte der König jedoch seine Meinung und erwarb die letzten drei für die ursprünglich verlangte hohe Summe. Die Schriften ließ der König schließlich in den Tempel des Jupiter Capitolinus in Rom bringen, wo sie in die Obhut von anfangs zehn, später fünfzehn Priestern übergeben wurden. Diese hatten die Aufgabe, die Schriften der Sibylle bei drohendem Unheil zu konsultieren, um herauszufinden, welche Riten und Opfergaben notwendig waren, um die Götter freundlich zu stimmen oder auf welche Art Sühne zu leisten war. Eine Gruppe von Propheten war damit beauftragt, während der Durchführung der Riten zu erkennen, ob die Götter den Plänen der Herrscher wohlgesinnt waren oder diese ablehnten. Unglücklicherweise wurden jedoch auch die letzten drei der Sibyllinischen Bücher – ebenso wie der Tempel, in dem sie aufbewahrt wurden – im Jahr 83 v. Chr. ein Raub der Flammen.

Aeneas und die Sibylle von Cumae

Durch Vergils Werk *Aeneis* wurde die Sibylle unsterblich. Aeneas, der größte trojanische Held neben Hektor, kam in die italienische Provinz Latium, wo er auf die Sibylle von Cumae traf. Mit ihrer Hilfe gelangte er ins Reich der Toten, das sie durch den See Averno betraten. Später heiratete Aeneas Lavinia, die Tochter des Königs von Latium und wurde so zum Stammvater der Römer. Er starb den Heldentod in einer Schlacht und wurde wie ein Gott verehrt. Vergil beschrieb die Prophetin in seinem Werk mit den folgenden Worten: »In dem Fels ist tief eine riesige Grotte eingehauen [...]. An die Schwelle gelangt, schon rief die Sibylle: ›Fordert die Sprüche. Schnell. Der Gott, o schauet, der Gott!‹ – Und sie am Eingang solches rief, da wechselt sie plötzlich Miene und Farbe, und es löst sich ihr Haar, schwer keucht ihr Busen, und wilder Wahnsinn schwellt ihr Herz, die Stimme hat nichts Menschliches mehr.« Die Überlieferung besagt, dass die Sibylle ihre Prophezeiungen auf Blätter schrieb, die sie dann dem Wind übergab. Es blieb dem Ratsuchenden überlassen, diese wieder aufzusammeln und zu interpretieren. Aeneas bat die Sibylle jedoch, in seinem Fall eine Ausnahme zu machen und ihm ihre Visionen selbst mitzuteilen.

Das Tor zur Unterwelt
Der See Averno wird von einem Vulkankrater gebildet, der vor ungefähr 4000 Jahren infolge eines Ausbruchs entstanden ist. Der Name stammt vom griechischen Wort àornos *(»ohne Vögel«), da die Vögel diese Gegend vermutlich aufgrund der ausströmenden Schwefelgase mieden.*

DIE LEGENDE DER SIBYLLE IN DER LITERATUR

Außer Vergil haben auch noch andere Schriftsteller über die Sibylle von Cumae und ihre Weissagungen geschrieben. So widmete Dante ihr die folgenden Zeilen aus seiner *Göttlichen Komödie:* »So hat im Winde auf den leichten Blättern/Sich der Sibylle Spruch dereinst verloren.« (*Paradies,* XXXIII, 65-66). Mitte des 16. Jahrhunderts verfasste Matteo Bandello sein Werk *Canzoniere,* in dem ebenfalls die Sibylle von Cumae vorkam, und auch Giuseppe Parini *(unten)* befasste sich in seiner Verssammlung *Der Tag* (477–480) mit den Weissagungen dieser berühmten Seherin.
Die Sibylle von Cumae wurde bisweilen als Hexe und Besessene dargestellt, ein Aspekt, der die Figur dieser Prophetin noch mystischer und geheimnisvoller erscheinen lässt.

Artus – legendärer König der Briten

Avalon, Camelot, Lyonesse – allesamt klingende Namen von Orten, die im Leben des legendären britischen Königs Artus eine bedeutende Rolle spielten. Doch befanden sie sich wirklich in den heutigen Gebieten von Somerset und Cornwall? Wurde Artus tatsächlich in Glastonbury (Avalon) begraben? Hielt er tatsächlich Hof auf dem Schloss von Cadbury (Camelot) und war dies der Ort, an dem die berühmten Ritter der Tafelrunde zusammentraten? Starb König Artus tatsächlich in Avalon in den Armen seiner Schwester, der Fee Morgana?

Über Artus, den König der Briten, wurden im Laufe der Jahrhunderte unzählige Bücher geschrieben, die sein Leben, seine Taten und sein Sterben in den Gedanken der Menschen lebendig hielten. Im Jahr 1137 beschrieb Geoffrey of Monmouth Artus in seinem Werk *Historia regum Britanniae* als Helden, und im Jahr 1485 ließ Sir Thomas Malory in seinem Prosaroman *Le morte Darthur* das Leben des britannischen Königs in derart ruhmvollem Glanz erstrahlen, dass ein regelrechter »Artus-Kult« entstand. Wie stets in solchen Fällen ist es auch hier schwierig, Realität und Legende eindeutig voneinander zu trennen. Es gilt jedoch als erwiesen, dass es tatsächlich einen Heerführer namens Artus gegeben hatte, der ungefähr um 470 n. Chr. geboren wurde und gegen 530 n. Chr. starb. Er kämpfte erfolgreich gegen eine Invasion der Sachsen und wehrte deren Angriff ab. Zwölf Siege soll dieser Heerführer errungen haben, doch nur der letzte in Mount Badon im Jahr 520 n. Chr. gilt bislang als historisch belegt. In der Literatur wurde König Artus meist als Vertreter einer feudalen Welt und des höfischen Lebens vorgestellt, eingebettet in den elitären Kreis der untadeligen Ritter der Tafelrunde. Im Roman von Sir Thomas Malory wurde er hingegen auch als Mann mit Schwächen dargestellt, der es nicht schafft, dem drohenden Zerfall seines Reiches Einhalt zu gebieten und sich die Liebe seiner Frau Guinevere zu bewahren.

Auf dem Thron Britanniens
Diese Illustration aus einem aus dem 15. Jahrhundert stammenden Manuskript zeigt den britannischen König Artus auf dem Thron.

Mystisches Rittertum
Das kleine Bild zeigt die um den Heiligen Gral versammelten Ritter der Tafelrunde in einem Zustand der Verzückung. Auf dem großen Bild sind die Überreste des Klosters von Glastonbury zu sehen, die heute zu den bedeutendsten Kultstätten Großbritanniens zählen.

Das Geheimnis des Grals
Zu den bekanntesten Gralsrittern zählen Lanzelot (links) und Parzival (rechts). Richard Wagner widmete Parzival und seiner Suche nach dem Gral (unten) mit der gleichnamigen Oper ein ganzes musikalisches Werk.

Ein ruhmvolles Leben und ein heldenhafter Tod

In seinem Roman beschreibt Thomas Malory bilderreich und lebendig den Moment, als der junge Artus das legendäre und geheimnisvolle Schwert Excalibur aus dem Stein zog, dessen gleißendes Strahlen die Feinde beinahe erblinden ließ. Einmal zerbarst das Schwert im Kampf, doch die Dame des Sees gab es Artus wieder zurück. Der Legende nach wuchs Artus bei dem Zauberer Merlin auf, der ihn auf seine bedeutende Rolle in der Geschichte des Königreiches vorbereitete. Später heiratete er Guinevere, die ihm die so bedeutsame runde Tafel als Geschenk überreichte; als Stammsitz erwählte Artus das sagenhafte Schloss Camelot. Seine 150 Ritter begleiteten ihn auf der Suche nach dem Heiligen Gral, jenen Kelch, aus dem – der Überlieferung nach – Jesus beim letzten Abendmahl getrunken hatte und mit dem das Blut des gekreuzigten Sohn Gottes aufgefangen wurde. Die Legende des Grals erzählt, dass es Josef von Arimathea gewesen war, der den Kelch nach Großbritannien gebracht hatte. Die Ruhe am prächtigen Hof des ruhmvollen Königs wurde jedoch schon bald gestört: Lanzelot, der Lieblingsritter des Königs, wurde Geliebter von Guinevere, und Mordred, der Neffe des Königs, setzte alles daran, seinem Onkel das Königreich zu entreißen. In der entscheidenden Schlacht von Camlann fügten sich die beiden einander tödliche Wunden zu, und König Artus bat seinen Freund, Sir Bedwyr, das Schwert in den See zu werfen und ihn selbst auf die Insel Avalon zu seiner Schwester, der Fee Morgana, zu bringen. Einige Erzählungen berichten davon, dass Artus auf der Insel starb und hier begraben wurde; anderen Überlieferungen zufolge erholte er sich hier von seinen Wunden und wartet noch heute darauf, sich wieder mit seinen Rittern der Tafelrunde zu vereinen.

Die Geheimnisse von Glastonbury

Im Süden von England, in der ebenen Landschaft der Grafschaft Somerset, liegt die Kleinstadt Glastonbury, die einst von Sumpf und Wasser umgeben war. Hier erhebt sich ein markanter Hügel, auf dessen Gipfel sich die Ruinen eines Glockenturms befinden. Ein Erdbeben hatte einst die mittelalterliche Kirche St. Michaels bis auf den Turm zur Gänze zerstört. Der »Glastonbury Tor«, wie der Hügel genannt wird, ragte früher wie eine Insel aus der Sumpflandschaft und war somit nur über den Wasserweg zu erreichen. Viele sehen darin einen Beweis dafür, dass das geheimnisvolle Avalon aus der Artussage hier zu suchen ist. Avalon gilt als »Nebelreich«, als jenseitige Welt, die nur Eingeweihten zugänglich ist und in der nach keltischem Glauben die Toten weiterleben. Am Fuße des Hügels befindet sich ein alter Brunnen mit eisenhaltigem Wasser, in dem Josef von Arimathea der Legende nach den Heiligen Gral versteckt hatte. Gemäß der Überlieferung war er es gewesen, der den Leichnam des Jesus von Nazareth vom Kreuz genommen und in ein Leinentuch gewickelt hatte, bevor er ihn in einem Felsengrab bestattete. Als Josef von Arimathea Glastonbury erreichte, soll sich ein weiteres Wunder zugetragen haben: Die Überlieferungen erzählen, dass er nach seiner Ankunft seinen Wanderstab in die Erde stieß, woraufhin dieser Wurzeln schlug, die später zu einem Weißdornbusch austrieben. Der Weißdorn ist bis heute in der Gegend um die Abtei weit verbreitet und blüht zweimal im Jahr, einmal zu Ostern und einmal in der Weihnachtszeit.

Die Abtei von Glastonbury, erstmals erwähnt im Jahr 705, wurde auf den Resten einer alten aus Holz und Schilf gebauten Kirche errichtet, der ersten christlichen Kirche Englands, gegründet von Josef von Arimathea. Nachdem diese Kirche jedoch im Jahr 1184 ein Opfer der Flammen geworden war, wurde sie erst im 13. und dem 14. Jahrhundert wiederaufgebaut. Aus dieser Zeit stammen auch die heutigen Ruinen. Der Wiederaufbau war nur mit sehr viel Geld möglich und Heinrich II. aus dem Hause Plantagenet war besonders um politische Einigkeit bemüht: Nachdem er in Erfahrung gebracht hatte, dass hier möglicherweise der berühmte und vom Volk so sehr geliebte König Artus begraben war, kam er mit den Mönchen der Abtei darin überein, die Suche nach der legendären Grabstätte einzuleiten. Im Jahr 1191 gaben die Mönche schließlich

Eindrucksvolle Ruine
Der Glockenturm ist alles, was von der Kirche übrig geblieben ist, die hier im Mittelalter auf dem Gipfel des »Glastonbury Tor« stand.

Ehrenhafte Ritter
Dieser Stich aus dem 15. Jahrhundert zeigt Lanzelot bei einem Ritterturnier in Camelot.

Die Scilly-Inseln

Der französische Dichter Chrétien de Troyes prägte in seinem Werk Perceval *(auf dem kleinen Bild oben in einem Manuskript) den Begriff des Grals. Auf den Scilly-Inseln (oben) soll sich demnach der königliche Hof von Camelot befunden haben.*

bekannt, dass sie das Grab gefunden hatten. Ihren Berichten zufolge hatten sie in der Nähe der Muttergotteskapelle, also an jener Stelle, an der früher die alte Kirche gestanden hatte, in 2 m Tiefe eine Steinplatte und ein Bleikreuz mit der Inschrift »hic iacet sepultus inclytus rex arturius in insula avalonia« – »hier auf der Insel Avalon liegt der berühmte König Artus begraben« – entdeckt: In einer Tiefe von 2,7 m stießen sie auf einen Sarg aus Eichenholz, in dem sich das Skelett eines außergewöhnlich großen Mannes mit gespaltenem Schädel und ein kleineres Skelett mit unverkennbar blonden Haaren befanden – Artus und Guinevere. Im Jahr 1962 bestätigte der Archäologe Ralegh Radford die Existenz dieses Grabes, aber natürlich war es ihm unmöglich, die sterblichen Überreste eindeutig zuzuordnen. Unglücklicherweise sind sowohl die Steinplatte als auch das Bleikreuz seit nunmehr über 200 Jahren spurlos verschwunden, sodass berechtigte Zweifel darüber bestehen bleiben, ob hier tatsächlich Artus, der legendäre britannische König, begraben lag.

Die Legende von Camelot

Es war der französische Dichter Chrétien de Troyees (12. Jahrhundert), der mit Camelot jenen Ort schuf, der König Artus und seinen Rittern der Tafelrunde am würdigsten war – einen Ort, an dem Ordnung und Gerechtigkeit, Frieden und Wohlstand, höfische Liebe und ritterliches Ehrgefühl regierten. Heute gilt das Schloss Cadbury in Somerset als mögliche Stätte des legendären Hofes von Camelot. Cadbury Castle war bereits im 1. Jahrhundert v. Chr. befestigt; im Jahr 83 n. Chr. wurde es von den Römern erobert, später stand es dann 400 Jahre leer, bevor es im 5. Jahrhundert wiederaufgebaut wurde. Im Inneren des Komplexes, in dem über tausend Menschen Platz fanden, befand sich ein aus Holz errichtetes Gebäude mit einem 19 m langen Innenraum – stand hier möglicherweise die legendäre Rundtafel, an der die Ritter von Artus zusammenkamen? Ein um 1330 n. Chr. gefertigtes Duplikat aus Eichenholz befindet sich heute im Winchester Castle. In der Nähe des Schlosses von Cadbury steht die befestigte Anlage von Castle Cary, die als Barriere in der Abwehr der eindringenden Sachsen eine bedeutende Rolle gespielt hatte, und auch Glastonbury ist nicht weit von hier entfernt. Vertreter anderer Theorien identifizieren Camelot jedoch mit weiter entfernt liegenden Schlössern. Die Legende von Cadbury erzählt, dass man in der Nacht der Sommersonnenwende oder in der Nacht zum 24. Dezember den Geist von König Artus in Begleitung seiner Ritter beobachten könne, wie er den Hügel hinabschwebt, um seine Pferde zu tränken. Vielleicht muss man in diesen Nächten tatsächlich geduldig ausharren, um endlich die Wahrheit herauszufinden.

DAS VERLORENE LAND LYONESSE

Gemäß einiger literarischer Quellen befand sich der Hof von Camelot auf jenem Land, das einst den äußersten Punkt von Cornwall (Land's End) mit den **Scilly-Inseln,** die heute ungefähr 50 km vom Festland entfernt liegen, verbunden hatte. Im *Reisebericht* von Wilhelm von Worcester aus dem 15. Jahrhundert wird berichtet, dass dieses Gebiet mit seinen 140 Kirchen sowie Feldern und Dörfern zur Gänze vom Meer verschlungen wurde. In der Artussage gilt Lyonesse als Geburtsort von Tristan, dem Neffen König Markes von Cornwall und Liebhaber von dessen Frau Isolde. Heute wird jedoch eher davon ausgegangen, dass der Name Lyonesse auf den Ortsnamen *Leonis* zurückgeht, dem heutigen Gebiet von Lothian in Schottland. Untersuchungen haben außerdem gezeigt, dass sich die Spitze von Cornwall in den letzten tausend Jahren nur um wenige Zentimeter gesenkt hat. Die Reste von Mauern, die von der Flut entlang der Küsten der Scilly-Inseln überspült wurden, sind letzten Untersuchungen zufolge nichts anderes als steinerne Wälle, die dem Fischfang gedient hatten. Da somit die Scilly-Inseln als mögliche Stätte des einst so prächtigen Hofes von Camelot ausscheiden, gilt nach wie vor Glastonbury mit all seinen Geheimnissen und Legenden als wahrscheinlichster Ort für das Leben und Sterben des britannischen Königs.

Liebe und Tod

Tristan und Isolde waren durch einen Minnetrank untrennbar miteinander verbunden und wurden doch erst im Tode wieder vereint.

Palenque – die heilige Stadt

Palenque, eine der bedeutendsten Mayastädte, wurde im 7. Jahrhundert zu einem der wichtigsten religiösen Zentren dieser Kultur. Dafür verantwortlich war der Herrscher Kin Pacal, dessen Grab im »Tempel der Inschriften« gefunden wurde. Doch lag hier tatsächlich Kin Pacal begraben? Diente der vierstöckige Turm wirklich als Observatorium? Und warum verließ das Volk der Maya plötzlich diese Stadt?

Vor den ersten Anhöhen der Chiapas-Hochebene, am Rand des mexikanischen Regenwaldes, erhebt sich eine 15 km² große, beeindruckende Ruinenstadt. Der durch die Tabasco-Ebene fließende Fluss Otulum (ein Nebenfluss des Usumacinta) mündet 128 km weiter bei der Bucht von Cambechebai in den Golf von Mexiko und wurde in den Bau der Anlage integriert. Der ursprüngliche Name dieser Stadt, die heute als Palenque bezeichnet wird, ist nicht überliefert. Von den Mayas erbaut, die um 600 n. Chr. plötzlich aus Mexiko und Mittelamerika verschwanden, unterschied sich Palenque als Stadtstaat kaum von den Bauten in Chitchen Itzá in Yukatan oder in Tikal in Guatemala. Während der Regierungszeit Kin Pacals (»Sonnenschild«), der 603 geboren wurde und 683 starb, wurde Palenque jedoch zu einem religiösen Zentrum ausgebaut, dessen Bedeutung in der Errichtung einer Vielzahl neuer Tempel in Form von Stufenpyramiden zum Ausdruck kam.
Der größte dieser Tempel diente hier erstmals auch als Begräbnisstätte des Herrschers, dessen Dynastie in den beeindruckenden Stuckarbeiten, den detaillierten Reliefs und den bearbeiteten Steinplatten hochgehalten und verewigt wurde. Die gesamte zeremonielle Anlage, angeordnet um einen großen Platz, bestand aus drei kleineren Tempeln (Kreuz-, Kreuzblatt- und Sonnentempel), dem »Tempel der Inschriften« und dem grandiosen »Palast«. Weitere Tempel und Bauwerke liegen etwas weiter entfernt – teilweise versteckt im Regenwald.

Der Palast

Der »Palast«, das Zentrum der Anlage, bestand aus mehreren Gebäuden, die alle zwischen dem Ende des 6. Jahrhunderts und dem 9. Jahrhundert auf einer 10 m hohen, 100 m langen und 75 m breiten Plattform errichtet wurden. Eine Reihe von Räumen wurde um mehrere Innenhöfe angeordnet, in der Mitte stand ein vierstöckiger, 15 m hoher Turm, der im Jahr 782 fertig gestellt wurde. Die Motive für die Errichtung dieses Turms sind in der Fachwelt jedoch umstritten: So gehen einige Wissenschaftler davon aus, dass der Turm als Observatorium gedient hat, zumal die Mayas nachweislich über umfassende mathematische Kenntnisse verfügt hatten und auf den Stufen des zentralen Hofes die Hieroglyphen ihres Kalenders zu finden waren. Der Kalender der Mayas stellte eine Kombination aus einem Sonnenjahr mit 365 Tagen und einem Kultjahr mit 260 Tagen dar, wobei der Gesamtzyklus 52 Jahre dauerte. Die Mayas verstanden es, dem Lauf der Sonne und des Mondes sowie einiger Planeten zu folgen, und jede einzelne Entscheidung, ob privaten oder öffentlichen Interesses, wurde erst nach Konsultation des Kalenders und der Sterne getroffen. Einige Forscher vertreten hingegen die Theorie, dass der eindrucksvolle Turm als Aussichtsturm erbaut wurde, um in dieser politisch und militärisch turbulenten Zeit eventuelle Angreifer sofort entdecken zu können. Mögliche Invasoren gelten auch als eventuelles Motiv für das plötzliche Verlassen der Stadt. Mit seinen ungemein fein gearbeiteten Stuckplastiken, die entscheidende Momente im Leben der Herrscher darstellen, beeindruckt der »Palast« auch in kunstgeschichtlicher Hinsicht. Die Reliefs waren ursprünglich bemalt, wobei jeder einzelnen Farbe ein strenger Symbolcharakter zugeordnet wurde. So war die Farbe Rot den Herrschern sowie den menschlichen Teilen der anthropomorphen Figuren vorbehalten; Gelb galt den Tieren und Pflanzen aus der Zwischenwelt und Blau war für den Himmel und alles Göttliche reserviert. Die 262 Hieroglyphen des »Palastes« stellen gemeinsam mit den 620 Hieroglyphen aus dem »Tempel der Inschriften« das beeindruckendste kulturelle Erbe der Mayas dar.

Die Kunst der Maya

Oben rechts ist der Kopf eines Kriegers zu sehen, unten eine kunstvoll bearbeitete Keramik, die heute im Archäologischen Museum von Palenque zu bewundern ist.

Der Turm von Palenque
Links und unten ist der »Palast« von Palenque zu sehen. Im Zentrum dieser komplexen Anlage erhebt sich ein vierstöckiger Turm mit quadratischem Grundriss, der einigen Experten zufolge astronomischen Beobachtungen gedient hat, andere Forscher gehen hingegen davon aus, dass er als Aussichtsturm zur rechtzeitigen Erkennung von Angriffen errichtet worden war.

Der Tempel der Inschriften

Gegenüber des »Palastes« erhebt sich der »Tempel der Inschriften«, das bedeutendste Bauwerk von Palenque. Erbaut in der typischen Form einer Stufenpyramide erreicht der Tempel eine Höhe von 22 m; ganz oben befindet sich ein von sechs großen Säulen gestützter Komplex, auf denen Verzierungen, die den berühmten Maya-Herrscher Pacal darstellen, zu finden sind. Im Inneren befindet sich ein einziger großer, rechteckiger Raum, zu dem 69 steile Stufen hinaufführen. Die hintere Wand ist mit 620 beeindruckenden Inschriften verziert. Im Jahr 1949 entdeckte der mexikanische Archäologe Alberto Ruz Lhuiller in der Mitte des Bodens eine Steinplatte, die sich öffnen ließ. Nach der Beseitigung von Unmengen von Schutt wurde eine Stiege freigelegt, die nach unten ins Innere der großen Pyramide führte. Ungefähr 2 m unterhalb des Bodenniveaus gelangte man über einen horizontal angelegten Korridor in eine Art Vorraum, der sechs Skelette enthielt. Diese stammten allem Anschein nach von jungen Adeligen (abgeflachter Schädel, bis zur Mitte der Stirn verlängerter Nasenknochen, Inkrustation der Zähne), die möglicherweise als Menschenopfer getötet wurden. Hinter einem dreieckigen Verschlussstein fand man dann die herrschaftliche

Die Totenmaske von Kin Pacal
Der Archäologe Alberto Ruz Lhuiller entdeckte den Sarkophag des 683 verstorbenen Maya-Herrschers Kin Pacal, dessen Gesicht mit einer schimmernden Totenmaske aus grüner Jade bedeckt war. Die Augen der Maske sind aus Obsidian gefertigt und scheinen den Betrachter auf beunruhigende Weise zu fixieren.

Botschaften aus längst vergangener Zeit
Der »Tempel der Inschriften« wurde nach den 620 Hieroglyphen benannt, die hier gefunden wurden und die als besonders beeindruckendes Erbe der Maya-Kultur gelten.

Grabkammer, die eine Länge von 9 m, eine Breite von 4 m und eine Höhe von 7 m aufwies. An den Wänden befanden sich Zeichnungen der neun »Herren der Nacht«, die als Wächter der Unterwelt galten. Eine fünf Tonnen schwere Platte, geschmückt mit einem wunderbar gearbeiteten Relief, das den Herrscher bei seiner Reise ins Jenseits sowie den Lebensbaum der Mayas zeigt, bedeckte den Sarkophag. Darin entdeckte man das Skelett eines sehr großen, ungefähr 40 Jahre alten Mannes, dessen Gesicht von einer außergewöhnlichen Totenmaske, gefertigt aus 200 grünen, zu einem Mosaik zusammengefügten Jadesteinen, verdeckt wurde. An den Seiten des Grabes standen zwei Statuen, die das Gesicht eines alten und eines jungen Mannes zeigten – möglicherweise sollten auf diese Weise die zwei Hauptaspekte aus dem Leben des Herrschers dargestellt werden. Ein Schacht verband die Grabkammer mit dem Tempel, doch es ist nicht geklärt, ob dieser als Belüftungsschacht diente oder ob die Priester auf diese Weise mit dem Geist ihres verstorbenen Herrschers kommunizierten.

DAS GEHEIMNISVOLLE RELIEF AUF DER STEINPLATTE

Die Untersuchung des beeindruckenden Reliefs auf der Steinplatte des Sarkophags hat nicht nur eine eindeutige Zuordnung des Grabes ermöglicht, sondern gab auch Auskunft über das Leben und das Sterben des Herrschers. Neben Informationen über die Rolle der Mutter Zac-Kuk als Regentin erhielt man vor allem auch Einblick in die religiösen Vorstellungen der Maya. Die in der Mitte des Reliefs befindliche, prächtig gewandete Gestalt stellt den Herrscher dar und zeigt, wie er das Leben verlässt und in die durch die Sonnenmaske symbolisierte Unterwelt stürzt. Über ihm reicht der *Ceiba*, der heilige Lebensbaum, mit Hilfe des Gottes Itzamnà bis in den Himmel. Am Rand der Platte befinden sich Hieroglyphen, Darstellungen von Menschen und Astralgestalten, die an die Ruhmestaten des Herrschers und seiner Dynastie erinnern sollen. Die Bedeutung der Verzierungen ist eindeutig, und auch die Zugehörigkeit des Grabes scheint aufgrund der Zeichen unzweifelhaft zu sein. Der Archäologe Alberto Ruz Lhuiller gibt diesbezüglich jedoch zu bedenken, dass er im Sarkophag das Skelett eines vierzigjährigen Mannes gefunden hatte, während den Inschriften zufolge Kin Pacal ein Alter von achtzig Jahren erreicht haben soll. Angesichts dieser Tatsache hält er es für möglich, dass hier nicht der Herrscher selbst, sondern einer seiner Söhne begraben wurde. Vielleicht galt auch die Statue neben dem Grab mit dem Gesicht eines jungen Mannes diesem Nachkommen. Andere Theorien gehen davon aus, dass die beiden Statuen eines alten und eines jungen Mannes eventuell dargebrachte Menschenopfer aus adeligen Kreisen symbolisieren. Eine eindeutige Antwort auf die offenen Fragen konnte jedoch bis heute nicht gefunden werden. Die Theorie, wonach es sich bei der auf dem Relief dargestellten Person um einen Außerirdischen handelt, der seine Raumkapsel steuert, scheint jedoch etwas zu weit hergeholt zu sein, um als mögliche Interpretation zu gelten.

Steinernes Siegel
Eine gut fünf Tonnen schwere Steinplatte schützte das Grab von Kin Pacal. Die in der Mitte abgebildete Gestalt liegt unter dem heiligen Lebensbaum, der – nach dem Glauben der Maya – das Bindeglied zwischen Himmel und Erde darstellt.

Eine verlassene Stadt

Auch nach dem Tod des Herrschers Kin Pacal blieb Palenque ein religiöses Zentrum, dessen Kult u. a. auf dem Wechsel der Jahreszeiten beruhte. Eine Reihe von Bauten entstanden erst in den zwei Jahrhunderten nach dem Dahinscheiden des legendären Mayakönigs. Im Jahr 835 verließen jedoch plötzlich die Bewohner die Stadt, die nunmehr – bis zu ihrer Entdeckung in der ersten Hälfte des 19. Jahrhunderts – Stück für Stück vom Regenwald in Besitz genommen wurde. Die Gründe für den plötzlichen Aufbruch sind bis heute nicht bekannt: Einige Theorien besagen, dass vermutlich eine lange Trockenperiode zu einer Nahrungsmittelknappheit geführt hat, die die Bewohner Palenques dazu zwang, ihre Heimat zu verlassen und sich an anderen Orten niederzulassen. Tatsächlich haben Studien von Pollen und Dürrezeiten gezeigt, dass es in Palenque immer wieder zu längeren Trockenperioden gekommen war, doch waren die Auswirkungen allem Anschein nach nicht so verheerend, als dass sie ein Verlassen der Stadt gerechtfertigt hätten. Stattdessen gilt es immer als wahrscheinlicher, dass sich das unterdrückte Volk gegen die Priesterkaste (der König war gleichzeitig der ranghöchste Priester) mit ihren zum Teil grausamen Ritualen aufgelehnt und einen Kampf angezettelt hatte. Da diese Theorie auch auf andere Stätten wie z. B. jener auf der Halbinsel Yucatán oder in Guatemala zuzutreffen scheint, kann ein ähnliches Schicksal für Palenque nicht ausgeschlossen werden.

Jerusalem, Zentrum dreier Weltreligionen

Als Zentrum der drei bedeutendsten monotheistischen Weltreligionen (Judentum, Christentum und Islam) wurde Jerusalem in seiner Geschichte mehrfach erobert, zerstört und wiederaufgebaut. Doch welche Bedeutung hat die Klagemauer für die Anhänger des jüdischen Glaubens? Wo stand die erste, von den Christen verehrte Grabeskirche? Warum verehren die moslemischen Gläubigen den Felsendom – und welche zukünftigen Ereignisse verbinden diese drei Religionen?

Die Klagemauer
Die Klagemauer blieb als einziger Bestandteil des Tempels von Jerusalem von der Zerstörung verschont. Die Gläubigen schieben ihre auf Zetteln geschriebenen Gebete und Bitten in die Fugen zwischen den Steinen, um sie auf diese Weise direkt zu Gott zu bringen. Rechts ist ein Bild (1498) des italienischen Malers Perugino zu sehen, das den jüdischen König Salomon darstellt.

Die Stadt Jerusalem gilt als das Zentrum der Welt und verbindet im übertragenen Sinne die drei Kontinente Asien, Europa und Afrika. Vor ungefähr 5000 Jahren ließ sich hier das Volk der Kanaanäer – ein Mischvolk – nieder und erbaute hier eine Siedlung. Um 1000 v. Chr. eroberte König David die Stadt und ließ die Bundeslade, das Heiligste des Judentums, hierher bringen. Salomon, Sohn und Nachfolger Davids, erbaute 950 v. Chr. den ersten großen Tempel, in dem auch die Bundeslade aufbewahrt wurde. Im Jahr 587 v. Chr. eroberte der babylonische König Nebukadnezar II. die Stadt und machte den Tempel dem Erdboden gleich. Nur fünfzig Jahre später wurde er – wenngleich etwas kleiner – jedoch erneut wiederaufgebaut. Unter

Herodes dem Großen (37–34 v. Chr.), wurde auch die Stadtmauer neu errichtet und auf einer Esplanade entstanden der Große Tempel und der Palast. Einige Jahre später sollte hier Jesus seinen Glauben verkünden und schließlich den Tod finden, sodass die Stadt auch für die Anhänger des Christentums heilig wurde. Um 70/71 n. Chr. zerstörten die Römer erneut den Tempel, einzig und allein die Westmauer blieb erhalten. Zwischen 687 und 691 n. Chr. ließ der Kalif Abd al-Malik auf der Esplanade den Felsendom errichten, der für die Anhänger des Islams heilig ist, da hier der Begründer des Glaubens, der Prophet Mohammed, den Überlieferungen zufolge in den Himmel aufgestiegen ist. Im Jahr 1149 eroberten die Kreuzritter Jerusalem und errichteten hier auf den Überresten des vom Kalifen Al-Hakim zerstörten Felsengrabes Jesu die Heilige Grabeskirche, deren Anlage auch den Hügel von Golgotha mit einbezog. Die von den drei bedeutendsten Religionen geprägte Geschichte Jerusalems macht die Stadt mit ihren verschiedenen Heiligtümern einzigartig auf der Welt und zum Ziel unzähliger Pilger aller drei Glaubensrichtungen. Bis heute konnten bestehende Fehden aufgrund der auf die Stadt erhobenen Ansprüche nicht beseitigt werden und das politische Bild dieser Region ist geprägt von Aufständen und Kämpfen.

Eroberer Jerusalems
Die nebenstehende Zeichnung aus dem Psalter der Heiligen Elisabeth *(12. Jahrhundert) zeigt den babylonischen König Nebukadnezar II. und die jüdischen Gläubigen in Ketten.*

Die Bundeslade
Dieses Gemälde aus dem 19. Jahrhundert zeigt den jüdischen König David in einer Prozession zu Ehren der Bundeslade.

Heiligtum der Juden

Die Heiligen Schriften besagen, dass Gott, nachdem er Moses auf dem Berg Sinai die Tafeln mit den Zehn Geboten übergeben hatte, diesem befahl, einen tragbaren Kasten zu bauen, in dem die Tafeln aufbewahrt werden konnten. Dieser sollte als sichtbares Zeichen für die mit den Menschen getroffenen »Vereinbarungen« dienen. Daraufhin baute Moses eine 1,25 m lange und jeweils 75 cm hohe und breite Lade aus Akazienholz, die innen und außen komplett mit Gold überzogen wurde. Die Lade wurde mit einem goldenen Deckel verschlossen, an dessen beiden Enden jeweils eine geflügelte Cherubgestalt angebracht war. Von diesem Tag an wurde die Bundeslade vom jüdischen Volk so lange überall mithin getragen, bis König Salomon sie in das Heiligste des Tempels, in das *Sancta Sanctorum,* bringen ließ, um sie hier aufzubewahren und zu beschützen. Einzig und allein der Höchste Priester durfte am Tag des *Kippur,* am Tag der Buße, des Gebets und des Fastens, den Raum betreten. Gemäß den Überlieferungen wurde in den Jahren 587/86 v. Chr. der Tempel und mit ihm die Bundeslade von den Babyloniern zerstört, doch bis heute sind viele davon überzeugt, dass das bedeutendste Heiligtum des Judentums versteckt und gerettet werden konnte, wenngleich nach wie vor jede Spur davon fehlt. Die folgenden Zerstörungen des Tempels nahmen den jüdischen Gläubigen ihr wichtigstes sakrales Monument, einzig und allein die in der Nähe der Altstadt befindliche Westmauer, die bis heute als »Klagemauer« verehrt wird, sowie die im 15. Jahrhundert vom ottomanischen Sultan Suleiman dem Prächtigen errichteten Mauern blieben erhalten. Zwar wurde auch die südliche Treppe des alten Tempels von Herodes nicht zerstört, doch ist sie heute hinter mittelalterlichen Gebäuden verborgen.

Die Bezeichnung »Klagemauer« geht darauf zurück, dass seit den Zerstörungen unzählige jüdische Pilgerströme hierher kamen, um zu beten und den Verlust des Tempels sowie die Verbannung ihres Volkes zu betrauern. Ihre Gebete schreiben sie auf ein Blatt Papier, das sie in den Spalten der aus groben Steinblöcken errichteten Mauer verstecken, sodass sie ihrem Glauben zufolge direkt zu Gott gelangen. Die Datierung der Mauer ist bis heute nicht eindeutig geklärt: So gehen einige davon aus, dass die an der Basis befindlichen Steine einst zum Tempel Salomons gehörten, während andere die Ansicht vertreten, dass die Steine aus der Zeit des Wiederaufbaus des Tempels zwischen 537 und 515 v. Chr. stammen, nachdem die Perser unter Kyros dem Großen die Stadt erobert hatten. Die Theorie, wonach die Steine aus der Zeit des Wiederaufbaus des Tempels unter Herodes stammen, gilt jedoch allgemein als am wahrscheinlichsten.

Heiligtum der Christen

Auch für die Christen ist der Tempel des Herodes heilig, da hier die Reinigung Marias (Lichtmess) erfolgte. Von ungleich größerer religiöser Bedeutung ist jedoch der Berg Golgotha oder Kalvarienberg, die Stätte der Kreuzigung Jesu Christi. Auch das Felsengrab, in dem Jesus bestattet wurde und das von Joseph von Arimathea angelegt worden war, befindet sich hier in der Nähe. Der römische Kaiser Hadrian errichtete an dieser Stelle um 135 n. Chr. einen Venustempel; später entdeckte die hl. Helena, die Mutter Kaiser Konstantins, hier im Jahr 326 das Grab Jesu und in einer nahegelegenen Höhle das Kreuz Christi. Konstantin ließ daraufhin den Tempel abreißen und errichtete stattdessen die erste Kirche zum Heiligen Grab sowie die Geburtsbasilika. Ein Mosaik aus dem 5. Jahrhundert, das in Madaba in Jordanien gefunden wurde, zeigt einen Plan der Stadt Jerusalem, auf dem auch die Basilika, wie sie in jener Zeit ausgesehen hatte, dargestellt ist: Im Inneren einer rechteckigen Einfassung befanden sich demnach die runde Basilika (»Rotunde«) als Mahnmal über dem Grab (die Pilger umrunden bei ihren Besuchen die Gedenkstätte) und ein mit dem Hügel von Golgotha verbundenes Kloster (gekennzeichnet durch ein Kreuz). Nach der Zerstörung durch den Kalifen Al-Hakim errichteten die Kreuzritter hier erneut eine Grabeskirche und brachten die heiligen Reliquien nach der Weihung der Kirche im Jahr 1149 hierher. Nach einem Erdbeben musste die Kirche im Jahr 1929 noch einmal aufgebaut werden. Das Heilige Grab befindet sich in einem Mausoleum in der neuen Basilika und kann nach Durchschreiten eines niedrigen und engen Gang besucht werden.

Das Grab Jesu Christi
Die Basilika der Grabeskirche ist ein bedeutendes Heiligtum des Christentums und wurde an jener Stelle errichtet, an der die hl. Helena das Grab Jesu Christi entdeckt hatte. Unten ist der Muttergottesaltar zu sehen; das obere Bild zeigt eine Illustration des Heiligen Grabes in einem Manuskript aus dem 16. Jahrhundert.

Von Geschichte geprägt
Die Basilika des Heiligen Grabes in ihrer heutigen Form ist das Ergebnis einer Reihe von Veränderungen und Umbauten, die im Laufe der Jahrhunderte vorgenommen wurden.

Heiligtum des Islams

Die von Herodes auf dem Tempelberg errichtete Esplanade ist von beeindruckender Größe: Die Längsseiten (Ost und West) sind 491 bzw. 462 m lang, die kürzeren Seiten (Nord und Süd) verfügen über eine Länge von 310 bzw. 281 m. Der Überlieferung nach wollte hier Abraham, der Urvater des Judentums, auf Geheiß Gottes seinen Sohn Isaak opfern, doch Gott erbarmte sich und forderte stattdessen einen Schafbock als Opfer. Um die Felsansammlung an der Spitze des Berges errichteten die Omaijaden zwischen 687 und 691 das älteste Heiligtum des Islams, im Laufe der Jahrhunderte wurde dieses jedoch mehrfach verändert. Heute befindet sich der Felsendom *(Qubbat as-sachra)* im nördlichen Abschnitt der Esplanade, gegenüber liegt die berühmte Al-Aqsa-Moschee aus dem Jahre 1035. Die vergoldete Kuppel des Felsendoms ist über 35 m hoch und krönt einen Rundbau auf einem geneigten Dach. Darunter befindet sich ein achteckiger Bau, dessen Wände mit farbigem Marmor und bunten Kacheln verkleidet sind. Das Innere der Kuppel ist über und über mit feinst gearbeiteten roten und goldfarbenen Ornamenten verziert; im Zentrum befindet sich der 16 x 12 m große Heilige Felsen *(Sachra)*, um den eine aus bearbeitetem Holz gefertigte Einfassung errichtet wurde. Auch einige Reliquien des Propheten werden hier aufbewahrt. Rund um die Einfassung wurden zwei Wandelgänge errichtet, in denen die Gläubigen das

Von Christen und Muslimen verehrtes Heiligtum
Der Felsendom erhebt sich an jenem Platz, an dem Abraham der Überlieferung nach auf Gottes Geheiß seinen Sohn Isaak opfern wollte. Von demselben Felsen aus soll Mohammed in den Himmel aufgestiegen sein.

Heiligtum umrunden können: Der innere Wandelgang wird von einem Oktogon gebildet, das von 8 Pilastern und 16 Säulen begrenzt wird; der äußere Wandelgang ist rund und verfügt über 4 Pilaster und 12 Säulen. Die Muslime verehren diese Stätte, da Mohammed von hier aus der Legende zufolge in den Himmel aufgestiegen ist. Zu Beginn des 17. Kapitels des Korans wird diese nächtliche Reise des Propheten wie folgt beschrieben: »Preis Ihm, Der bei Nacht Seinen Diener hinwegführte von der Heiligen Moschee zu der Fernen Moschee, deren Umgebung Wir gesegnet haben, auf dass Wir ihm einige Unserer Zeichen zeigen.« Im Laufe dieser Himmelfahrt, die sich der Überlieferung nach um 620 ereignet haben soll (also kurz, bevor der Prophet von Mekka nach Medina flüchtete), begegnete Mohammed Gott, der ihn über seine Aufgaben auf Erden aufklärte. Der Felsentempel ist neben den Pilgerorten Mekka und Medina das wichtigste Heiligtum des Islams. Dem islamischen Glauben nach soll hier das Böse für immer besiegt werden, aber auch das Christentum und das Judentum bringen diesen Ort mit dem Endkampf, der gemäß den Überlieferungen dem Jüngsten Gericht vorausgehen wird, in Verbindung.

DER HEILIGE FELSEN

Die »Nächtliche Reise« Mohammeds ist bedeutender Teil der im Koran festgehaltenen Überlieferungen. Demnach schlief Mohammed in Mekka, als er plötzlich vom Erzengel Gabriel geweckt wurde. Dieser zeigte ihm Burak, ein geflügeltes Himmelswesen, dessen Körper halb Pferd, halb Esel war. Der Kopf war jener einer Frau und das Hinterteil war mit den Federn eines Pfaus geschmückt. Mohammed schwang sich auf den Rücken dieses Wesens, das ihn zum Heiligen Felsen in Jerusalem brachte, wo er gemeinsam mit Jesus, Gabriel, Abraham, Moses und anderen Propheten im Gebet versank. Anschließend stieg er über eine goldene Leiter in den Himmel auf, wo er von Allah empfangen wurde. Als er auf den Felsen zurückkehrte, bestieg er erneut das Wesen Burak und kehrte noch vor dem Morgengrauen wieder nach Mekka zurück. Noch heute sind auf dem Heiligen Felsen Spuren dieses nächtlichen Ereignisses zu sehen: So hatten die Hufe Buraks einen Abdruck im Stein hinterlassen und auch der Kampf, den Gabriel ausfocht, um den Felsen festzuhalten, hinterließ deutliche Spuren. Das untere Bild einer arabischen Miniatur aus dem 16. Jahrhundert zeigt Mohammed bei seinem Aufstieg in den Himmel.

Mekka und das Heiligtum der Kaaba

Die heilige Stadt des Islams verdankt ihren Ruhm und ihre Bedeutung dem Propheten Mohammed sowie dem Heiligtum der Kaaba. Doch was hat es mit dem »Schwarzen Stein« auf sich und welcher Art ist seine Macht? Welche Bedeutung hat der »Zemzem«-Brunnen? Welche Rituale müssen während der großen Pilgerreise nach Mekka streng eingehalten werden? Und welche Rolle spielen die Zahlen Fünf und Sieben?

Die Stadt Mekka liegt in Saudi-Arabien in der Region Hidjas, ungefähr auf halbem Weg zwischen Suez und Aden. Von der am Roten Meer gelegenen Hafenstadt Djidda sind es ungefähr 72 km ins Landinnere bis nach Mekka. Die von zwei Bergketten eingeschlossene Stadt liegt in einem wüstenartigen Becken, auf das Tag für Tag die Sonne unbarmherzig niederbrennt. Bereits im 6. Jahrhundert v. Chr. befand sich hier eine Oase, die als Markt und Versammlungsort für die Reisenden entlang der Karawanenstraßen von Syrien, Mesopotamien und Südarabien diente. Im Jahr 570 n. Chr. erblickte hier Mohammed, der zukünftige Prophet des Islams, das Licht der Welt. Nach seiner Ausbildung arbeitete er als Verwalter der Karawanen einer reichen Kaufmannsfrau, die er später ehelichte. Im Alter von 40 Jahren erschien ihm erstmals der Erzengel Gabriel im Traum, der ihn dazu aufforderte, dem Wort und dem Willen Gottes zu folgen. Viele weitere Visionen folgten, und als Mohammed begann, gegen die reichen Händler von Mekka zu predigen, blieb ihm als einziger Ausweg nur mehr die Flucht nach Medina (622). Die ihm zuteil gewordenen Offenbarungen ließ er im Koran niederschreiben, dessen zentrale Botschaft von Allah als alleinigem Gott kündet. Die Gläubigen sind dazu aufgefordert, der Verehrung von Götzen den Kampf anzusagen und ein beispielhaftes Leben ohne Laster und frei von Egoismus zu führen. Die im Gebiet von Mekka lebenden Stämme verehrten hingegen viele Gottheiten, so z. B. die Große Mutter (Al-Lat) oder den männlichen Gott Al-Uzza (»der Mächtige«). Jedes Jahr unternahmen die Mitglieder dieser Stämme eine Pilgerreise zum Heiligtum der Kaaba (arab. für »Würfel«), in dem der geheimnisvolle »Schwarze Stein« aufbewahrt und verehrt wurde. Dieser Stein ist der Überlieferung nach vom Himmel gefallen und birgt wundersame Kräfte in sich.

Auf dem Rücken eines geflügelten Wesens
Von einem Kalkfelsen aus ritt Mohammed der Überlieferung zufolge auf dem Rücken eines geflügelten Mischwesens in den Himmel. Rechts ist eine Miniatur aus dem 17. Jahrhundert zu sehen, auf der dieses bedeutsame Ereignis dargestellt ist.

Der Schwarze Stein

Nach Ansicht der meisten Geologen handelt es sich bei dem mysteriösen »Schwarzen Stein« um einen Meteoriten geringer Größe (30 cm lang und 40 cm hoch), doch für die vielen Tausenden Gläubigen des Islams steht er im Zentrum

Die heiligen Stätten des Islams
Eine unvorstellbar große Menge an Pilgern drängt sich um das Heiligtum der Kaaba zusammen. Das kleine Bild rechts unten zeigt eine Miniatur aus dem 14. Jahrhundert, auf der Mohammed bei seiner Reise nach Medina zu sehen ist.

ihres Glaubens. In vorislamischen Zeiten endeten die Pilgerreisen zur Kaaba mit einer Berührung des Steins mit den Lippen, sodass die magischen Kräfte des Steins auf den Gläubigen übergehen konnten. Als Mohammed im Jahr 630 n. Chr. die Stadt Mekka als Anführer eines Heeres eroberte, reinigte er die Kaaba von allem Heidnischen und legte sie in die Hände von Allah. Gleichzeitig übernahm er jedoch den Kult um den »Schwarzen Stein«, den er zur Reinigung gen Himmel erhob. Anschließend wurde das nunmehr in Silber gefasste Heiligtum in die Außenwand der südöstlichen Ecke der Kaaba eingefügt.
Einigen Überlieferungen zufolge erhielt Adam den Stein nach seiner Vertreibung aus dem Paradies als Zeichen der Gnade Gottes. Dabei nahm der strahlend weiße Stein alle Sünden in sich auf und verfärbte sich so tiefschwarz. Andere Legenden erzählen, dass der Erzengel Gabriel den Stein an Abraham weitergab, damit dieser ihn beim Bau der Kaaba als Eckstein einfügte. Angeblich befindet sich auf dem Stein auch ein Fußabdruck des Erzengels. Mohammed gliederte die Tradition der jährlichen Pilgerreise der heidnischen Stämme in seinen Glauben ein und machte sie zur Pflicht: Jeder Gläubige, dessen Gesundheit und finanzielle Mittel es zulassen, muss zumindest einmal im Leben das Heiligtum in Mekka besuchen.

Die Große Moschee und der Brunnen Zemzem

Das bedeutendste Heiligtum des islamischen Glaubens ist die Große Moschee in Mekka, ein großartiges Gebäude mit sieben Minaretten und einem rechteckigen, zentralen Innenhof, dessen Weitläufigkeit von Arkaden – durchbrochen von 19 Toren – begrenzt wird. In der Mitte des Innenhofes befindet sich auf einer Plattform die würfelförmige Kaaba (12 x 10 m, 15 m hoch), deren Wände aus grauem Stein und Marmor bestehen. Ein Überwurf aus schwarzem Brokat, in den Verse des Korans in Silber und Gold eingestickt sind, bedeckt das nach den Himmelsrichtungen ausgerichtete Heiligtum. Die Legende

besagt, dass Abraham und sein Sohn Ismael die ursprüngliche Kaaba zu Gottes Ehren errichteten. Die quadratische Form geht auf den omaijadischen Kalifen Abd al-Malik zurück; die Säulengänge des Innenhofes wurden von Süleiman dem Prächtigen und von Selim III. errichtet. In der Nähe der Kaaba befindet sich unter einer auf hölzernen Säulen liegenden Kuppel der legendäre Brunnen Zemzem, mit dessen Wasser das Heiligtum dreimal im Jahr gereinigt wird. In längst vergangenen Zeiten war dieser Brunnen die einzige Wasserquelle Mekkas und diente den Gläubigen für ihre rituellen Waschungen. Dem Buch *Genesis* (20, 9–19) zufolge entdeckte die ägyptische Sklavin Hagar mit ihrem Sohn Ismael (der zugleich auch der erstgeborene Sohn Abrahams war) den Brunnen inmitten der

Der prächtige Sultan
Süleiman I., auch genannt »der Prächtige«, veranlasste die Errichtung der Arkaden des Innenhofes der Großen Moschee.

Die Nachkommen Abrahams
Nach islamischem Glauben wurde die ursprüngliche Kaaba von Abraham und seinem Sohn Ismael zu Ehren Allahs errichtet. Ismael gilt als Stammvater aller Muslime. Das Gemälde rechts aus dem 19. Jahrhundert zeigt Ismael mit seiner Mutter Hagar.

Wüste, nachdem sie von Sara, Abrahams Frau, davongejagt worden war. Verzweifelt irrten Mutter und Sohn lange Zeit im Sand umher und drohten zu verdursten, doch plötzlich sah Hagar die rettende Quelle vor sich. Von neuer Lebenskraft und Hoffnung erfüllt, rief sie ihren Sohn mit den Worten: *Zem! Zem!* (Bleib stehen, bleib stehen), daher der heutige Name des Brunnens.

Die Pilgerfahrt nach Mekka

Nur Muslime dürfen das Heiligtum der Kaaba besuchen; Ungläubigen ist der Zutritt verwehrt. Während des letzten Monats des islamischen Kalenders kommen an die zwei Millionen Muslime in die heilige Stadt, um hier die als »Hadsch« bezeichnete, fünf Tage dauernde Pilgerfahrt entsprechend einer streng geregelten Abfolge auf sich zu nehmen. Angetan mit einem weißen ungesäumten Gewand, das die Gleichheit der Gläubigen vor ihrem Gott symbolisieren soll, beginnen sie ihre Reise. Während dieser Zeit ist es den Pilgern nicht erlaubt, ihre Haare oder Nägel zu schneiden, Tiere zu schlachten oder sexuellen Verkehr zu haben. Am ersten Tag umschreiten die Gläubigen die Kaaba siebenmal gegen den Uhrzeigersinn *(tawaf)*. Da es in der Praxis nicht möglich ist, den Stein zu küssen, genügt eine demutsvolle Geste beim Vorüberziehen. Es folgt ein siebenmaliger Lauf zwischen den beiden Hügeln von Safa und Marwa, um auf diese Weise den Irrmarsch Hagars und ihres Sohnes Ismael durch die Wüste nachzuvollziehen. Nach einem 8 km langen Fußweg nach Mina folgt am nächsten Tag ein weiterer Marsch über nunmehr 16 km bis zum Berg Arafat, wo Mohammed der Überlieferung

Islamische Symbolik
Die Symbole des islamischen Glaubens sind auch häufig dargestellte Motive der traditionellen Teppichweberei: So stehen die fünf Finger einer Hand für die fünf Säulen des Islams. Das kleine Bild unten zeigt ein in Gedenken an die Pilgerfahrt nach Mekka gefertigtes Wandbild.

zufolge im Jahr 632 kurz vor seinem Tod in Gegenwart von 30.000 Gläubigen die Stadt Mekka als heilig erklärt hatte. Nach einem in sich gekehrten Gebet sammeln die Pilger auf ihrem Weg 49 kleine Steine, die sie für ein Ritual am nächsten Tag benötigen. Nach einem Aufenthalt in Muzdalifah kehren sie nach einer Wegstrecke von 45 km nach Mina zurück, wo sie die gesammelten Steine gegen drei Säulen werfen, um auf diese Weise Satan, der dreimal versucht hatte, Ismael von seinem Glauben abzubringen, symbolisch zu steinigen. Am letzten Tag kehren die Pilger nach Mekka zurück, um hier das Opferfest zu feiern. In Gedenken an Abraham und seinen unbedingten Gehorsam vor Gott wird nun eine Ziege oder ein Schaf geschlachtet und die Kaaba zum Abschluss noch einmal siebenmal umrundet.

Die Bedeutung der Zahlen Fünf und Sieben

Die Zahl Sieben spielt bei den Ritualen des Hadsch eine bedeutsame Rolle, aber auch die Zahl Fünf kommt im Islam immer wieder vor. So dauert die Pilgerfahrt fünf Tage, und im Zentrum des islamischen Glaubens stehen die »fünf Säulen des Islam« (Glaubensbekenntnis, Gebet, Almosensteuer, Fasten, Pilgerfahrt). Auch die Anzahl der unabhängig von Ort und momentaner Beschäftigung täglich zu verrichtenden Gebete beläuft sich auf fünf (Morgendämmerung, Mittag, Nachmittag, Abend, nach Einbruch der Nacht). Eine symbolische und prophetische Bedeutung der ungeraden Zahlen Fünf und Sieben war jedoch allgemein in der alten Welt weit verbreitet.

MEDINA – DIE ZWEITE HEILIGE STADT DES ISLAMS

400 km nördlich von Mekka liegt die Stadt Medina, die ebenfalls als grüne Oase ein Treffpunkt der entlang der Straßen des Mittleren Ostens reisenden Karawanen und Handelstreibenden war. Später kamen hierher jene Juden, die zum islamischen Glauben übergetreten waren und beeinflussten die Geisteshaltung Mohammeds, der im Jahr 622 nach Medina flüchtete.
Nachdem er die Stämme der Quraish besiegt und seine Anhänger zum Glaubenskampf aufgerufen hatte, wurde er zum geistigen und politischen Führer der Stadt. Im Jahr 630 kehrte er an der Spitze eines Heeres nach Mekka zurück, um seine Geburtsstadt endgültig zu erobern. Nach seinem Tod wurde Mohammed in Medina begraben, in der zweiten heiligen Stadt des Islams. Auch das Grab seiner Tochter Fatima befindet sich hier. Das Haus, in dem der Prophet sein Leben bis zum Moment seines Todes (632) verbracht hatte, wurde im 8. Jahrhundert von dem Kalifen al-Walid zur Moschee umgebaut. Sowohl das Grab als auch das Haus des einstigen Propheten sind Wallfahrtsziele und werden zumeist im Zuge der Pilgerfahrt nach Mekka besucht.

Santiago de Compostela – der Jakobsweg

Die Kathedrale von Santiago de Compostela ist Ziel einer Pilgerreise entlang des »Jakobsweges«. Doch warum kommen die Pilger in Scharen hierher? Stammen die hier aufbewahrten Reliquien tatsächlich vom hl. Jakobus? Aufgrund welcher Ereignisse kam der Apostel Jesu bis nach Galizien?

Porträt des Apostels
Ein von Lippo Vanni im 14. Jahrhundert gefertigtes Gemälde des hl. Jakobus.

Jakobus der Ältere, Sohn Salomes und Zebedäus', war gemeinsam mit seinem Bruder, dem Evangelisten Johannes, ein Apostel Jesu. Im Jahr 44 n. Chr. wurde er auf Befehl des Königs Herodes Agrippa I. geköpft, und seine Glaubensbrüder brachten den Leichnam auf ein Boot, das von der Hafenstadt Haifa aus in See stach. Durch Gottes Wille strandete das Schiff bereits nach sieben Tagen in Iria Flavia an der Atlantikküste Galiziens. Hier wurde der Sarg mit den sterblichen Überresten des einstigen Jüngers auf einen von Ochsen gezogenen Karren geladen, und die Tiere hielten erst an, als sie ein Waldstück erreichten. Hier fand Jakobus der Ältere dann seine letzte Ruhestatt. Der Überlieferung zufolge entdeckte der Eremit Pelayo im Jahr 813 das Grab, nachdem er dem Leuchten eines Sterns gefolgt war. Sofort benachrichtigte er den Bischof Teodomiro, der sofort erkannte, wessen letzte Ruhestätte sie hier vor sich hatten. Alfonso II., König von Asturien und Leòn, kämpfte in jener Zeit gegen die Mauren, um die von ihnen besetzten spanischen Gebiete wieder zurückzuerobern, und nachdem er von dem Fund Kenntnis erlangt hatte, stellte er sein Land unter den Schutz des Apostels und erklärte ihn zum Patron Spaniens. Eine Legende erzählt, dass der Geist des Jakobus bei der Schlacht von Clavijo (844) in Kastilien reitend auf dem Rücken eines weißen Pferdes erschien und das christliche Heer zum Sieg führte. Der Bekanntheitsgrad des Heiligen wurde immer größer, sodass immer mehr Pilger die von Alfons II. auf der Grabstätte von Jakobus errichtete Kapelle besuchten. Im Jahr 950 besuchte der französische Bischof Godeschalk von Le Puy die Gedenkstätte und war somit der erste Pilger aus dem Ausland. Ungefähr im Jahr 1000 unternahm auch Wilhelm IX., Herzog von Aquitanien, eine Reise hierher. Im Verlauf des 11. Jahrhunderts wurden Pilgerreisen immer populärer, sodass eine Vielzahl europäischer Gläubiger das Grab des hl. Jakobus besuchten.

Der Jakobsweg

Es gab eine Vielzahl von Jakobswegen, denen die Pilger auf ihrer Reise zum Grab des Apostels Jakobus folgten; vier davon bildeten die Hauptrouten und hatten ihren Ausgangspunkt in Frankreich. Der westlichste Weg begann im Norden von Tours, setzte sich dann über Bordeaux fort und erreichte schließlich Ostabat, wo er sich zu Füßen der Pyrenäen mit den zwei anderen Hauptrouten (mit den Ausgangspunkten Vezelay und Le Puy) kreuzte. Von Ostabat aus gelangte man über den Pass Roncesvalles über die Gebirgskette, anschließend erreichte man Pamplona, wo sich bei der Brücke der Königin in der Nähe von Estella dieser Jakobsweg nun

Stätte des Verrats
Der Jakobsweg führt über den Pass von Roncesvalles über die Pyrenäen. Hier fiel einst der Paladin Roland in seiner letzten Schlacht, nachdem er von Ganelon von Mainz verraten worden war.

Die Kathedrale von Santiago de Compostela
Die beeindruckende Kathedrale von Santiago de Compostela wurde ursprünglich in romanischem Stil erbaut, später erhielt sie dann eine barocke Fassade. Hier endet eine lange Pilgerreise auf den Spuren der Vergangenheit und des Glaubens.

mit der südlichen Hauptroute kreuzte. Der südliche Jakobsweg in Frankreich hatte seinen Ausgangspunkt in Arles, setzte sich über den Pass von Somport über die Pyrenäen fort und mündete bei Estella in die westliche Route. Von hier aus gab es nur mehr einen Weg, der über Logroño, Burgos, León und Lugo nach Santiago de Compostela (abgeleitet von *Campus stellae* in Erinnerung an die Geschichte des Eremiten Pelayos) führte. Möglicherweise handelt es sich bei dieser als *Camino de Santiago* bezeichneten Route um eine alte sakrale Straße der Kelten. Gegen Ende des 11. Jahrhunderts wurde dieser Abschnitt gepflastert, und an den verschiedenen Raststationen entstanden vor allem durch die Initiative des auch in Nordspanien einflussreichen französischen Klosters Cluny Kirchen, Klöster und Herbergen. Zu Beginn des 12. Jahrhunderts wurde die Geschichte des hl. Jakobus im Buch *Liber Sancti Jacobi* neu verfasst, ein Werk, das auch eine detaillierte Beschreibung der Jakobswege und des Abschnitts ab der »Brücke der Königin« enthielt. Ratschläge hinsichtlich der Raststationen und Anregungen über erwünschte und unerwünschte Verhaltensweisen der Pilger komplettierten dieses Werk.

Die Brücke der Königin
Das kleine Bild zeigt die Puente de la Reina, die Brücke der Königin. Hier vereinen sich die verschiedenen, nach Santiago führenden Wege.

Die Ankunft in Santiago

Nach einer anstrengenden und gefahrvollen Wanderung erreichte der zumeist in einer Gruppe reisende Pilger endlich die Stadt Santiago de Compostela, wo er sich sofort zur Kathedrale begab, die auf den Ruinen der im 9. Jahrhundert über dem Grab des Apostels gebauten Kirche errichtet worden war.
Die zwischen 1060 und 1211 ursprünglich in romanischer Bauweise errichtete Kathedrale erhielt nach der Gegenreformation eine barocke Fassade. Zwischen 1738 und 1747 wurde die als *Obradorio* bezeichnete Westfassade errichtet und erhielt durch Fernando Casas y Nóvoa ihre heutige barocke Form. Eingeschlossen von zwei hohen, mit Fialen geschmückten Türmen, beeindruckt diese Fassade durch die Plastizität der architektonischen Elemente und den warmen Farbton des im Abendlicht schimmernden Granits. Zwei spiegelbildlich angelegte Stiegenaufgänge vervollkommnen das Bild. Der Westeingang führt durch den *Porticó della Gloria,* ein beeindruckendes romanisches Portal der alten Kirche, in dem sich außergewöhnlich gearbeitete Skulpturen (1166–1188) befinden, die dem spanischen Meister Mateo zugeschrieben werden und die u. a. mehrere Propheten, die Apostel und verschiedene Engel darstellen. An der mittleren Säule befindet sich der »Lebensbaum Jesu Christi«, der die Genealogie der Familie von Jesus, angefangen von Jesse, dem Vater Davids, zeigt. Hier angekommen, vollzog der Pilger sein erstes Ritual: Bevor er die Kathedrale betrat, legte er die fünf Finger seiner Hand auf die fünf in der Säule vorhandenen Vertiefungen – heute weisen diese bereits starke Abnutzungsspuren auf. Den großen Altar im Inneren schmückt eine vergoldete Statue des hl. Jakobus, zu der eine kleine Treppe hochführt. Bis heute ist es Brauch, dass die Pilger die Statue umarmen und küssen. Schließlich folgte der Abstieg in die Krypta, wo die Pilger vor den hier verborgenen Reliquien des Heiligen ihre Verehrung zum Ausdruck brachten.

Mit Rucksack und Pilgerstab
Obwohl Pilgerreisen nach wie vor einfach und schlicht gehalten sind, tragen moderne Errungenschaften doch dazu bei, dass diese Wanderungen nicht mehr ganz so gefahrvoll und anstrengend sind wie einst.

Prachtvolle Statuen und Säulen
In einem Pilgerführer aus dem 12. Jahrhundert schrieb Aimery Picaud, dass die Kathedrale von Santiago de Compostela »frei von jedem Makel« sei.

Die sterblichen Überreste des hl. Jakobus

Gegen Ende des 19. Jahrhunderts wurden im Zuge einer Grabung in der Krypta menschliche Knochen gefunden, die zu drei Skeletten gehörten. Nachdem diese dem hl. Jakobus und seinen zwei Schülern zugeordnet wurden, verglich man einen der gefundenen Schädel mit dem Fragment einer Schädeldecke, das im Dom von Pistoia aufbewahrt wurde und das angeblich ebenfalls vom hl. Jakobus stammte. Erstaunlicherweise passten die beiden Teilstücke perfekt ineinander und im Jahr 1884 bestätigte Papst Leo XIII. die Echtheit der Reliquien. Ungeachtet dieser öffentlichen Anerkennung wurden eine Reihe von Stimmen laut, die an der Authentizität der Fundstücke zweifelten. Begründet waren diese Zweifel auf der Tatsache, dass der Überlieferung zufolge der Leichnam des hl. Jakobus bei seiner Ankunft in Galizien enthauptet war und die in der Krypta gefundenen Knochen somit eher einem spanischen Bischof und zweien seiner Glaubensbrüder zuzuordnen waren. Doch dessen ungeachtet strömen Jahr für Jahr unzählige Pilger zu Ehren des hl. Jakobus nach Santiago de Compostela und folgen dabei dessen Spuren auf dem Jakobsweg.

Anerkennung durch die Kirche
Im Jahr 1884 bestätigte Papst Leo XIII. die in der Krypta der Kathedrale gefundenen Gebeine als Reliquien des hl. Jakobus. Im Mittelalter hatte jede Pilgerstätte ihr eigenes Symbol: In Rom gab es die »Veronica«, in Santiago die Jakobsmuschel (unten).

Die Erkennungsmerkmale des Pilgers
Diese Statue des hl. Jakobus trägt den typischen Pilgerstab sowie eine Wasserkalebasse.

DAS BUCH DES PILGERS

Welche Beweggründe hatten die Pilger früher, um sich auf eine lange, kräfteraubende und oft auch gefahrvolle Reise zu den heiligen Stätten des Christentums zu begeben? Neben Rom und Jerusalem war die Kathedrale von Santiago de Compostela das bedeutendste Pilgerziel, da hier die Reliquien eines Apostels von Jesu aufbewahrt wurden, denen man zudem noch wundersame Kräfte nachsagte. Der Besuch einer solchen Stätte bedeutete also, Teil des Heiligtums zu werden und die hier wirkenden positiven Energien in sich aufzunehmen. Viele Pilger reisten aber auch aus reiner Demut, als Zeichen des Dankes für empfangene Güte oder um dieselbe zu erflehen. Auch das Inquisitionsgericht konnte eine derartige Reise befehlen, wobei der Pilger nach seiner Rückkehr den Beweis dafür erbringen musste, dass er das jeweilige Ziel auch tatsächlich erreicht hatte. Vor der Abreise war der Betroffene dazu aufgefordert, seine persönlichen Belange zu ordnen, sich bei eventuell durch ihn beleidigten Personen zu entschuldigen, seine Schulden und Verpflichtungen zu regeln und sein Testament zu machen. Kehrte er nach einem Jahr und einem Tag von der Pilgerreise nicht zurück, war es der Ehefrau erlaubt, sich neu zu verheiraten. Der Reisende trug im Allgemeinen eine aus rauem Stoff gefertigte Kutte sowie einen Pilgerhut, dessen Krempe vorne hochgeschlagen und hinten mit einer Art Schal verbunden war, der bis zur Taille hinunter um den Oberkörper gewickelt wurde. Zur Konservierung der Lebensmittel trug er einen weichen Quersack mit sich, der auch einen Blechnapf enthielt. Ein hölzerner, oben gewundener Pilgerstab mit einer Eisenspitze gehörte ebenfalls zur Ausstattung. Als sichtbares Zeichen dafür, dass er Santiago tatsächlich erreicht und hier das Grab des Apostels besucht hatte, durfte der Pilger sich die Jakobsmuschel *(Pecten jacobaeus)* an den Hut und an seine Kutte nähen. Die Gründe für die Wahl dieser Muschel, die in der Antike die Göttin Venus symbolisierte, sind bis heute nicht eindeutig geklärt: Vielleicht wollte man auf diese Weise jedoch nur der Vergangenheit des hl. Jakobus als Fischer gedenken – es gibt viele Gründe, die allesamt durchaus einleuchtend erscheinen. Die Pilger glaubten fest daran, dass die Jakobsmuschel sie auf ihrem Rückweg vor allem Unglück bewahren würde, und schon bald kennzeichnete dieses Symbol die Jakobswege in ganz Europa.

Magische Orte

Jedes Ding ist ein Symbol: Während es sich deutlich zeigt, wird auch alles andere klar.
(Hl. Augustin)

Die sichtbare Welt in ihrer mannigfachen Gestalt ist jene, die uns offenkundig und unmittelbar umgibt und somit unser natürliches Umfeld darstellt. Die unzähligen darin enthaltenen Symbole sind nicht nur für den einzelnen Menschen bedeutend, der hier seine persönlichen Erfahrungen sammelt und Umgang mit seinen Mitmenschen pflegt, sondern auch für die Gemeinschaft allgemein, die hier ihre Wert- und Moralvorstellungen vertritt. Wenngleich es heute schwierig ist nachzuempfinden, wie unsere Vorfahren die sie umgebende Welt mit ihren natürlichen und übernatürlichen Ereignissen erlebten, scheint jedoch deutlich zu sein, dass es zwischen ihnen und den von ihnen für ihr Leben und ihre Glaubensvorstellungen erwählten Orten eine enge Verbindung gab. Hügeln, Gebirgen und Felsen sowie Wüsten und Wasser wurde häufig eine mystische Bedeutung zugeschrieben, und die verschiedenen Landschaften der Erde erschienen als perfektes Bühnenbild zur Umsetzung der religiösen Vorstellungen in Zusammenhang mit der jeweiligen Symbolik, die den Menschen und das Göttliche zusammenführen sollte. Angetrieben von dieser Motivation entstanden u. a. die faszinierenden Scharrbilder in Großbritannien und in der Ebene von Nazca, die Felszeichnungen, die Verehrung von eindrucks- und machtvollen Bergen als Sitz der Götter, die steinernen Heiligtümer in den Wäldern und Wüsten und die gewaltigen Statuen von Schutzgöttern auf zahlreichen Inseln des Ozeans.
Eine bestimmte Symbolik wurde von den Orten schließlich auf spezielle Bauten und Gartenanlagen sowie auf allgemeines Gut oder künstlerische Werke übertragen. Ein gutes Beispiel hiefür ist das Labyrinth, das als Talisman zur Überwindung der Irrungen des Lebens sowie als Symbol für den Weg ins Jenseits in Erwartung der Wiedergeburt galt. Bestimmte Landstriche weckten in unseren Vorfahren heftige Emotionen, sodass sie diese als heilige Stätten betrachteten und hier ihre Heiligtümer errichteten. Bestimmte Orte standen über Jahrtausende hinweg im Zentrum bestimmter Kulturen, die während dieser ganzen Zeit stets dieselben Symbole verehrten und die Erinnerung an sie hochhielten. Allem Anschein nach gibt es auf unserer Erde bestimmte Landschaften, die seit jeher die Menschen aus bislang noch unbekannten Gründen zu faszinieren und anzuziehen vermochten. So gibt es z. B. im Süden Englands eine außergewöhnlich hohe Anzahl an heiligen Stätten, magischen Orten und sakralen Bauten – angefangen von Stonehenge bis Glastonbury und von Avebury bis Cerne Abbas. Auch das in den letzten Jahren immer häufiger auftretende und geheimnisvolle Phänomen der »Kornkreise« lässt sich in Südengland besonders häufig beobachten.

Die Höhlen von Balzi Rossi: eine Wiege der Menschheit

Bereits vor über 240.000 Jahren lebten Vorfahren des heutigen Menschen in den Höhlen von Balzi Rossi, wie eindrucksvolle archäologische Funde beweisen. Doch wie lebten diese Stämme und welche Botschaft verbirgt sich in den außergewöhnlichen Felszeichnungen? Sind die hier angeblich gefundenen Venusstatuetten wirklich echt – oder handelt es sich hier um geschickte Fälschungen?

Die Höhlen von Balzi Rossi („Rote Felsen«) liegen an der Küste Liguriens in unmittelbarer Nähe der italienisch-französischen Grenzstation Ponte San Ludovico zwischen den Städten Ventimiglia und Mentone. Der Name rührt von der rötlichen Farbe des in der Jurazeit entstandenen Dolomitkalkgesteins her, das hier in Form einer bis zu 80 m hohen Steilküste in unmittelbarer Strandnähe aus dem Meer ragt. Die in den Strahlen der untergehenden Sonne rot glühende Felswand taucht die Landschaft in ein weiches Licht. Eine Reihe von sonnendurchfluteten Höhlen und kleineren Felskammern durchziehen das Gestein, deren Namen zumeist auf die Archäologen verweisen, die sie im Verlauf des 19. Jahrhunderts entdeckt haben: Grotte dei Fanciulli und Constantini, Riparo Lorenzi, Grotta di Florestano, Riparo Mochi, Caverna del Caviglione, Riparo Bombrini, Barma oder Grotta Grande und Grotta del Principe (von West nach Ost). Bereits im Paläolithikum haben sich hier Stämme von Jägern niedergelassen, sodass die Anzahl der hier freigelegten archäologischen Funde – angefangen von Knochen- und Steinwerkzeugen über fossile Tiere bis hin zu Schmuck- und Kunstgegenständen – geradezu erstaunlich ist. Als besonders interessant erweisen sich jedoch sechzehn Grabstätten, deren Analyse es möglich machte, die Herkunft und die Lebensweise dieser Vorfahren aus längst vergangenen Zeiten näher zu bestimmen.

Ein Blick in die tiefe Vergangenheit

Die Küstenregion der Balzi Rossi wurde geformt vom Wechselspiel der Kalt- und Warmzeiten. In den Regressionsperioden wurden Unmengen von Wasser in den Eismassen gebunden, sodass sich in jener Zeit vor den Höhlen eine zum Meer hin sanft abfallende Ebene befand. Die damalige Küstenlinie lag also insgesamt 5 km weiter draußen als heute. Dieser Streifen war eine bequeme Route mit genügend Nahrung für die weiterziehenden Tiere und somit auch für die Jäger, die ihnen vom Valle del Rodano bis zu den toskanischen Küstengebieten folgten. An den geeignetsten Stellen ließen sich die Stämme immer wieder in den unzähligen Höhlen entlang der Küste nieder. Während der Erwärmungsphasen nahm das Meer diese je-

In goldenes Licht getaucht
Bereits im frühen Paläolithikum nahmen verschiedene Stämme von Jägern die nach Süden hin offenen Höhlen der Balzi Rossi in ihren Besitz. Oben ist der Eingang zur Caverna del Caviglione zu sehen; das große Bild über beide Seiten zeigt ein Panorama der hiesigen Küste.

doch wieder in seinen Besitz und lagerte hier Unmengen von Geröll und Sedimenten ab. Dieses Wechselspiel setzte sich bis zur letzten Eiszeit vor ungefähr 10.000 Jahren (»Würm«) fort. Reste von Feuerstellen und Unterständen weisen darauf hin, dass sich die Menschen auch außerhalb der Höhlen auf diesem Küstenabschnitt niedergelassen hatten.

Grabstätten und Felszeichnungen
Das kleine Bild oben zeigt das in der Caverna del Caviglione von Èmile Rivière im Jahr 1872 entdeckte Grab eines Cro-Magnon-Menschen. Auf dem Bild rechts unten sind Ritzzeichnungen zu sehen, denen aus heutiger Sicht ein sexueller Symbolgehalt zuzuordnen ist.

Arzt und Archäologe
Diese Zeichnung stammt von Émile Rivière, seines Zeichens Arzt und Archäologe, der ab 1870 bedeutende Grabungen in den Höhlen von Balzi Rossi durchgeführt hatte.

Unsere Vorfahren

In den Wärmeperioden transportierte die Brandung unzählige Flügelschnecken auf den Strand, die heute typischen Muscheln der senegalesischen Meere, und entlang der Küste lebten Elefanten, Flusspferde, Rhinozerosse und Leoparden. In den Kältephasen nahmen hingegen Bären, Rentiere, Murmeltiere und Mammutarten das Land in Besitz. Die in diesem Gebiet auftauchenden Stämme folgen den bedeutendsten Etappen der menschlichen Evolution; der in einem Nebengang der Grotta del Principe gemachte Fund eines Fragments des rechten Darmbeins einer aufrecht gehenden, erwachsenen Frau (40–50 Jahre) des Typs *Archanthropus* erlaubt als Ausgang eine Datierung, die 240.000 Jahre zurückreicht. Die Tatsache, dass in einer nahen, jedoch auf französischem Gebiet befindlichen Höhle bei Vallonet Funde entdeckt wurden, die allem Anschein nach bereits 900.000 Jahre alt sind, wirft jedoch die Frage auf, ob nicht auch die Höhlen von Balzi Rossi unseren Vorfahren schon vor weitaus längerer Zeit als bisher angenommen Unterschlupf geboten hatten: Grabungen in den unteren Gesteinsschichten der Grotta del Principe könnten möglicherweise die Antwort auf diese Frage liefern. Die nachfolgenden Menschen des Typs Neandertaler besiedelten in einer Zeit, die zwischen 80.000 und 36.000 Jahre zurückliegt, die gesamte ligurische Küste und hinterließen hier indirekt ihre Spuren in Form von Werkzeugen und fossilen Tieren. Vor 36.000 bis 10.000 Jahren besiedelte dann der Cro-Magnon-Mensch – ein früher Vertreter des *Homo sapiens sapiens* – dieses Gebiet. Dieser Typus (hoher Wuchs, längliche Schädelform, langes, flaches Gesicht, große Schädelbreite) gilt als unmittelbarer Vorfahre des heutigen Menschen. Auch andere Vertreter der Spezies *Homo sapiens* kamen hierher wie z. B. der Grimaldi-Typus, benannt nach einem auf der Spitze der Steilküste befindlichen Dorf.

Bedeutungsvolle Funde

In der Grotta dei Fanciulli (»Grotte der Kinder«) wurde in den oberen Schichten die Grabstätte zweier Kinder gefunden, die mit einem Lendenschurz aus Meeresmuscheln bekleidet waren. Nur etwas darunter entdeckte man die Überreste eines Cro-Magnon-Menschen, der ausgestreckt begraben wurde, die Füße von Steinplatten beschwert. Noch tiefer fand man ein Grab, das zwei dicht aneinander geschmiegte Skelette des Grimaldi-Typus enthielt. Die Skelette gehörten zu einer älteren und einer jüngeren (ca. 16 Jahre) Frau – beide von kleinerer Statur (156–159 cm) und mit ungewöhnlich großer nasaler Öffnung –, die bei ihrer Entdeckung im Jahr 1874 keiner bekannten Gattung zugeordnet werden konnten. Kürzlich durchgeführte Studien haben ergeben, dass sie zu einer seltenen Mischung, entstanden durch die Paarung nordafrikanischer Gattungen mit an der europäischen Mittelmeerküste lebenden Spezies, zu zählen sind.

Eindrucksvolle Steilküste
Die Steilküste von Balzi Rossi ist von einer Reihe von Höhlen und Felskammern durchzogen, in denen bereits in der Steinzeit unsere Vorfahren hausten.

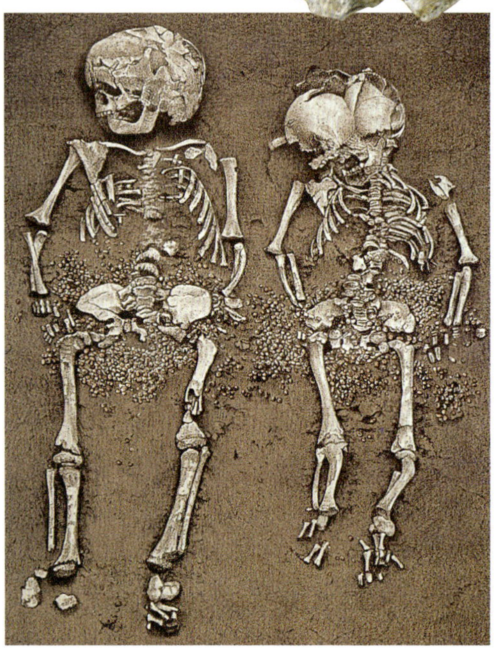

Sterbliche Überreste
Links das Grab der beiden Kinder in der Grotta die Fanciulli. Oben das rechte Darmbein einer erwachsenen, zur Gattung des Archanthropus *zählenden Frau, die vor ungefähr 240.000 Jahren gelebt hat. Gefunden wurde dieser Knochen in der Grotta del Principe.*

Der berühmteste Fund

Jene Grabstätte, in der drei Skelette von Cro-Magnon-Menschen aus dem späteren Paläolithikum gefunden wurden, gilt aus historischer Sicht als besonders außergewöhnlich. Fundort war die Höhle Barma Grande. Das Skelett des erwachsenen Mannes ist mehr als 2 m groß.

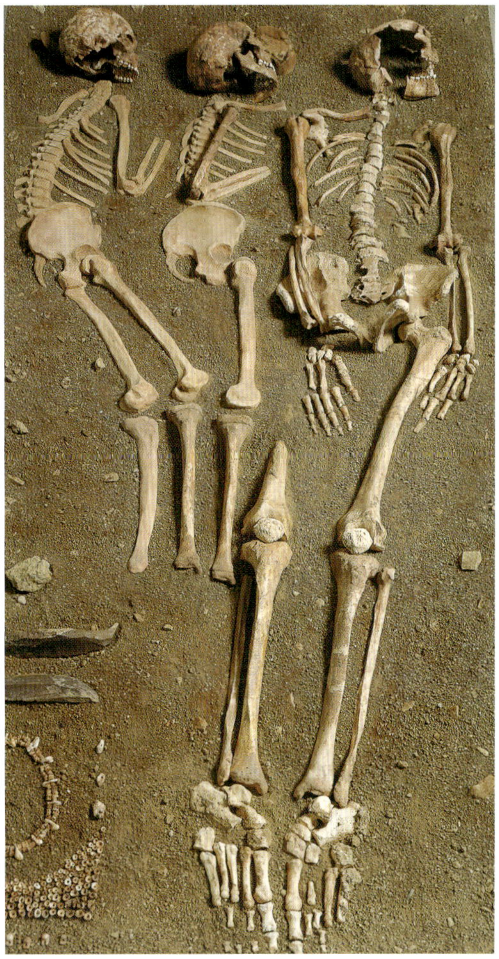

In der Caverna del Caviglione entdeckte der französische Archäologe Émile Rivière im Jahr 1901 das Grab eines 1,85 m großen Cro-Magnon-Menschen. Sein Schädel war von einer Art Haube bedeckt, die aus über 200 durchlochten Muscheln gefertigt war. Von den Nasenlöchern und vom Mund führte eine relativ tief ausgehobene Spur weg, die zur Gänze mit Ocker gefüllt war. Vielleicht sollte auf diese Weise der menschliche Atem, der Lebenshauch oder das gesprochene Wort symbolisiert werden. In der Höhle namens Barma Grande wurde im Jahr 1892 eine Grabstätte gefunden, in der sich die sterblichen Überreste eines mehr als 2 m großen Mannes, eines ungefähr 16-jährigen Mädchens und eines Kindes befanden (allesamt Vertreter des Cro-Magnon-Typus), die vor ungefähr 20.000 Jahren gelebt hatten. Nach ihrem Tod waren sie zusammen in eine mit Ocker präparierte Vertiefung gelegt worden – eine Vorgehensweise, die entscheidend zum guten Erhaltungszustand der drei Skelette beigetragen hat. Bei den Toten wurden eine Reihe von Grabbeigaben gefunden wie z. B. Steindolche oder aus Fischgräten, durchlochten Hirschzähnen und Meeresmuscheln gefertigte Ketten.

VENUSSTATUETTEN UND PRZEWALSKIPFERDE

Neben zahlreichen anderen Funden entdeckte man in den Höhlen von Balzi Rossi auch an die 15 aus Steatit (»Speckstein«) bestehende Venusstatuetten – mit Ausnahme einer einzigen, die aus Knochen gefertigt wurde. Es handelt sich hier um die Darstellung unbekleideter, aufrecht stehender Figuren mit unverkennbar weiblichen Attributen. Während der Kopf und die Beine nur angedeutet sind, sind der Bauch, die Schenkel, das Gesäß und die Brüste deutlich überzeichnet dargestellt. Die Figuren, von denen die größte 7 cm misst, wurden im 19. Jahrhundert von Louis Alexandre Jullien entdeckt und waren vermutlich symbolhafte Darstellungen der Mutterschaft mit religiösem Gehalt. Doch einige der bereits als prähistorisch eingestuften und in Museen zu bewundernden Figuren könnten gefälscht sein: Tatsächlich unterstanden die Ausgrabungen im 19. Jahrhundert, die vielfach von Antiquitätenhändlern durchgeführt wurden, in wissenschaftlicher Hinsicht keinen speziellen Kontrollen und es gilt bereits als erwiesen, dass von einigen Figuren – angeregt durch das hohe Interesse seitens der Sammler – Fälschungen angefertigt wurden. Im Jahr 1971 entdeckte der italienische Archäologe Giuseppe Vicino auf der westlichen Wand der Caverna del Caviglione in 7 m Höhe (vom heutigen Bodenniveau aus) beeindruckende Felszeichnungen. Diese zeigen die naturalistische Darstellung eines Przewalskipferdes, einer kleinwüchsigen, gedrungenen Rasse, die jener des Camargue-Pferdes ähnlich ist und die es heute nur mehr in artenbedrohend geringer Zahl in der Mongolei gibt. Durch die 40 x 20 cm große Darstellung des Pferdes hindurch ziehen sich parallel verlaufende, vertikale Rillen, die bereits vor Anbringung dieser Felszeichnung ins Gestein geritzt worden waren.

Vom Aussterben bedroht

Das Przewalskipferd (oben in einer Felszeichnung in der Caverna del Caviglione verewigt) war in früherer Zeit in den eurasischen Steppen weit verbreitet. Heute ist es die letzte freilebende Wildpferdart. Links ist eine der in Balzi Rossi gefundenen Venusstatuetten zu sehen.

Die weissen Riesen Englands

Auf einigen Hügeln Südenglands sind Bodenzeichnungen beachtlicher Größe zu finden, die Figuren und Pferde darstellen. Doch stammen diese tatsächlich von den Kelten? Aus welchem Grund geriet diese Form der Kultdarstellung nie in Vergessenheit? Besteht möglicherweise eine Verbindung zu den Fruchtbarkeitskulten der Vorzeit? Und welchen Symbolgehalt hatte das Pferd in jener längst vergangenen Zeit?

Das in Südengland liegende Gebiet zwischen Bath und Oxford im Norden und Dorchester und Dover im Süden umfasst eine einzigartige Serie von archäologisch höchst interessanten Hügelfiguren von beeindruckender Größe. Durch Freilegung des unter der Oberfläche liegenden Kreidegesteins sind diese Figuren weithin sichtbar, und die weißen Konturen heben sich deutlich vom grünen Gras der sanft geschwungenen Hänge ab. Zur Serie gehören zwei menschliche Figuren sowie 14 Pferde, von denen zwei in mehrerer Hinsicht besonders hervorstechen. Obwohl einige Antworten hinsichtlich der Bedeutung und Entstehung dieser Figuren gefunden werden konnten, bleiben nach wie vor eine Reihe von Fragen offen. Verantwortlich dafür sind im Verlauf der Jahrhunderte immer wieder durchgeführte Reinigungs- und Restaurationsarbeiten, die nicht immer sachgemäß und unter Berücksichtigung der Originalzeichnungen erfolgten.

Der Riese von Cerne Abbas

Im Dorf Cerne Abbas in Dorset erzählt man sich noch heute die Legende eines Riesen, der hier einst sein Unwesen getrieben hatte. Eines Tages schlief er jedoch auf einem Hügel in der Nähe des Dorfes ein und die Bewohner machten sich auf, um ihn zu töten. Um diese ruhmreiche Tat stets in Erinnerung zu behalten, wurden die Konturen des Riesen in den Boden gegraben. Alle sieben Jahre wurden die weißen Linien von den Bewohnern von Schmutz und nachgewachsenem Gras gereinigt; erst im Jahr 1920, als die Aufgabe der Instandhaltung auf den Staat überging, endete diese Tradition. Der Riese von Cerne Abbas ist 55 m lang und zeigt einen nackten Mann mit aufgerichtetem Phallus; mit der Hand des rechten, angewinkelten Armes schwingt er eine knotige, 37 m lange Keule. Der linke Arm ist ausgestreckt, so als wollte er einen heute nicht mehr erkennbaren Gegenstand tragen oder stützen. Der kleine Kopf weist angedeutete Gesichtszüge auf; die Darstellung der Beine und der Füße erweckt den Eindruck, als ob diese in Bewegung wären. Die gesamte Figur ist von einem trapezförmigen, bis zu 60 cm tiefen Graben umgeben. Mündlichen Überlieferungen zufolge hatte es einst zu Füßen des Riesen eine Inschrift mit der Jahreszahl 1748 gegeben, doch ist diese heute nicht mehr zu sehen. Vermutlich wurde die Inschrift im Zuge der Christianisierung hier angebracht, um ein Zeichen für das Ende dieses heidnischen Kultes zu setzen, der trotz der Errichtung eines Klosters im Jahre 987 fortbestanden hatte. Tatsächlich vollzogen die in den Dörfern der Umgebung lebenden Frauen selbst noch in den ersten Jahrzehnten des 20. Jahrhunderts hier ein besonderes Fruchtbarkeitsritual: Verheiratete Frauen, deren Kinderwunsch sich nicht erfüllte, legten sich mit ihrem Ehemann direkt auf den 9 m langen Phallus des Riesen und vereinten sich – dieser Akt sollte eine baldige Schwangerschaft herbeirufen. Unverheiratete Frauen mussten sich hingegen zur Sicherung ihrer Nachkommenschaft auf die weißen Linien der Figur schlafen legen. Oberhalb des Riesen befindet sich ein viereckiger, abgegrenzter Bereich, der auf eine befestigte Anlage aus der Eisenzeit zurückgeht. Hier wurde in früheren Zeiten der Maibaum aufgestellt, um auf diese Weise das Frühlingsfest zu feiern, eine moderne Variante des keltischen Festes Beltane. Allem Anschein nach war der Riese also einst das Symbol eines Fruchtbarkeitskultes; vielleicht stellt er sogar Herkules dar. Gegen Ende des 2. Jahrhunderts n. Chr. ernannte sich der römische Kaiser Commodus zum *Hercules Romanus* und galt somit als Reinkarnation dieses Halbgottes. Tatsächlich wurden in diesem Gebiet eine Reihe von Herkulesstatuen gefunden, die eben aus jener Zeit stammen. Es könnte sich bei der riesenhaften Figur jedoch auch um Daghda handeln, den gutmütigen Gott der Kelten, der zumeist mit einer riesigen Keule und einem gewaltigen Kessel (vielleicht das verschwundene Objekt in der linken Hand?) dargestellt wurde. Die unmittelbare Nähe der Anlage aus der Eisenzeit scheint jedoch gemeinsam mit der Tatsache, dass in der gallisch-römischen Zeit die religiösen Gestalten nur mit ihren Konturen dargestellt wurden, darauf hinzuweisen, dass der Riese von Cerne Abbas keltischen Ursprungs ist, entstanden in den Anfängen des Christentums.

Herkules und die Kelten
Der Riese von Cerne Abbas (rechts) weist erhebliche Ähnlichkeiten mit den römischen Darstellungen des Gottes Herkules, auch Hercules oder Herakles genannt, auf. Der Herkules-Kult hielt im 2. Jahrhundert n. Chr. in Großbritannien Einzug. Das Bild oben zeigt die Statue eines keltischen Gottes aus dem 1. Jahrhundert v. Chr.

Drachen und Pferde
Im Jahr 1778 wurden am Pferd von Westbury Veränderungen vorgenommen, allem Anschein nach war es zuvor mit einer Art »Schnabel« ausgestattet, sodass es – ebenso wie das Pferd von Uffington – eher einem Drachen ähnelte.

Der Lange Mann von Wilmington

Auf den Hügeln von Wessex thront bei Wilmington ein weiterer Riese auf den Hügeln, der ebenfalls nur mittels Konturen dargestellt ist. Die beiden, leicht abgewinkelten Arme sind seitlich vom Körper weggestreckt, während die Hände jeweils einen langen, zum Körper parallelen Stab umfassen. Die 70 m lange, in den Kreideschichten verewigte Gestalt wurde im Jahr 1874 restauriert, entstanden ist sie jedoch bereits vor 2500 bis 2000 Jahren. Auch hier erzählen die Legenden von einem Riesen, anderen Überlieferungen zufolge handelt es sich hingegen um die Darstellung eines römischen Soldaten, die beiden Stäbe könnten auf einen Landvermesser verweisen. Die Theorien, wonach hier ein sächsischer Bauer oder gar der hl. Paulus dargestellt werden sollten, scheinen hingegen eher unwahrscheinlich zu sein.

Soldat, Bauer oder Heiliger
Viele Geschichten und Legenden ranken sich um den »Langen Mann von Wilmington«. Vielleicht dienten die beiden Stäbe der Landvermessung?

Interessanterweise wurde in der Nähe des »Langen Mannes von Wilmington« ein Grab entdeckt, in dem neolithische Grabbeigaben gefunden wurden, und auch Hügelgräber aus einer späteren Zeit befinden sich hier in der Umgebung.

Das weiße Pferd von Uffington

Zweifellos ist das weiße Pferd von Uffington das beeindruckendste und schönste der vierzehn hier entdeckten Figuren. Auf einer Länge von 111 m wurden die einzelnen Körperabschnitte in Harmonie und Eleganz angeordnet; die scheinbare Bewegung zeugt von Dynamik und Kraft. Der Körper ist lang gestreckt und schmal, die Beine perfekt proportioniert und das vogelartige Maul endet in einer Art »Schnabel«. Diese abstrakte Darstellung ist typisch keltisch, und tatsächlich gibt es Münzen aus dem Jahr 150 v. Chr., die derartige Prägungen aufweisen (z. B. jene der Aulerci Cenomani). Bei Silchester, der ehemaligen Hauptstadt der keltischen Atrebaten, wurde ein kleines Modell eines solchen Pferdes gefunden, das hier möglicherweise sogar als Stammeszeichen gedient hatte. Obwohl einige Instandhaltungsarbeiten (aufgezeichnet seit 1650) durchgeführt wurden, wurden allem Anschein nach keine Veränderungen an der ursprünglichen Form des Pferdes vorgenommen (möglicherweise mit Ausnahme des Kopfes). Auch hier in Uffington fanden Fruchtbarkeitsrituale statt; so wurden z. B. runde Käselaibe die Hänge hinabgerollt. In der Nähe des eindrucksvollen Pferdes liegen eine keltische Anlage aus der Eisenzeit sowie der Dragon Hill, der an den hl. Georg erinnern soll, der hier auf diesem Gipfel den legendären Drachen tötete. In Anbetracht dieser Legende sind einige Forscher der Ansicht, dass die Tiergestalt von Uffington eher einen Drachen denn ein Pferd darstellen soll. Als mögliche Datierung für die Entstehung der beeindruckenden Figur gilt ein Zeitraum zwischen 100 und 50 v. Chr. bzw. zwischen 300 v. und 60 n. Chr. als wahrscheinlich.

DAS HEILIGE PFERD DER KELTEN

Das Pferd galt den Kelten als heilig und symbolisierte Kraft, Fruchtbarkeit und Geschwindigkeit ebenso wie Schönheit, Eleganz und Ansehen. In der Kriegsführung war es von unschätzbarer Bedeutung und auch in wirtschaftlicher Hinsicht hatte es einen beträchtlichen Wert. Die Zuchttiere unterstanden dem Schutz der Göttin Epona, die über die Fruchtbarkeit der Pferde wachte und die auf ihnen reitenden Krieger beschützte. War das Pferd anfangs ein dem Mond und der Finsternis zugeordnetes Symbol, so wurde es im Laufe der Geschichte ein Symbol der Sonne und ihrer Gottheiten. So wurden Münzen mit Pferdemotiven *(unten)* geprägt und Statuen und Reliefs mit Pferden geschaffen. Wurden die Tiere mit Reitern dargestellt, so symbolisierten diese männliche und weibliche Kriegsgötter. Auch wurden einige Gräber entdeckt, die auf eine rituelle Bestattung von Pferden, die vermutlich in der Schlacht umkamen, hinweisen. Zu ganz besonderen Anlässen wurden Pferde sogar geopfert. Bei den Kelten stand das Pferd also in großem Ansehen: Es wurde nicht nur mit den bedeutendsten Gottheiten in Zusammenhang gebracht, sondern diente auch als weit verbreitetes Stammeszeichen. Das weiße Pferd von Uffington war vermutlich Schutzpatron der keltischen Atrebaten.

Das weiße Pferd von Westbury

Die Konturen dieses Pferdes wurden in die Kreideschichten der Hochebene von Salsbury in Wiltshire gegraben und sind in ihrer heutigen Form das Resultat einer im Jahr 1778 durchgeführten Restaurierung, in deren Rahmen unglücklicherweise irreversible Änderungen an der ursprünglichen Gestalt vorgenommen wurden. Die Form erinnert sehr an das Pferd von Uffington; auch hier ist der stilisierte Körper lang gestreckt und schmal, der halbmondförmige Schweif ist dünn und der Kopf ist mit einem Auge versehen. Der frühgeschichtliche Ursprung dieser Figur scheint einerseits durch ein am Gipfel befindliches Hügelgrab aus der Eisenzeit in Bratton Castle und andererseits durch die Jahrhunderte zurückreichende Dokumentation von Instandhaltungsarbeiten bewiesen zu sein. Demnach hat es sich aller Wahrscheinlichkeit nach also um ein Symbol der Kelten gehandelt; andere Wissenschaftler sind hingegen der Meinung, dass es zu Ehren des angelsächsischen Königs Aelfred errichtet wurde, der im Jahr 871 erfolgreich gegen die Dänen gekämpft hatte.

Weiß wie Schnee
Unten ist die Statuette einer keltischen Gottheit abgebildet, ausgestattet mit einer Leier. Sowohl die Bezeichnung »Kelten« als auch die lateinische Bezeichnung »Galli« haben ihren Ursprung im griechischen Wort »Gala« für Milch, das auf die weiße Hautfarbe der Vertreter dieser Kulturen Bezug nimmt. Interessanterweise leuchten auch die riesenhaften Figuren Britanniens in strahlendem Weiß. Links ist das Pferd von Uffington zu sehen.

DAS PHÄNOMEN DER KORNKREISE

Welche Bedeutung und welchen Ursprung haben die Piktogramme der in England, aber auch an vielen anderen Orten der Erde auftretenden Kornkreise? Ist die Wissenschaft tatsächlich dazu in der Lage, die »echten« Kornkreise von den »falschen« zu unterscheiden? Handelt es sich bei den beobachteten fliegenden »Lichtscheiben« um elektromagnetische Kräfte und sind diese vielleicht verantwortlich für das erstaunliche Phänomen?

Immer mehr Menschen interessieren sich für das Phänomen der Kornkreise, die im Sommer inmitten von Getreidefeldern plötzlich über Nacht auftauchen. Die Frage nach den Urhebern dieser zum Teil äußerst komplexen und beeindruckenden Piktogramme scheint hier besonders bedeutsam zu sein. Die in unserer modernen Agrarlandschaft seltsam wirkenden Figuren erinnern an Bilderschriften, die geheimnisvolle Botschaften an unbekannte Empfänger enthalten. Besonders häufig lässt sich dieses Phänomen in England in dem Gebiet zwischen Stonehenge, Avebury und Glastonbury beobachten, doch auch an vielen anderen Orten der Erde wurden diese seltsamen Zeichen in Getreidefeldern gesichtet. Das anfängliche Misstrauen der Allgemeinheit gegenüber diesem Phänomen fand schon bald seine Bestätigung in geschickten Fälschungen, die von einigen »Spaßvögeln« angelegt wurden, und die Authentizität der Kornkreise geriet in Verruf. Kürzlich beendete Studien haben jedoch gezeigt, dass es sich hier tatsächlich um eines der bedeutendsten Geheimnisse unserer Zeit handelt.

Die Beschaffenheit der Kornkreise

Die ersten Kornkreise (engl. *crop circles*) tauchten Anfang der 80er-Jahre in Wiltshire auf; richtig bekannt wurden sie jedoch erst in den 90er-Jahren, als das Phänomen immer häufiger auftrat. Die Komplexität und die beachtliche Größe der Zeichen nahm stetig zu und auf der ganzen Welt wurden bereits über 10.000 dieser Kreise gemeldet. Die faszinierenden, fest umrissenen Piktogramme entstehen durch Umlegung der Halme und reichen von einfachen Aneinanderreihungen von Kreisen bis hin zu geometrisch höchst komplexen Kompositionen aus mehreren Hundert Kreisen verschiedener Größe.
So entstand z.B. am 13. August 2001 in Milk Hill in der Nähe von Alton (Wiltshire) eine große Spiralform mit sechs Armen, deren Durchmesser sich auf 300 m belief und die insgesamt aus 409 Kreisen bestand. Die Größe der Kreise liegt zwischen 1 m und 300 m, der Durchschnitt liegt bei 60 m. Die Halme der plötzlich über Nacht auftauchenden Zeichen sind gebogen (niemals geknickt!), sowohl im als auch gegen den Uhrzeigersinn, zum Teil mit überkreuzten Ähren. Die in den Kreisen gefundenen toten Insekten scheinen aufgrund einer starken Hitzeeinwirkung »explodiert« zu sein; im Zentrum der Piktogramme wurden elektromagnetische Anomalien gemessen, die bei besonders sensiblen Menschen Unwohlsein hervorrufen können, sogar ein Ausfall von Kameras und Fotoapparaten ist möglich. Die umgelegten Ähren weisen in den Körnern und den Knoten zwar Deformationen auf, doch wachsen sie uneingeschränkt in horizontaler Richtung weiter. Setzt man Getreide für ein paar Minuten Mikrowellen aus, so lassen sich nahezu dieselben Veränderungen an der Ähre feststellen.

Schauplatz England
Zwar wurden Kornkreise in vielen Ländern der Erde (Russland, Frankreich, Deutschland, Japan) gemeldet, doch die Häufigkeit dieses Phänomens im Süden Englands (links) ist geradezu außergewöhnlich.

Faszinierende Zeichen
Das große Bild rechts zeigt eine beeindruckende Komposition von Kreisen, die in Hampshire aufgetaucht ist.

Kreise und andere Symbole
Neben den Kreisen tauchen immer wieder auch andere Symbole in den Feldern auf, deren magischer oder esoterischer Bedeutungsgehalt seit undenklichen Zeiten den Menschen bekannt ist. Häufig ähneln die von unbekannten »Künstlern« angefertigten komplexen Figuren den Mustern orientalischer Mandalas.

Echte und falsche Kreise

Nachdem in England die ersten einfachen Kornkreise aufgetaucht waren, machten sich einige Spaßvögel einen Scherz daraus, in der Nacht selbst in die Felder zu ziehen und eigene Kreise ins Korn zu »zeichnen«. Dazu befestigten sie an einem Ball eine Schnur und ließen diesen in einem Kreis schwingen; mit einfachen Brettern wurden dann die Halme flachgedrückt. Anders als bei den authentischen Kornkreisen wurden hier die Ähren des Getreides jedoch geknickt, sodass sie nicht mehr weiterwuchsen und verfaulten. Mehr als 250 unechte Kreise wurden auf diese Weise entlarvt. Mit der zunehmenden Komplexität der echten Piktogramme konnten es die Urheber der Fälschungen jedoch bald nicht mehr aufnehmen. Eine Ausnahme hier stellt Brett Herbst dar, der als »Designer« von Kornlabyrinthen (*»Corn Maze«*) zwischen 1996 und 2003 in Amerika und Europa ungefähr 500 Kornkreise zu Werbezwecken entworfen hat, deren komplexe Strukturen erstaunlich sind. Im Gegensatz zu den echten Piktogrammen sind hier jedoch keine toten Insekten zu finden, auch lässt sich keinerlei elektromagnetische Strahlung nachweisen. In den letzten Jahren wurde zudem vermehrt davon berichtet, dass bei den echten Kreisen immer häufiger kleine fliegende Lichtscheiben unbekannter Herkunft zu beobachten waren, die binnen weniger Minuten die Figuren in die Felder »zeichneten«. Die jüngsten Piktogramme weisen eine erstaunliche Ähnlichkeit mit Zeichen aus der sogenannten fraktalen Geometrie auf; bei diesem mathematischen Modell ähnelt jeder Ausschnitt einer fraktalen Figur bei entsprechender Vergrößerung dem Gesamtobjekt, die Dimension ist dabei gebrochen. Zu den beeindruckendsten Krei-

FLIEGENDE LICHTSCHEIBEN

Die Sichtung von Lichtscheiben ist nicht wirklich neu: Nahezu bei jeder Raumfahrtmission wurden leuchtende Bälle beobachtet, die sich zum Teil mit unglaublich hoher Geschwindigkeit bewegen. Die Amerikaner bezeichnen diese Scheiben als »unbekannte Flugobjekte«, die Russen reden diesbezüglich schlichtweg von »Anomalien«. Das Auftauchen dieser Lichtscheiben in der Nähe von Kornkreisen wurde von vielen Augenzeugen bestätigt, angefangen von Flugzeug- und Hubschrauberpiloten bis hin zu Amateurfilmern. Diesen Berichten zufolge tauchen diese leuchtenden und fluoreszierenden Scheiben, deren Ausdehnung von Tennisballgröße bis Fußballgröße reicht, entweder unmittelbar vor oder nach Entstehung eines Kornkreises auf. Einige Augenzeugen berichten sogar, dass sie direkt beobachtet haben, wie diese Lichtscheiben mit raschen hin- und herschwingenden Bewegungen die Piktogramme ins Feld »zeichneten«. Wissenschaftlichen Studien zufolge weisen die Knoten der Ähren in den Kornkreisen eine anomale Verlängerung auf, doch gibt es nach wie vor keine eindeutigen Erklärungen für dieses Phänomen. Immerhin wäre es ein Leichtes, von irgendwelchen höher gelegenen Stellen die tiefer liegenden Felder zu beobachten. Handelt es sich bei den Kornkreisen hingegen tatsächlich um die Auswirkungen geheimer, militärischer Experimente, wie von vielen angenommen, so würde dies zumindest das mangelnde Interesse seitens der öffentlichen Stellen erklären. Gleichzeitig würde dies jedoch auch das Ende all der fantastischen Hypothesen bedeuten, wonach es sich bei den Kornkreisen um Botschaften aus anderen Welten handelt, die an uns Menschen gerichtet sind.

In dunkler Nacht
Die meisten der Kornkreise entstehen zwischen Mitternacht und vier Uhr morgens. In unmittelbarer Nähe der Piktogramme ließen sich radioaktive Isotope mit einer schnellen Halbwertszeit feststellen.

sen dieser Kategorie zählen der Mandelbrotkreis (1991, benannt nach dem Mathematiker, der ein Computerprogramm für Fraktale entwickelt hat), die Julia Set Spirale in der Nähe von Stonehenge (1996) und die drei Sternkreise von Koch 2 (1997) – alle drei Kornkreise wurden im Übrigen in England gesichtet. Die Typologie der Kornmotive hat sich ebenfalls weiterentwickelt, so wurden z. B. neue Sternsysteme oder Darstellungen von Tieren (Delphine, Ameisen …) entdeckt, wobei jedoch nach wie vor der Kreis als geometrische Form dominiert.

Verschiedene Hypothesen

Die Skeptiker halten die Kornkreise nach wie vor für das Werk eines Menschen, wobei sie auch elektromagnetische Experimente zu militärischen Zwecken (viele der Kreisformationen wurden in der Nähe von militärischen Stützpunkten entdeckt) nicht ausschließen. Andere schreiben die Entstehung der (einfachen) Kreise den Auswirkungen von Plasma zu, also rotierenden Säulen aus heißer, elektrisch geladener Luft, die bei Berührung des Bodens die Spiralformen in den Feldern entstehen lassen. Tatsache ist jedoch, dass dieses atmosphärische Phänomen in der Nacht nicht auftritt, sodass es als Urheber der Kornkreise praktisch ausscheidet. Da auffallend viele Kreise in Gebieten gesichtet werden, in denen es viele Megalithmonumente und Ufosichtungen gibt, sehen viele Menschen in den Piktogrammen geheimnisvolle Nachrichten von unbekannten intelligenten Lebewesen.

Von öffentlicher Seite her gibt es nach wie vor keine eindeutige Erklärung für das Phänomen, und die Zweifel und das Misstrauen der Bevölkerung hinsichtlich der Authentizität der Kreise ist ungebrochen. Eine im Jahr 1999 von den amerikanischen Biophysikern William Levengood und Nancy Talbott durchgeführte Untersuchung, die vom holländischen Forscher Eltjo H. Haselhoff im Jahr 2001 weitergeführt und fortgesetzt wurde, hat jedoch erstaunliche Ergebnisse gebracht, die möglicherweise die Kornkreise in einem anderen Licht erscheinen lassen: Den Studien zufolge wuchsen nur in den »echten« Kreisen die Knoten der gebogenen Halme weiter in die Länge, wobei dieses Phänomen im Zentrum besonders ausgeprägt ist. Ausschlaggebend hierfür ist eine Wärmequelle, die von einer Höhe von ungefähr 4,10 m auf die Ähren einwirkt, im Zentrum ist die Wärmestrahlung am stärksten, zu den Rändern hin nimmt sie zunehmend ab. Die bislang unbekannte Wärmequelle agiert dabei mit derselben Energie, wie sie auch beim Experiment eingesetzt wurde – mit Mikrowellen.

DIE FELSZEICHNUNGEN VON MERCANTOUR

Im Zentrum des Gebirgsmassivs von Mercantour liegt der Mont Bego, auf dessen Felsen zwischen dem Neolithikum und der Eisenzeit mehr als 40.000 Zeichnungen angebracht wurden. Doch wer waren die Urheber dieser Bilder und aus welchem Grund wurden sie in den Stein geritzt? Welche Veränderungen erfuhr die Symbolik der Motive im Verlauf der Jahrtausende? Welche Erklärungen hat die Forschung und wie viel gibt es noch zu entdecken und aufzuklären?

Das Gebiet um den Mont Bego auf dem französischen Teil der Alpes-Maritimes wurde von quartären Gletschern geformt. So entstanden weitläufige Talsenken, in denen sich Seen bildeten, und tiefe Täler mit offenen, der Sonne zugewandeten Hängen in einer Höhe zwischen 2200 und 2800 m. Ein Gürtel aus vier wasser- und weidenreichen Tälern, die seit Jahrtausenden für die Fernweidewirtschaft genutzt werden, umgibt den Mont Bego und formt so eine von Hochgebirgen geprägte Landschaft, deren raue und schroffe Schönheit, hervorgerufen durch die von den Gletschern glatt geschliffenen Felsen, einzigartig ist. Auf diesen Felsen hinterließen im Verlauf von 3000 Jahren Gruppen von Hirten und Bauern nahezu 40.000 Zeichnungen, die vom Leben und von den Glaubensvorstellungen der Menschen in jener Zeit erzählen. Die Vertreter dieser Stämme und Kulturen sahen im Mont Bego ihren heiligen Berg, der als Lebensspender, aber auch als gefürchteter Herrscher über Blitz und Donner verehrt wurde.

Am Fuße des Heiligen Berges
Oben rechts ist eine Keramik der Remedello-Kultur (benannt nach der gleichnamigen archäologischen Fundstätte bei Brescia) zu sehen. Das große Bild zeigt den Mont Bego.

Die wichtigsten Charakteristika der Zeichnungen

Die Felsbilder sind relativ klein (im Allgemeinen 10 x 20 cm) und entstanden durch Klopfen oder starken Druck bei gleichzeitiger Rotation. Dabei wurde eine harte Spitze eingesetzt, die anfangs aus Quarz und später aus Metall gefertigt war. Auf diese Weise konnte die oberste, leicht farbige Felsschicht abgetragen und die darunter liegende, deutlich hellere freigelegt werden. Typisches Merkmal dieser Zeichnungen ist die Unbewegtheit der Motive sowie die »kartographische« Darstellung der Objekte, ohne jegliche Perspektive mit einer sehr vereinfachten Linienführung. Erst während der Bronzezeit wurden lebhaftere und größere Zeichnungen angefertigt, die häufig unter Einbeziehung der bereits existenten Bilder entstanden. Ungefähr die Hälfte der Felsbilder zeigt Horntiere, die einzeln oder vor den Pflug gespannt dargestellt sind und die im Mittelmeerraum seit jeher als Symbol von Kraft und Vitalität gelten. Die Anordnung der Zeichnungen auf den Felsen ist unterschiedlich: Während sich die Bilder an einigen Stellen regelrecht zusammendrängen und einander sogar überlagern, kommen sie an anderen Stellen nur vereinzelt oder als kleine, inhomogene Gruppen vor. Zu den Pionieren in der Erforschung der Felszeichnungen des Valle des Merveilles (»Tal der Wunder«) zählen der Engländer Clarence Bicknell (zwischen 1897 und 1917), der Italiener Carlo Conti (zwischen 1927 und 1942) und der französische Professor Henri de Lumley mit seinem Team. De Lumely machte es sich in den Jahren zwischen 1967 und 1991 zur Aufgabe, alle Zeichnungen noch einmal zu begutachten und zu bewerten, um sie anschließend einer von vier von ihm entwickelten und auf den verschiedenen Herstellungsverfahren beruhenden Kategorien zuzuordnen.

Sonne und Erde
Die Zeichnung zeigt zwei verschiedene, miteinander verbundene Bilder: Zum einen ist ein Sonnensymbol zu sehen, zum anderen eine Art Netz, das möglicherweise ein bestelltes Feld darstellt.

Französischer und italienischer Nationalpark
Die zahlreichen Felszeichnungen befinden sich im französischen Parc National du Mercantour, der Teil des italienischen Parco delle Alpi Marittime ist. Das große Bild zeigt den beeindruckenden »heiligen Berg«, den Mont Bego.

Klassifizierung der Felszeichnungen

Allein von den Horntieren, die allein, als Paar, einander gegenüber, in Reihen, in Gruppen, vor den Pflug gespannt oder in Kombination mit anderen Zeichen dargestellt sind, gibt es ungefähr 200 Varianten. Im Allgemeinen sind sie als Grundriss mit nach außen gedrehten Hufen dargestellt, bei manchen wurde auch der Schwanz stilisiert. Die Hörner selbst sind in mannigfacher Ausführung zu sehen, angefangen von gerade oder geschwungen über nach innen oder nach außen gebogen bis hin zu verzweigt oder gezackt. Neben dem Stier, dem Ochsen und der Kuh wurden auch Schafe, Ziegen und wild lebende Tiere (Hirsche, Gämsen, Steinböcke) im Fels verewigt. Das tatsächliche Abbild der Tiere verschmilzt häufig mit dem jeweiligen Symbolgehalt; spätere Zeichnungen scheinen hingegen vor allem die Opferung des heiligen Stieres zum Inhalt zu haben. Die vielen Darstellungen des Pflügens im »Tal der Wunder«, insbesondere jedoch im Tal Fontanalba, haben bedeutend dazu beigetragen, die Lebensumstände der damaligen Bauern und Hirten zu verstehen. Diese gehörten einer weit entwickelten Kultur mit ausgeprägten Organisationsstrukturen an, deren Vertreter von den Ebenen, wo sie ihre Landwirtschaft betrieben, in die Berge kamen. Die diesbezüglichen Felsbilder stellen möglicherweise den symbolisierten Vorgang des Pflügens dar, um auf diese Weise eine reiche Ernte heraufzubeschwören. Denselben Hintergrund könnten die zahlreichen topographischen Zeichnungen haben, die aus zahlreichen Quadraten, Rechtecken und vollen oder punktierten Kreisen (Bauten, Unterstände für das Vieh oder Getreidespeicher?) bestehen, die untereinander durch gewundene Linien (Pfade und Wege?) verbunden sind, während andere Motive (Quellen und Tränken?) möglicherweise die Überantwortung der Erde in die schützenden Hände einer Gottheit zum Ausdruck bringen. Von besonderem Interesse ist auch die Kategorie der Zeichnungen von Waffen und Werkzeugen: Häufig wurde hierbei einfach das Original auf den Felsen gelegt, die Umrisse nachgezeichnet und später detaillierter ausgeführt. Der Vergleich der Zeichnungen mit den realen Objekten hat gezeigt, dass hier u. a. verschiedene Arten von Dolchen sowie Hellebarden, Äxte, Sensen und andere Alltagsgegenstände verewigt wurden. Diese standen einst im Besitz von Vertretern der Remedello-, der Polada-, der Rodano- und der Terramare-Kulturen, die sich hier zwischen der Steinzeit und der mittleren Bronzezeit (2900–1300 v. Chr.) niederließen. Die Zuordnung der Bilder zu den einzelnen Kulturen gibt zudem auch Auskunft über die Herkunft der verschiedenen Urheber. Die symbolische und religiöse Bedeutung von Metallwaffen wird vor allem

Die Darstellung von Horntieren
Unten und oben sind zwei Zeichnungen von Horntieren zu sehen, dem häufigsten Motiv der Felsbilder im »Valle de Merveilles« und im »Val de Fontanalba«.

Der Felsen der Dolche
Am Fuße des Mont Bego gibt es einen tafelförmigen Felsen (unten), der über und über mit Darstellungen von Dolchen und anderen Symbolen bedeckt ist.

Hochentwickelte Landwirtschaft
Diese Felszeichnung auf der »Via Sacra« im Val de Fontanalba zeigt den Vorgang des Pflügens – ein Beweis für die Fortschrittlichkeit der Landwirtschaft jener Kulturen.

durch die erstaunliche Anzahl entsprechender Bilder deutlich: So gibt es einige tafelartige Felsen, die über und über mit Darstellungen von Dolchen bedeckt sind und die möglicherweise als Altäre dienten. Sowohl die einfacheren als auch die komplexen geometrischen Zeichnungen bestehen aus einer Reihe verschiedener Motive, die angefangen von Spiralen, Kreuzen und Sternen über Kreise, Quadrate und Rechtecke bis hin zu »Netzen« (die möglicherweise dem Transport des Heus dienten) und stufenartigen Gebilden, die in mehrere Abschnitte unterteilt sind, reichen. Wissenschaftler wollen in den letztgenannten Motiven u. a. Sonnensymbole und Sternkonstellationen sowie Ideogramme und mathematische Modelle erkannt haben. Einige Bilder zeigen volle Rechtecke mit geraden oder geschwungenen Fortsätzen an den Seiten, die von einigen Forschern für die Darstellungen von zum Trocknen ausgebreiteten Tierhäuten (die möglicherweise für die Fertigung zeremonieller Gewänder verwendet wurden) gehalten werden. Die Bedeutung einer Vielzahl weiterer Zeichnungen (ungefähr 38% aller Bilder) liegt jedoch noch im Dunkeln, sodass deutlich wird, wie viel Arbeit hier noch auf Forscher, Historiker und Archäologen wartet.

WEITERE FELSRITZUNGEN

Auf den Felsen des Mont Bego gibt es neben den mittels Druck oder Punzung entstandenen Bildern auch Tausende kleiner und fein gearbeiteter Zeichnungen, die mit Hilfe einer aus Stein oder Metall gefertigten Spitze in den Stein »geritzt« wurden. Nur ein geringer Anteil dieser Bilder stammt aus der Frühgeschichte; der Großteil entstand während der Romanisierung der Alpen bzw. in späteren historischen Epochen. Die ältesten Ritzzeichnungen sind geometrischer Natur und zeigen u. a. Kreuze, stufenförmige oder baumähnliche Gebilde und Zickzack-Linien. Der Bedeutungsgehalt der Bilder ist sehr unterschiedlich: Während z. B. zwei lateinische Beschwörungsinschriften aus dem 2./1. Jahrhundert v. Chr. eindeutig religiös inspiriert sind, hat die Darstellung einer Reihe von aufeinander folgenden Motiven (Mäander, Stufen, Personen, Segelschiffe), die mit an Sicherheit grenzender Wahrscheinlichkeit von Hirten entweder zum Zeitvertreib oder als bewusste Widerspiegelung des täglichen Lebens in den Stein geritzt worden sind, keinerlei Bezug zu den damaligen Glaubensvorstellungen. Auch gibt es eine Vielzahl an modernen Zeichnungen wie Symbole, Daten und Namen, die als »zeitgenössische Kunst« von den hierher kommenden Touristen auf den Felsen verewigt wurden. Selbst Verweise auf verschiedene historische Begebenheiten wie z. B. die Siege Napoleons sind hier zu finden.

Die anthropomorphen Darstellungen

Insgesamt wurden nur an die 200 anthropomorphe Darstellungen gefunden. Abgebildet wurden hier u. a. Bauern beim Ziehen des Pfluges, Männer mit langen, knotigen Hellebarden bei der Ausführung eines rituellen Tanzes, einzelne im Gebet versunkene oder tanzende Gestalten, ein Bogenschütze beim Erlegen eines wilden Tieres und Figuren, die aller Wahrscheinlichkeit nach Priester mit Äxten und Hellebarden bei der zeremoniellen Opferung von Tieren darstellen.

Besonders ins Auge fallen jedoch einige Zeichnungen von beträchtlicher Größe, deren Motive nahezu ausschließlich auf bereits vorhanden gewesenen Bildern basieren. Das einfachste dieser Bilder trägt den Namen »Christus« und zeigt ein stilisiertes menschliches Gesicht mit einer Reihe von unregelmäßigen »Stacheln«, die als Dornenkrone interpretiert werden könnten. Tatsächlich wurde hier – möglicherweise vor nicht allzu langer Zeit – das Bild eines Horntieres verändert. Im »Tal der Wunder« befindet sich gegenüber des Gipfels des Mont Bego vor dem Hintergrund einer geheimnisvollen, an einen sitzenden Mann erinnernden Felsformation die aus mehreren Elementen bestehende »Stele des Stammesführers«. Auf der linken Seite wurden mehrere Hornträger zu einer Einheit miteinander verbunden, die mit Füßen, Händen und den Geschlechtsmerkmalen versehen wurde. Das auf diese Weise entstandene Bild zeigt einen Menschen, dessen Kopf von der Klinge eines Dolches getroffen wird, daneben ist das Bild eines gehörnten Motivs sowie einer Rundsichel zu sehen. Ob hier eine rituelle Opferung oder ein gewaltsamer Tod dargestellt werden sollen, ist jedoch nicht eindeutig zu klären. In der Mitte des Felsens sind drei aneinander gereihte Dolche zu sehen; auf der rechten Seite wurde ein Kreis mit einer Klinge (eine Waffe mit Schultergurt?), ein rechteckiges, gestuftes und in 32 Abschnitte unterteiltes Netz sowie die kleine Gestalt eines Betenden dargestellt. Wissenschaftler sehen darin u. a. die Abbildung eines menschenähnlichen Stiergottes, die Anrufung eines als Gott verehrten Heerführers oder die ursprüngliche Verbindung des Stiergottes (die kleine Gestalt) und der Erdmutter (das Netz mit den Abschnitten und die Rundsichel). Unter den vielen Bildern auf den wellenartig

Der Magier
Links und unten ist der »Magier« zu sehen, eine eindrucksvolle Zeichnung, die vermutlich den Gott des Berges, der über Donner und Blitz gebietet, zeigt.

Geheimnisvolles Antlitz
Diese »Christus« genannte Zeichnung hat Ähnlichkeit mit den herkömmlichen Darstellungen Jesu, vermutlich entstand sie erst in jüngerer Zeit.

geformten Felsen sticht besonders die geheimnisvoll anmutende Darstellung des »Magiers« ins Auge: Unmittelbar aus einem maskenartigen Gesicht mit menschlichen Zügen ragen zwei geöffnete Hände mit jeweils einer Dolchklinge daneben. Möglicherweise zeigt die Zeichnung den über Blitz und Donner gebietenden Gott dieses Berges; denkbar wäre jedoch auch die Darstellung eines Priesters bei der Abwehr des Bösen. Am Fuße dieses Felsens befinden sich zwei weitere anthropomorphe Motive, die ebenfalls in etwas abgeänderter Form die bereits erwähnte ursprüngliche Einheit von Göttern zeigen. Die erste Figur besteht aus einem länglichen, vertikalen Motiv, an deren Spitze eine Art runder »Kopf« thront, der scheinbar von einer Hammer-Axt mit Griff getroffen wird, während das untere Ende in einem Netz, unterteilt in 32 Abschnitte, mündet. Aus dem »Kopf« ragen zwei im Zickzack verlaufende Arme, an deren Enden sich zwei geöffnete Hände befinden. Daneben befindet sich eine weitere Figur, der »gehörnte Betende ohne Kopf«, dessen händelose Arme sich in Gebetshaltung befinden; anstelle des Kopfes sind zwei vertikale Hörner dargestellt. Mehrere Dolche trennen die beiden Figuren voneinander, die allem Anschein nach ebenfalls den Stiergott und die Erdmutter darstellen.

Die Evolution der religiösen Glaubensvorstellungen

Im Verlauf der Jahrhunderte kamen mehrere Völker und Stämme hierher, um am Fuße des Berges feierliche Zeremonien abzuhalten, die die Götter versöhnlich und freundlich stimmen sollten. Dabei ritzten die Priester bedeutungsvolle Bilder und Symbole in den Felsen. Mit dem Lauf der Zeit veränderten sich auch die Glaubensvorstellungen, und der anfängliche mediterrane Kult des gehörnten Tieres wurde mehr und mehr vom Kult der Metallwaffen, insbesondere des Dolches, verdrängt. Das Symbol des Dolches zeugte von der konzentrierten Macht des Stammesführers, während die topographischen Darstellungen, die Pflugmotive und die Sonnenzeichnen die fortgeschrittene Entwicklung in den Bereichen Landwirtschaft und Viehzucht beweisen. Vor allem die menschenähnlichen Darstellungen zeigen deutlich den religiösen Wandel: Während zu Beginn der Mythos des menschlichen Helden oder das Göttliche (die göttliche Einheit Stier-Himmel-Mann und Frau-Erde) unter Verwendung bereits existenter Zeichnungen von Hornträgern dargestellt wurde, wiesen die späteren Darstellungen immer deutlichere menschliche Züge auf.

Rätselhaftes Felsbild
Diese seltsam anmutende Gestalt mit im Zickzack verlaufenden Armen könnte möglicherweise ein Symbol für den im Mittelmeerraum verehrten Stiergott sein.

Stumme Zeugen aus Stein
Die von den alten ligurischen Stämmen gefertigten Stelen besaßen im Allgemeinen keinen Mund, um auf diese Weise das Entfliehen der Seele zu verhindern.

Die Urheber der Felsbilder

Ohne Zweifel galt der Mont Bego bei den in einem Umkreis von ungefähr 50 km lebenden, Viehzucht und Landwirtschaft betreibenden Stämmen als Heiligtum. So gehörten also auch die westlichsten Täler Liguriens, die Täler der südlichen Seealpen und ein Teil der Ebenen der Provinz Cuneo, in denen Stämme mit ligurischen Wurzeln siedelten, zu diesem Gebiet. Im Verlauf der Zeit vermischten sich diese Völker mit Stämmen aus der Poebene, die während der frühen Bronzezeit (2000–1700 v. Chr., aus dieser Zeit stammen die meisten Felsbilder) zu den Remedello- und Polada-Kulturen gehörten, und die Dolche und Hellebarden ähnlich jenen, die im Gestein verewigt wurden, verwendeten. Später kamen Völker der mittleren und späten Bronzezeit und der Eisenzeit hierher, wobei diese Periode von einer kulturell verzögerten Entwicklung geprägt war, sodass in dieser Zeit deutlich weniger Felsbilder entstanden sind. Die lange Tradition der Felsbilder zeugt von der Wichtigkeit des Mont Bego, der vor allem von den alten ligurischen Stämmen als Heiligtum verehrt wurde.

CERVETERI, DIE STADT DER TOTEN

Die Etrusker errichteten eindrucksvolle Nekropolen, die größte dieser Anlagen befand sich im antiken Caere, also in der heutigen Stadt Cerveteri. Doch warum ähnelten die Gräber den Städten und Häusern der Lebenden? Welche Motive wurden in den Reliefs und Malereien verewigt? Welche Geheimnisse lagen in der Kultur und der Sprache der Etrusker verborgen?

Dreißig Kilometer nordöstlich von Rom erhebt sich die Stadt Cerveteri auf einer aus Tuffstein bestehenden Hochebene. Einst lag hier die antike Stadt *Caere*, ein mächtiger Stadtstaat der Etrusker, dem zweifellos geheimnisvollsten und außergewöhnlichsten Volk des alten Italiens. Die damalige Stadt war deutlich größer als die heutige; besonders beeindruckend ist jedoch die gewaltige Ausdehnung der Nekropolen, die sich über ein Gebiet von gut 800 Hektar erstreckten. Teil dieser »Totenstädte« war auch die Nekropole von Banditaccia (der Name rührt von dem Bannspruch her, den die katholische Kirche im Mittelalter ausgesprochen hatte und der den Besuch der Gräber strengstens untersagte), von den insgesamt 80 Hektar Fläche konnten jedoch erst zehn wissenschaftlich untersucht werden. Die hypogäischen Gräber von Banditaccia beeindrucken zum einen durch ihre Größe und zum anderen durch ihre einzigartige Anordnung, die den städtischen Strukturen nachempfunden ist. Die vom 7. bis zum 4. Jahrhundert v. Chr. frequentierte Anlage umfasst eine reiche Vielfalt an Hügel-, Würfel- und Schachtgräbern, die vom Reichtum der damaligen Stadtbewohner zeugen. Grund für den wirtschaftlichen Wohlstand waren die Minen in den nahegelegenen Bergen von Tolfa sowie die tyrrhenischen Häfen, mit denen sie ein dichtes Handelsnetz mit Griechenland und dem Nahen Osten über den Seeweg beherrschten. Im Jahr 273 v. Chr. wurde die Stadt *Caere* schließlich von den Römern erobert.

Die Stadt der Toten

Von den Phöniziern übernahmen die Etrusker ein hochentwickeltes Konzept der Städteplanung sowie das Wissen um die Verarbeitung von Metallen und die Herstellung von Keramiken. Schon bald wurden diese Techniken durch die Ankunft von griechischen Handwerkern, die aus Kleinasien geflüchtet waren, noch verfeinert. Das einfache, ohne System errichtete Dorf wurde zur geplanten Stadt, und auch die Nekropolen wurden entsprechend verändert und ausgebaut. Die schmucklosen, einfachen Gräber aus der Eisenzeit mussten ab der ersten Hälfte des 7. Jahrhunderts v. Chr. den ersten, eher kleinen Rundgräbern weichen. Bereits damals wurde versucht, die unterirdischen, in den Tuffstein gegrabenen Gräber der Architektur und der Einrichtung der Häuser der Lebenden nachzuempfinden. Ein Gang *(Dromos)* führte demnach meist in einen rechteckigen, zweigeteilten Raum, dessen Decke von einer Reihe von Steinplatten gebildet wurde. Die Vorhalle und die Grabkammer entsprachen dabei dem Eingang und dem Schlafzimmer des Hauses, in dem der Verstorbene vor seinem Tod gelebt hatte. In dieser ersten Phase entstanden u. a. das »Capanna«-Grab, das Grab »Dei Leoni dipinti« und das »Nave«-Grab.

Hügelgräber
Auf den Bildern dieser Seiten sind Gräber der Nekropole von Banditaccia zu sehen. Links ist eines der Hügelgräber abgebildet.

Faszinierende Grabbeigaben
Die rechts zu sehende etruskische Vase (9./8. Jahrhundert v. Chr.) wurde in einem der Gräber gefunden.

Arm und Reich

In der zweiten Hälfte des 7. Jahrhunderts wurden die hypogäischen Gräber weiter ausgebaut: So wurden nunmehr zwei seitliche Kammern errichtet, die Vorhalle erhielt eine runde Form und vor der eigentlichen Grabkammer gab es nun ein Vestibül. In der Mitte wurden Säulenpaare aufgestellt, die scheinbar die nunmehr hölzernen Schrägen der Decke stützten. Die aus dem Stein gemeißelte Liegestatt war mit steinernen Kissen versehen und zudem mit einer Vielzahl verschiedener Motive und Symbole dekoriert, die eindeutig erkennen ließen, ob hier ein Mann oder eine Frau die letzte Ruhe finden sollte. Gegen Ende des Jahrhunderts ähnelten die Nekropolen mehr und mehr einer realen Stadt, und ein Netz aus Straßen, die sich an bestimmten Punkten kreuzten, durchzog die Anlagen. Die Gräber selbst wurden immer größer (mit einem Durchmesser von über 30 m), umgeben von einem Ring aus Steinen; im Inneren befanden sich mehrere Grabkammern mit nunmehr deutlich größeren Räumen nebeneinander. Die außergewöhnlich wertvollen Grabbeigaben – Schmuck aus Gold oder importierte Keramiken – zeugen vom Wohlstand der damaligen Aristokratie. Als Elemente des diesseitigen Lebens wurden nun auch architektonische Details, Verzierungen und Alltagsgegenstände u. a. in Form von Reliefs und Wandmalereien kopiert. Beispiele dafür sind die Gräber »degli Scudi«, »delle Sedie«, »delle Cinque Sedie«, »dei Letti« und »dei Sarcofaghi«. Während des 6. Jahrhunderts v. Chr. trug die einflussreiche Hellenisierung zur Entstehung einfacherer Gräber bei, die von den Vertretern des Bürgertums neben den Hügelgräbern der Aristokratie (Gräber »dei Capitelli«, »della Casetta«, »della Cornice« …) errichteten: Die so genannten »Würfelgräber« hatten einen quadratischen Grundriss und wurden entlang der in rechten Winkeln verlaufenden Straßen erbaut. Die Fassaden waren aus dem Tuffstein herausgearbeitet; im Inneren befanden sich zwei Räume. Es gab aber auch noch so genannte »Schachtgräber«, die über eine in der Decke des Vestibüls befindliche und durch einen Schlussstein verschließbare Öffnung betreten werden konnten. Gegen Ende des 5. und zu Beginn des 4. Jahrhunderts bewirkte eine wirtschaftliche Krise die Rückkehr zu schlichteren Gräbern mit nur einem Raum, in dem sich mehrere, nebeneinander liegende Nischen an den Wänden befanden. Nichtsdestotrotz gab es nach wie vor Grabstätten von monumentaler Größe, zu denen u. a. die Gräber »dei Rilievi«, »dei Vasi Greci«, »dell'Alcova« und »del Triclinio« zählen. Durch die nunmehr zu einer echten Stadt gewordenen Nekropole verlief eine zentrale, mehr als 2 km lange Straße, die von unzähligen Seitenstraßen gekreuzt wurde. Der immer spärlicher vorhandene Platz hatte die Fertigung von »Seriengräbern« zur Folge, und die ärmeren Bürger der Stadt mussten ihre Toten nunmehr wieder in Brunnen- oder einfachen Schachtgräbern bestatten.

Im Inneren eines Grabes

Die Nekropole von Cerveteri ist im wahrsten Sinne des Wortes eine »Stadt der Toten«, da hier viele Aspekte einer realen Stadt nachempfunden sind.

Einfache Linien voller Eleganz

Etruskische Skulpturen zeichnen sich durch eine extrem zurückhaltende, jedoch umso elegantere Linienführung aus. Unten links sind zwei Stirnziegel aus dem 5. Jahrhundert v. Chr. zu sehen; rechts ist der berühmte Sarkophag mit einem Ehepaar zu sehen, der in einem der Gräber von Banditaccia gefunden wurde.

Das »Reliefgrab«

Das Reliefgrab aus der Mitte des 4. Jahrhunderts v. Chr. ist ein über alle Maßen beeindruckendes Beispiel für die Reproduktion eines Hausstandes einer etruskischen Adelsfamilie. In dem Grab befinden sich eine Reihe eindrucksvoller Nachbildungen von Alltagsgegenständen, die den Betrachter teil haben lassen am häuslichen Leben der Familie Matuna. Eine Treppe führt in einen rechteckigen Raum mit zu beiden Seiten schräg abfallender Decke und zwei Säulen, geschmückt mit Kapitellen. Entlang der Wände befinden sich in niedrigen Nischen 32 Liegestätten, ausgestattet mit jeweils zwei steinernen Polstern. Die zentrale Nische enthält eine doppelte Liegestatt, die den sterblichen Überresten des Familienoberhaupts und seiner Gemahlin vorbehalten war. Zwei Büsten dieser beiden schmücken die seitlichen Säulen; an der vorderen Seite sind der Höllenhund Zerberus und der Riese Typhon als Wächter des Jenseits abgebildet. Auf einer kleinen Bank unter der Nische steht ein Paar Pantoffel. Die Wände des Grabes sind reich mit bemalten Stuckreliefs verziert, die im oberen Bereich eine Reihe von Schildern, Helmen, Beinschienen, Schwertern, Lanzen, Pfeilen und andere Kriegs- und Jagdwaffen zeigen. Auf den beiden Säulen sind im unteren Bereich eine Katze, eine Gans und ein Steinmarder zu sehen; die restliche Fläche ist mit verschiedenen Darstellungen von Alltagsgegenständen bedeckt, z. B. Geschirr, Schnüre, eine Schleuder, eine Hacke, Musikinstrumente, ein Spielbrett und ein Säckchen mit den dazugehörigen Figuren. All dies zeugt von dem außergewöhnlich hohen Niveau des etruskischen Volkes.

Das Reliefgrab

Im Reliefgrab (oben und unten) ist jede Grabnische mit steinernen Kissen geschmückt und jede sichtbare Fläche reich mit farbigen Stuckreliefs verziert. Nicht von ungefähr wird dieses Grab auch als »la Tomba Bella« (»das schöne Grab«) bezeichnet.

GEHEIMNISVOLLE ETRUSKER

Viele Geheimnisse ranken sich um das faszinierende Volk der Etrusker, angefangen von der Herkunft über die Sprache bis hin zur kulturellen Entwicklung. Gegenwärtig geht man davon aus, das sich ab der Eisenzeit (9.–8. Jahrhundert v. Chr.) das Wissen der vorrömischen Völker mit der Kultur der westgriechischen Kolonien sowie des östlichen Mittelmeerraumes vermengten, doch nichtsdestotrotz sind noch viele Fragen ungeklärt. Über 10.000 etruskische Inschriften wurden gefunden, doch ist deren Bedeutung noch immer ein Rätsel, zumal sie in einer nicht bekannten Sprache (das Alphabet entspricht zwar weitestgehend dem griechischen) verfasst sind. Da sich die Inschriften meist auf Namen beziehen und daher extrem kurz sind, scheint eine Entschlüsselung der Sprache beinahe unmöglich. Die Erkenntnis, dass sich die Etrusker möglicherweise selbst als *Rasenna* bezeichneten, ist bislang das einzige Ergebnis. Die Ähnlichkeit zwischen der etruskischen Sprache und jener der ägäischen Insel Lemnos gegen Ende des 6. Jahrhunderts v. Chr. scheint jedoch teilweise zu bestätigen, was der griechische Historiker Anticlides einst schrieb: Seinen Aufzeichnungen zufolge erreichte ein von König Tyrrhenus geführtes Volk über die Ägäis zuerst die Inseln Lemnos und Imbros und anschließend die Küste Italiens. Herodot war der Ansicht, dass die Etrusker ursprünglich aus Lydien (Kleinasien) kamen, und auch Vergil bezeichnete sie als *Lydier*. Der griechische Historiker Dionysios von Halikarnassos ging jedoch davon aus, dass die Etrusker Abkömmlinge der Urbevölkerung Italiens waren (Autochthone Theorie). Für den griechischen Schreiber Hellanikos von Mytilene waren die über die Ägäis heimkehrenden Pelasger die Vorfahren der Etrusker. Eine der jüngsten Theorien besagt, dass dieses geheimnisvolle Volk vermutlich mit den Rätern (Stämme, die einen großen Teil des Zentralalpengebiets besiedelten) in Zusammenhang stand und einst aus einer Region nördlich der Alpen hierher in dieses Gebiet kam.

Der Berg Ararat und die Arche Noah

In der Vergangenheit sind bereits viele Versuche unternommen worden, den Wahrheitsgehalt der biblischen Erzählung über die Sintflut sowie die Existenz der gestrandeten Arche Noah auf dem Berg Ararat zu beweisen. Doch was steht tatsächlich in der Bibel geschrieben? Warum kommt die Sintflut in derartig vielen Überlieferungen antiker Völker vor? Was hat es mit den vermeintlichen »Entdeckungen« in der jüngsten Zeit auf sich – und welche Pläne gibt es für die Zukunft?

In der Nähe der zwischen der Türkei, dem Iran und Armenien verlaufenden Grenzen erhebt sich ein enormer Kegel vulkanischen Ursprungs namens Ararat über eine vom Fluss Aras geprägte Hochlandschaft. Der Umfang des Berges beläuft sich auf etwa 40 km^2, der höchste Gipfel liegt in einer Höhe von 5165 m, ein etwas niedrigerer Gipfel, der »Kleine Ararat«, erreicht eine Höhe von 3925 m.
Die hier lebenden Menschen nennen den Berg *Ağrı Dağı*, was soviel wie »Schmerzensberg« bedeutet. Die Überlieferungen besagen, dass die antiken Armenier die ersten Menschen waren, die nach der Sintflut die Erde besiedelten. In einigen Schriften aus dem 5. Jahrhundert v. Chr. wurde festgehalten, dass babylonische Priester ein Wrack gefunden haben, das sie nach Entfernung der Bitumenschichten als die Arche Noah identifizierten. Während des gesamten Mittelalters kursierten die wildesten Geschichten, doch erst im Jahr 1876 gab ein Engländer namens James Bryce bekannt, am Berg ein bearbeitetes Holzstück mit einer Länge von 1,20 m und einer Breite von 13 cm gefunden zu haben. Im Jahr 1916 berichtete ein russischer Pilot, dass er auf dem Berg Ararat ein seltsames Objekt gesichtet hatte, doch die Ergebnisse der daraufhin vom Zaren Nikolaus II. in die Wege geleiteten Expedition gingen in den Wirren der Revolution verloren. Im Jahr 1955 konnte endlich ein Stück Holz sichergestellt werden, doch die Resultate der folgenden Analyse waren widersprüchlich. In den Jahren zwischen 1970 und 1980 überflogen amerikanische Aufklärer des Typs U2 den Berg und fertigten dabei Fotos an, die ein seltsames, nicht einzuordnendes Objekt zeigten. In der Folge wurden sechs Expeditionen gestartet, doch keine führte zu einem eindeutigen Ergebnis. Ab dem Jahr 1985 trieb der italienische Forscher Angelo Palego die Untersuchungen mittels eigener Analysen und Expeditionen voran. Schließlich gab er bekannt, die Arche in einer Höhe von 4800 m entdeckt zu haben; ein abgebrochenes Teilstück liegt demnach in einer Höhe von 4200 m. Während die Untersuchungen am Berg fortgesetzt werden, werden in Küstennähe des Schwarzen Meeres Unterwasserexpeditionen durchgeführt, um herauszufinden, ob sich

Ein Berg von erhabener Größe
Der »Kleine Ararat« rechts ist durch den 2540 m hohen Sattel Surdar Bulag vom »Großen Ararat« getrennt.

die große Sintflut tatsächlich hier in diesem Gebiet ereignet hat. Doch angesichts der vielen Theorien und offenen Fragen – welche Hypothesen können nun tatsächlich ernsthaft in Erwägung gezogen werden?

Die Sintflut in den alten Überlieferungen

In früheren Zeiten wurde das Zentrum der Welt sowie die Verbindung des Menschen und des Göttlichen durch einen im wahrsten Sinne des Wortes »erhabenen« Ort, also meist durch einen Berg, symbolisiert. Mehr als 60 Kulturen der Erde, ob bereits ausgestorben oder noch existent, beanspruchen für »ihren« heiligen Berg das Privileg, von der Sintflut verschont geblieben zu sein. Die älteste Überlieferung (ca. 3000 v. Chr.) ist Teil der hinduistischen Mythologie und erzählt Folgendes: Manu, der Vater der Menschheit, rettete das Leben eines kleinen Fisches (eine Inkarnation des Gottes Vishnu), der ihn nun aus Dankbarkeit vor der großen Sintflut warnte. Er hieß ihn an, ein Schiff zu bauen und damit bis zum Fuße des Himalajas zu fahren. Aus dem Jahr 2750 v. Chr. stammt das *Gilgamesch-Epos*, das davon berichtet, wie der Gott Enlil aus Enttäuschung über die Menschheit eine Sintflut sendet. Die Göttin Ea befahl jedoch Utnapishtim, ein Boot zu bauen, auf dem er, seine Familie, die Dienstboten und Handwerker sowie Samen aller lebenden Wesen die todbringenden Fluten überleben sollten. Nach sieben Tagen und sieben Nächten strandete das Schiff beim Berg Nisir. Von hier aus entsandte Utnapishtim nach weiteren sieben Tagen eine Taube und eine Schwalbe, die beide wieder zu ihm zurückkamen. Ein daraufhin entsandter Rabe kehrte jedoch nicht mehr zurück und setzte somit ein Zeichen dafür, dass die Sintflut zu Ende war. Teile dieser Erzählung wurden im Buch *Genesis* aufgefasst und mit weiteren Details ausgeschmückt. In diesem Zusammenhang darf nicht vergessen werden, dass die ersten 11 Kapitel der Bibel alte Überlieferungen aus dem Nahen Osten und Asien beinhalten, die nur neu aufgearbeitet wurden. Erst ab Abraham können die Überlieferungen in der Bibel als historische Begebenheiten betrachtet werden.

Gilgamesch – der legendäre sumerische König
Links ist eine Alabasterstatue dieses berühmten sumerischen Königs zu sehen. Das Gilgamesch-Epos *ist eine der ältesten bekannten Überlieferungen. Es ist überaus interessant, dass die meisten der alten heiligen Schriften übereinstimmend von einer gewaltigen und alles zerstörenden Sintflut berichten.*

Die Sintflut in der Bibel

Den Überlieferungen der Bibel zufolge kündigte Gott Noah an, eine Sintflut zur Bestrafung der verdorbenen Menschen zu entsenden. Gleichzeitig forderte er ihn zum Bau einer aus drei Decks bestehenden Arche, gefertigt aus harzhaltigem Holz auf, die innen und außen mit Pech versiegelt werden musste. Über die Größe der Arche sagte Gott zu Noah: »Dreihundert Ellen (150 m) sei die Länge, fünfzig Ellen (25 m) die Breite und dreißig Ellen (15 m) die Höhe.« Das Ergebnis muss eine Art riesiger Kasten gewesen sein, der genügend Auftrieb besaß, um sich an der Wasseroberfläche zu halten. Zusammen mit seiner Familie und einem Paar jeden Tieres auf Erden sollte Noah schließlich Einzug halten in seiner Arche: »In dem sechshundertsten Lebensjahr Noahs am siebzehnten Tag des zweiten Monats, an diesem Tag brachen alle Brunnen der großen Tiefe auf und taten sich die Fenster des Himmels auf, und ein Regen kam auf Erden vierzig Tage und vierzig Nächte … Und die Sintflut war vierzig Tage auf Erden, und die Wasser wuchsen und hoben die Arche auf und trugen sie empor über die Erde. Und die Wasser nahmen überhand und wuchsen sehr auf Erden, und die Arche fuhr auf den Wassern. Und die Wasser nahmen überhand und wuchsen so sehr auf Erden, dass alle hohen Berge unter dem ganzen Himmel bedeckt wurden … Und die Wasser wuchsen gewaltig auf Erden hundertundfünfzig Tage.« (*Genesis* 6, 14–22; 7, 11–24). »Nach weiteren hundertfünfzig Tagen begann das Wasser endlich wieder zu sinken: Am siebzehnten Tag des siebenten Monats ließ sich die Arche nieder auf das Gebirge Ararat. Es nahmen aber die Wasser immer mehr ab bis auf den zehnten Monat. Am ersten Tage des zehnten Monats sahen die Spitzen der Berge hervor. Nach vierzig Tagen tat Noah an der Arche das Fenster auf, das er gemacht hatte, und ließ einen Raben ausfliegen … Danach ließ er eine Taube ausfliegen … Da harrte er noch weitere sieben Tage und ließ abermals eine Taube fliegen aus der Arche. Die kam zu ihm um die Abendzeit, und siehe, ein Ölblatt hatte sie abgebrochen und trug's in ihrem Schnabel … Im sechshundertundersten Lebensjahr Noahs am ersten Tage des ersten Monats waren die Wasser

Ein Ritt auf den Wellenbergen
Die Arche Noah in einer arabischen Miniatur aus dem 16. Jahrhundert.

Wolken am Horizont
Dieses flämische Gemälde auf Kupfer aus dem 16. Jahrhundert zeigt den Moment, als Gott Noah die drohende Sintflut ankündigte.

vertrocknet auf Erden. Da tat Noah das Dach von der Arche und sah, dass der Erdboden trocken war. Und am siebenundzwanzigsten Tage des zweiten Monats war die Erde ganz trocken.« (*Genesis* 8, 1–14). Der Bibel zufolge dauerte die Sintflut also ein ganzes Jahr.

Zwischen Überlieferung und Geschichte

Wenngleich es über die Existenz einer einstigen Sintflut keine Zweifel mehr zu geben scheint – zu viele voneinander unabhängige Kulturen erzählen in ihren religiös inspirierten Überlieferungen von einer derartigen Flut –, sind doch noch einige Fragen hinsichtlich der Datierung dieses Ereignisses sowie in Bezug auf das vermeintliche Wrack der Arche auf dem Berg Ararat zu klären. Babylonische Erzählungen berichten von Überschwemmungen im Gebiet von Mesopotamien, hervorgerufen durch die beiden Flüsse Euphrat und Tigris. Möglicherweise wurden diese Überflutungen in den späteren Überlieferungen immer größer und zerstörerischer dargestellt, bis sie schließlich die ganze bekannte Welt verschlangen. Die beiden amerikanischen Forscher Pitman und Ryan vertreten die Theorie, dass ungefähr vor 7500 Jahren infolge des Abschmelzens der eiszeitlichen Gletscher der Meeresspiegel derart anstieg, dass das heutige Marmarameer den Bosporus überflutete und sich in das Schwarze Meer, das damals noch ein Süßwassersee gewesen war, ergoss. Möglicherweise war auch ein heftiges Erdbeben verantwortlich für diese Naturkatastrophe, da in diesem Gebiet die tektonische Dynamik beträchtlich ist. Die diesbezügliche Datierung geht jedoch mit einer Diskrepanz von über 1100 Jahren nicht mit der Datierung der Sintflut, die demnach vor 4372 Jahren stattgefunden hatte, konform. In Bezug auf Ararat steht in der Bibel, dass die Arche Noah »sich auf das Gebirge Ararat niederließ«. Ararat (in syrischen Schriften Urartu) hieß jedoch eine gebirgige Region Armeniens, und möglicherweise war damit Armenien an sich gemeint. Dies würde jedoch bedeuten, dass der Berg Ararat keinerlei biblische Bedeutung hätte – doch was hat es nun mit dem Wrack der vermeintlichen Arche im Gletschereis dieses Berges auf sich?

DIE JÜNGSTEN FORSCHUNGSERGEBNISSE

Infolge der Forschungen von Angelo Palego wurden angeblich in einer Höhe von 4800 m die Überreste der Arche Noahs am Berg Ararat entdeckt (die genaue Position: 39° 49' 0,08" nördliche Breite, 44° 16' 51,5" östliche Länge). Auf einer von Eis überzogenen Bergspitze zeigen die Luftaufnahmen ein rechteckiges, dunkles und hervorstehendes Objekt, welches den Maßen der biblischen Arche entspricht. Doch was verbirgt sich hier tatsächlich unter den Eismassen? Den Untersuchungen Palegos zufolge ist das Objekt in zwei Teile zerbrochen, wobei einer der beiden weiter in die Tiefe bis zum Gletscher Parrot (4200 m) gerutscht ist. Aus diesem Bruchstück ragt ein Teil des vermeintlichen Schiffsbalkens mit einer Breite von 30 cm und einer Höhe von 25 cm hervor. Ungeachtet aller Hypothesen wird erst die Bergung dieses Stückes zeigen, ob es sich hier tatsächlich um ein derart altes Holz handelt. Die Bergung des auf 4800 m Höhe liegenden Teiles des Objekts erweist sich jedoch als äußerst schwierig. Unterdessen beschäftigt sich Robert Ballard, der Entdecker der Wracks der *Titanic* und des Schlachtschiffs *Bismarck*, mit Hilfe des ferngesteuerten U-Bootes *Herkules*, den Verlauf der antiken Küstenlinie nachzuvollziehen, um eventuell auf Beweise für die Existenz einer Kultur zu stoßen, deren Vertreter hier möglicherweise vor der großen Sintflut gelebt haben.

In Erwartung der Sintflut
Dieses bronzene Detail des Kirchenportals von San Zeno in Verona zeigt den Bau der biblischen Arche.

Mesopotamien – beherrscht von zwei Flüssen
Das untere Bild zeigt den Euphrat; auf dem Bild in der Mitte ist der Tigris zu sehen.

Fujiyama – heiliger Berg Japans

Der berühmteste Vulkan Japans wird vielfach verehrt und gilt als über alle Maßen erhabenes Heiligtum. Doch aus welchem Grund erachten die Anhänger des Shintoismus und des Buddhismus den Berg als derart unantastbar? Warum nehmen viele Gläubige die Anstrengungen einer Besteigung auf sich? Wie entstand dieser Vulkan und was besagt die Überlieferung? Welcher Gottheit ist er geweiht? Und warum war im Verlauf der Jahrhunderte ein derart beliebtes Thema für Maler und Poeten?

Der Vulkan Fuji, von den Japanern und Chinesen auch Fujiyama oder Fujisan genannt, ist 3776 m hoch und erhebt sich, ungefähr 20 km von der Suruga-Bucht und 113 km von Tokio entfernt, im Süden der Insel Honshu. Er ist Teil des so genannten Pazifischen Feuerrings, der sich durch hohe tektonische Aktivitäten infolge der Plattenverschiebungen auszeichnet, sodass es hier immer wieder zu Erdbeben mit katastrophalen Auswirkungen kommt. Der letzte Ausbruch fand hier im Jahr 1707 statt, und die Stadt *Edo* (das heutige Tokio) wurde damals mit einer dicken Schicht von Asche überzogen. Insgesamt sind jedoch 18 Eruptionen ab dem Jahr 800 n. Chr. historisch belegt.

Unruhige Erde
Die zahlreichen Vulkane Japans (das kleine Bild zeigt ein Satellitenfoto der Region) zeugen von der instabilen Plattentektonik dieses Gebiets, die immer wieder Ursache verheerender Erdbeben ist.

Der Fuji ist der größte Berg Japans und seine perfekte Kegelform ist in einem Radius von 80 km sichtbar. An der Basis beträgt der Umfang 126 km; die nach oben harmonisch verlaufende Form ist im unteren Bereich deutlich abgeflacht, sodass der Vulkan in seinem Erscheinungsbild sehr erhaben und elegant wirkt. Nicht ohne Grund setzt sich die moderne Schreibweise seines Namens aus den japanischen Schriftzeichen *fu* für reich, *ji* für Krieger und *san* für Berg zusammen. Auf seinen nördlichen und westlichen Hängen befinden sich in einer Höhe zwischen 830 und 904 m die »Fünf Seen« vulkanischen Ursprungs, die – umgeben von Dornenbüschen, Kirschbäumen und Azaleen – vom Gipfel aus ein herrliches Panorama bieten. In den höheren Regionen bis zu 2700 m wachsen auf dem Vulkan dichte Pinien-, Zedern- und Zypressenwälder. Der flache Gipfel besteht aus einem 200 m tiefen Krater mit einem Durchmesser von 500 m und umfasst acht kleinere Kämme, die als die »acht Blütenblätter der Lotosblüte des Fuji« bezeichnet werden. Zehn Monate im Jahr ist der Gipfel von Eis und Schnee bedeckt. In Gipfelnähe befinden sich zwei als heilig verehrte Erhebungen, der Kimmei-sui, die »Quelle des Wassers und des glänzenden Goldes«, und der »Gin-mei-sui«, die »Quelle des Wassers und des glänzenden Silbers«, denen der Legende nach wundersame Kräfte innewohnen. Die Gegend um den Vulkan ist Teil des Nationalparks Fuji-Hakone-Izu.

Der Krater des Fujiyama
Der Krater dieses Vulkans ist 200 m tief und weist einen Umfang von ca. 7000 m auf.

Geologischer Ursprung, Legenden und Brauchtum

Der Fujiyama blickt auf eine lange Entstehungsgeschichte zurück, die vor 600.000 Jahren ihren Anfang genommen hatte. Zu Beginn bildeten sich zwei kleinere Vulkane, der Komi-take und der alte Fuji, die nach ungefähr 300.000 Jahren vom heutigen Vulkan überlagert wurden. Unzählige Lavaschichten verliehen ihm seine Form; sein heutiges Aussehen entstand erst vor 10.000 Jahren. Die Ausdehnung des Berges hatte auch die Bildung der verschiedenen Seen zur Folge. Der Legende nach entstand der Fujiyama jedoch in einer einzigen Nacht – und könnte ebenso schnell auch wieder – eingehüllt in einen Feuerball – verschwinden. Die buddhistische Überlieferung besagt, dass sich im Jahr 286 v. Chr. die Erde öffnete, um den großen See Bava freizugeben. Im Zuge dieser Erschütterungen gelang es dem Vulkan, sich aus dem Untergrund zu erheben und seinen Platz an der Oberfläche einzunehmen. Von dem ursprünglichen Volk der Ainu verehrt, dessen Abkömmlinge heute noch auf der Insel Hokkaido leben, erhielt er den Namen des heiligen Herdfeuers *Fuchi* (Fuchi-kamui ist die göttliche Mutter des häuslichen Feuers der Ainu). Als Sitz der Götter stellte der Vulkan das symbolische Bindeglied zwischen Erde und Himmel dar. Die Anhänger des Shintoismus glauben, dass der Berg von unzähligen Kami bewohnt wird, das sind wohlmeinende und über übernatürliche Kräfte verfügende Geister, die sich nicht nur in einer Zwischenwelt aufhalten, sondern auch die schönsten Schöpfungen der Natur für sich als Wohnstatt beanspruchen. Heilige Berge sind bei den *Kami* besonders beliebt, wo sie mit den lokalen Gottheiten – den *Yama* – zusammenwohnen, die vom Gipfel aus die Menschen mittels Quellen mit dem lebensnotwendigen Wasser versorgen. Aus diesem Grund ist es überaus wichtig, diesen Gottheiten Respekt entgegenzubringen und ihnen entsprechend zu huldigen. Für die Buddhisten trennt der heilige, 32 km lange Pfad Ochudo-meguri, der sich um den Fujiyama bis in eine Höhe von 2500 m hinaufschraubt, die untere irdische Welt von der oberen spirituellen.

Das heimische Feuer
Das Volk der Ainu, Urbewohner der Halbinsel, verehrte als erstes den großen Vulkan als Heiligtum.

Festliche Zeremonien
In zeremonielle Gewänder gehüllte Gläubige machen sich für ein Ritual im Heiligtum Sengen bereit.

Die Pilger

Viele Japaner vertreten heute noch den Standpunkt, dass das Erklimmen des heiligen Berges eine religiöse Pflicht darstellt, der zumindest einmal im Leben nachgekommen werden muss. Möglich ist der Aufstieg nur in den Monaten Juli und August, wenn sich der Nebelschleier beinahe zur Gänze hebt und das Klima deutlich angenehmer wird. Über sechs Pfade kann der Gipfel innerhalb von neun Stunden kräftezehrenden Aufstiegs erklommen werden. Viele shintoistische Heiligtümer, so genannte *Sengen*, säumen die Wege und sind dem Geist des Berges, der Göttin Konohanasakuya (»Die Prinzessin, die die Bäume blühen lässt«) gewidmet. Im größten der Fünf Seen, dem Kawaguchi, befindet sich auf der malerischen Insel des Kormorans der Benten-Schrein; etwas unterhalb des Gipfels wird ein 2000 Jahre altes Heiligtum verwahrt, das im Auftrag des damaligen Kaisers zur Besänftigung der hier lebenden Gottheit angefertigt wurde, deren Wut sich in Form heftiger Erdbeben und Eruptionen zeigte. Heute kommen ca. 400.000 Pilger jährlich hierher; pro Tag sind dies in der Hochsaison an die 20.000. Noch bis vor kurzem trugen sie dabei ein weißes Gewand, in der Hand einen Stein, den sie auf die Steinhaufen am Gipfel warfen, um auf diese Weise den Seelen jener Verstorbenen zu helfen, die dazu verdammt sind, den *Sai-no Kawara*, eine Art Fegefeuer, mit Steinen zu füllen.

In früheren Zeiten war die Besteigung des Fujis jedoch untersagt, da die Unantastbarkeit des Heiligtums oberste Priorität hatte. Später wurde dieses Verbot zwar aufgehoben; Frauen war der Zugang jedoch erst ab der Meiji-Zeit im Jahr 1868 gestattet. Wenn man besonderes Glück hat, kann man am Gipfel Zeuge eines über alle Maßen beeindruckenden Naturschauspiels werden: Während einer klaren Morgendämmerung, kurz vor Auftauchen der Sonnenscheibe am Horizont, spiegelt sich das Licht in unglaublichen Farben am Himmel, wobei faszinierende Effekte für einen kurzen Moment das Auge des Betrachters erfreuen. Dieses als *Goraiko* bezeichnete Phänomen gilt als Belohnung für jene, die dem Geist des Berges in besonderem Maße ergeben sind.

Heiliges Motiv
Links ist ein Druck von Katsushika Hokusais zu sehen, der das Meisterwerk »36 Ansichten des Berges Fuji« schuf.

DER FUJIYAMA IN DER KUNST

Die Schönheit und Erhabenheit des Fujiyama haben seit jeher Dichter und Maler zur Schaffung unvergleichlicher Werke inspiriert. Auf diese Weise haben sie das Ihre dazu beigetragen, den Mythos und die Geschichte dieses heiligen Berges in die Welt hinaus zu tragen. So schrieb z. B. der Dichter Akahito, der als einer der fünf großen Poeten der Manyoshu-Strömung gilt, im 8. Jahrhundert einige Verse, die bis heute in Japan als höchste literarische Kunst verehrt werden:

Zum Himmel schauend, sehe ich den Gipfel
Des Fuji-Yama groß und feierlich
Ins Ewige schimmern; also ragt er schon
Seit jenen Zeiten, da die Erde sich
Vom Himmel schied; blick ich zu ihm empor,
So ist mir, dass der Glanz der Sonne sich
Verdunkelt, und der milde Schein des Mondes
Verschwindet ganz …

Später, in der Mitte des 15. Jahrhunderts, pries der Poet Ota Dokan (1432–1486) die Herrlichkeit des Fujiyama in seinen Gesängen. Zwei Jahrhunderte danach beschrieb der berühmte japanische Dichter Matsuo Basho (1643–1694), einer der Vertreter der ungemein leichten Poesie *Haiku* (lyrische Kurzform, Dreizeiler aus 5 + 7 + 5 = 17 Silben), den Fuji während der verschiedenen Jahreszeiten mit leicht impressionistischen Akzenten. Bei den Malern stechen vor allem die Arbeiten des Künstlers Katsushika Hokusai (1760–1849) ins Auge, der während der Edo-Zeit die zwei faszinierenden und außergewöhnlichen Lithographieserien *36 Ansichten des Berges Fuji* und *100 Ansichten des Berges Fuji* (1828–1833) schuf. Nach ihrem Bekanntwerden in der internationalen Kunstwelt galten diese Bilder als Aushängeschild für die moderne japanische Landschaftsmalerei. Bis zu einem gewissen Grad wurde diese Art der Malerei von den französischen Malern des Impressionismus aufgefasst und angewandt. Hokusai arbeitete unter mehreren Künstlernamen, 20 verschiedene sind bekannt. Der Maler Ando Hiroshinge (1797–1858) schuf ebenso eine Serie mit 36 Ansichten des Berges, die in stilistischer Hinsicht den berühmten Serien Hokusais nachempfunden waren.

Der Leib der Göttin
Auf dem kleinen Bild in der Mitte ist der Tempel von Sengen zu sehen. Dieses der Großen Mutter geweihte Heiligtum repräsentiert das Innerste des mütterlichen Schoßes; der über die Pfade führende Aufstieg zum Vulkan ist eine symbolische Reise in ihren schwangeren Leib. Im mittelalterlichen Japan mussten die Schüler und Anhänger der Miira-Sekte eine extreme Form der Askese in den heißen Grotten an den Hängen Fujis über sich ergehen lassen. Das linke Bild zeigt den shintoistischen Tempel von Zeniarai Benten.

Potala – das Reich des Buddha

In der Nähe der tibetanischen Hauptstadt Lhasa befindet sich der Potala-Palast, einst politisches und religiöses Zentrum von Tibet und Sitz des Dalai-Lama. Die spürbare Entrücktheit dieses Ortes steht in engem Zusammenhang mit der überlieferten Existenz eines entlegenen Reiches, in dem die Bewohner glücklich und friedvoll miteinander leben. Doch welchen Ursprung hat diese Legende und mit ihr der Palast des Potala? Befindet sich hier das legendäre Shambhala? Wie entstand der moderne Mythos des Shangri-la?

Auf der nördlichen Seite des Himalaja liegt, eingeschlossen zwischen hohen Bergen, ein grünes Tal, durch das der Fluss Kytchu hindurchfließt. Hier, in einer Höhe von 3630 m, befindet sich die Stadt Lhasa (»Götterstätte«), die Hauptstadt von Tibet. Im Osten der Stadt, auf dem Roten Hügel, erhebt sich der majestätische Palast Potala (Sanskrit für »Berg des Buddha«), eine aus mehreren Gebäuden bestehende Anlage, die in der Vergangenheit mehrmals neu aufgebaut bzw. umgebaut wurde. Hier befand sich einst der Sitz der tibetanischen Regierung und die Wohnstatt des Dalai-Lama, des bedeutendsten Mannes des Landes. Der Dalai-Lama, der Mann, »dessen Weisheit so tief ist wie der Ozean«, gilt als Reinkarnation Buddhas und wird als solche wie ein Gott verehrt. Der Potala-Palast wurde von der UNESCO als Festung, Tempel, Kloster und Schule, als Zentrum des politischen und religiösen Lebens und als Zeichen für die meisterhafte Kunstfertigkeit der tibetanischen Künstler zum Weltkulturerbe erklärt. Im Laufe der Jahrhunderte entstanden eine Reihe von Legenden und Mythen, die aufgrund der Lage des Palastes vor dem Hintergrund schillernder Berggletscher und dessen Abgeschiedenheit noch zusätzlich Nahrung erhielten. Tatsächlich erhielten die Europäer erst im letzten Jahrhundert Kenntnis von diesem Palast, der 1904 erstmals von den Reisenden einer britischen Expedition besucht werden durfte.

Das Licht des Führers
Oben rechts ist ein Seidenbildnis des Buddha Amitabha (»von unermesslichem Licht«) aus dem 18. Jahrhundert zu sehen, das bei Meditationen verwendet wurde.

Faszinierende Landschaft
Das Hochland von Tibet ist eine gebirgige, unwegsame Landschaft, die seit jeher als der Meditation und der Askese zuträglich angesehen wird.

Die Entstehungsgeschichte des Palastes

Der Herrscher Songtsen Gampo (ca. 613–650 n. Chr.) wählte diesen entlegenen und in dem weiten und kargen Hochland von Tibet gut verborgenen Ort, um hier seine Stadt zu gründen. Auf dem Roten Hügel ließ er den ersten Palast erbauen, der durch eine dreifache Mauer geschützt wurde und aus 999 Zimmern bestand – das 1000. Zimmer wurde separat auf dem Gipfel des Hügels errichtet. Nach dem Tode Gampos, der hier den Buddhismus eingeführt hatte, wurde dieser großartige Bau zu einem religiösen Zentrum, in dem die Mönche sich in völliger Ruhe und Abgeschiedenheit ihren Studien und Meditationen hingeben konnten. Im 13. Jahrhundert verlieh der mongolische Prinz Altan Khan dem Führer des Gelupga-Ordens (»Gelbmützen«) den Titel eines Dalai-Lama; die weltliche und geistige Führung des Landes durch dieses Oberhaupt nahm im Jahr 1391 ihren Anfang. Die unterschiedlichen Wünsche und Vorstellungen der verschiedenen Dalai-Lama kamen in mehreren Umbauten zum Ausdruck; das heutige Aussehen der Anlage (1645–1694) geht auf den 5. Dalai-Lama zurück. Als im Jahr 1950 die chinesischen Kommunisten Tibet besetzten, war der Dalai-Lama Tenzin Gyatso erst 15 Jahre alt. Mit eingeschränkten Kompetenzen behielt er bis 1959 seinen Führungsstatus, doch infolge eines fehlgeschlagenen Aufstandes war er gezwungen, seine Heimat zu verlassen und zusammen mit 80.000 seiner Anhänger in Indien in Dharamsala Zuflucht zu suchen. Hier gründete er im Exil eine Regierung, er selbst lebt heute im Kloster von Namgyal.

Herrscher ohne Thron
Der Dalai-Lama (unten rechts) ist die höchste geistige Autorität des tibetanischen Buddhismus und gilt weltweit als respektierter und anerkannter Führer, wenngleich er im Exil lebt.

Der Potala

Die Anlage des Potala-Palastes umfasst eine Grundfläche von 41 Hektar; im Inneren befinden sich zwei Hauptsektoren, die jeweils aus unzähligen Zimmern und irreführenden Gängen sowie mehreren Tempeln und kleineren Gebäuden bestehen. Die aus ungebrannten Ziegeln aufgebaute Anlage misst in der Länge 300 m und in der Höhe 110 m; eine hohe, nach innen geneigte Mauer schützt den Palast. Oberhalb der Mauern erheben sich lang gestreckte Fassaden, durchbrochen von parallel angeordneten Fensterreihen; die Dächer sind vergoldet und an den Ecken mit zahlreichen Fialen zur Abwehr böser Geister verziert. Über einen im Zickzack verlaufenden Aufstieg erreicht man einen großen Platz, über den regelmäßig Prozessionen dahinschreiten. Des Weiteren gibt es hier mehrere Pfade und Treppen. Der Weiße Palast (benannt nach der Farbe der Mauern) ist administrativer Sitz und wurde in den Jahren 1645 bis 1648 errichtet. Hier befinden sich der prunkvolle Thronsaal, die Wohnräume des Dalai-Lama, ein Priesterseminar und eine alte Druckerei. Der als spirituelles Zentrum errichtete Rote Palast (der Name stammt ebenfalls von der Wandfarbe) entstand zwischen 1690 und 1694; im Inneren befinden sich neben beeindruckenden *Stupas* (massive Kultbauten zur Aufbewahrung von Reliquien) die Gräber von acht Dalai-Lamas. Auch wertvolle Bücher und Bildnisse werden hier verwahrt. Beide Sektoren sind mit unzähligen Fresken verziert, die von der Geschichte, der Religion und dem Alltagsleben erzählen; neben einer Vielzahl weiterer unschätzbarer Kunstwerke finden auch an die 200.000 Statuen hier Platz. Unter den einzelnen Gebäuden sticht u. a. der Jokhang-Tempel mit seinem goldenen Dach hervor. Den buddhistischen Mönchen werden eine Reihe außergewöhnlicher Fertigkeiten nachgesagt: So berichtete z. B. die englische Forscherin Alexandra David-Neel zu Beginn des 20. Jahrhunderts von dem Phänomen *lung-gon,* bei dem die Mönche die Schwerkraft besiegen und sich mittels großer, unwahrscheinlich schneller Sprünge von einem Ort zum anderen bewegen können.

Der Palast auf dem Hügel
Im 9. Jahrhundert wurde der Potala-Palast beinahe vollständig von einem Feuer, ausgelöst durch einen Blitz, zerstört. Unter der Führung des 5. Dalai-Lama wurde die Anlage wieder vollkommen aufgebaut.

Erbauer und Begründer
Unter dem Führer Songtsen Gampo fand der tibetische Buddhismus (Vajrayana) *erhebliche Verbreitung.*

Vielbesuchtes Museum
In den 1000 Räumen, aufgeteilt auf drei Stockwerke, befinden sich u. a. die Gräber der Dalai-Lamas, alte Schriftrollen sowie Gegenstände unvorstellbaren Wertes, die einst den ersten Königen Tibets gehörten.

Verborgenes Paradies

Im gesamten Orient hält sich seit undenkbar langer Zeit der Mythos eines Paradieses hier auf Erden, das zwischen Bergen eingeschlossen nur Eingeweihten zugänglich ist. Normalen Sterblichen oder Kulturfremden ist der Zutritt verwehrt. In China soll sich dieser sagenhafte Ort in den Bergen von Kun-lun Shan befinden, in Indien in Kalapa, dem Reich der unfehlbaren Menschen, nördlich des Himalajas. In Russland existiert den Überlieferungen zufolge ein »Reich der weißen Wasser«, das sich in der Region Belowodje in der Mongolei befinden soll. In Tibet heißt dieses phantastische Reich, das zugleich Quelle des Wissens ist, Chang Shambhala (»nördliche Stätte der Ruhe«). Hier durfte Buddha der Legende nach das *Kalachakra* studieren, das »Rad der Zeit«. Die Überlieferung erzählt, dass die Bewohner dieses sagenhaften Landes sehr lange lebten, da sie jede Krankheit zu heilen wussten und zudem die Zukunft vorhersagen konnten. Ihr Führer kommunizierte mit den Bewohnern der entlegensten Gebiete der Erde mit Hilfe eines »Spiegels«, er studierte mit einem speziellen Fernrohr das Leben auf anderen Planeten und besaß zur Fortbewegung »steinerne Pferde mit der Kraft des Windes«. Gemäß einer Prophezeiung soll das Reich Shambhala ab der Lebenszeit Buddhas (6. Jahrhundert) über 32 Regierungszeiten lang existieren, wobei jede einzelne dieser Perioden mehrere Jahrhunderte dauert. Demzufolge gibt es dieses Reich noch bis ungefähr 3700 unserer Zeitrechnung, am Ende wird der letzte Führer das Böse endgültig besiegen und den Menschen für alle Zeit Frieden und Glück bringen.

Meditationsteppiche
Die Fertigung von Teppichen ist seit jeher ein bedeutendes Kunsthandwerk in Tibet. Die dabei verwendeten Muster orientieren sich häufig an so genannten Mandalas.

DER MYTHOS VON SHANGRI-LA

Im Jahr 1933 veröffentlichte der englische Schriftsteller James Hilton *(oben)* den Roman *Lost Horizon (Verlorener Horizont)*, der vier Jahre später von Frank Capra verfilmt wurde. Sowohl das Buch als auch der Film hatten großen Erfolg und die darin erzählte Geschichte begeisterte die Massen: Zwei Piloten landen in einem abgeschiedenen Tal in Tibet, wo sich ein Kloster befindet, in dem 50 buddhistische Mönche unter der Führung eines Dalai-Lama leben. An diesem auf der Legende des Shambhala (im Film Shangri-la) basierenden Ort leben die Menschen friedlich und in Harmonie miteinander unter einem gütigen Herrscher, der um das Geheimnis des ewigen Lebens weiß und in die Zukunft zu sehen vermag. Dank verschiedener Goldminen können sie alles erwerben, was sie nicht selbst in der Lage sind, zu produzieren. Diese friedvolle Welt, die Fremden eigentlich verwehrt ist, ist jedoch von einer Invasion bedroht. Die fesselnde Liebesgeschichte in diesem Paradies auf Erden zog das Publikum in den Jahren vor dem Zweiten Weltkrieg ebenso sehr in den Bann wie die dargestellte Diskrepanz zwischen korruptem Westen und geheimnisvollem Osten. Der Mythos von Shangri-la war geboren. Bereits 1930 hatte sich der russische Schriftsteller Nikolai Roerich mit dieser Legende beschäftigt. Sein Roman *Shambhala* stellte eine gute Grundlage für die Arbeit von James Hilton dar. Im Jahr 1871 erschien das von Edward Bulwer-Lytton verfasste Buch *Das kommende Geschlecht*, das ebenfalls eine fiktive Welt beschrieb, die sich unter der uns bekannten befindet und von einer höheren, mit dem Reich Shambhala in Kontakt stehenden Rasse, den *Vril-ya*, bewohnt wird. Auch hier diente die buddhistische Überlieferung des Reiches Shambhala, das hier mit dem unterirdischen Paradies des Königs Agartha in Verbindung steht, als Vorbild.

Nazca – fantastische Bilder im Wüstensand

Die peruanische Wüste bei Nazca ist geprägt von unzähligen Scharrbildern, die als riesige Umrisszeichnungen von Tieren und Figuren in den Himmel starren. Die Gesamtheit der Bilder, die am Boden nur als lange Linien erscheinen, ist jedoch nur aus der Luft erkennbar. Doch wer waren die Urheber dieser Bilder? Wann und zu welchem Zweck wurden sie erschaffen? Welche Motive zeigen diese Geoglyphen? Welche Theorien gibt es? Zu welchem Ergebnis gelangte die Archäologie? Existieren weltweit irgendwo noch andere Bilder dieser Art?

Im Süden von Peru, ungefähr 400 km südlich von Lima, gibt es ein wüstenartiges, unbesiedeltes Gebiet entlang der Pazifikküste. Auf einer Fläche von 520 km² befinden sich hier auf einer zwischen den Städten Nazca und Palpa gelegenen Ebene geheimnisvolle und faszinierende Scharrbilder – ein Erbe präkolumbianischer Kulturen, die hier zwischen 500 v. Chr. und 500 n. Chr. gelebt hatten.

Die Schwemmlandebene besteht hier aus Kiesel und eisenhaltigen Steinen, die sich infolge der Oxidation dunkel verfärbt haben. Zur Erschaffung der Bilder wurden die Steine an der Oberfläche entfernt und entlang der Umrisse wie eine Art niedrige »Mauer« aufgeschichtet. Auf diese Weise trat das darunter liegende, hellgelb leuchtende Sandgestein zutage. Nur dank des trockenen und niederschlagsarmen Klimas dieser Gegend blieben die Bilder bis heute nahezu unbeschadet erhalten: Dem Auge des staunenden Betrachters der Gegenwart präsentieren sich neben einem Netz aus perfekt geraden, in alle Himmelsrichtungen verlaufenden Linien mit einer durchschnittlichen Länge von etwas über 10 m (die längste ist 65 km lang!) an die 50 Zeichnungen (Geoglyphen) mit einer durchschnittlichen Länge von 60 m (die längsten sind 300 m lang). Zwar waren die Bilder bereits im 16. Jahrhundert den Spaniern bekannt, doch ihre Gesamtheit wurde erst Anfang des 20. Jahrhunderst deutlich, als das Gebiet mit dem Flugzeug überflogen wurde. Seit damals wurden eine Reihe von Untersuchungen und Analysen durchgeführt, deren Ergebnisse sich jedoch zum Teil widersprechen. Die Tatsache, dass die Komplexität der Scharrbilder sowie die Präzision ihrer Ausführung nur aus der Luft zu erkennen ist (von den umgebenden Hügel betrachtet, sind sie nur teilweise und verzerrt zu sehen), gab Anlass zu zahlreichen Spekulationen sowie einigen überspannten Theorien, die jedoch zum größten Teil von den Ergebnissen der archäologischen Studien widerlegt werden konnten.

Mannigfache Motive

Die als »größtes graphisches Werk der Welt« bezeichneten Scharrbilder befinden sich auf dem gesamten Gebiet der Pampa um San José bis hin zu den Pampas von Jumana und Colorada. Durch die weite Ebene verläuft heute der Panamerican Highway; eine Vielzahl kleiner Zufahrtsstraßen zu den hier befindlichen Gold- und Kupferminen durchkreuzen ebenfalls dieses Gebiet. Durch die vielen hier verkehrenden Lastwagen werden den empfindlichen Scharrbildern irreparable Schäden zugefügt. Der Highway teilt die Ebene in zwei Hälften, an deren Rändern sich jeweils karge Hügel erheben. Die gigantischen Bilder zeigen zum Teil Tiermotive, deren Umrisse in einem durch verlaufen. Nordöstlich befindet sich der Kolibri (50 m), der Pelikan, die Schlange, der Kondor (120 m), der Tukan (im

Geheimnisvolle Wüstenbilder
Rechts ist die Spinne *zu sehen; das Bild oben rechts zeigt die auf einem Hügel befindliche Darstellung einer menschenähnlichen Figur,* Astronaut *genannt.*

Flug dargestellt, einziger Vogel mit kurvigen Linien), die Hände (in der Nähe des als »Observatorium« bezeichneten Hügels), die Wurzel und die berühmte Spinne, die ein seltenes amazonisches Exemplar der *Ricinulei* zeigt und mit besonderer Präzision ausgeführt wurde. Weiter unten, in Richtung Süden, sind der Hund, der Affe, das Lama und der Wal zu bestaunen. Im Südosten im oberen Bereich befinden sich die Elster, ein Vogel mit dem Körper eines Kolibris und dem Kopf einer Schlange (275 m), die Eidechse (180 m), der Wal und eine zusammengerollte Schlange. Insgesamt gibt es 18 Vögel und 12 Vertreter anderer Tierarten, daneben sind jedoch auch Darstellungen von Labyrinthen oder Spiralen zu finden. Am Rand dieses Gebiets gibt es zwei Scharrbilder von menschlichen Figuren, die beim Betrachter großen Eindruck hinterlassen: Die im Südwesten befindliche Darstellung zeigt eine Figur mit erhobenen Händen und einem runden Kopf mit zwei großen Augen; die im Südosten entdeckte Figur befindet sich auf einem felsigen Hang, die eine Hand scheinbar zum Gruß erhoben, der runde, ebenfalls mit zwei großen Augen versehene Kopf erinnert jedoch deutlich an eine Eule. Einigen Wissenschaftlern zufolge repräsentieren diese beiden Figuren die Wächter der Tiergestalten, andere gehen jedoch davon aus, dass hier tatsächlich zwei »Astronauten« dargestellt wurden. In der Nähe der Pazifikküste befindet sich bei Paracas auf einer sandigen Düne vor den Inseln Ballestas das Bild eines großen dreiarmigen Kandelabers. Dieser wurde ebenso wie die anderen Bilder ausgeführt; auch seine Bedeutung liegt im Dunkeln.

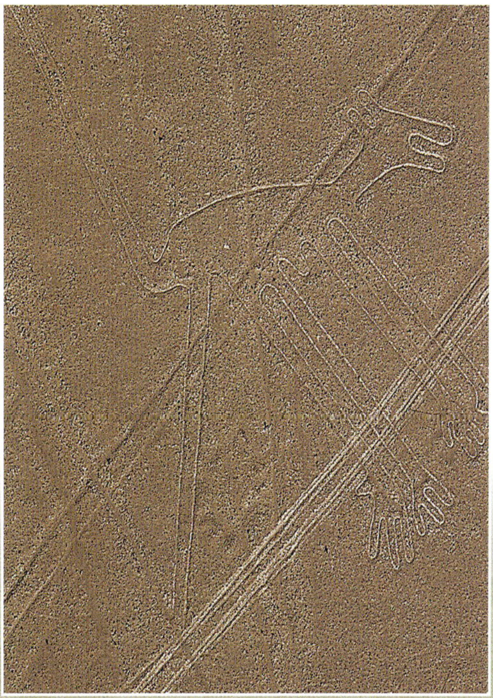

Der Zoo von Nazca

Die Darstellungen in der Ebene von Nazca zeigen Tiere unterschiedlichster Arten, links ist das Lama zu sehen. Insgesamt gibt es an die 18 Vögel mit einer Länge zwischen 25 und 275 m; das Bild unten zeigt den Kolibri.

Linien und geometrische Zeichnungen

Durch die Darstellungen der Tiere verlaufen häufig gerade Linien, die weitläufige und in die Länge gezogene Trapeze, Dreiecke oder Rechtecke bilden, die als »Pisten« bezeichnet werden. Das Innere dieser Flächen wurde von den losen Steinen gesäubert, sodass sie für das Auge des Betrachters als »voll« erscheinen. Die Anordnung dieser geometrischen Figuren scheint jedoch keinem erkennbaren Muster zu folgen. Mehrere Linien verzweigen sich ausgehend von bestimmten Punkten und verlaufen fächerförmig in alle Richtungen bis zu den ersten, die Ebene begrenzenden Hügeln. Einige Linien haben ihren Ursprung auf dem »Observatoriumshügel« (im Süden der Pampa), andere verlaufen unabhängig immer gerade über die Ebene, ohne dabei irgendwelche Figuren oder »Pisten« zu berühren, bis sie sich in dem kargen Wüstengebiet verlieren. Forschungen haben ergeben, dass die Scharrbilder mit an Sicherheit grenzender Wahrscheinlichkeit von den Vertretern der letzten hier lebenden Nazca-Kultur stammen. Als wahrscheinlichste Chronologie gilt folgende: Während der frühen Phase (500 bis 300 v. Chr.), ge-

nannt »Chavín-Periode«, entstanden die ersten Darstellungen von Spiralen, Tieren und einigen wenigen Vögeln; die zweite, von der Paracas-Kultur geprägte Phase (400 bis 200 v. Chr.) brachte den Großteil der Vogelbilder (Darstellung des Federkleids) hervor, und während der dritten und letzten Phase der Nazca-Kultur (200 v. Chr. bis 500 n. Chr.) entstanden die schematischeren Darstellungen, deren Linien häufig jene andere Figuren kreuzten, sowie die »Pisten« und Linien. Um 500 n. Chr. wurde die Anfertigung von Scharrbildern jedoch aus bislang unbekannten Gründen abrupt beendet; als mögliche Ursachen gelten soziale oder religiöse Umbrüche oder eine Invasion durch Wari-Stämme.

Theorien zur Entstehung der Bilder

Die Vertreter der Paracas- und Nazca-Kulturen waren geschickte Handwerker und Weber, die die Kunst verstanden, am Webstuhl kleine Motive in einem größeren Maßstab umzusetzen. Basierend auf derselben Technik schlugen sie mit entsprechend langen Schnüren verbundene Pfähle in die Erde und übertrugen so die Figuren auf die karge Oberfläche dieses wüstenartigen Gebiets. Verschiedene Versuche haben gezeigt, dass es mit Hilfe einer Schnur und drei Pfählen bei einem mehrere Tage dauernden Einsatz von etwas mehr als zehn Personen möglich ist, eine entsprechende Figur mittlerer Größe in den Boden zu »scharren«: Für einen 200 m langen Abschnitt einer gerade verlaufenden Linie benötigt man auf diese Weise etwa eine halbe Stunde. Die Entdeckung einiger Holzreste und Schnüre in der Pampa neben den eindrucksvollen Zeichnungen scheint diese Theorie zu bestätigen, zumal die Analyse mittels Radiokarbonmethode eine Datierung zwischen 200 v. Chr. und 1430 n. Chr. ergeben hat. Der Archäologe Michael De Bakey hat in unmittelbarer Nähe der »Pisten« (diese Bezeichnung ist irreführend, da der Boden hier für die Landung eines Fluggerätes viel zu weich ist) Überreste von Feuergruben entdeckt, in denen mehrfach Feuer entzündet wurden. Aufgrund verschiedener Nazca-Keramiken, die mit drachen- oder ballonartigen Verzierungen geschmückt sind, konstruierte der Forscher Bill Spohrer einen Ballon *(Kondor I)* aus der Nazca-Kultur bereits bekannten Materialien. Erstaunlicherweise gelang es tatsächlich, mit diesem mit zwei Mann besetzten Ballon eine Strecke von 3 km in einer Höhe von 350 m zurückzulegen. Auf diese Weise wäre es also bereits zur Zeit der Entstehung der Scharrbilder möglich gewesen, den Fortgang der Arbeiten und die präzise Umsetzung der Figuren aus der Luft zu überblicken und zu kontrollieren. Aus heutiger Sicht lässt sich jedoch kaum beweisen, ob sich die Vertreter der Nazca-Kulturen tatsächlich dieser Methode bedienten.

Im Vogelflug
Leider ist es aus heutiger Sicht praktisch unmöglich herauszufinden, ob die Vertreter der Nazca-Kulturen tatsächlich dazu in der Lage waren, die Ausführung der Geoglyphen aus der Luft zu überwachen.

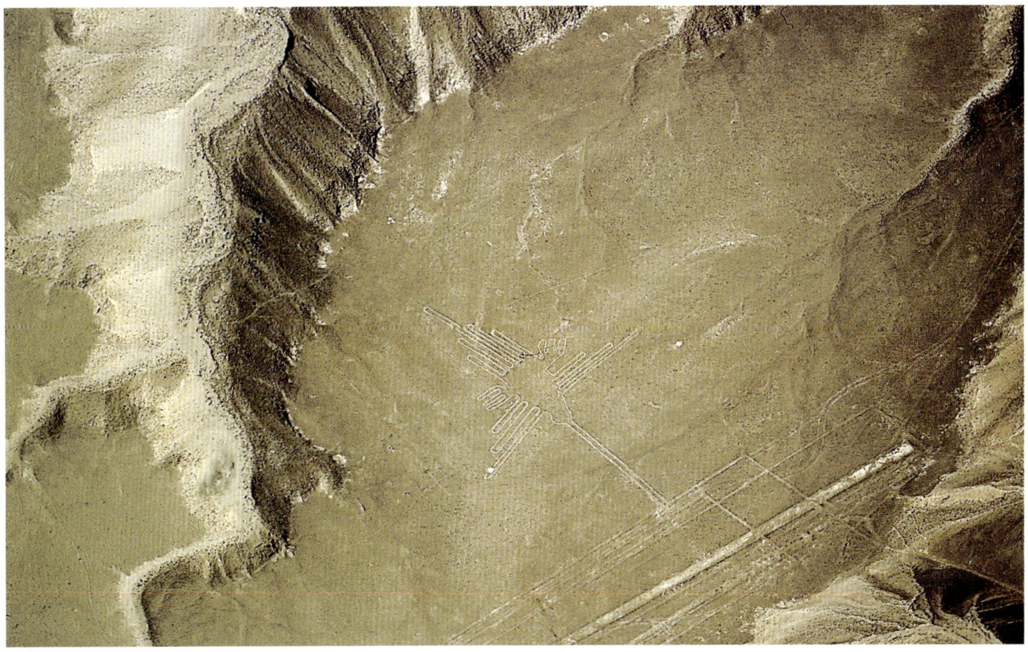

Das Geheimnis der Linien
Die strikt gerade verlaufenden Linien verzweigen teilweise fächerförmig oder durchkreuzen die Linien von Figuren. Die tatsächliche Bedeutung dieser Geraden liegt jedoch nach wie vor im Dunkeln.

Himmelsbilder
Einigen Hypothesen zufolge stellen die Tierdarstellungen in der Ebene von Nazca die Himmelskonstellationen dar. So entspricht die Spinne dem Sternbild Orion (ganz links), rechts daneben ist eine Pergamentzeichnung des Großen Bären aus dem 16. Jahrhundert zu sehen.

Verschiedene Interpretationen

Angesichts der außergewöhnlichen Komplexität der mysteriösen Scharrbilder in der Ebene von Nazca ist es leicht zu verstehen, dass im Laufe der Zeit eine Vielzahl verschiedener Hypothesen und Interpretationen entstanden sind. Der erste Forscher, der sich intensiv mit den Bildern beschäftigte, war der peruanische Archäologe Toribio Mejía Xesspe. Im Jahr 1927 begann er mit seinen Analysen und Untersuchungen, die sich jedoch auf die großen, »voll« erscheinenden geometrischen Figuren konzentrierten. Er vertrat die Ansicht, dass diese Abschnitte als religiöse Versammlungsorte gedient hatten, die in regelmäßigen Abständen über Prozessionswege (die Linien) besucht wurden. Im Jahr 1939 beschrieb Paul Kosok, ein Professor der Universität von Long Island, die Geoglyphen als »größtes astronomisches Werk der Menschheitsgeschichte«. Er war der Meinung, dass die Bilder als eine Art gigantischer Kalender gedient haben mussten. Auch Maria Reiche, die in Peru als »la gringa loca« (»die verrückte Deutsche«) bezeichnet wurde, vertrat diesen Standpunkt. Die im Jahr 1932 erstmals nach Peru gekommene deutsche Wissenschaftlerin widmete ab dem Jahr 1946 ihr gesamtes Leben der Erforschung der Scharrbilder; im Jahr 1998 verstarb sie in ihrer Wahlheimat. Aufgrund der Ergebnisse ihrer wissenschaftlichen Arbeit gelangte sie zu dem Schluss, dass die Bilder einen astronomischen Kalender gewaltigen Ausmaßes darstellten, der vor allem für die damalige Agrarwirtschaft von größter Bedeutung war. Diese Theorie scheint durch die Tatsache bestätigt, dass von einigen höher gelegenen Punkten in der Pampa aus die Sonnen- und Mondzyklen verfolgt und gemessen werden können. Die Schnäbel einiger Vogeldarstellungen weisen auf den Punkt des Sonnenaufgangs während der Wintersonnenwende, der Affe ist auf einen Stern der Orionkonstellation ausgerichtet und mehrere Linien orientieren sich an verschiedenen Sternhaufen … Auch die amerikanische Astronomin Phillis Pitluga geht von einer Bedeutung der Bilder als Kalender aus: So stellt ihrer Meinung nach das Bild der Spinne die Orionkonstellation dar, während die nahen Linien die unterschiedlichen Positionen dreier Sterne dieses Sternenbildes darstellen. Doch im Jahr 1967 erklärte der Astronom Gerald Hawkins (widmete sich auch der Erforschung Stonehenges) all diese Theorien jedoch für haltlos: Mittels spezieller Computerprogramme bewies er, dass ab dem Jahr 5000 v. Chr. bis heute keinerlei Zusammenhang zwischen den Linien, Bildern und astronomischen Gegebenheiten feststellbar ist. Der italienische Archäologe Giuseppe Orefici unterstützt hingegen die Theorie von Mejía Xesspe und fügt noch hinzu, dass die offensichtliche Ausrichtung der Linien die Bedeutung derselben als Prozessionswege zu erhärten scheint. Die Existenz von Feuergruben weist er jedoch zurück; seiner Ansicht nach stellen die nur vom Himmel aus in ihrer Gesamtheit sichtbaren Bilder ein Geschenk an die Götter dar. Die beiden menschlichen Figuren sind seiner Theorie zufolge ganz sicher keine »Astronauten«, stattdessen handelt es sich hier vielmehr um die Darstellung von Gottheiten mit großen Augen und einer runden Kopfbedeckung. Im Jahr 1977 beschäftigte sich der Filmproduzent Tony Morrison mit den Linien und

Affe mit Ringelschwanz
Das Bildnis des Affen in der Ebene von Nazca zeigt das Tier mit einem aufgerollten Ringelschwanz und somit das in den alten Kulturen häufig auftretende Symbol der Spirale.

stellte fest, dass ähnliche Linien in anderen Teilen Amerikas bei verschiedenen Kulturen von ritueller Bedeutung waren.

Ergebnisse der Archäologie

In der Nähe des großen zeremoniellen Zentrums von Chauachí bei Nazca wurden drei Nekropolen entdeckt, in denen Grabbeigaben aus zehn verschiedenen kulturellen Phasen (von 500 v. Chr. bis 700 n. Chr.) gefunden wurden. Die theokratisch organisierten Nazca- und Paracas-Kulturen stellten Stoffe und Keramiken her und bauten Kanalsysteme zur Bewässerung eines Teils des Wüstengebiets. Die mehrfarbigen Keramiken sind mit denselben Tiermotiven verziert,

Die Wüste, das Wasser und die Götter
Heilige Wassergötter und -tiere spielten eine bedeutende Rolle bei der Ikonographie von Wüstenvölkern. Bild oben: Nazca-Vase, auf der ein Schamane abgebildet ist; daneben ist ein Stoff mit der eingewebten Darstellung eines Tieres zu sehen. Bild unten: ritueller Tanz der Aymara.

wie sie in ungleich größerem Maßstab in der Pampa zu finden sind. Vor allem »Regenvögel« (Kondor, Reiher, Kolibri) sind häufig zu finden, da das Wasser als kostbarstes Gut galt. Eine Legende der Aymarer (Bevölkerung des Gebietes rund um den Titicaca-See) erzählt, dass sich der Gott des Wassers jedes Jahr von den Anden aus in die Lüfte erhebt, um den Regen bis zu Küsten zu bringen, sodass auch in diesem wüstenartigen Gebiet das Leben gedeihen kann. Interessanterweise fliegt der Kondor tatsächlich während der Regenzeit in diese Richtung. Am wahrscheinlichsten gilt daher jene Theorie, wonach die Scharrbilder der Ebene von Nazca in Zusammenhang mit einem Wasser- und Fruchtbarkeitskult entstanden. Demnach gelten die Bilder als magische Totemsymbole, die auf die Gottheiten des Himmels ausgerichtet sind; die »Pisten« und Linien waren Prozessionswege, die während der Zeremonien abgeschritten wurden. Gleichzeitig stellten diese Linien jedoch auch Wegweiser zu entfernten Brunnen oder Gebieten mit Grundwasserreserven wie z. B. den Bergen Illa Kata und Tunga dar.

VERBREITETE LINIEN

Angeregt durch die Arbeit des Archäologen Mejía Xesspe folgte Tony Morrison den Angaben einer spanischen Chronik aus dem Jahr 1653, die besagte, dass von **Cuzco** ausgehend eine gerade Straße verlief, die einst von vielen, heute leider verschwundenen Inka-Heiligtümern gesäumt war. Morrison dehnte seinen Forschungen aus und entdeckte mehrere heilige, strikt gerade verlaufende Pfade aus dem ersten Jahrtausend unserer Zeitrechnung in der Nähe des Titicacasees in Peru und Bolivien (32 km vom See bei **Llanos de Mojos** entfernt), in Kolumbien, in Costa Rica, in Yucatán (die *Sacbes* genannten weißen Straßen der Maya, 99 km von **Coba** und **Yaxuna** entfernt), in Mexiko bei der archäologischen Fundstätte **La Quemada** (Zacates) und in verschiedenen Gebieten Amerikas, in denen u. a. die indianischen Stämme Miwok (Kalifornien) und Anasazi (New Mexico) leben. Waren diese Straßen anfangs nur von religiöser Bedeutung, wurden sie im Laufe der Zeit auch in militärischer, strategischer und wirtschaftlicher Hinsicht bedeutend. Die noch vorhandenen Abschnitte werden auch heute noch anlässlich bestimmter festlicher Zeremonien abgeschritten; die Ziele der Gegenwart sind moderne Heiligtümer oder sonstige bedeutende Versammlungsorte.

Der Titicacasee
Auf diesem Bild sind die Überreste des »Horca del Inca«, das als astronomischer Kalender aus der Präinka-Zeit gilt, zu sehen.

DIE *MOAIS*, GRANDIOSE STEIN-MONUMENTE DER OSTERINSEL

Auf der mitten im pazifischen Ozean liegenden Osterinsel wurden an die 600 kolossale Steinstatuen entlang der Ränder der Küstenlinie aufgestellt. Doch wen stellten diese Statuen dar? Warum wurden sie zuerst mühevoll aufgestellt und später wieder zerstört? Aus welchem Grund blieb die Insel schließlich nahezu verlassen zurück? Und welche Techniken wandten die Inselbewohner an, um die schweren Steinmonumente aufzurichten?

Die Osterinsel, in der Landessprache Rapa Nui – große Insel genannt, liegt inmitten des Pazifiks, ungefähr 4000 km von der Küste Chiles und über 2000 km von der polynesischen Inselgruppe Tuamotu entfernt. Die Fläche der Insel beläuft sich auf 162,5 km^2; die Form ähnelt einem lang gezogenen Dreieck. Sowohl die Vegetation als auch Wasser – abgesehen von einigen Vulkanseen – sind nur spärlich vorhanden. Der holländische Admiral Jakob Roggeveen landete als Erster im Jahr 1722 auf der Insel, die er angesichts des Datums Osterinsel nannte. Er stieß hier auf ein Volk, dessen Vertreter zwei verschiedenen ethnischen Gruppen angehörten. Als im Jahr 1774 Kapitän James Cook die Insel erreichte, erfuhr er von den Bewohnern, dass diese die Nachfahren jener Männer waren, die die gewaltigen, dem Meer den Rücken zukehrenden Steinstatuen, die Moais, zerstört hatten. Gemäß der mündlichen Überlieferung war 22 Generationen zuvor der Führer Hotu Matua mit seinem Volk über das Meer auf die damals noch unbewohnte Insel gekommen. Da diese Insel sich in einer derartigen Entfernung von anderen Inseln befand, nannte er sie »*Te Pito-O-Te-Henua*«, den »Nabel der Welt«. Doch woher kamen diese ersten Bewohner der Insel?

Stumme Wächter des Ozeans
Jenes Urvolk, auf das Kapitän Roggeveen hier stieß, besaß nur einfache Boote. Doch woher war dieses Volk ursprünglich gekommen?

Mit stechendem Blick
Ursprünglich bestanden die Augen der Moais *aus weißem Korallenkalk und eisenhaltigem Gestein. Im Verlauf der letzten Jahre wurden die Augen der meisten Statuen entsprechend restauriert.*

Die Besiedelung der Insel

Die Fachwelt geht davon aus, dass die Besiedelung Polynesiens ungefähr 1000 v. Chr. ihren Anfang genommen hat, als von Neuguinea aus die ersten Gruppen in See stachen und schließlich die Inseln Fidschi, Tonga und Samoa erreichten. Einige Jahrhunderte später gelangten geschickte Seefahrer durch Ausnutzung der hier

herrschenden Winde auch auf weiter entfernte Inseln, die ebenfalls besiedelt wurden. Für die Fahrt über das Meer nutzten sie sogenannte Auslegerkanus, die in der Mitte durch eine Plattform miteinander verbunden und mit einem kleinen Segel ausgestattet waren. Ihr fundiertes Wissen um die Sterne half ihnen bei der Orientierung. Ungefähr um 380 n. Chr. stach die von Hotu Matua angeführte Gruppe von den Inseln Tuamotu aus in See und erreichte nach einigen Tagen eine abgelegene Insel, auf der sie sich niederließ. Schon kurze Zeit später begannen die neuen Siedler entlang der Küstenlinie mit der sorgfältigen und präzisen Errichtung von ungefähr 300 *Ahus,* das sind steinerne viereckige Zeremonialplattformen, auf denen sie aus Vulkanstein gearbeitete Steinstatuen, die *Moais,* aufstellten. Diese Statuen wurden in kniender oder anderer Haltung dargestellt und standen in engem Zusammenhang mit dem Toten- und Ahnenkult der Ankömmlinge. Diese Theorie entspricht hinsichtlich der Besiedelung den Thesen des Schweizer Ethnologen Alfred Métraux, die er im Jahr 1941 aufgestellt hat und die auch heute noch als äußerst realitätsnah gelten. Der norwegische Forscher Thor Heyerdahl (1914–2002) ist hingegen der Meinung, dass die Ureinwohner der Insel von Südamerika kamen und versuchte dies durch den Bau eines detailgetreuen Bootes namens *Kon-Tiki* auch zu beweisen: Im Jahr 1947 stach er mit einem 14 m langen, aus Balsastämmen und Totora-Schilf vom Titicacasee gefertigten Floß mit fünf Begleitern in See. Nach 101 Tagen erreichten sie Polynesien und bewiesen so, dass es möglich war, mit der im antiken Peru üblichen Technik des Schiffbaus und mit entsprechenden Navigationskenntnissen (Sternkonstellationen) eine Strecke von über 2500 Seemeilen zurückzulegen. Zur Untermauerung seiner These führte er zudem auch das Vorkommen einer Süßkartoffel auf der Osterinsel an, die ursprünglich aus Amazonien stammte. Auch die Ähnlichkeiten der ersten auf der Osterinsel errichteten Statuen mit den zeitgenössischen Monumenten der Präinka-Kulturen bewiesen neben den physischen Ähnlichkeiten der Inselbewohner mit den südamerikanischen Völkern seiner Meinung nach seine Theorien. Möglicherweise sollten die großen, länglichen Köpfe der *Moais* an diese ursprünglichen Vorfahren erinnern.

Faszinierendes Brauchtum
Die wenigen Überlebenden des ursprünglichen Volkes der Insel feiern jedes Jahr das traditionelle Tapati-Fest (oben und unten) mit Kanus und eindrucksvollen Körperbemalungen.

Die Errichtung der Moais

Um ungefähr 1000 v. Chr. wurden auf den Plattformen die ersten *Moais* errichtet. Diese enormen Monolithstatuen wurden aus Vulkangestein des Kraters Rano Raraku gefertigt und zeigen beeindruckende anthropomorphe Büsten mit in die Länge gezogenen Köpfen und Ohrläppchen. Die mit weißem Korallenkalk hinterlegten Augen haben eine rötliche Iris und die Körper sind mit eingemeißelten Verzierungen geschmückt, die den Tätowierungen der Vertreter dieser Kultur nachempfunden sind. Auf den Köpfen befanden sich die so genannten *Pukaos*, das ist eine Art Kopfbedeckung aus roter Gesteinsschlacke, die aus dem Krater Punapao stammte. Alle Statuen wurden mit dem Rücken zum Meer errichtet; der Blick ging also in Richtung der Dörfer im Landesinneren. Diese Tatsache weist darauf hin, dass hier Stammesführer dargestellt wurden, die nach ihrem Tod als Schutzgottheiten weiter über die Lebenden wachten. Die große Anzahl der Statuen ist einigen Forschern zufolge auf die vermutliche Ankunft von »Neuankömmlingen« auf der Insel zurückzuführen, die sich von den ersten Siedlern durch ihre langen Ohrläppchen unterschieden. Angenommen, diese Theorie entspricht der Wahrheit – kamen die »Langohren« dann von Osten, also aus Südamerika, oder von Westen, von Polynesien? Ein weiteres Rätsel stellt das Auftauchen (um 1500) eines Vogelmannkultes dar, der in dieser Form sowohl in den peruanischen als auch in den präkolumbianischen Kulturen vorkommt. Einmal jährlich wurde ein Wettkampf veranstaltet, bei dem sich die jungen Männer des Stammes im Schwimmen maßen. Den Ausgangspunkt bildete das zeremonielle Zentrum Orongo beim Vulkan Rano Kau, Ziel war die kleine Insel Motu Nui. Derjenige, dem es gelang, ein Ei der hier nistenden Rußseeschwalbe an sich zu bringen und unbeschadet dem Priester zu überreichen, wurde für ein Jahr zum Vogelmann und somit zum Führer von Rapa Nui ernannt. Sowohl der Wettkampf als auch die folgende Zeremonie wurden in einigen Felszeichnungen verewigt und auch eine Felsskulptur erinnert an dieses kulturelle Ereignis. Möglicherweise wurden noch mehr Details auf den 24 hölzernen Schrifttafeln, genannt *Rongorongo,*

Aus dem Vulkan geboren
Der Krater Rano Raraku (linke Seite, oben) diente sowohl als Steinbruch als auch als Arbeitsstätte bei der Entstehung der Moais.

Die sieben Magier
Eine Legende erzählt, dass ein polynesischer König die Zerstörung seines Reiches vorhergesehen hatte, weswegen er sein Land in Begleitung von sieben Kriegern verließ, um eine neue Heimat zu suchen. Im Zuge ihrer Reise erreichten sie die Osterinsel, doch sie starben noch vor der Rückkehr in ihre Heimat. Ihnen zu Ehren wurden sieben nebeneinander aufgestellte Moais *errichtet.*

festgehalten, die man auf der Insel entdeckt hat, doch leider ist es bis heute nicht möglich, dieses auf Piktogrammen basierende Schriftsystem zu entziffern.

Die Zerstörung der Moais

An der Errichtung der eindrucksvollen Statuen wurde weiter hart gearbeitet. Die durchschnittliche Höhe belief sich in etwa auf etwas über 10 m, doch gab es auch 20 m hohe Exemplare mit einem Gewicht von ungefähr 80 Tonnen. Die massiven Eingriffe des Volkes in das natürliche Gleichgewicht der Insel, d. h. also die Abholzung des größten Teiles der Bäume, hatte zur Folge, dass kein Holz mehr für den Bau der Schiffe und der Hütten zur Verfügung stand. Die Auswirkungen dieser Vorgehensweise waren verheerend: Die zwei ethnischen Gruppen der Insel begannen, sich gegenseitig zu bekämpfen (vermutlich um 1680), und nach dem Sieg der »Kurzohren« wurden alle *Moais* umgeworfen und zum Teil zerstört oder ins Meer geworfen. Selbst heute noch erzählt man sich, dass die »Kurzohren« nach ihrem Sieg ein wahres Massaker unter den »Langohren« anrichteten: Der Überlieferung zufolge aßen sie alle Frauen und Kinder der besiegten »Langohren« auf, um die Existenz dieser verhassten Gegner für immer von der Insel zu tilgen.
Als Kapitän James Cook im Jahr 1774 die Insel erreichte, stellte er zu seinem Befremden fest, dass die Inselbevölkerung aus mehr als 600 Männern bestand, während es nur an die 30 Frauen gab. Im Jahr 1862 überfielen Sklavenhändler die Insel und entführten einen Großteil der Bewohner, um sie an die Kupferminen in Peru als Arbeiter zu verkaufen. Ungefähr 15 Männern gelang die Flucht zurück auf die Insel, doch unglücklicherweise brachten sie auch die Pocken mit, sodass sich die Bevölkerungszahl auf 110 reduzierte. Der Tod so vieler Menschen bewirkte leider auch, dass ein Großteil der Geschichte eines ganzen Volkes verloren ging. Ab 1888, in diesem Jahr wurde die Insel von Chile annektiert, erholte sich die Bevölkerung langsam, heute beläuft sich die Zahl auf 2800 Inselbewohner. Der Erforschung der Statuen sowie der Restaurierung und der Neuerrichtung widmete sich 1955 Thor Heyerdahl; in den Jahren 1960 und 1978 setzten amerikanische Archäologen diese Arbeit fort und richteten weitere Statuen auf, über 600 der *Moais* wurden katalogisiert.

ENTSTEHUNG UND ERRICHTUNG DER *MOAIS*

Die Gestaltung der *Moais* und die damit verbundene Bearbeitung des Gesteins fand unmittelbar am Ort des »Abbaus« statt, im Krater des Vulkans Rano Raraku. Zuerst wurden die Vorderseite und die Seiten herausgearbeitet, anschließend wurde die Statue vom haltenden Boden getrennt, sodass sie in ein bereits vorbereitetes Loch glitt. Nun wurde die Hinterseite gestaltet, danach bekamen die Statuen ihre Kopfbedeckung aus Gesteinsschlacke. Der Transport zur jeweiligen Plattform erfolgte mittels Seilen und Rollen, die durchschnittliche Entfernung belief sich in etwa auf 6 km. Beim *Ahu* angekommen, wurde die Statue auf eine schräge Rampe positioniert, die Schritt für Schritt mit dem Aufrichten der Figur mittels hölzerner Hebel in die Höhe wuchs. Stand die Statue aufrecht da, wurde sie auf der Plattform fixiert und anschließend die Augen mit Korallenkalk hinterlegt. Wissenschaftlern zufolge waren für den Abbau des Gesteins sowie dessen Bearbeitung ungefähr 30 Mann nötig, die ein ganzes Jahr lang arbeiteten; der Transport und die Aufrichtung der Statue beschäftigte an die 100 Mann für ca. vier Monate. Thor Heyerdahl hat in einem aufsehenerregenden Experiment jedoch gezeigt, dass die Praxis die Theorie häufig überflügelt: Mit der Hilfe von lediglich 12 Inselbewohnern gelang es ihm nur unter Zuhilfenahme von Steinwerkzeugen, Seilen und hölzernen Rollen, einen großen *Moai* in nur 18 Tagen zu transportieren und aufzustellen.

Die heiligen Felsen der Traumzeit

In der australischen Wüste erheben sich zwei gewaltige Felsformationen, die von den Aborigines, den Ureinwohnern Australiens, als Heiligtümer und Sitz der Geister der Traumzeit verehrt werden. Doch welche Ursprünge hat diese Kultur und welche Werte vertritt sie? Aus welchem Grund begeistern diese Felsen die unzähligen Besucher? Und welche Bedeutung haben die zahlreichen Felsmalereien, die hier in den Höhlen zu finden sind?

Nur noch der Himmel liegt höher
Diese Plakette wurde am höchsten Punkt des Uluru angebracht. Angesichts der Weitläufigkeit des Gebiets bietet sich dem Betrachter von hier aus ein beeindruckendes Panorama.

Im Zentrum Australiens, ungefähr 320 km von Alice Springs entfernt, erhebt sich inmitten der kargen Simpsonwüste der erhabene und über alle Maßen beeindruckende, rot leuchtende Ayers Rock, von den Ureinwohnern Uluru genannt.
Mit einer Höhe von 348 m und einem Umfang von 9 km ist er der größte natürliche Monolith der Welt; das Gestein selbst besteht aus feldspatreichem Sandstein, Arkose genannt.
Die nahezu vertikalen Felswände weisen tiefe Furchen auf, die sich infolge des Regens und des Windes in den Stein gegraben haben. Der Uluru weist neun Erhebungen auf, und sowohl die Fauna als auch die Flora sind in diesem Gebiet einzigartig. In einer Entfernung von rund 32 km erhebt sich in nordwestlicher Richtung ein weiteres fantastisches Naturdenkmal, die Felsformation Kata Tjuta (»viele Köpfe«) oder Mount Olga. Mit einer Fläche von 18 km² beeindruckt diese Formation mit ihren 36 »Inselbergen«, die sich Walrücken gleich in der Landschaft präsentieren.
Dazwischen liegen tiefe Schluchten und turmartige Felsen. Sowohl der Uluru als auch der Kata Tjuta sind Teil des gleichnamigen Nationalparks, der unzählige Schätze des kulturellen Erbes der Anangu-Aborigines enthält, die dieses Gebiet – möglicherweise von Südostasien kommend – vor ungefähr 5000 Jahren besiedelten. Die Nachkommen dieser Ureinwohner leben noch heute an denselben ursprünglichen Orten in der Nähe der Felsen und verbringen ihre Zeit mit Jagen, Sammeln sowie dem Anbau einiger Pflanzen.

Die Faszination der roten Felsen

Die gigantischen Erhebungen mit ihren scheinbar sanft abgerundeten Vorsprüngen sind heute

Geheimnisvolle Silhouette
Geheimnisvoll und erhaben wirkt die Silhouette des im Licht der Morgensonne rot erstrahlenden Ayers Rock. Der kleine Bildausschnitt unten links zeigt den südlichen Hang.

Anziehungspunkt von Touristenscharen, die sich sowohl von der einzigartigen Schönheit der Landschaft als auch von dem täglichen unglaublichen Farbenspiel des Felsens gefangen nehmen lassen. Vor Sonnenaufgang erscheint der Felsen schwarz, danach erscheint er in einem dunklen Malventon, bis er bei Sonnenaufgang schließlich von Rosa zu einem leuchtenden, alles überstrahlenden Rot wechselt, das den ganzen Tag über anhält. Erst bei Sonnenuntergang setzt erneut ein Farbenspiel ein, dessen Intensität den Beobachtern den Atem verschlägt: Von Gold zu Rosa und erneut zu Rot, doch dieses Mal ist es ein Rubinrot, das langsam in Karmesin und schließlich in Purpur wechselt. Erst in den Tiefen der Nacht wird der Fels erneut schwarz, einem schlafenden Untier gleich. Während der Regenfälle scheint die Gesteinsoberfläche von Silber überzogen zu sein und zu Füßen der Hänge bilden sich vorübergehend kleine Seen, die den Tieren das Überleben in der Wüste gewährleisten. Wenn die faszinierende Landschaft und der gewaltige Felsen selbst die aufgeklärten Besucher des 21. Jahrhunderts noch derart zu beeindrucken vermag, so ist es nicht erstaunlich, dass die Ureinwohner dieses Landes den Uluru als heilige Stätte verehrten und noch immer verehren. Ihrem Glauben nach befindet sich hier der Sitz der Götter des *Tiukurpa*, der »Traumzeit«, jener Zeit also, in der die Welt durch den Willen der Götter, die halb Mensch, halb Tier gewesen waren, erschaffen wurde.

Ein Traum – fern jeglicher Zeit

Der Brauch der Aborigines, die Höhlenzeichnungen von Zeit zu Zeit mit neuer Farbe zu übermalen, macht eine Datierung der Bilder nahezu unmöglich. Auch die Körper der Stammesmitglieder werden anlässlich verschiedener Zeremonien auf eine bestimmte Art und Weise bemalt. Diese Körperbilder stehen vermutlich in engem Zusammenhang mit dem Göttlichen und repräsentieren eine Art Bindeglied. Die Traumzeit selbst ist die Schöpfungsgeschichte aus der Sicht der Ureinwohner und bildet die Grundlage jeglichen kulturellen Lebens.

Die Traumzeit

Den Glaubensvorstellungen der Aborigines des Stammes Anangu zufolge war die Welt anfangs von ihren Vorfahren bewohnt, den Traumgeistern, die aus dem Erdinneren gekommen waren. Mit ihren Reisen durch das Land schufen sie die Traumpfade und gleichzeitig verliehen sie so der Erde in Form von Bergen und Flüssen, Seen und Wüsten ihre mannigfache Gestalt. Jedes Tier erhielt in dieser Zeit seinen Namen und erfuhr seine Bestimmung. Nachdem das Schöpfungswerk vollbracht war, verschwanden die Geister wieder in den Felsen, Höhlen und Quellen, einige stiegen auch in den Himmel auf. Die von den Vorfahren damals geschaffenen Traumpfade sind dieselben, die heute noch jenen, die sie zu beschreiten wissen, das Überleben sichern. Gleichzeitig ermöglichen sie auch die Kontaktaufnahme zu den Ahnen. Für die Aborigines ist die Traumzeit eine zeitlich unbegrenzte Dimension, zu der der Zutritt immer noch möglich ist. Zwar nahm sie ihren Anfang mit der Schöpfung der Welt, doch auch die Gegenwart und die gesamte Umwelt sind damit untrennbar verbunden. Spezielle Zeremonien mit eigenen Tänzen und Gesängen ermöglichen die Verschmelzung mit der Traumzeit und allen darin enthaltenen Elementen. Die Aborigines sind der Meinung, dass jeder Felsen in seiner ureigensten Ausprägung lebendig und somit heilig ist. Vor langer Zeit griff der wilde Stamm der Giftigen Schlange die im Süden lebenden, friedfertigen Menschen des Teppich-Schlangen-Volkes an. Doch Bulari, die große Erdgöttin, stellte sich daraufhin den Angreifern entgegen und umgab sie mit einer giftigen Wolke. Die Angreifer mussten sich ergeben und einige von ihnen wurden in den Felsen eingeschlossen. Auch das Hasen-Wallaby-Volk musste sich einem furchterregenden Feind stellen, dem grauenvollen Teufels-Dingo. Dieser war von einem feindlichen Stamm ins Leben gerufen worden, in sein Maul steckten sie ein unheilbringendes Totem. Glücklicherweise konnten sich die Menschen des Hasen-Wallaby-Volkes durch ihre außergewöhnliche Sprungfähigkeit vor dem Dingo in Sicherheit bringen, doch endgültig besiegt war dieser erst, als es ihnen gelang, ihm das Totem aus dem Maul zu reißen.

Aufstiegshilfen
Entlang gewisser Abschnitte wird der Aufstieg auf den Ayers Rock durch Kettenhandläufe erleichtert (rechts). Oben: Mount Olga.

Faszinierendes Brauchtum
Das rechte Bild zeigt Aborigines bei einem ihrer rituellen Tänze. Die uralten Glaubensvorstellungen dieser Kultur werden durch gelebtes Brauchtum in die Gegenwart getragen und somit in der Gesellschaft am Leben erhalten.

Einem Minister zu Ehren
Der Name Ayers Rock stammt vom Entdecker William Gosse, der die Felsformation nach dem australischen Premierminister Sir Henry Ayers benannte. Links: Das Licht der Morgensonne taucht die Felsoberfläche in ein fantastisches Licht.

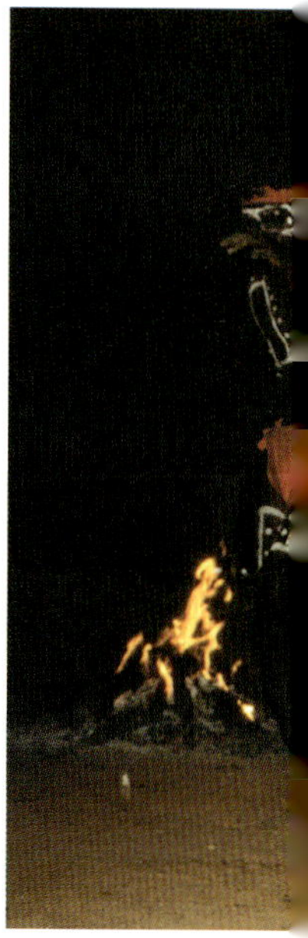

Mythen, Symbole und Tiertotems

Sowohl die Landschaft als auch die Natur an sich sind das physische Erscheinungsbild der Traumzeit. Die Energie der heiligen Stätten, *Miwi* genannt, ist für die Stammesmitglieder bei den Zeremonien deutlich spürbar. Geleitet werden diese Zeremonien von den jeweiligen Schamanen der Stämme, die als Wächter der Traditionen sowie als Bindeglied zwischen dem Volk und den unzähligen Geistern gelten. Im Kata Tjuta (Mount Olga) lebt der Überlieferung zufolge die Regenbogenschlange *Wanambi,* wo sie sich entsprechend der Jahreszeit von einem Ort zum anderen begibt. Der Wind ist ihr Atem, und gerät die Schlange in Wut, so wird der Wind zum Sturm. Als Regenbogen tötet sie alle Stammesmitglieder, die es wagen, eines der Gesetze oder Tabus zu brechen. Einige Felsen sind Sitz der Mäusefrauen *(Itaritjari),* andere gehören dem Kängurumann *Malu* oder seiner Schwester, der Eidechsenfrau *Mulumura.* Der Eidechsenmann *Lungara* mit der blauen Zunge lebt in einer Felsspalte; die größten Felsen beherbergen die steingewordenen Körper der menschenfressenden Riesen *Pungalunga …* Während die Regenbogenschlange als Symbol für Regeneration und Wiedergeburt unter den Aborigines-Stämmen in Australien weit verbreitet ist, sind die anderen, hier erwähnten totemistischen Mensch-Tier-Mythen Teil der Vorstellungen der Anangu. Auch bei den verschiedenen Stammeswappen spielen diese geheimnisvollen Gestalten eine große Rolle.

DIE HÖHLENMALEREIEN DER ABORIGINES

An den Felswänden des Ulurus gibt es 12 außergewöhnlich große Felsbilder und an die 100 kleinere Zeichnungen, die vor allem bei Höhleneingängen oder an den Decken von Felsüberhängen zu finden sind. Auch der Kata Tjuta weist eine Vielzahl solcher Felsbilder auf. Die Aborigines sind davon überzeugt, dass diese Bilder von ihren Vorfahren während der Traumzeit angefertigt wurden und sich entweder an die Frauen oder an die Männer richten. Nur diejenigen, für die das jeweilige Bild auch bestimmt ist, können die darin enthaltene Botschaft lesen. Die Wissenschaft geht gegenwärtig davon aus, dass die ältesten der in Australien weit verbreiteten Felszeichnungen und Höhlenmalereien vor ungefähr 2000 oder 3000 Jahren entstanden, wenngleich die ersten Siedler bereits vor 40.000 Jahren hierher gekommen waren. Angesichts dieser Tatsache ist es also durchaus denkbar, dass viele der Zeichnungen deutlich älteren Ursprungs sind. Die eindeutige Datierung erweist sich jedoch als ausnehmend schwierig, da die Aborigines ihre Zeichnungen und Bilder von Zeit zu Zeit im Rahmen verschiedener Zeremonien »aufzufrischen« pflegen, dies bedeutet, dass möglicherweise einige Elemente entfernt oder hinzugefügt wurden, während die Farbe der Motive erneuert wurde. Viele der Malereien zeigen weibliche und männliche Personen in unterschiedlicher Haltung, sowohl in Bewegung (Tanzen, Beten) als auch in absoluter Ruhe. Zahlreiche Büsten und Köpfe mit großen Augen zeigen sich dem Betrachter, besonders interessant sind die in »Röntgen-Technik« gemalten Figuren, deren innere Strukturen sichtbar sind. Andere Bilder zeigen verschiedene Tiere, Gestalten, die halb Mensch und halb Tier (z. B. der Kängurumann) sind, Reptilien (häufig die Regenbogenschlange als Motiv) und Alltagsgegenstände wie Pfeile, Speere oder den Bumerang. Der gesamte Mythos der Traumzeit wurde auf diesen Felswänden festgehalten und seine Zukunft ist gesichert durch ein Kulturverständnis, das zwar einfach erscheinen mag, aber in seiner Wertigkeit heute mehr Bestand hat denn je zuvor.

Fantastische Künstler

Höhlenmalereien sind in vielen Regionen Australiens weit verbreitet. Das Bild ganz oben zeigt ein Motiv vom Ayers Rock; das darunter zeigt einen Wondjina, ein übernatürliches Wesen ohne Mund, mit einem runden Kopf und großen Augen. Einige Besucher wollen in diesem Bild die Darstellung eines Astronauten erkannt haben. Einige der Künstler malten Motive in einer Art »Röntgen-Technik«, bei denen die inneren Strukturen sichtbar sind.

Labyrinthe, symbolische Pfade der Seele

Das Labyrinth als Symbol ist in unzähligen Kulturen auf der ganzen Welt verbreitet und reicht zurück bis prähistorische Zeiten. Doch welchen Symbolgehalt hatte das Labyrinth im Laufe der Zeit? Welche Verbindungen gibt es zur jenseitigen Welt und zu Fruchtbarkeitskulten? Welche Bedeutung hatte das Labyrinth in der katholischen Kirche? Und was hat es mit dem griechischen Mythos des Minotaurus auf sich?

Zu den häufigsten Symbolen der Antike zählt ohne jeden Zweifel das Labyrinth. Obwohl sich im Laufe der Jahrtausende der Symbolgehalt und die Interpretation des Labyrinths mit dem Fortgang der Zivilisation veränderte, blieb die Form nahezu dieselbe: Im Inneren eines kreisförmigen Gebildes verlaufen spiralenförmig sieben oder mehr Ringe, die als Pfade ins Zentrum führen, von wo aus sie sich erneut nach außen winden bis hin zum richtigen »Ausgang« in der äußersten Begrenzungslinie. In komplexen Labyrinthen verlaufen auch geschlossene Kreise (»Sackgassen«), die den Suchenden auf seinem Weg abschnittsweise zur Umkehr zwingen. Im römischen Zeitalter wurden Labyrinthe auch innerhalb von Quadraten dargestellt, die meist in vier miteinander verbundene Quadranten unterteilt waren und viele Sackgassen enthielten. Im Mittelalter dominierte wieder die klassische kreisförmige Darstellung, während in der Renaissance und während des Barocks labyrinthische Gartenanlagen angelegt wurden, die nur dem Zeitvertreib dienten und jegliche tiefere Bedeutung entbehrten. Heutzutage werden riesige Labyrinthe entworfen, die meist einen spielerischen Hintergrund haben, das schnellstmögliche Finden des richtigen Weges ist Ziel vieler Wettkampfveranstaltungen.

Komplexe Wege

Unter »Labyrinth« versteht man heute »ein verschlungenes System von Kammern und Gängen, die so angelegt sind, dass eine Orientierung und somit das Finden des richtigen Wegs nicht so ohne weiteres möglich ist«. Im weiteren Sinne sind damit alle derartig aufgebauten Strukturen gemeint, unabhängig von Material oder Zweck. Das Eindringen in ein Labyrinth sowie das Herausfinden aus demselben verlangt ein gewisses Maß an Beobachtungsfähigkeit und Orientierungssinn sowie Hartnäckigkeit und Ausdauer – Eigenschaften, deren Zusammenspiel bei jedem Menschen anders ausgeprägt ist. Es fällt daher nicht schwer, die Bewältigung eines Labyrinths als Synonym für den Lebensweg eines jeden von uns zu sehen – und noch tiefer, als Suche nach einem höheren Bewusstsein. Gelingt es dem Menschen bis ins Zentrum vorzudringen, so ist seine Seele gestärkt, und er tritt als neuer Mensch aus dem spirituellen Labyrinth seines Geistes hervor.

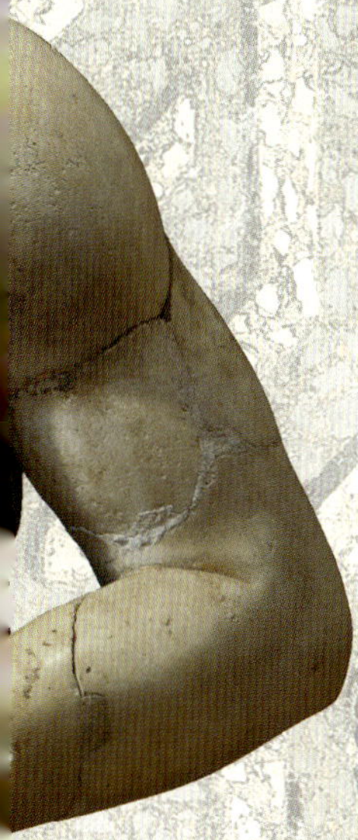

Der Schöpfer und das Ungeheuer
Rechts ist die berühmte Marmorskulptur Daedalus und Ikarus *zu sehen, die der italienische Bildhauer Antonio Canova geschaffen hat. Das obere Bild zeigt den Minotaurus, ein Ungeheuer aus der griechischen Mythologie mit Stierkopf und Menschenleib.*

Musivische Pfade
Im Hintergrund ist hier ein Ausschnitt eines Mosaikfußbodens mit labyrinthischen Motiven zu sehen (Palazzo del Tè in Mantua, 16. Jahrhundert).

In Gedenken eines Genies
Das Bild links zeigt das Leonardische Labyrinth in Vinci (Italien).

DER MYTHOS DES MINOTAURUS

Der klassischen griechischen Mythologie zufolge weigerte sich der kretische König Minos, Gemahl von Pasiphae und Vater von sechs Kindern, einen wunderschönen weißen Stier zu opfern, den er als Geschenk von Poseidon erhalten hatte. Um den König zu bestrafen, machte er Pasiphae in den Stier verliebt und das Ergebnis dieser Verbindung war der monströse Minotaurus, ein Ungeheuer halb Mensch, halb Tier. Daraufhin beauftragte Minos den Architekten und Erfinder Daedalus mit dem Bau eines nahezu ausweglosen Labyrinths aus Gängen und Kammern unter dem Palast von Knossos, das als Gefängnis für den Minotaurus dienen sollte. Das besiegte Athen musste infolge einer Niederlage jedes Jahr sieben Mädchen und sieben Knaben dem Mischwesen als Tribut an Minos opfern. Der athenische Prinz Theseus beschloss, den grauenvollen Opferungen ein Ende zu bereiten und den Minotaurus zu töten. Ariadne, die Tochter des Minos, half ihm dabei, indem sie ihm einen aufgerollten Faden gab, mit dem er wieder aus dem Labyrinth herausfinden konnte. Mutig machte sich Theseus auf den Weg ins Labyrinth und tötete schließlich das gefürchtete Ungeheuer. Danach floh er gemeinsam mit Ariadne, die sich in ihn verliebt hatte, aus Kreta, doch ließ er sie später auf der Insel Naxos zurück, wo sie von der Göttin Artemis getötet wurde. Auch Daedalus verließ mit Hilfe selbstgebauter Flügel zusammen mit Ikarus die Insel, unglücklicherweise flog Ikarus jedoch zu nahe an die Sonne heran, sodass das Wachs, das die Flügel zusammenhielt, schmolz. Hilflos musste Daedalus mit ansehen, wie sein Sohn in die Fluten des Meeres stürzte und starb. Der archäologische Fund einer Inschrift (abgefasst in der Strichschrift Linear B) bestätigte, dass es im Palast von Knossos ein Heiligtum gab, in dem die *Labrys*, die heilige Doppelaxt Kretas *(unten)*, aufbewahrt wurde. Die Bezeichnung »Labyrinth« leitet sich von dem Namen dieses Kultobjekts ab.

Prähistorische Labyrinthe

Allem Anschein nach entwickelte sich das Labyrinth aus der Weiterentwicklung der Spirale, genauer gesagt, aus der Verbindung mehrerer Spiralen, wie sie z.B. im Ganggrab von Newgrange (Irland) oder im Tempel von Tarxien (Malta) zu finden sind. Diese Motive entstanden vor etwas mehr als 5000 Jahren; als nur wenig jünger gelten zwei einfache Labyrinthdarstellungen aus der Zeit des alten Ägyptens, wobei eines in der Nähe des Grabes des Königs Perabsen (erster König der zweiten Dynastie, gegen 2650 v. Chr.) gefunden wurde. In Sardinien fand man auf einer Felsplatte im Grab von Luzzanas (Benetutti, Sassari) ebenfalls eine Labyrinthdarstellung, die ungefähr aus dem Jahr 2000 v. Chr. stammt. In jener Zeit stand das Labyrinth in engem Zusammenhang mit dem Tod und galt als Symbol für den Weg, den der Verstorbene im Jenseits zurücklegen musste. Zwischen der Bronze- und der Eisenzeit (ca. 1000 v. Chr.) wird dies in verschiedenen Felszeichnungen deutlich, so z. B. bei den Darstellungen von Valcamonica. Hier gibt es u. a. bei Luine auf dem großen Felsen von Naquane drei voneinander getrennte Labyrinthmotive, umgeben von verschiedenen Gestalten. Eines dieser Labyrinthe ist besonders interessant: Im Zentrum dieses klassisch kreisförmigen und in sieben konzentrischen Ringen angelegten Labyrinths befindet sich ein stilisiertes Gesicht; die Experten gehen davon aus, dass dieses Labyrinth möglicherweise als Symbol für den Sonnenzyklus und die damit in Zusammenhang stehende Agrarwirtschaft gedacht war. Die im Lauf der Zeit erfolgte Änderung der Bedeutung des Symbolgehalts des Labyrinths wird u. a. auch durch die den bekannten griechischen Mythos des Minotaurus deutlich, die sich in dem Zeitraum zwischen 1300 v. Chr. und 250 n. Chr. von Griechenland ausgehend im gesamten Mittelmeerraum verbreitete. Eine Tontafel aus Korinth zeigt den Minotaurus umgeben von drei Sternen: Diese stehen für die äquinoktiale Sonne, die zwischen April und Oktober das Sternbild des Stiers durchquert. Dieses Motiv war im antiken Griechenland weit verbreitet, so schrieb z. B. der griechische Dichter Hesiod »Gehen des Atlas Töchter am Himmel dir auf, die Plejaden, magst du die Ernte beginnen, die Saat, wann sie wieder sinken.« (*Werke und Tage*, 383/84)

Das Haus des Labyrinths
Das in Pompeji befindliche Haus des Labyrinths wurde nach einem hier entdeckten Mosaik benannt, das den Kampf zwischen Theseus und Minotaurus zeigt.

Die Felszeichnungen von Valcamonica
Die hier befindlichen Felszeichnungen sind das Erbe uralter Kulturen, deren bedeutungsvolle Symbole eng mit dem täglichen Leben in Zusammenhang standen und denen möglicherweise eine eschatologische Bedeutung zugeschrieben wurde (Eschatologie = die Lehre vom Weltende).

Das Labyrinth vom römischen Zeitalter bis zum Mittelalter

Als das Labyrinth Teil der römischen Ikonographie wurde, gab es dementsprechende Darstellungen in Fels, Stein oder Marmor graviert, auf Keramiken gemalt (z. B. auf einer etruskischen *Oinochoe* aus dem 7. Jahrhundert in Zusammenhang mit dem Wort *Truia*, das möglicherweise »Troia« bedeutete), auf Münzen geprägt (z. B. von Knossos, aus dem Zeitraum zwischen dem 4. und 3. Jahrhundert v. Chr.) oder als Siegelmotiv. Viele Fußbodenmosaike in römischen Villen zeigten sehr komplexe, quadratische Labyrinthmotive, umgeben von figürlichen Darstellungen aus dem griechischen Mythos von Theseus und seinem Kampf gegen den Minotaurus. In Pompeji gibt es ein Labyrinth mit einer Inschrift zu bestaunen, die da lautet: *Labyrinthus: hic habitat Minotaurus.* Ab dem 4. Jahrhundert n. Chr. wurde das Labyrinth auch Teil der christlichen Symbolik, wobei auf diese Weise der schwere und hindernisreiche Weg dargestellt wurde, den die Seele auf der Suche nach Gott und ihrer Erlösung zurücklegen musste. Eine frühe labyrinthische Darstellung ist in Ravenna (San Vitale) zu bestaunen; etwas später fand das Labyrinth weite Verbreitung und wurde u. a. in Algerien während der konstantinischen Ära in der Kirche von Orlèansville (heute El-Asnam; das Mosaik wurde in die Kathedrale von Algier gebracht) dargestellt. In den christlichen Kirchen des mittelalterlichen Frankreichs gibt es ungefähr ab dem 12. Jahrhundert entsprechende Motive in den Kathedralen von Chartres, Bayeux, Amiens, Sens oder Saint-Quentin: Von beträchtlicher Größe und in der klassischen Kreisform wurden sie anstelle einer Reise nach Jerusalem von den Gläubigen oder den Pilgern singend und betend abgeschritten oder der Weg sogar auf Knien rutschend zurückgelegt, um sich die christlichen Ideale deutlich ins Bewusstsein zu rufen. In der Kathedrale von Lucca gibt es ein Fingerlabyrinth, dessen Pfade auf der Suche nach dem Weg mit dem Finger abgefahren wurden, während der Gläubige sich inbrünstig dem Gebet widmete. Neben diesem Labyrinth befindet sich eine Inschrift, die den Mythos des Minotaurus in Erinnerung ruft. Auch in England und Spanien wurden die Böden in manchen Kirchen mit labyrinthischen Darstellungen geschmückt.

Münzen und Gravuren
Das kleine Bild oben zeigt eine Münze von Knossos aus dem Jahr 280 v. Chr. Rechts ist das Fingerlabyrinth des Doms von Lucca abgebildet.

Römische Villen aus alter Zeit
Das Labyrinth gilt als Synonym für den beschwerlichen und unsicheren Weg zur Erlösung. Aus diesem Grund wurde dieses Motiv häufig als Fußbodenmosaik in den Häusern angelegt, sodass die Bewohner dem Pfad, der zum Ausgang führte, Schritt für Schritt folgen konnten.

Labyrinthe aus Buchsbaumhecken
Das Labyrinth der Villa Pisani bei Stra (Venetien) hat seit jeher die Besucher, u. a. auch den italienischen Schriftsteller Gabriele D'Annunzio, in seinen Bann gezogen.

Das Labyrinth als universelles Symbol

In England sind besonders die Irrgärten beliebt, wie z. B. jener von Saffron Walden aus dem 18. Jahrhundert. Als Besonderheit versteckten sich im Zentrum dieses aus Hecken bestehenden Labyrinths Jungfrauen, und die jungen Männer des Dorfes mussten die verwirrenden Pfade beschreiten, um zu ihnen zu gelangen. Jene Burschen, denen es gelang, ein Mädchen aus dem Irrgarten zu befreien, durften den ganzen Abend über mit diesem tanzen oder sogar um dessen Hand anhalten. In der Schweiz gab es sowohl Labyrinthe aus Hecken als auch aus Steinmauern. In Ersteren wurden während der Sommersonnenwende uralte Zeremonien abgehalten, zu denen auch Fruchtbarkeitstänze gehörten, aber auch Rituale im Zusammenhang mit der jenseitigen Welt fanden hier statt. Tatsächlich glaubte man, dass die Seele der Verstorbenen im Zentrum des Labyrinths gefangen war, und den Lebenden war es hier möglich, mit ihren Ahnen in Kontakt zu treten. Die Fischer von Visby auf der Insel Gotland liefen durch ein steinernes Labyrinth namens *Trojeborg* (»Burg von Troia«), da sie glaubten, sich auf diese Weise gutes Wetter und einen guten Fang sichern zu können. In mehreren Regionen Europas wurden Labyrinthe als Glücksbringer an Hausfassaden oder als Relief auf den Dachziegeln angebracht. Gemäß dem indonesischen Mythos von Maro gelangt man durch einen speziellen »Spiraltanz« ins Reich der Toten; eine Rückkehr ist nur mit Hilfe der Königin der Unterwelt möglich. Für die Mitglieder des indianischen Stammes der Puma in Arizona symbolisiert das Labyrinth die Pfade, die auf den Heiligen Berg führen. Zulu-Stämme in Afrika zeichnen Labyrinthe um das Zelt des Stammesführers sowie um die Tiergehege in den Sand, um so deren Schutz zu gewährleisten. Ab dem 17. Jahrhundert wurde der Irrgarten mehr und mehr zu einem »Lustgarten«, der rein aufgrund der reizvollen Ornamentik, jedoch bar jeglichen tieferen Sinnes, angelegt wurde.
Die ersten bekannten Labyrinthe dieser Art wurden 1690 in den Gartenanlagen von Hampton Court in der Nähe von London (rautenförmiger Irrgarten mit einer Länge von 800 m) sowie in Versailles angelegt. In Italien gelangten vor allem zwei beeindruckende Buchsbaum-Irrgärten

Fürstlicher Zeitvertreib
Die von Heinrich VIII. bevorzugte Residenz von Hampton Court konnte mit dem ersten Irrgarten aufwarten; im Laufe der Zeit wurde diese Anlage immer komplexer.

zur Berühmtheit, die ebenso wie die dazugehörigen »Palazzi« noch heue zu bestaunen sind: Der Garten der Villa Pisani bei Stra (Venetien) stammt aus dem Jahr 1735 und beinhaltet mehrere Sackgassen. In der Mitte befindet sich ein kleiner Turm, von dem aus die Anlage überblickt werden kann, sodass der Rückweg sich etwas einfacher gestaltet. Der italienische Schriftsteller Gabriele D'Annunzio zeigte sich von diesem Garten derart beeindruckt, dass er ihn sogar in seinem Stück *Il fuoco (»Das Feuer«)* verewigte. Der Garten des Palazzos Giusti bei Verona weist ebenfalls eine sehr komplexe Struktur auf: Hier verirrte sich im 18. Jahrhundert der französische Reisende und Schriftsteller Charles de Brosses derart hoffnungslos, dass er mit lauten Rufen, die glücklicherweise auch gehört wurden, auf sich aufmerksam machen musste. Beeindruckt hielt de Brosses seine Erlebnisse in dem 1736 angelegten Irrgarten in seinen Reiseaufzeichnungen fest. Im Jahr 1978 entstand in der Parkanlage von Longleat House in England ein fantastischer Irrgarten, der aufgrund seiner gewaltigen Ausmaße von gut 6185 m² den Weltrekord hält.

Sieg über den Tod
Die spirituelle Betrachtungsweise des Labyrinths sieht den Sieg über das in den Abgründen jeder Seele lauernde Ungeheuer als Überwindung des Todes und somit als Beginn für die Wiedergeburt.

Mannigfaches Sinnbild

Wie bereits erwähnt, stand das nunmehr seit 5000 Jahren gebräuchliche Motiv des Labyrinths anfangs mit dem Tod und der jenseitigen Welt in Verbindung und diente in diesem Zusammenhang auch als Initiationssymbol. Zum einen galt der Weg ins Zentrum als Weg ins Reich der Toten, um mit den Verstorbenen in Kontakt zu treten; zum anderen wurde die Zurücklegung dieses Weges nur an geeignete »Schüler« weitergegeben. So blieb das heilige Zentrum weiterhin nur den Eingeweihten vorbehalten und vor Unwissenden bewahrt. Die Erkenntnis, dass auch das Leben eines jedes einzelnen Menschen einem Labyrinth gleicht, in dem er Schwierigkeiten überwinden und Ausdauer beweisen muss, bevor er das Zentrum – den Tod – erreicht, der jedoch durch den Weg nach außen überwunden werden kann, führte zur Versinnbildlichung desselben für Tod und Wiedergeburt. Vor allem in den alten landwirtschaftlichen Frühjahrsritualen, aber auch weiterführend in Zusammenhang mit Fruchtbarkeitskulten fand diese Vorstellung ihren Ausdruck. Nachdem das Labyrinth also lange Zeit vor allem von Mythen und Legenden geprägt war, erhielt es schließlich einen spirituellen Symbolgehalt: Der Mensch konnte durch die Beschreitung eines mühevollen Pfades Besserung erfahren; am Ziel standen die Wahrheit und die Erlösung der Seele, die beide durch intensives Beten und ehrliche Buße erreicht werden konnten. Später galt das Labyrinth als Glücksbringer, als einfacher zeremonieller Pfad, als Vorlage für Tänze oder als magischer Weg, der das Schicksal zum Guten wenden sollte. Als auch der spirituelle Gehalt mehr und mehr an Bedeutung verlor, wurde das Labyrinth zunehmend zu einem rein schmückenden Ornament bzw. zur Grundlage so genannter »Irrgärten«, die als »Lustgärten« die Bewohner der herrschaftlichen Häuser Europas erfreuten. Heute haben große Labyrinthe vor allem eine spielerische Bedeutung und sind häufig in so genannten »Vergnügungsparks« (z. B. in Japan) zu finden.

Der Weltrekordhalter
Longleat House, der herrschaftliche Besitz des Marquess von Bath, verfügt über sechs Irrgärten, von denen einer aufgrund der Streckenlänge der Pfade als größter der Welt gilt.

VERSUNKENE STÄDTE

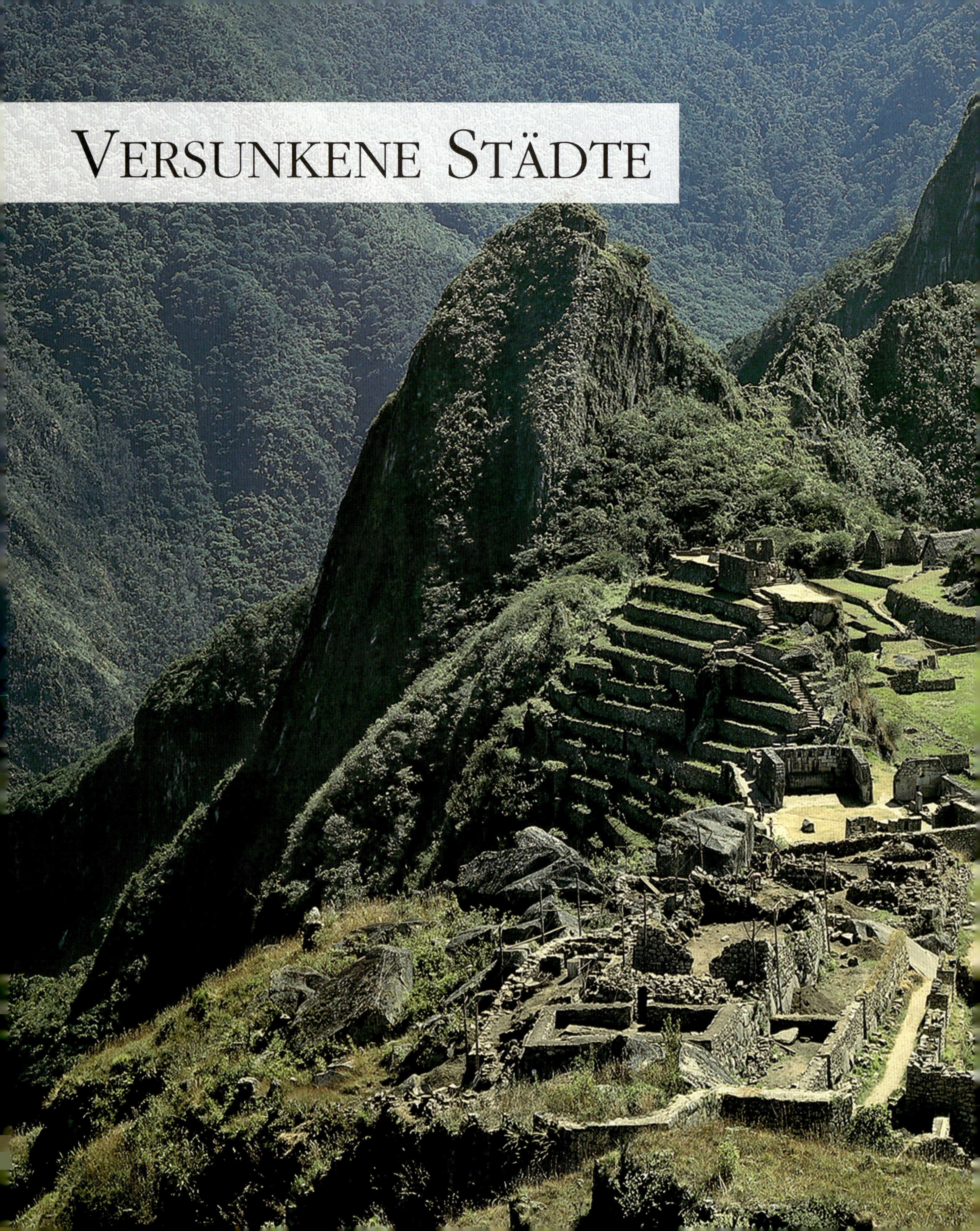

Alle Menschen fühlen sich auf geheimnisvolle Art zu Ruinen hingezogen. Dieses Gefühl steht in engem Zusammenhang mit der Fragilität unserer Natur, mit der mystischen Vergleichbarkeit zwischen diesen zerstörten Monumenten und der Kurzlebigkeit unserer eigenen Existenz.
(François-René de Chateaubriand)

Größtenteils zerfallen zu jahrtausendealtem Staub, doch immer noch präsent durch beeindruckende, Geschichte atmende Ruinen, üben die versunkenen Städte unseres Planeten eine große Faszination auf uns aus. Als Erbe aus längst vergangenen Zeiten zeugen sie von den außergewöhnlichen Fähigkeiten und den festen moralischen und religiösen Vorstellungen der alten Kulturen, die die Entstehung dieser Städte erst ermöglichten. Die zahlreich durchgeführten archäologischen Studien haben viele Geheimnisse der alten Kulturen und der Lebensumstände in jenen Zeiten gelüftet. Der Willen dieser Völker, sich an einem bestimmten Ort niederzulassen, hier eine Stadt zu planen und zu erbauen, die den Anforderungen ihrer Bewohner entgegenkam, führte zu erstaunlichen Resultaten: Ohne Zweifel verfügten Herrscher, Architekten, Künstler und Gelehrte bereits vor Tausenden von Jahren über außergewöhnliche Fähigkeiten, die uns in großes Staunen versetzen. Nur so lässt sich die Errichtung komplexer Bauwerke von grandiosen Proportionen und hohen künstlerischen Maßstäben erklären, die unzähligen Menschen Platz boten. Doch ungeachtet der heutigen wissenschaftlichen Anstrengungen konnten nicht alle Fragen hinsichtlich dieser verloren gegangenen Welten beantwortet werden, da selbst von den erhabensten und größten Bauwerken jener Zeit heute nur mehr wenige Ruinen übrig geblieben sind. Als Folge verwischen sich die Grenzen zwischen Geschichte und Legende, zwischen wissenschaftlichen Fakten und mehr oder weniger fundierten Hypothesen, sodass eine Reihe neuer Fragen entstehen, die zum größten Teil bis heute unbeantwortet sind. Doch gerade diese zwischen Wissenschaft und Mythos liegende Grauzone ist es, die den Menschen derart fasziniert und anzieht: Von Troja und Babylon angefangen, über Teotihuacán und Machu Picchu bis hin zu Angkor und Petra (um nur einige der bekanntesten zu nennen) – überall ist hier der Hauch der Vergangenheit zu spüren, und die Neugier hinsichtlich so vieler ungelöster Fragen nimmt vom Betrachter unweigerlich Besitz. Zweifellos waren diese Ruinen Schauplatz einiger der wichtigsten Etappen der Menschheit, die sowohl für unsere Gegenwart als auch für unsere Zukunft noch immer von größter Bedeutung sind.

MOHENJO-DARO, RUINEN EINER 4500 JAHRE ALTEN STADT

Die Ruinen einer der größten und strukturiertesten Städte der Indus-Kultur zeugen von einer über alle Maßen erstaunlichen Stadtplanung. Doch nach welchen Kriterien wurde sie errichtet? Welche Strukturen erweisen sich als besonders außergewöhnlich? Welche Funde wurden hier entdeckt? Wer regierte die Stadt und wie lebten deren Bewohner?

Die Indus-Kultur verbreitete sich zwischen 2500 und 1500 v. Chr. vom Arabischen Meer ausgehend bis Tausende von Kilometern nördlich der Täler im Landesinneren entlang des Flusses Indus (das Gebiet des heutigen Pakistans). Die vom Norden einfallenden *Arier* vernichteten schließlich unter Führung des mythischen Gottkönigs Indra, dem »Zerstörer von Burgen«, die bereits im Untergang befindliche Hochkultur. In den ersten 600 Jahren errichteten die Vertreter der Indus-Kultur mehrere Städte, von denen besonders Harappa im Norden und Mohenjo-Daro auf halber Strecke zum Meer hervorstachen. Vor allem die Anlage von Mohenjo-Daro ist noch gut erhalten und somit Schauplatz umfangreicher archäologischer Grabungen. Die Besonderheiten der Stadt wurden sofort deutlich: Die Stadtplanung an sich, die Art und Weise der Errichtung und die auf ungefähr 40.000 Bewohner abgestimmte Infrastruktur sind nur mit dem kaiserlichen Rom zu vergleichen, das jedoch erst 2000 Jahre später entstand. Doch trotz des mittlerweile beträchtlichen Wissens über die baulichen Begebenheiten der Stadt konnten kaum Antworten auf Fragen hinsichtlich der Religion, der Kunst und der Kultur gefunden werden, sodass das Leben der Bewohner und der Erbauer dieser beeindruckenden Anlage nach wie vor im Dunkeln liegt.

Errichtung und Organisation

Die Stadt Mohenjo-Daro entstand vermutlich zwischen 2500 und 2100 v. Chr. Auf einem zum Fluss geneigten Hügel errichtet, war die Anlage von einer bis zu 6 m hohen und 5 km langen Mauer umgeben, die mit mehreren quadratischen Türmen befestigt war. Der Grundriss der Stadt basierte auf einer schachbrettartigen Unterteilung des Gebiets, das im unteren Teil aus 11 »Feldern« mit einer Länge von 360 m und einer Breite von 240 m bestand, die durch zwölf 9 bis 14 m breite Straßen voneinander getrennt waren. Die einzelnen »Felder« waren von einer Vielzahl kleinerer, ca. 2 m breiten Wege durchzogen, die verschiedene Wohnviertel, Geschäfte und Büros miteinander verbanden. Eine auf einer erhöhten, rechteckigen Plattform errichtete, 15 m hohe Zitadelle war der Nutzung durch die öffentlichen Gebäude vorbehalten (heute befindet sich darauf ein *Stupa* aus dem 2. Jahrhundert n. Chr.). Möglicherweise war die Zitadelle

Die Zitadelle
Die archäologischen Grabungen an der Zitadelle von Mohenjo-Daro werden durch den gewaltigen buddhistischen Stupa *erschwert, der auf den Ruinen errichtet wurde.*

Fantastische Funde
Links ist eine weibliche Terrakotta-Statuette mit einem fächerförmigen Kopfschmuck und vielen Verzierungen zu sehen.

Die Zwillingsstädte Harappa und Mohenjo-Daro
Viele der Ziegel der Stadt Harappa (rechts sind Ausgrabungen zu sehen) wurden für den Bau einer nahegelegenen Eisenbahn verwendet. Das große, über beide Seiten gehende Bild zeigt ebenso wie das kleinere Bild rechts unten verschiedene Ansichten der Ruinen von Mohenjo-Daro.

während der Blütezeit der Stadt von einem zweiten Mauergürtel umgeben. Die gesamte Stadt wurde aus gleich großen Tonziegeln errichtet, die auch heute noch auf dieselbe Art und Weise hergestellt werden. Der innere Teil der Gebäude wurde mit rohen, in der Sonne getrockneten Ziegeln aufgebaut; die äußeren Mauern bestanden aus im Ofen gebrannten Ziegeln. Auf diese Weise verfügten die Gebäude über eine hervorragende Wärmeisolierung der Innenräume, die durch die Tatsache, dass sich (abgesehen vom Eingang, der aus einem Vestibül und einem Korridor bestand) keinerlei Öffnungen zur Straßenseite hin in den Mauern befanden, noch unterstützt wurde. Die größten Häuser verfügten über zwei Stockwerke und eine Terrasse, und der Boden war mit Fliesen bedeckt. Im zentralen Innenhof befand sich ein eigener, aus Ziegeln gefertigter Rundbrunnen mit einem hohen Geländer rundherum. Eine Treppe führte in den oberen Stock, der ebenso wie das Erdgeschoss über fließendes Wasser verfügte. Diese großen, vornehmen Häuser gehörten reichen Händlern (dies war scheinbar der wirtschaftlich bedeutendste Stand in der Stadt); die übrigen Häuser waren deutlich kleiner, manche mit nur einem Raum, und das hier benötigte Wasser musste vom öffentlichen Brunnen geholt werden. Die Abfälle der Stadtbewohner wurden an eigens entlang der Straßen errichteten Sammelstellen gesammelt und weggebracht. Die Felder rund um Mohenjo-Daro wurden mittels eines komplexen Bewässerungssystems mit Wasser vom Indus versorgt, sodass hier verschiedene Getreidearten, Erbsen, Melonen, Datteln und Baumwolle wunderbar gediehen. Die Viehzucht umfasste Schafe, Schweine und Rinder, wobei Letztere neben Elefanten auch bei der Bewirtschaftung des Bodens eingesetzt wurden.

Siegel mit Elefanten
Der Fund zahlreicher, äußerst fein gearbeiteter Siegel zeugt von der hoch entwickelten Handwerkskunst der Bewohner von Mohenjo-Daro.

Das Stadtbild

Von den Wohnvierteln durch ein 200 m langes Areal getrennt, das vermutlich Marktzwecken gedient hatte, dominierte die Zitadelle gemeinsam mit einigen großen öffentlichen Gebäuden das Stadtbild. Das Große Bad bestand aus einem 12 x 7 m großen und 2,4 m tiefen Becken, das mit Teer ausgestrichen war, sodass kein Wasser durchsickern konnte. Seitlich davon befanden sich eine Vielzahl kleiner Räume nebeneinander (Umkleidekabinen?); eine Treppe führte vermutlich zu einer hölzernen Plattform. Die tatsächliche Funktion dieses Beckens ist jedoch bis heute nicht geklärt: So könnte es entweder wirklich als öffentliches Bad gedient haben, oder aber es war der Durchführung spezieller Zeremonien vorbehalten, wie sie auch heute noch bei den Indus-Kulturen gebräuchlich sind. In der Nähe des Beckens befindet sich ein rechteckiger, 46 x 23 m großer Kornspeicher, in den die Bewohner aller Wahrscheinlichkeit nach ihren Tribut in Naturalien (Weizen und Gerste) abgaben, sodass hier sozusagen das »Volksvermögen« aufbewahrt wurde. Verschiedene erhöhte Plattformen erleichterten das Abladen des Getreides, anschließend wurde dieses auf weiteren, eigens dafür errichteten Plattformen gemahlen. Die Nahrungsvorräte wurden in speziellen, gut durchlüfteten Lagerräumen unter der Erde aufbewahrt. Südlich der Zitadelle befindet sich ein beeindruckendes Areal (die längste Seite misst 30 m), das möglicherweise zu Versammlungszwecken gedient hat; ein weiteres großes Gebäude (70 x 24 m) könnte eventuell Sitz des Stadtoberhauptes gewesen sein. Das Fehlen jeglicher Tempel oder sonstiger religiöser Kultgegenstände wirft eine Reihe von Fragen auf, nach deren Antwort noch weiterhin gesucht wird.

Rätselhaftes Ende
Für die Zerstörung der Stadt wurden viele Erklärungen herangezogen, u. a. auch die Möglichkeit einer gewaltigen Explosion, da die Ziegel scheinbar thermischen Veränderungen ausgesetzt waren. Das Bild rechts zeigt das Große Bad.

Priester, König oder Gottheit?
Die dreiblättrigen Kleeblätter auf dem Mantel dieses streng blickenden und geheimnisvollen Mannes waren nach heutigen Erkenntnissen aller Wahrscheinlichkeit nach von religiöser Bedeutung.

Interessante Funde und das Leben der Stadtbewohner

Im Rahmen archäologischer Untersuchungen wurden zahlreiche Fundstücke entdeckt, mit deren Hilfe versucht wurde, das Alltagsleben der Stadtbewohner von Mohenjo-Daro nachzuzeichnen. So wurden mehrere Steatit-Figuren ausgegraben, von denen eine einen Mann mit ernstem Blick zeigt, mit sorgfältig gestutztem Bart und im Nacken mit Bändern zusammengebundenen Haaren; den Mantel zieren dreiblättrige Kleeblätter. Die Wissenschaft geht davon aus, dass diese Statue einen König zeigt, der gleichzeitig auch als oberster Priester fungierte, doch ist diese Theorie in Ermangelung an Informationen über die Regierungsform in keinerlei Hinsicht zu beweisen. Der Fund einiger Frauenstatuetten aus Terrakotta sowie zahlreicher Schmuckstücke könnte auf eine bedeutende Rolle der Frau in der Gesellschaft verweisen; aus Ton gefertigte kleine Tiere dienten möglicherweise als Spielzeug. Die Tatsache, dass keinerlei Waffen gefunden wurden, deutet auf ein friedfertiges Volk hin, die umfangreichen Keramikfunde sind hingegen auf deren lokale Produktion zurückzuführen. Aller Wahrscheinlichkeit nach waren Keramikgegenstände neben Öl und Baumwollstoffen die wichtigsten Exportgüter. Über den Hafen Dilmun (dem heutigen Bahrein) wurden Güter wie Gold, hartes Gestein, Elfenbein und Gewürze aus Mesopotamien importiert. In kulturellhistorischer Hinsicht erweist sich jedoch der Fund von ungefähr 2000 Steinsiegeln (die Hälfte mit Vertiefungen, die Hälfte mit Erhebungen) als besonders bedeutend, die als Motive neben Stieren und anderen Tieren verschiedene Piktogramme zeigen. Insgesamt wurden bislang 396 verschiedene Motive katalogisiert, doch hinsichtlich deren Bedeutung tappt die Wissenschaft noch im Dunkeln. Es hat jedoch den Anschein, als ob mit den Siegeln die Handelsdokumente gegengezeichnet wurde, doch Gewissheit wird erst möglich sein, wenn eine Dechiffrierung gelingt. Ungefähr um 1900 v. Chr. begann der langsame Abstieg der Stadt: Als mögliche Ursache gelten die wiederholten Überschwemmungen durch den Indus, wodurch die Stadt trotz der erhöhten Bauten schwer in Mitleidenschaft gezogen wurde, sowie die Abholzung aller Wälder, da das Holz zur Befeuerung der zahlreichen Öfen der Stadt benötigt wurde. Die *Rigveda*-Sammlung erzählt von einer Invasion durch das Volk der Arier im Jahr 1500 v. Chr., in deren Verlauf die Bewohner der Stadt erbarmungslos niedergemetzelt wurden, sodass die Bezeichnung Mohenjo-Daro, dies bedeutet im modernen Sindhi »Hügel der Toten«, ihre Berechtigung hatte.

EIN PERFEKTES BEWÄSSERUNGSSYSTEM

Das Bild von Mohenjo-Daro als hervorragend organisierte Stadt wird durch das ausgeklügelte Bewässerungssystem noch untermauert. So verfügte jedes Haus über seinen eigenen Brunnen *(unten)*; eigene Leitungen aus Ton gewährleisteten fließendes Wasser in der Küche, dem Bad und der Toilette (die im Übrigen mit einem Sitz ausgestattet war) auf beiden Stockwerken. Das Abwasser wurde über entlang der Straße an der Oberfläche verlaufende Kanäle abgeleitet, die ihrerseits wiederum in größere, abgedeckte Sammelbecken mündeten. Eine Vielzahl von Brunnen dienten der regelmäßigen Reinigung der Kanäle. Von den großen Sammelbecken aus, die dem Verlauf der großen Straßen entsprechend errichtet wurden, wurde das Abwasser über abschüssige Kanäle aus der Stadt geleitet. In den Häusern ärmerer Familien wurden die Fäkalien in speziellen Behältern gesammelt, die dann regelmäßig in die Sammelbecken entleert wurden. Ein erstaunlich modernes System, wie es auch später im Palast von Knossos um 1700 v. Chr. angewendet wurde – vor allem angesichts der Tatsache, dass es selbst in unserer modernen Zeit noch Regionen gibt, in denen ein derartiges System noch keine Anwendung findet.

Ein schützender Gürtel
Die um die Stadt Mohenjo-Daro verlaufende Mauer hatte eine Länge von über 5 km.

Der Palast von Knossos

Die gewaltige Anlage des Palastes von Knossos wurde vom britischen Archäologen Sir Arthur Evans entdeckt und wiederaufgebaut, wenngleich er sich hier zum Teil von seiner Fantasie leiten ließ. Doch lebte hier einst tatsächlich der legendäre König Minos? Wurde die Insel Kreta durch ein Matriarchat, bestehend aus Priesterinnen, regiert? Durch welche Kraft wurde der Palast das dritte Mal zerstört? Und warum wurden hier Wettkämpfe veranstaltet, bei denen Stiere eine derart bedeutende Rolle spielten?

Die längliche Insel Kreta ist die größte griechische Insel und befindet sich im südlichsten Teil der Ägäis. Bereits während des Neolithikums (7. Jahrtausend v. Chr.) wurde die Insel von den Pelasgern besiedelt, einem Volk, das vermutlich aus Nordafrika stammte. Ungefähr um 2600 v. Chr. erreichten anatolische Vertreter einer prähellenischen Bronzekultur die Insel, die über mehrere kulturelle Phasen hinweg mehr als 1000 Jahre lang hier lebten und zur stärksten wirtschaftlichen Seemacht im Mittelmeerraum avancierten. Das plötzliche Verschwinden dieser Kultur um ca. 1450 v. Chr. ist äußerst rätselhaft und die Gründe dafür sind umstritten. Auf Kreta entstanden mehrere Städte wie Knossos, Malia und Phaistos, die sich in der Übergangszeit (2000–1600 v. Chr.) zu herrschaftlichen Zentren mit großartigen und eindrucksvollen Palästen entwickelten. Mehrere Erdbeben zerstörten die Prachtbauten immer wieder, doch wurden sie ebenso unermüdlich wiederaufgebaut. Ungefähr 6 km von der nördlichen Küste entfernt, entstand auf einer künstlich angelegten Ebene auf dem Hügel Kefalà entlang eines mit Olivenbäumen bewachsenen Hanges die reiche Stadt Knossos, in der während der Blütezeit ungefähr 50.000 Menschen

Sir Arthur Evans bei der Arbeit
Dieses Erinnerungsfoto zeigt das Team des berühmten Archäologen bei den Restaurationsarbeiten am Palast.

Gefährliches Spiel
Das Stierspringer-Fresko zeigt einen kühnen Wettkampf zwischen Stier und Mensch, bei dem Geschicklichkeit und Schnelligkeit entscheidend waren. Unmittelbar nach dem Angriff musste das Tier bei den Hörnern gepackt werden, nur so war ein Überspringen des Stiers mit einem gewaltigen Satz möglich.

Die Erde bebt
Der Palast von Knossos (unten, unten rechts) wurde mehrmals durch Erdbeben zerstört und wiederaufgebaut. Das Bild, das sich uns heute präsentiert, wurde vor allem von den von Evans zu Beginn des 20. Jahrhunderts geleiteten Restaurationsarbeiten geprägt.

lebten. Homer beschrieb Knossos in seinem Werk *Odyssee* als großartige Stadt, in der ab dem zarten Alter von neun Jahren König Minos regierte, der Vertraute des Großen Zeus. Das bedeutendste Gebäude war der Palast, der sowohl als Regierungssitz als auch als heiliges Zentrum diente. Sir Arthur John Evans (1851–1941) entdeckte den Palast und legte ihn in über 30 Jahren harter Arbeit (von 1897 bis 1931) frei. Evans, der bereits zum damaligen Zeitpunkt Leiter des Ashmolean Museums in Oxford war, unterteilte die Geschichte der »minoischen Kultur« in vier Perioden und nahm am entdeckten Palast zahlreiche Restaurationsarbeiten vor, die es aus heutiger Sicht jedoch deutlich an historischer Authentizität fehlen lassen.

Der Palast: Zerstörung und Wiederaufbau

Die Grundlage des größten in Europa aus der Bronzezeit bekannten Palastkomplexes entstand ungefähr 2000 v. Chr., als das erste Gebäude aus rechteckigen Steinquadern errichtet wurde. Nach der teilweisen Zerstörung der Anlage durch ein Erdbeben zwei Jahrhunderte später wurde diese in noch größerem Ausmaß erneut aufgebaut, doch auch dieser Komplex fiel einem Erdbeben und einem verheerenden Feuer im Jahr 1700 v. Chr. zum Opfer. Mit dem dritten, noch umfangreicheren Wiederaufbau erhielt der Palast schließlich in etwa das Aussehen, das ihm auch Evans im Zuge der Restaurationsarbeiten zu Beginn des 20. Jahrhunderts verlieh, doch erneut zerstörten Flammen die Anlage gegen 1450 v. Chr. Hinsichtlich der Ursachen für das verheerende Feuer gehen die Expertenmeinungen jedoch auseinander, so könnte sowohl ein erneutes Erdbeben, aber auch ein Angriff durch die Mykener vom griechischen Festland, ein Bürgerkrieg oder eine Epidemie Auslöser für diese Katastrophe gewesen sein. Auch hinsichtlich des Zeitpunktes der dritten Zerstörung herrscht in der Fachwelt Uneinigkeit, zumal der Palast später erneut wiederaufgebaut und trotz des Endes der minoischen Kultur für drei weitere Jahrhunderte in Verwendung blieb. Zudem wird allgemein angenommen, dass die Mykener die Insel Kreta tatsächlich erst gegen 1400 v. Chr. eroberten. Ein weiterer Grund für die Uneinigkeit der Wissenschaftler liegt in dem gewaltigen Vulkanausbruch auf der Insel *Thera* (Santorin), dem ein Erd- und ein Seebeben sowie ein Ascheregen folgten. Die Auswirkungen des Ausbruchs waren auch im 25 km weiter südlich gelegenen Kreta zu spüren, was möglicherweise die Bewohner dazu veranlasste, die Insel zu verlassen. Die Datierung dieser Naturkatastrophe schwankt zwischen 1600 und 1400 v. Chr.; als wahrscheinlichster Zeitpunkt gilt das Jahr 1456 v. Chr., das durch eine Radiokarbonanalyse der Asche- und Bimsrückstände in einem auf der Insel gefundenen Stamm ermittelt wurde. Neueren Untersuchungen zufolge fand der Vulkanausbruch jedoch bereits im Jahr 1628 v. Chr. statt, eine mögliche Tatsache, die alle bisherigen Chronologien und Hypothesen umwerfen würde. Also wann fand nun tatsächlich der Vulkanausbruch auf *Thera* statt? War er verantwortlich für die Zerstörung des Palastes von Knossos? Und fand er nun vor oder nach der Invasion Kretas durch die Mykener statt?

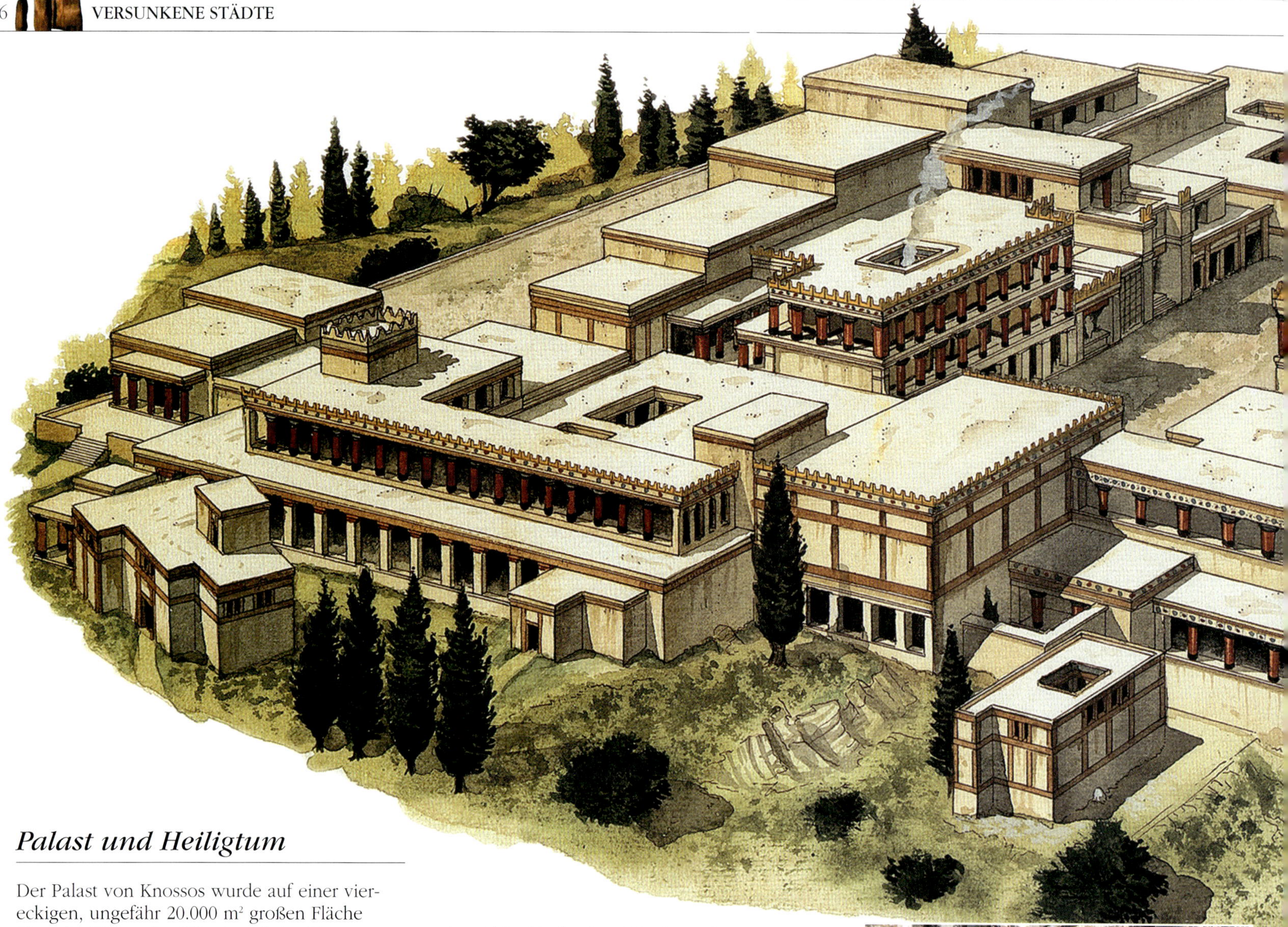

Palast und Heiligtum

Der Palast von Knossos wurde auf einer viereckigen, ungefähr 20.000 m² großen Fläche über die Hänge des Hügels auf vier Ebenen erbaut. Die zahlreichen Gebäude wurden um einen zentralen Innenhof erbaut, der in etwa 1500 m² misst. Da beim wiederholten Wiederaufbau der Anlage unzerstörte Reste stehen gelassen wurden, entstand mit der Zeit ein chaotisch anmutender Komplex aus unzähligen Gängen und mehr als 1000 Räumen in zwei bis drei Stockwerke hohen Gebäuden, sodass hier der Mythos des Labyrinths des Minotaurus begründet zu sein scheint. Betrachtet man die Anlage jedoch genauer, so ist sehr wohl ihre Ausrichtung entlang rechtwinkeliger Achsen zu erkennen, die – ebenso wie die vier nach den Himmelsrichtungen ausgerichteten Eingänge – kein Produkt des Zufalls ist.

Der westliche Sektor der Anlage war den religiösen Zeremonien vorbehalten; hier befanden sich zahlreiche Tempel und Heiligtümer, die auf den Sonnenaufgang während der Frühlingstagundnachtgleiche ausgerichtet waren. Im oberen Stock führte eine monumentale Treppe zu den Prunksälen, während sich im Erdgeschoss zahlreiche Vorratskammern mit den berühmten *Pithoi* (mannshohe, unten spitz zulaufende Gefäße) befanden, in denen Öl für rituelle Zeremonien und Siegel aufbewahrt wurde. Im östlichen Flügel befanden sich die Wohnquartiere, die Räume für die Gäste und das Dienstpersonal, Geschäfte und Handwerksbetriebe sowie Lagerräume für Nahrungsvorräte. Gärten mit Terrassen und Säulengängen verliefen entlang der Hänge des Hügels; im nordwestlichen Bereich befand sich eine von Treppenaufgängen begrenzte, weitläufige Anlage, die als Theater oder als Schauplatz für Wettkämpfe diente. Charakteristisch für den Palast von Knossos sind die runden, aus Zypressenstämmen gefertigten Säulen, die rot angemalt und lackiert wurden, sich nach unten hin verjüngten und oben in runde Kapitelle gefasst wurden. Als Träger der Dachbalken sind sie entlang der langen, säulengesäumten Terrassen ebenso zu finden wie bei den Propyläen oder in den größten und bedeutendsten Räumlichkeiten der Anlage. Auch spezielle Atrien bzw. kleinere Höfe, die das Tageslicht und frische Luft hereinließen, wurden durch diese Säulen gestützt. Häufig hatten die zahlreichen Räume anstelle von festen Wänden eine Reihe gegenläufig zu öffnender Türen, die im Sommer weit geöffnet wurden, um so viel frische Luft wie nur möglich hereinzulassen. Im Winter wurden die Zimmer mittels Kohlebecken geheizt.

UNTERSTAND DER PALAST VON KNOSSOS EINEM MATRIARCHAT?

Doch wer regierte nun das Volk auf der Insel Kreta? Den klassischen literarischen Überlieferungen zufolge herrschte hier der göttliche König Minos zusammen mit seiner ebenso göttlichen Gemahlin Pasiphae, der Tochter der Sonne, die das gefürchtete Ungeheuer Minotaurus gebar, das schließlich im Labyrinth unterhalb des Palastes gefangen gehalten wurde. Gemäß Paul Faure war der Name *Minos* jedoch kein Eigenname, sondern vermutlich eher eine allgemeine Bezeichnung religiösen Hintergrunds, die soviel wie »gesegnet« oder »selig« bedeutete. Angesichts der Weitläufigkeit des sakralen Palastflügels sowie der Motive der authentischen Wandmalereien (also jene, die nicht von Evans stammen) scheint es nicht übertrieben sein zu behaupten, dass hier innerhalb der verschiedenen ausgeübten Kulte (Kult des Heiligen Stiers, Doppelaxt-Kult, Kult der Heiligen Schlangengöttin) nicht weniger als 350 Priesterinnen tätig waren. Unterstand die Insel demnach einem Matriarchat? Zieht man die Tatsache in Betracht, dass das hier lebende friedfertige Volk es vorzog, erfolgreich Seehandel zu treiben, denn irgendwelche Kriege auszufechten, ist diese Hypothese nicht zur Gänze von der Hand zu weisen. Doch wer nun tatsächlich im Palast von Knossos auf dem Thron saß, ob dies der legendäre König Minos, seine Gattin, die göttliche Priesterin Pasiphae oder eine gegenwärtig noch völlig unbekannte historische Persönlichkeit war, lässt sich unmöglich eindeutig klären – es sei denn, man vertraut den Überlieferungen und Legenden und versteht diese als historisch belegt.

Der Palast der roten Säulen
Oben ist eine mögliche Rekonstruktion des Palastes von Knossos zu sehen. Die charakteristischen roten Säulen (rechts) wurden aus sich unten verjüngenden Zypressenstämmen gefertigt.

Wohlgefüllte Vorratskammern
Jede einzelne der links auf dem Bild zu sehenden, in den Ruinen des Palastes entdeckten Amphoren war mit einem Siegel verschlossen, das Auskunft über den Inhalt (Wein, Öl, Bier) und den Besitzer gab.

Geheimnisse und Wunder

Die Wände der bedeutendsten Räumlichkeiten des Palastes von Knossos waren verputzt und mit Malereien oder farbigen Basreliefs in naturalistischem Stil verziert. Als Motive dienten Blumen und Pflanzen (Lilien, Narzissen, Krokusse, aromatische Kräuter), Stiere und andere Tiere (Delphine, Fische, Vögel ...), feierliche Prozessionen, Wettkämpfe und Spiele. Am nördlichen Eingang ziert die innere Wand der Bastion ein bemaltes Basrelief, das einen wütenden Stier zeigt, der in einen Olivenhain stürmt. Das Bild weist darauf hin, dass hier nunmehr das Heiligtum des Heiligen Stiers betreten wird, dessen symbolische Attribute (die Hörner) in stilisierter Form die Begrenzungsmauern und die Dächer der Gebäude verzieren. Das eindruckvollste aller Fresken, das so genannte *Stierspringerfresko*, schmückte die Wand eines der Höfe im Ostflügel; heute ist es im Museum von Heraklion zu bestaunen. Das Bild zeigt einen Jüngling, der nach einem Anlauf die Hörner eines Stieres fest umklammert hält und diesen in einer akrobatischen Meisterleistung überspringt. Hinter dem Stier steht ein Mädchen mit erhobenen Armen, das bereit zu sein scheint, den wagemutigen Springer im Falle eines Sturzes aufzufangen. Vor dem Stier steht ebenfalls ein Mädchen, das sich scheinbar darauf vorbereitet, ebenfalls diesen waghalsigen Sprung zu wagen. Möglicherweise zeigt das Fresko die Darstellung einer Art ritueller Bewährungsprobe; es könnte jedoch auch sein, dass hier zu Ehren des Stiergottes die »Springer« ihre Geschicklichkeit und ihren Wagemut unter Beweis stellten. Doch war es tatsächlich auch Frauen gestattet, an diesem Spektakel teilzunehmen?

Auch die Darstellung zweier mit Dolchen gegeneinander antretender Konkurrenten gilt als Teil der rituellen Zeremonien zu Ehren des Stiers, der im Mittelmeerraum Kraft und Fruchtbarkeit symbolisierte. Ein Gang im südlichen Flügel des Palastes ist mit der lebensgroßen Darstellung einer feierlichen Prozession von Priestern und Priesterinnen geschmückt, die den Gottheiten aus speziellen Kannen nicht näher zu definierende Getränke kredenzen. Die Bedeutung der verschiedenen Fresken ist zum Teil heftig umstritten. So meinen einige Wissenschaftler z. B. in dem berühmten Fresko »Der Lilienprinz«, das eine elegante Gestalt mit langen schwarzen Haaren und herausgearbeitetem Kopfschmuck zeigt, eine weibliche Gottheit mit einer Krone auf dem Kopf zu erkennen. Die Königinnenkammer – *Megarón* genannt – ist ebenso wie das angrenzende, mit Darstellungen von Delphinen und Rosetten verzierte Bad, sehr berühmt. Zur luxuriösen Ausstattung des Badezimmers gehörten eine wassergespülte Toilette mit Holzsitz, fließendes Wasser und ein Abfluss. Doch selbst über die Funktion des *Megarón* herrscht in der Fachwelt keine Einigkeit und einige Forscher vertreten die Ansicht, dass es sich hier nur um ein Atrium mit zwei seitlichen Lichtöffnungen gehandelt hat. Die Delphinfresken des Bades waren demnach auch keine Originale, sondern entstammten vielmehr der Fantasie von Sir Evans. Die Authentizität des Greifenfreskos, das zwei der Fabelwesen in einem Lilienfeld zeigt und den auf den zentralen Innenhof gehenden Thronsaal schmückt, gilt allgemein als aner-

Delphine und Prinzen

Die Wandmalereien und Fresken der minoischen Künstler sind über alle Maßen beeindruckend: Die Darstellungen wurden mittels mehrerer Schichten Stuck modelliert und anschließend bemalt. Oben ist der »Lilienprinz« zu sehen; das untere Bild zeigt das Delphinfresko.

kannt, doch scheiden sich die Geister darüber, ob der Alabasterthron dem königlichen Priester oder der Obersten Priesterin vorbehalten war. Die Halle der Heiligen Doppelaxt verweist auf einen weiteren bedeutenden Kult und offenbart somit die Hauptfunktion des Palastes von Knossos als Heiligtum. Die griechische Bezeichnung *Labrys* (»Doppelaxt«) bildet wahrscheinlich den Ursprung des Wortes Labyrinth, das im Mythos des Minotaurus eine zentrale Rolle spielte.

Königliche Wohnräume
Im Thronsaal (rechts) befindet sich ein Alabasterthron; im Raum selbst fanden in etwa 16 Personen Platz, die hier mit dem König Audienz hielten. Das untere Bild zeigt das Megarón, *die Räumlichkeiten der Königin.*

Noch mehr Geheimnisse

Einige in der Anlage gefundene Statuetten zeigen die Schlangengöttin als junge Frau mit entblößter Brust, bekleidet mit einem bodenlangen Rock und einer Schürze. In den Händen der seitlich erhobenen Arme hält sie je eine Schlange. Der Kult um die Schlangengöttin war in Knossos neben den anderen bisher erwähnten ebenfalls von großer Bedeutung und stand in engem Zusammenhang mit der Verehrung der Großen Mutter. Tatsächlich wurden in der Anlage zahlreiche Vasen gefunden, in denen allem Anschein Schlangen gehalten wurden. Des Weiteren wurden im Palast von Knossos über 4000 aus hartem Stein gearbeitete Siegel gefunden, die als Motive verschiedene Tiere (vor allem Stiere) und Darstellungen von Schiffen trugen. Auf diese Weise wurde dem bedeutendsten Kult der minoischen Kultur sowie ihrer Vormachtstellung auf See allem Anschein nach Rechnung getragen. Gleichzeitig wirft dieser Fund jedoch auch eine Reihe von Fragen bezüglich der sozialen Strukturen der damaligen Gesellschaft auf. Verfügte jede Familie über ein eigenes Siegel oder nur die Händler? Wurden mit ihnen die verschiedenen Warenbehältnisse versiegelt? Die extrem feine Ausarbeitung der Siegel, die vor allem unter dem Mikroskop betrachtet deutlich wird, ließ die Frage laut werden, ob die Minoer möglicherweise über eine Art Vergrößerungsglas verfügten, da aus heutiger Sicht nur so das hohe Maß an Präzision und Miniaturisierung zu erklären ist.

Die Schlangengöttin
Die wie Zepter geschwungenen Schlangen in den Händen der Göttin symbolisieren möglicherweise ihre Herrscherposition über die Natur.

Minoische Kunst und Religion
Diese aus Steatith und Kristall geformte Vase in Form des Heiligen Stieres (links) diente vor allem der Darbringung von Trankopfern.

TROJA – ZWISCHEN MYTHOS UND REALITÄT

Im Jahr 1870 entdeckte Heinrich Schliemann in Kleinasien die legendäre Stadt Troja. Da die Beschreibungen Homers jedoch nur bedingt mit der gefundenen Stadt übereinstimmen, stellt sich die Frage, ob sie mit der antiken Stadt *Ilios* tatsächlich kongruieren. War der Trojanische Krieg nicht mehr als eine literarische Erfindung? Warum gehörte der legendäre Schatz nicht – wie von Schliemann angenommen – Priamos, dem mythischen König von Troja?

Die Entdeckungsgeschichte Trojas ist untrennbar mit der Lebensgeschichte des Deutschen Heinrich Schliemann (1822–1890) verbunden, der als reicher Geschäftsmann im Alter von 36 Jahren beschloss, sein weiteres Leben der Suche nach jener Stadt zu widmen, die in Homers *Ilias* gepriesen wurde. Nachdem Schliemann sein Studium der Archäologie in Paris abgeschlossen hatte, machte er sich auf in die Türkei, wo er in einer nordwestlich gelegenen Ebene unweit der Dardanellen mit seinen Ausgrabungen begann. Er vermutete die Stadt unter dem Hügel Hissarlik und führte hier zwischen 1870 und 1890 zahlreiche Grabungen durch. Tatsächlich fand er hier die Überreste einer Siedlung, die ungefähr von 3000 v. Chr. bis 350 n. Chr. bewohnt wurde, wobei nähere Untersuchen ergaben, dass hier neun Städte übereinander geschichtet verborgen lagen. Die Lage der gefundenen Anlage entsprach exakt den Angaben Homers in seiner *Ilias:* Eine aus der Ebene ragende Anhöhe in einer Entfernung von beinahe 5 km von der Ägäis, gelegen zwischen zwei Flüssen (Simois und Skamander) ungefähr 250 km nördlich von Smyrna (Izmir) in einer strategisch günstigen Lage hinsichtlich der Kontrolle über den Seehandel mit dem Schwarzen Meer. Schliemann war den Beschreibungen Homers gefolgt, wenngleich von Homer selbst kaum etwas bekannt ist (möglicherweise lebte er im 8. Jahrhundert v. Chr. in Smyrna). Die Erzählungen der *Ilias* galten als traditionelle mündliche Überlieferungen aus der Bronze- und Eisenzeit, in denen Wahrheit und Legende miteinander verschmolzen, doch die Entdeckung des legendären Schatzes (1873), den Schliemann irrtümlich Priamos zuordnete, sicherte nicht nur dem Archäologen ewigen Ruhm, sondern machte auch all jene Kritiker mundtot, die behaupte-

Der blinde Dichter und seine Helden
Das Wissen um Homer selbst (links) ist bis heute historisch nicht belegt – nicht einmal der tatsächliche Name ist bekannt, da die Bezeichnung »Homer« möglicherweise soviel wie »Geisel« bedeutet hatte. Die Bilder unten und rechts zeigen Vasenmalereien mit Motiven des Trojanischen Krieges.

ten, Schliemanns Forschungen würden jeder wissenschaftlichen Grundlage entbehren. Später dehnte Schliemann seine Grabungen auch auf Mykene und Tiryns aus.

Der Trojanische Krieg

Der Überlieferung zufolge war es Paris, der Sohn Priamos', des Königs von Troja, der den Trojanischen Krieg zu verantworten hatte: Paris entschied mittels eines Apfels, dass Aphrodite die schönste aller Göttinnen war, woraufhin sie ihm ihre Gunst gewährte und ihn der Liebe Helenas, der schönsten aller Frauen und Gattin Menelaos', des Königs von Sparta, versicherte. In Abwesenheit von Menelaos entführte Paris Helena und brachte sie nach Troja. Als Menelaos von der Entführung erfuhr, ging er ein Bündnis mit den anderen mykenischen Herrschern ein, die ihm mit einer starken Seestreitmacht aus 1000 Schiffen beiseite standen.
Zehn Jahre lang wurde die Stadt Troja daraufhin belagert, und im Zuge dieses blutigen Krieges erlebten zahlreiche Helden erstaunliche Abenteuer, die in der klassischen griechischen Mythologie eine zentrale Rolle spielen. Beendet wurde der Krieg durch den Einsatz des legendären Trojanischen Pferdes, eines Holzpferdes, in dessen Bauch sich die tapfersten griechischen Krieger verborgen hielten, die Inbrandsetzung Trojas und die Ermordung aller Bewohner der Stadt, darunter auch Paris. Helena wurde schließlich zu Menelaos zurückgebracht.
Die von Schliemann gefundene befestigte Anlage war von bescheidener Größe: Mit einer Länge von 183 m und einer Breite von 137 m war sie groß genug, um ungefähr 1000 Menschen Platz zu bieten, doch die von Homer gepriesene Herrlichkeit, wonach die von einer großen Mauer umgebene Stadt aus eindrucksvollen Palästen, Straßen, Tempeln und Häusern bestand, war hier nichts zu sehen. Tatsächlich hielt Schliemann eine 1000 Jahre ältere Zitadelle irrtümlich für die Stadt Troja und auch der von ihm Priamos zugeschriebene, am Fuße der Mauer gefundene Schatz stammte aus jener früheren Zeit.

Eine frühe Leidenschaft
Schliemann (oben) erzählt in seiner Autobiographie, dass seine Leidenschaft für die Welt Homers geweckt wurde, als er im Alter von acht Jahren eines Buches mit einem Bild, das das brennende Troja zeigte, ansichtig wurde.

Auf in den Krieg
Das Bild links zeigt Agamemnon auf dem Weg in den Krieg um Troja. Auf dem mittleren Bild sind Ruinen der alten Stadt zu sehen.

Von der Vergangenheit in die Gegenwart

Die Geschichte Trojas beginnt ungefähr 3000 v. Chr., als auf der Anhöhe eine kreisförmige, etwa 100 m lange Steinmauer errichtet wurde. Im Inneren wurde ein *Megarón* errichtet, ein rechteckiges Gebäude mit einer Feuerstelle in der Mitte und einem säulengestützten Vestibül. Auf den Überresten dieser Anlage, von den Archäologen als Troja I bezeichnet, wurde zwischen 2500 und 2200 v. Chr. Troja II errichtet, das von Schliemann fälschlicherweise für das Troja aus Homers *Ilias* gehalten wurde. Auf den 8 m hohen Steinmauern thronte ein weiterer Ring aus Ziegeln; ein 3 m hohes und von einem rechteckigen Turm befestigtes Tor durchbrach den Gürtel. Im Inneren befanden sich neben dem *Megarón* mehrere Gebäude, die allesamt auf einen zentralen Innenhof ausgerichtet waren. Die Entdeckung mehrerer anthropomorpher Vasen, kleiner weiblicher Statuetten in »Violinenform« sowie hochwertiger Schmuckstücke zeigt den hohen Entwicklungsstandard dieser Zivilisation, deren Siedlung jedoch 2200 v. Chr. durch ein Feuer zerstört wurde. Wenig später wurde die Stadt von den Vertretern derselben Kultur erneut aufgebaut (Troja III), während die Bewohner der folgenden zwei Siedlungen (Troja IV und V, 2100 bis 1800 v. Chr.) jedoch einen kulturellen Rückschritt erkennen lassen. Die Stadt Troja VI (1800 bis 1300 v. Chr.) wurde von indoeuropäischen Invasoren erobert, die die Pferdezucht hierher brachten und die Mauer auf 540 m ausbauten. Der Ring bestand nun aus zwei parallel verlaufenden Mauern mit einem Zwischenraum in der Mitte, wie sie auch in Mykene und Tiryns zu finden waren, sowie aus mehreren, durch hervorragende Türme befestigte Tore. Im Jahr 1300 v. Chr. wurde die Stadt durch ein Erdbeben zerstört.

Die daraufhin errichtete Stadt (Troja VII) bestand nur 50 Jahre, doch sind sich die Wissenschaftler darin einig, dass dies das berühmte Troja Homers gewesen sein muss: Die Spuren eines gewaltigen Feuers und die Hinweise auf die Art des Todes der Bewohner dieser Siedlung lassen demzufolge daran keine Zweifel. Die

Bedeutende Funde

Das Bild ganz oben zeigt eine Zeichnung der von Schliemann beauftragten Ausgrabungen. Links sind die Mauern und das Tor von Troja VI zu sehen, das im Vergleich zu den vorhergehenden fünf Siedlungen infolge des Einflusses indoeuropäischer Völker über einen deutlich höheren Entwicklungsstand verfügte.

Zerstörung erfolgte vermutlich zwischen 1260 und 1250 v. Chr. – eine Datierung, die sich auch mit der Überlieferung Homers und den herrschenden Unruhen in dieser Zeit infolge des Streites um die Seeherrschaft in der Meerenge der Dardanellen in Einklang bringen lässt. Tatsächlich scheinen in diesem Fall also Legende und Wahrheit übereinzustimmen. Erneut wurde ein Wiederaufbau begonnen, doch dieses Mal aus unbekannten Gründen nicht zu Ende gebracht; erst im Zuge der griechischen Kolonisierung im 6. Jahrhundert v. Chr. entstand hier erneut eine Stadt (Troja VIII), auf deren Überresten später ein bedeutender Tempel der Athene errichtet wurde. Überlieferungen Strabos und Plutarchs zufolge besuchte Alexander der Große den Tempel, wo er seine eigene Rüstung ablegte und sich jene nahm, die hier im Heiligtum verwahrt wurde und einst einem trojanischen Helden gehörte. In den Jahren 86/85 v. Chr. standen sich die römischen Feldherren Marius und Sillus in erbittertem Konkurrenzkampf gegenüber, und die Stadt wurde schließlich von Flavio Fimbria dem Erdboden gleichgemacht. Rom hingegen betrachtete Troja als »direkte Vorfahrin« und erbaute die Stadt erneut unter dem Namen *Novum Ilium* (Troja IX). Um die Stadt herum wurde eine 3,5 km lange Mauer errichtet; im Inneren entstanden ein neuer Tempel, zwei Theater und andere öffentliche Gebäude, deren Überreste heute noch zu bestaunen sind. Die Überreste der vorangegangenen acht Städte sind zum Teil noch an den Rändern des Areals vorhanden; auch das Schichtbild der Ausgrabungen sowie die Ergebnisse der archäologischen Untersuchungen zeugen von der vielfältigen Entstehungsgeschichte dieser antiken Stadt.

Eine bewegte Vergangenheit
Um die einst mächtigen Stadt meint man noch immer die Schreie der hier kämpfenden Helden zu vernehmen.

DAS GOLD VON TROJA

Als Heinrich Schliemann den Schatz *(Bild rechts)*, den er fälschlicherweise Priamos zuordnete, fand, versteckte er ihn in den Kleidern seiner jungen Gattin Sophia und schmuggelte ihn nach Deutschland. Die Fotographie von Sophia *(oben)*, angetan mit dem faszinierenden Geschmeide aus dem Schatz, ging schon bald um die Welt und erweckte Überraschung und Staunen: Drei Diademe waren mit seitlich herabhängenden Ketten verziert, die aus unzähligen kleinen Goldplättchen gefertigt waren; Armreifen, Ringe, Anstecknadeln und anderes Geschmeide aus purem Gold gehörten ebenso zum Schatz wie mehrere Bernsteinketten, fünfzehn Gold- und Silbervasen, verschiedene Beile aus Lapislazuli und andere wertvolle Gegenstände. Nach seinem Tod im Jahr 1890 in den Straßen von Neapel vermachte Schliemann den Schatz sowie 15.000 weitere Fundstücke dem Museum von Berlin. Als im Jahr 1945 jedoch die Russen Berlin besetzten, beschlagnahmten sie das Vermächtnis Schliemanns und ließen den Schatz und alle Fundstücke nach Moskau bringen. Russland beteuerte bis 1956, nicht im Besitz des Schatzes zu sein, doch als in einer Liste der »Schatz von Troja« auftauchte, gelangte die Wahrheit ans Licht. Nichtsdestotrotz blieb der Schatz weiterhin in Moskau, wo 259 Stücke der Sammlung 1996 im Rahmen einer großen Ausstellung im Puschkin-Museum dem Publikum präsentiert wurden. Ungefähr 450 weitere Stücke wurden in die Eremitage von Sankt Petersburg gebracht; viele wertvolle Schmuckstücke gingen jedoch auf der Reise von Berlin nach Moskau erwiesenermaßen verloren. Nach dem Auftauchen des Schatzes meldeten sowohl Deutschland als auch die Türkei ihre Besitzansprüche an, doch Russland zeigt sich in diesem Zusammenhang unversöhnlich und ist fest entschlossen, den Schatz – wie es in diesen Fällen so schön heißt – »im Namen und zum Wohle der Menschheit« weiterhin in seinen eigenen Museen zu behalten.

PETRA – VERLORENE FELSENSTADT

In früheren Zeiten war die Stadt Petra ein bedeutendes Zentrum inmitten der Karawanenwege, später geriet sie jedoch in Vergessenheit und wurde erst 1812 wiederentdeckt. Wie gelang es jedoch dem Entdecker, die Stadt zu finden? Warum ranken sich um Petra zahlreiche Legenden über verborgene Schätze und Pharaonen? Zu welchem Zweck wurden die beeindruckenden Monumentalbauten in den Felsen geschlagen?

In der Wüste Jordaniens, ungefähr auf halber Strecke zwischen dem Toten Meer und dem Golf von Akaba, erhebt sich aus Sand ungefähr 190 km südlich von Amman ein Ring aus schroffen Sandsteinfelsen, genannt El-Khubtha. Durch das Felsengebiet zieht sich das Wadi Musa – das Tal von Moses – sowie mehrere Wasserläufe und Bäche. Dieser einsam gelegene und nur schwer zugängliche Ort befand sich unmittelbar am Kreuzungspunkt zweier uralter Karawanenwege; die in Nord-Süd-Richtung Syrien und Saudi-Arabien und in Ost-West-Richtung den Persischen Golf mit Ägypten verbanden. Bereits vor dem 1. Jahrtausend v. Chr. wurde dieses Gebiet von edomitischen Stämmen besiedelt, die als Nachfahren Esaus gelten. In der Bibel wird ein Ort in Edom namens *Sela* (hebräisch für »Fels« oder »Stein«) erwähnt, die später in der griechischen Übersetzung den Namen *Petra* erhielt. Die Überlieferung besagt zudem, dass sich in der Nähe der heutigen Ruinen – auf dem Hügel von Gebel Haroun – das Grab Aarons, des Bruders von Moses, befinden würde.

Ein Grabtempel in der Wüste
Der Grabtempel Ed-Deir (oben rechts) ist das größte Bauwerk Petras und war möglicherweise einst eine königliche Grabstätte. Das rechte Bild zeigt die jordanische Wüste, in deren Abgeschiedenheit die Schönheit der Stadt Petra erhalten blieb.

Im Zentrum des felsigen Areals von Wadi Musa ließen sich zwischen dem 6. und dem 5. Jahrhundert v. Chr. die Nabatäer nieder, ein semitisches Volk, das aus dem Norden hierher kam. Die Rechtschaffenheit und das kaufmännische Geschick der Nabatäer waren bald allseits bekannt, sodass hier schon bald ein florierendes Handelszentrum mit drei Karawansereien entstand. Die geschäftstüchtigen Nabatäer hüteten jedoch nicht nur die Waren der durchreisenden Kaufleute, sondern trieben auch selbst schon bald florierenden Handel. Auf diese Weise war das Volk der Nabatäer in jener Zeit weithin bekannt und wurde zudem außerordentlich wohlhabend. Die Hauptstadt, die durch ein ausgeklügeltes Bewässerungssystem mit über- und unterirdisch verlaufenden Leitungen über eine sichere Wasserversorgung verfügte, wurde mehr und mehr zu einer Felsenstadt mit eleganten Monumentalbauten, Gräbern und Wohnräumlichkeiten, die allesamt aus dem Felsen geschlagen wurden. Nachdem im Jahr 312 v. Chr. der Versuch der Diadochen (die Nachfolger Alexanders des Großen), die Stadt einzunehmen, fehlgeschlagen war, begann die Blütezeit Petras mit einer Einwohnerzahl von bis zu 20.000. Im Jahr 106 v. Chr. wurde Petra von Rom als neue Provinz *Arabia Petrae* annektiert; neue Bauten wurden in dieser Zeit errichtet. Der Niedergang der Stadt begann mit der Erschließung neuer Karawanenwege, die der Kontrolle der syrischen Stadt Palmyra unterlagen, sowie neuer Seewege als Alternative zum Überlandtransport. Nachdem die Stadt kurz in muslimischer Hand gelegen (636) und während der Kreuzzüge für kurze Zeit als strategischer Außenposten genutzt worden war, geriet die Stadt mehr und mehr in Vergessenheit. Erst im Jahr 1812 wurde sie von dem Schweizer Arabienreisenden Burckhardt wieder neu entdeckt.

Eindrucksvolle Schlucht
Die bis zu 200 m tiefe Felsschlucht Siq (dt.: »Schacht«) war ursprünglich mit großen Kalktafeln verkleidet, die heute jedoch beinahe zur Gänze verschwunden sind.

Das Schatzhaus des Pharaos
Das in Licht getauchte »Schatzhaus des Pharaos« erscheint wie ein Trugbild nach der Dunkelheit der Schlucht.

EIN WAGEMUTIGER ABENTEURER

Johann Ludwig Burckhardt (1784–1817) war ein Schweizer Orientreisender, der über hervorragende Kenntnisse hinsichtlich der arabischen Kultur und der Sprache sowie des Korans verfügte. Um ungestört reisen zu können, konvertierte er zum Islam und nahm den Namen Sheik Ibrahim an. Er besuchte die Städte Baalbek, Palmyra und Damaskus und betrat als erster Europäer (als Muslim verkleidet) nach einer schweren religiösen Prüfung die heiligen Städte Mekka und Medina. Während seiner Reisen hörte er von der Existenz einer geheimen steinernen Stadt in der Wüste, in der Nähe des Grabes Aarons. Unter dem Vorwand, eine Ziege auf dem Altar des ersten Priesters Israels opfern zu wollen, brachte er zwei Beduinenführer dazu, ihn in die legendäre Stadt zu führen. Im Schutze seiner arabischen Kleidung gelang es ihm, heimlich und schnell mehrere Skizzen der Felsenbauten anzufertigen. Nachdem er wie versprochen die Ziege geopfert hatte, wurde er zurück in den Ort Elji begleitet, der unmittelbar am anderen Ende der Schlucht lag. Als sich Burckhardt bei seinen Begleitern über die Stadt erkundigte, gaben sie aus Angst, er könnte den Ort des Schatzes entdecken, nichts preis und erzählten ihm, dass die Stadt einst irgendwelchen Pharaonen gehört hatte. Als die Skizzen und Berichte Burckhardts in der Welt bekannt wurden, besuchten immer mehr Leute aus dem Westen die geheimnisvolle Felsenstadt. Heute sind es wahre Touristenscharen, die jedes Jahr hierher stürmen, um sich selbst von der Erhabenheit der geschichtsträchtigen Felsenbauten zu überzeugen.

Nabatäische und römische Ruinen
Das Bild unten zeigt das großartige, aus drei Bögen bestehende Tor, das 114 n. Chr. zu Ehren des römischen Kaisers Trajan errichtet wurde. Rechts ist das über alle Maßen faszinierende »Schatzhaus des Pharaos« zu sehen, das ebenso wie die anderen Bauwerke zur Gänze aus dem Fels geschlagen wurde.

Geheimnisvolle Schätze und Legenden

Der Zugang zur Stadt Petra ist damals wie heute nur zu Fuß oder auf dem Rücken eines Kamels sitzend möglich. Der Weg führt durch die beeindruckende 1600 m lange Schlucht *Siq*, die an manchen Stellen weniger als 2 m breit ist und deren steil abfallende Wände zwischen 80 und 90 m hoch sind. Die Faszination dieses Weges wird noch durch das fantastische Farbenspiel gesteigert, das von der Sonne, deren Licht sich auf den Sandsteinflächen bricht, hervorgerufen wird. Während die Strahlen der Sonne täglich langsam über die Felswände wandern, wechseln die Farben von Rosa über Orange zu feurigem Rot, später folgen gedämpftes Ocker und Braun. Zweifellos vermochte dieses Schauspiel auch die Besucher der Stadt in der Vergangenheit zu faszinieren – nicht umsonst überwindet hier einer Geschichte aus *Tausendundeiner Nacht* zufolge Ali Baba mit den Worten »Sesam, öffne dich« eine Felsenwand und konnte so den Schatz der vierzig Räuber an sich nehmen. Den Überlieferungen zufolge verbirgt die Stadt jedoch noch einen weiteren legendären Schatz: Die Schlucht mündet plötzlich in einen offenen Platz und man sieht sich der außergewöhnlichen, aus dem Fels geschlagenen Fassade des Khazne al-Firaun, des »Schatzhauses des Pharaos«, gegenüber. Die in einer 40 m hohen und 28 m breiten Nische befindliche Fassade besteht aus zwei in hellenistischem Stil gearbeiteten Etagen, deren Ornamentmotive alexandrinischen Ursprungs sind. Die untere Etage besteht aus einem von sechs Säulen gestützten Portikus, auf dem ein Giebel ruht; die obere Etage besitzt einen zentralen *Tholos*, auf dem eine Urne thront, seitlich befinden sich zwei angedeutete Giebel. Die gesamte Fassade ist mit Ausnahme

der Urne, die von Beduinen beschossen wurde, in der Hoffnung, auf diese Weise an den legendären Schatz zu gelangen, hervorragend erhalten. Die Überlieferung, wonach Ramses III., der hier in der Nähe einige Minen besaß, das »Schatzhaus« erbaut haben soll, entbehrt jedoch jeglicher Grundlage, da der Pharao im 12. Jahrhundert v. Chr. gelebt hatte, während das Khazne al-Firaun erst in der ersten Hälfte des 1. Jahrhunderts v. Chr. entstanden ist. Vom derzeitigen Wissensstand aus betrachtet, hatte es vermutlich einst als Grabstätte für den Nabatäerkönig Aretas III. gedient.

Die Ruinen von Petra

Das harmonische Zusammenspiel der natürlichen Umgebung des Wadi Musa und der vom Menschen geschaffenen Bauten wird auch außerhalb des *Siq* deutlich, wo das felsige Tal sich verbreitert und aus den steinernen Wänden 34 beeindruckende Monumentalgräber und 600 einfachere Grabstätten geschlagen wurden. Des Weiteren befanden sich Wohnhäuser und Heiligtümer unter freiem Himmel, gesäumt von fantastischen Säulen. Entlang eines Abschnittes der ebenfalls mit Säulen gesäumten und durch einen Bogen zu betretenden *Via Sacra* aus römischer Zeit befanden sich einst Läden und Werkstätten; das berühmte Amphitheater aus dem 1. Jahrhundert wurde ebenfalls aus dem Stein gemeißelt und bot mit seinen 33 Stufen 4000 Menschen Platz. Auf einer Anhöhe östlich der Stadt erhebt sich das über eine in den Felsen geschlagene Treppe erreichbare *Ed-Deir,* das mit einer 50 m breiten und 39 m hohen Fassade das größte Bauwerk Petras darstellt. Das aus dem 2. Jahrhundert v. Chr. stammende Gebäude besteht aus zwei von acht Säulen gestützten Etagen, über denen eine von einer Fiale gekrönte Kuppel thront. Der weitläufige, rechteckige Innenraum ist abgesehen von einer Nische an der hinteren Wand leer und beeindruckt durch die farbigen Striche im Sandstein, die das Bild von merzerisierter Seide entstehen lassen. Doch zu welchem Zweck war das *Ed-Deir* nun erbaut worden? Einige Forscher gehen davon aus, dass das Bauwerk als Grabstätte für den Nabatäerkönig Rabbel II. erbaut worden war, der 106 n. Chr. verstarb. Später nahm eine Gruppe von Eremiten das Gebäude in Besitz. Andere Wissenschaftler vermuten darin jedoch einen Tempel oder ein Heiligtum, das für regelmäßige Zeremonien zu Ehren einer Gottheit oder für Versammlungen der Vertreter der Dynastie genutzt wurde. Die antiken Wohnstätten außerhalb der Felsen wurden infolge von Erosion und Erdbeben zur Gänze zerstört. Die Ruinen von Petra in ihrer Gesamtheit stellen ein außergewöhnliches historisches Vermächtnis dar, dessen Einzigartigkeit in der Erklärung zum Weltkulturerbe gewürdigt wurde. Auch Lawrence von Arabien war von der faszinierenden Aura der Stadt begeistert und schrieb, dass jede Beschreibung Petras vor dem eigenen Erleben der Stadt erblasse.

Faszinierende Zeitzeugen

Entlang der von Säulen gesäumten römischen »Via Sacra«, genannt Cardus Maximus, *befanden sich einst Geschäfte und Werkstätten.*
Das Bild oben zeigt einen Steinobelisk auf der Anhöhe vor der Stadt.

Geheimnisvolles Babylon

Was ist geblieben von dieser einst größten und berühmtesten Stadt der Antike? Welche Bauwerke schmückten dieses Juwel? Wo befanden sich die »Hängenden Gärten der Semiramis«, die als eines der Sieben Weltwunder gelten? Welches Bild bot der legendäre Turm von Babel – und was ist bis heute davon geblieben?

Blau wie der Himmel *– Das Bild unten zeigt die Rekonstruktion des fantastischen Ischtartores; unten links sind die babylonischen Mauern zu sehen.*

Babylon, die einst mächtigste Stadt der Antike, befand sich in Mesopotamien, ungefähr 100 km südlich von Bagdad, unweit der heutigen Hauptstadt Hilla. Heute sind nur mehr die Ruinen zu sehen, die in mühevoller, langjähriger Arbeit von zahlreichen Archäologen ausgegraben wurden und aus dem Sand herausragen. Die Geschichte des antiken *Bab-ilani* (»Tor der Götter«) reicht bis ins 3. Jahrtausend v. Chr. zurück, doch Berühmtheit erreichte sie erst gegen 1900 v. Chr. mit der ersten babylonischen Dynastie, die unter dem König Hammurabi (1792–1750 v. Chr.) ihre Blütezeit erlebte. Nach einer Zeit der Fremdbesetzung gelang es dem König Nabupolassar und seinem Sohn Nebukadnezar II. durch eine Allianz mit den Medern das assyrische Reich zu stürzen – das neubabylonische Reich war geboren, das von 612 v. Chr. mit der Eroberung von Ninive bis 539 v. Chr. nur relativ kurze Zeit andauerte. Nebukadnezar II. setzte eine rege Bautätigkeit in Gang, die der Stadt ihr eindrucksvolles Aussehen verlieh, das neben zahlreichen zeitgenössischen Schreibern auch der griechische Geschichtsschreiber Herodot in seinen Schriften pries. Beherrschende Gottheit der Stadt war Marduk, Schöpfer des Universums und des Menschen, der als furchteinflößender Drache dargestellt wurde. Im Zuge der Grabungsarbeiten wurden zahlreiche, in Keilschrift verfasste babylonische Tontafeln gefunden, die faszinierende literarische Werke sowie eindrucksvolle mathematische und astronomische Texte enthalten. Im Jahr 539 v. Chr. wurde Babylon schließlich von den Persern unter Kyros dem Großen erobert. Die im Jahr 482 v. Chr. bereits teilweise zerstörte Stadt verfiel endgültig während der hellenistischen Ära durch die Gründung der Stadt Seleukeia und blieb verlassen zurück.

Die Hauptstadt Nebukadnezars II.

Als die Stadt im 6. Jahrhundert v. Chr. auf dem Höhepunkt ihrer Macht stand, bot sie ein beeindruckendes Bild: Der rechteckige Grundriss mit einer Länge von 3 km und einer Breite von ca. 1,5 km war durch den Verlauf des Euphrats in zwei Teile geteilt. 24 Haupt- und zwei ausschließlich militärischen Zwecken vorbehaltene Straßen unterteilten die Stadt in regelmäßige Rechtecke. Die bedeutendste Straße war der 300 m lange und 22 m breite Prozessionsweg, der von einer mit Türmen versehenen Mauer mit Löwen als Schmuckornamenten gesäumt war. Der Weg führte vom Norden her durch das grandiose Ischtartor in die Stadt, das aus einem Doppelportal und einander gegenüberliegenden

Die Straße der Löwen
Als wahres archäologisches Juwel gilt der von eindrucksvollen Mauern gesäumte Prozessionsweg. Die Mauern waren mit farbig glasierten Ziegeln verkleidet, die als Motiv ehrfurchtgebietende Löwen zeigten.

Marduk – der babylonische Stadtgott
Der babylonische Stadtgott und spätere Reichsgott Marduk wurde als Drache mit Löwentatzen, Adlerklauen und Skorpionstachel dargestellt.

Türmen bestand. Das gesamte Tor war mit dunkelblau glasierten Ziegeln verkleidet und mit Reliefs von weißen Stieren und gelben Drachen geschmückt. Ursprünglich belief sich die Anzahl der Tiere vermutlich auf mehr als 500, heute sind davon 182 auf der detailgetreuen Rekonstruktion im Staatlichen Museum von Berlin zu sehen. Eine Kopie davon steht auch in den Ausgrabungsstätten von Babylon. Das beeindruckende Tor befand sich ursprünglich in der Nähe der beiden Herrschaftspaläste, die durch eine Mauer voneinander getrennt waren und auf den Fluss blickten. Der südliche Palast war die Residenz Nebukadnezars II.: Auf einer Fläche von 3 Hektar befanden sich an die 1000 Räumlichkeiten wie z. B. der 50 x 15 m große Thronsaal, dessen mit blau glasierten Ziegeln verkleidete Wände mit Motiven aus der Pflanzenwelt geschmückt waren. Hier starb im Alter von 36 Jahren im Jahr 323 v. Chr. Alexander der Große, der die Stadt zwei Jahre zuvor erobert hatte. Noch etwas weiter südlich befand sich auf einem beeindruckenden Platz die quadratische Tempelanlage *Esagila* (»Tempel des erhobenen Hauptes«) mit einer Seitenlänge von 400 m, zu der auch ein Marduk geweihter Tempel mit unzähligen Statuen und Goldaltären sowie die *Zikkurat von Etemenanki* (»Haus des Himmelsfundaments auf der Erde«), besser bekannt als biblischer *Turm von Babel* gehörten. Im östlichen und zugleich ältesten Teil der Stadt standen zahllose weitere Tempel, Mausoleen und Paläste sowie eine Vielzahl von Wohnhäusern mit drei bis vier Stockwerken. Den westlichen und jüngsten Teil der Stadt erreichte man durch Überquerung einer massiven, auf gewaltigen Steinpfeilern ruhenden Brücke (die erste dieser Bauart in der Antike), die sich über den Euphrat spannte. Herodot führte den Bau dieser Brücke auf die Königin Semiramis zurück, die auch für die Umleitung des Flusses verantwortlich zeichnete. Auch in diesem Stadtteil befanden sich zahlreiche große Tempel sowie möglicherweise die »Hängenden Gärten«, doch wie es bei vielen historischen Monumenten der Fall ist, ist auch hier eine exakte Lagebestimmung schwierig.

6 km uneinnehmbares Mauerwerk

Die Mauern der alten Stadt, die östlich des Euphrats lag, waren 4435 m lang; jene des westlichen Teiles immerhin 1700 m. Insgesamt war die Stadt also den archäologischen Funden zufolge von einem mehr als 6 km langen Mauerwerk umgeben – vermutlich waren die Mauern ursprünglich jedoch sogar noch um einige Kilometer länger. Nichtsdestotrotz war es nicht diese anschauliche Länge, die die Besucher der Antike beeindruckte, sondern vielmehr die außergewöhnliche Struktur und Standhaftigkeit der Mauern. Vor allem die Mauern im östlichen Teil der Stadt waren auf Veranlassung Nebukadnezars II. hervorragend befestigt, da sich hier seine Sommerresidenz befand. Doch wie wurde dieses eindrucksvolle Mauerwerk errichtet? Herodot lieferte uns in seinen *Historien*, Buch I, die Antwort auf die Frage, da er hier genau die Vorgehensweise beschrieb: »Gleich bei der Herstellung des Grabens formten sie die Erde, die sie aushoben, strichen eine genügende Zahl von Ziegeln und brannten sie in Ziegelöfen. Als Mörtel verwendeten sie dann heißes Erdharz und in

Unüberwindliches Mauerwerk
Der dreifache Mauergürtel stellte eine einzigartige Verteidigungsanlage dar, der Babylon den Ruf als »uneinnehmbare Stadt« einbrachte. Das Bild oben entstand während der Grabungsarbeiten.

Die Hängenden Gärten der Semiramis
Der Überlieferung zufolge war es die Königin Semiramis (rechts, in einem Gobelin aus dem 17. Jahrhundert), die die »Hängenden Gärten«, die als eines der Sieben Weltwunder gelten, erbauen ließ.

Zwischenräumen von je dreißig Ziegellagen steckten sie Rohrgeflechte zwischen die Steine. Zuerst befestigten sie auf diese Weise die Grabenränder und bauten dann ebenso die Mauer auf« (Herodot, *Historien*, Buch I, 179). Herodot beschrieb auch, dass sich hinter der einen Mauer eine weitere, wenngleich weniger starke befand – und auch dies entsprach den Tatsachen, da es sich bei dem Schutzwall um die Stadt tatsächlich um ein dreifaches Mauerwerk handelte: Die innere Mauer war 6,50 m dick, 7,20 m davon entfernt befand sich eine weitere Mauer, die jedoch nur 3,70 m Dicke aufwies. Dahinter lag ein 20 m breiter Korridor, an den sich ein 80 m breiter Wassergraben anschloss, der von der dritten und zugleich äußerten Mauer eingefasst wurde. Das Mauerwerk im östlichen Teil der Stadt war im Hinblick auf die Dimensionen noch imposanter: Die innere, mit 40 Türmen befestigte Mauer war 6,10 m dick; der äußere Gürtel verlief in einer Entfernung von 12 m und bestand aus zwei parallel verlaufenden Mauern, die eine Dicke von 7,60 bzw. 3,30 m aufwiesen. Da der 12 m breite Raum zwischen innerer Mauer und äußerem, doppeltem Mauergürtel zur Gänze mit Erde befüllt war, entstand somit ein 24 m breiter Verteidigungsring, der breit genug war für Quadrigen. Auf allen vier Seiten durchbrachen acht Pforten das Mauerwerk.

Die Hängenden Gärten

Ein weiteres besonders beeindruckendes Monument der Stadt waren die »Hängenden Gärten«, die einer späteren Schrift zufolge der legendären Königin Semiramis, die u. a. für die Befestigung des Euphrats zur Vermeidung von Überschwemmungen der Stadt verantwortlich zeichnete, gehörten. Bis heute ranken sich viele Geheimnisse um diese legendären Gärten. Als allgemein anerkannt gilt die Theorie, wonach König Nebukadnezar II. sie für seine Frau Amyitis, der Tochter des Mederkönigs Kyaxares, erbauen ließ. Die Gärten wurden auf einer künstlichen Erhebung in der babylonischen Hochebene angelegt, sodass Amyitis stets an die Hügel und Bäume ihrer Heimat erinnert wurde. Den Überlieferungen zufolge bestanden die »Hängenden Gärten« aus einer Reihe von stufenförmig übereinander gelagerten Terrassen (eine Art gewaltige Zikkurat), auf der verschiedenste Blüten, Hecken und Bäume gepflanzt wurden. Der deutsche Archäologe Robert Koldewey ging davon aus, dass sich die Anlage nordöstlich des Herrschaftspalastes befand, da er hier auf geschwungene Bögen gestoßen war, die möglicherweise als Stütze gedient hatten. Andere Forscher sind hingegen der Ansicht, dass die Anlage einen erhöhten Wasserbedarf erforderte und sich somit in der Nähe des Euphrats oder nördlich der Stadt außerhalb der Mauern befunden haben musste. Auch der westliche Stadtteil als möglicher Standort der Gärten wird von manchen in Betracht gezogen. Unglücklicherweise haben die Ausgrabungen bislang keine Ergebnisse gebracht, sodass diese Frage scheinbar noch für längere Zeit unbeantwortet bleibt. Als allgemein anerkannt gilt jedoch die Tatsache, dass sich dem Besucher des antiken Babylons der unerwartete Anblick eines eindrucksvoll begrünten Hügels bot, der sich hier erhob. Doch warum ließ Herodot, der doch das Babylon des 5. Jahrhunderts v. Chr. kannte, in seinen Schriften nichts von diesen eindrucksvollen Gärten, die sogar als eines der Sieben Weltwunder gelten, verlauten?

Der Turm von Babel

Im Buch *Genesis* wird erzählt, dass aus dem Orient nach Mesopotamien gekommene Völker eine Stadt und einen Turm bauen wollten, dessen Spitze bis in den Himmel reichen sollte. Doch Gott, der Herr, zeigte sich erzürnt angesichts dieses Hochmuts: »Wohlauf, lasst uns herniederfahren und dort ihre Sprache verwirren, dass keiner des andern Sprache verstehe! So zerstreute sie der Herr von dort in alle Länder, dass sie aufhören mussten, die Stadt zu bauen. Daher heißt ihr Name Babel, weil der Herr daselbst verwirrt hat aller Länder Sprache und sie von dort zerstreut hat in alle Länder.« (*Genesis*, 11, 1–9). Nebukadnezar II. eroberte im Zuge der Expansion seines Reiches auch Palästina, wo er in den Jahren 597 und 587 v. Chr. auch Jerusalem niederwarf und die hier lebenden Juden gefangen nehmen und nach Babylonien deportieren ließ. In Mesopotamien sah er zahlreiche *Zikkurats*, nach deren Vorbild er in Babylon mehrere Tempel errichten ließ. Die *Zikkurats* (»hoch aufragend«, »aufgetürmt«) waren sumerischen Ursprungs und in Mesopotamien weit verbreitet. Sie bestanden aus hohen, stufenförmigen Türmen, die aus ungebrannten Ziegeln errichtet wurden; an der Spitze befand sich ein Tempel. Als Heiligtümer stellten sie eine symbolische Verbindung zwischen Himmel und Erde, also zwischen dem Göttlichen und den

Menschen dar. Die sieben Stufen repräsentierten zum einen die »Sieben Himmel«, die den höchsten Punkt des Universums bildeten, und zum anderen die damals bekannten sieben Planeten. Die *Zikkurats* in Babylon dienten außerdem als zukunftsweisende astronomische Observatorien, von denen aus die Eingeweihten komplizierte Berechnungen anstellen und Finsternisse vorhersehen konnten. In Uruk wurde eine in Keilschrift gehaltene Tontafel gefunden, in der der Turm von Babel als *Etemenanki* bezeichnet wird. Die darin beschriebenen Maße dieses Bauwerks stimmen mit den archäologischen Funden überein. Herodot, der von 485 bis 425 v. Chr. gelebt hatte, schrieb über die Stadt folgendes: »Mitten in diesem heiligen Bezirk ist ein fester Turm errichtet, ein Stadion lang und breit, und auf diesem Turm steht wiederum ein Turm und dann noch einer, im ganzen acht Türme übereinander. Alle diese Türme kann man ersteigen auf einer außen herumführenden Treppe. Auf mittlerer Höhe sind Ruhebänke angebracht [...] In dem höchsten Turm steht erst das eigentliche große Tempelhaus, und in dem Tempelhaus steht ein großes Ruhebett, mit schönen Decken belegt, und daneben ein goldener Tisch. [...] Diese Priester erzählen auch – was mir jedoch nicht glaubhaft ist –, der Gott komme in Person in den Tempel und schlafe auf dem Ruhebett ...« (Herodot, *Historien*, Buch I, 181/82).

Babylonische Tontafel mit Keilschrift
Die von den Sumerern übernommene Keilschrift hielt sich in Babylonien noch bis ins 1. Jahrhundert n. Chr.

DIE ERRICHTUNG DES TURMS ZU BABEL

Archäologische Grabungen haben das Fundament eines quadratischen Bauwerks zutage gebracht, das aus Tonziegeln errichtet worden war und eine Seitenlänge von 91,6 m aufwies. An der südlichen Seite wurden Überreste einer steilen Treppe gefunden, die bis zur zweiten Terrasse hinaufführte, während von den seitlichen, bis zur ersten Abstufung reichenden Treppen nur mehr Spuren vorhanden sind. In den Fundamenten wurden auch Reste des ersten Tempels gefunden, der von dem assyrischen König Sennacherib im Jahr 689 v. Chr. zerstört worden war, sowie Teile der mächtigen, 14 m dicken Begrenzungsmauer, die das Bauwerk, dessen Kern aus über 60 m^2 Ziegeln bestand, umgab. Aus alten Texten ist bekannt, dass der Turm aus sieben immer kleineren Terrassen bestand, die eine Gesamthöhe von 90 m erreichten. Auf der obersten Plattform befand sich ein Heiligtum des Gottes Marduk. Jede der sieben Abstufungen war mit glasierten Ziegeln verkleidet und leuchtete in einer anderen Farbe; auf diese Weise sollten die sieben Planeten der babylonischen Kosmologie symbolisiert werden. Die eindrucksvolle Größe des Bauwerks bildete zweifellos die Grundlage der biblischen Geschichte, doch das Bauwerk selbst überdauerte nur kurze Zeit. Der persische König Xerxes I. fügte dem Turm große Schäden zu, die Alexander der Große nur zum Teil wieder beheben ließ. Die Araber nutzten die Ziegel des Turms schließlich für den Bau ihrer Häuser, sodass die Überreste des einst so gewaltigen Bauwerks beinahe zur Gänze abgetragen wurden. Heute ist nur mehr die erste Etage mit kaum mehr vorhandenen Spuren der drei Treppen zu sehen. Bereits im 4. Jahrhundert v. Chr. war der Turm der Vergessenheit anheim gefallen.

Eine Treppe in den Himmel
Das Bild oben zeigt den Turmbau zu Babel in einer Miniatur aus dem 15. Jahrhundert; unten ist die Stadt Babylon mit dem eindrucksvollen Turm auf einem alten Stich zu sehen.

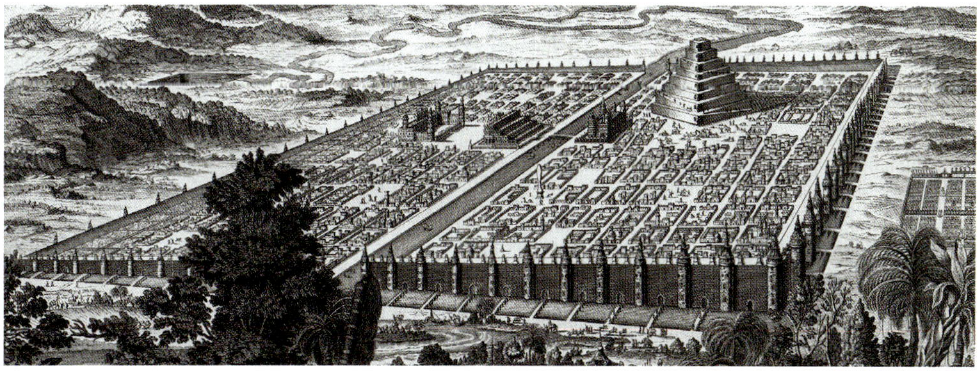

Angkor, die Tempelstadt der Khmer

Im Herzen Kambodschas tauchte aus dem dichten Urwald eine gewaltige Stadt mit unzähligen antiken Tempeln auf. Doch warum gründete jeder Khmer-König seine eigene Hauptstadt? Welche symbolische Bedeutung hatten die Tempel? Wozu wurde das ausgeklügelte Bewässerungssystem benötigt? Warum wurde Angkor plötzlich von seinen Bewohnern verlassen? Und wer entdeckte es wieder?

Der Name Angkor bedeutet »Hauptstadt« und macht deutlich, welche Bedeutung dieser Ort zwischen 900 und 1431 n. Chr. für das Volk der Khmer hatte. Dabei errichtete jeder Herrscher im Verlauf der Jahrhunderte seine eigene Stadt neben jenen seiner Vorgänger. Auf diese Weise entstand in der Nähe des großen Sees *Tonle Sap,* ungefähr 242 km nordöstlich von Phnom Penh, ein Komplex gigantischen Ausmaßes. Im Verlauf des 20. Jahrhunderts wurden inmitten dichtesten Urwald ein 190 km^2 großes Areal mit über 100 steinernen Tempeln und Heiligtümern freigelegt, alle aus Holz errichteten Bauten – die Königspaläste mit eingeschlossen – waren jedoch zerstört. Angkor nahm somit das Aussehen einer gewaltigen Tempelstadt ein, deren Bauwerke von der außergewöhnlichen Kunstfertigkeit und dem umfassenden architektonischen Wissen der Khmer zeugen. Zur Anlage gehörte auch ein komplexes Bewässerungssystem mit Stauseen und Kanälen, die eine Reisernte auch während der regenarmen Zeit (6 Monate) ermöglichten. Berechnungen zufolge lebten zur Blütezeit des Khmer-Imperiums hier

Statuette aus dem 12. Jahrhundert
Die Apsaras (rechts) waren heilige Tänzerinnen, die während der religiösen Khmer-Feste auftraten. Das kleine Bild links unten zeigt ein Panorama des Mekongs.

bis zu 600.000 Menschen; das plötzliche Verlassen der Anlagen im 15. Jahrhundert stellt die Fachwelt bis heute vor ein scheinbar unlösbares Rätsel. Nachdem alle Bauwerke von Pflanzen und Bäumen überwuchert waren und nur mehr eine Legende von einer vom Urwald erstickten Stadt erzählte, waren es französische Wissenschaftler, die den Ort neu entdeckten und Stück für Stück der Vergangenheit entrissen. Heute ist Angkor einer der meistbesuchten Orte Südasiens und im Jahr 1992 erklärte die UNESCO die gesamte Tempelstadt zum Weltkulturerbe.

Die kosmologische Bedeutung der Tempelstadt

Die ersten Tempel in Angkor ließ König Indravarman I. (877–889) errichten, doch erst sein Nachfolger Yasovarman I. (889–910) begründete hier seine Stadt. Im Jahr 900 veranlasste er hier den Bau eines großen Tempels, und durch Eindämmung des Flusses Siem Rap schuf er das erste große Staubecken, den östlichen Baray, das mit einer Länge von 7 km und einer Breite von 2 km die Bewässerung der umliegenden Reisfelder gewährleistete. Die folgenden Khmer-Könige erkannten den Status von Angkor an und errichteten hier dem Vorbild der Vorgänger folgend jeweils ihre eigene Stadt: Innerhalb eines viereckigen, durch einen Wassergraben befestigten Mauergürtels befand sich der monumentale Tempel, dessen Größe, Struktur, Ornamentik und Bestimmung sich jeweils von den anderen unterschied. Im Norden befand sich der königliche Palast, im Süden lagen die Wohnquartiere. Der östliche Baray (ein zweites derartiges Becken wurde auch im Westen errichtet) gewährleistete die Bewässerung der Felder und die Wasserversorgung der Bevölkerung. Jedes einzelne Element der stets nach demselben Schema errichteten Städte entsprach präzise definierten Symbolen der hinduistischen Religion und einem einzigartigen Weltbild: Die Mauern und Wassergräben repräsentierten die Berge und Meere der Erde; die über die Wassergräben führenden Brücken galten als Bindeglied zwischen der irdischen und der göttlichen Welt und der nach den Himmelsrichtungen ausgerichtete, in Form einer Stufenpyramide errichtete Haupttempel symbolisierte den *Meru,* den hinduistischen Kosmosberg, der den Eingeweihten die Erleuchtung bringt. Im Besonderen liegen die quadratischen Grundrisse einiger Tempel innerhalb des heiligen Mandalakreises, dessen konzentrische Anordnung den Weg zur Erleuchtung verinnerlicht. Ziel ist die Wiedergeburt des Geistes und die Aufnahme in das Haus der Götter. Der *Linga,* ein Kultstein in Form des männlichen Gliedes, galt als Symbol für die Gesamtheit der schöpferischen Potenzen.

Lehrling der Götter
Einer Legende zufolge begab sich der Halbgott Pisnouka zu den himmlischen Göttern, um von ihnen die Kunst des Tempelbaus zu erlernen. Nach seiner Rückkehr setzte er das Erlernte um und errichtete die Tempel von Angkor.

Phimean Akas
Dieser von König Rajendravarman im 10./11. Jahrhundert errichtete Tempel befindet sich im Zentrum des Königspalastes.

Die ersten Tempel

Der erste Tempel von Angkor, der Preah Ko, wurde auf Geheiß des Königs Indravarman I. für die Seelen seiner Ahnen errichtet. Der auf einem natürlichen Hügel und dem Gott Shiva geweihte Tempel stand innerhalb eines doppelten Walls und bestand aus sechs quadratischen Ziegeltürmen mit Pforten und Einfassungen aus Laterit. Der erste Steintempel war der ebenfalls Shiva geweihte Bakheng, der auf einer Anhöhe innerhalb eines Wassergrabens errichtet wurde. Die symbolische Ausführung entsprach dem Konzept des »Tempelberges«, das auch bei den späteren Bauten übernommen wurde: Fünf pyramidenförmig abgestufte und mit Türmen und Skulpturen verzierte Ebenen wurden übereinander gebaut; auf der obersten befand sich das ornamentreiche Heiligtum. An der Basis des Tempels standen acht kleinere Heiligtümer. In Ermangelung schriftlicher Überlieferungen (die einzigen zur Verfügung stehenden Daten basieren auf der Interpretation der Basreliefs der Tempel) ist die Datierung des Tempels nicht eindeutig, doch scheint der Bakheng entweder im Jahr 881 (unter Indravarman I.) oder im Jahr 900 (unter Yasovarman I.) errichtet worden zu sein. Kleinere Tempel wie z. B. die beiden Mèbon im Zentrum der Baraybecken, der Baksei Chamkrong am Fuße des Bakheng oder der Pre Rup im östlichen Teil des Areals wurden auf künstlichen Lateritplattformen errichtet. Im Folgenden setzte sich die Galeriebauweise durch, die sich durch lange, überdachte Gänge auszeichnete, die mehrere Heiligtümer miteinander verbanden (z. B. die Tempel Baphuon und Ta Keo). Seine Blütezeit erlebte das Reich der Khmer unter Suryavarman II. (1113–1150), der den größten Tempelbau ganz Asiens errichten ließ, den prachtvollen und einzigartigen Angkor Wat. In 30 Jahren arbeiteten mehr als 50.000 Arbeiter und 5000 Bildhauer und Steinmetzen an der Errichtung dieser grandiosen und außergewöhnlichen Anlage, die zeitgleich mit den ersten großen gotischen Kathedralen Europas entstand.

Eine Statue von Shiva
Im 9. Jahrhundert führte der Begründer von Angkor, Yayavarman II., den Kult um den Gott Shiva ein.

Königliche Grabstätte
Der Tempel Baksei Chamkrong (links) wurde im 10. Jahrhundert fertig gestellt und diente möglicherweise als königliche Grabstätte.

Angkor Wat - einzigartig und unvergleichlich

Die Dimensionen der Tempelanlage von Angkor Wat sind gewaltig: Auf einem rechteckigen Areal mit einer Länge von 1025 m und einer Breite von 800 m entstand auf einer Fläche von 82 Hektar ein unvergleichliches Heiligtum, das von einem 190 m breiten und über 5,5 km langen Wassergraben umgeben war. Zu beiden Seiten des Ufers verlaufen 14 Steinstufen (mit einer Gesamtlänge von unglaublichen 158 km!), auf denen die Gläubigen ihre rituellen Waschungen vollzogen. Ein gepflasterter und verzierter 350 m langer Prozessionsweg führte zur Basis des Tempels, dessen Vorderseite 235 und die Seiten 212 m maßen. Drei abgestufte Terrassen sind von Galerien umgeben, die von immer höher werdenden Säulen gestützt werden. Fünf Lotosblüten nachempfundene Türme erheben sich über die Anlage, wobei der mittlere Turm mit einer Höhe von 35 m (von der Basis aus 60 m) der höchste ist und den Mount Meru, der dem

Angkor Wat
Die faszinierende Tempelanlage von Angkor Wat ist vermutlich der größte religiöse Komplex, der je gebaut wurde.

hinduistischen Glauben nach das Herz des Universums und Göttersitz (hier aller Wahrscheinlichkeit nach Vishnu) darstellt, symbolisiert. Bei Sonnenaufgang am Tag der Wintersonnenwende liegt der Tempel mit dem 6 km entfernten Heiligtum Prasat Kuk Bangio auf einer Linie; der Haupteingang ist nach Westen, also in Richtung der Frühlingstagundnachtgleiche, ausgerichtet (typisch für Mausoleen). Diese präzise Ausrichtung weist darauf hin, dass der Tempel auch als astronomisches Observatorium diente. Die außergewöhnlichen Reliefs verzieren die Galerien und verlaufen bisweilen als eine Art »Verbindungslinie« mit einer Länge von 47 bis 83 m und einer Höhe von bis zu 2 m zwischen den Türmen. Die Darstellungen erzählen hierbei das Volksepos der Khmer und zeigen bedeutende Menschen, Gedichte und Szenen von Schlachten und des höfischen Lebens. Ein wahres Meisterwerk ist hier ein Relief, das den Ur-Ozean (»Milchozean«) zeigt, aus dem 88 Götter und 92 verbündete Dämonen *Amrita* brauen, einen Trank, der Unsterblichkeit verleiht. Neben dem Gott Vishnu sind auch Hunderte

von *Apsaras* (himmlische »Tänzerinnen« mit entblößter Brust) und *Devatas* (Spenderinnen des Glücks für Auserwählte). Die Gesamtheit aller Skulpturen zeichnet sich durch eine unglaubliche Formenperfektion und eine faszinierende Eleganz im Hinblick auf Dimensionen und das Licht- und Schattenspiel aus, und die außergewöhnlich feine Bearbeitung des Materials und die Abundanz an Details resultieren aus der einzigartigen künstlerischen Fertigkeit der Meister. Der gesamte Komplex sollte vermutlich nicht nur eine vollkommene Darstellung des Heiligen Berges Meru sein, sondern das gesamte Universum mit den astronomischen Zyklen in einer globalen Vision der Welt, der Zeit und des Raums, basierend auf einer hohen und weit entwickelten Spiritualität, widerspiegeln.

Göttliche Blüten

Die Türme von Angkor Wat sind Knospen von Lotosblüten nachempfunden, die einerseits Schönheit und andererseits die energetischen Zentren im menschlichen Körper symbolisieren.

Die letzten Tempel und das Verlassen der Stadt

In den letzten Jahrhunderten des Reiches wurden eine Reihe von Tempel errichtet, deren Reliefs besonders detailliert gearbeitet waren; außerdem entstanden in dieser Zeit zahlreiche Türme mit in Stein gehauenen, freundlich lächelnden Gesichtern, die den Übergang vom Hinduismus zum Buddhismus symbolisieren. Der Religionswechsel geht auf den König Jayavarman VII. (1181–1219) zurück, der über das vietnamesische Volk der Cham, das einige Jahre zuvor Angkor erobert hatte, den entscheidenden Sieg herbeiführen konnte. Unter Jayavarman VII. entstand die neue Hauptstadt Angkor Thom (»die große Stadt«), die von einem 16 km langen Mauergürtel umgeben war. Durch fünf monumentale Pforten betrat man ebenso viele Brücken, die sich über den Wassergraben spannten. Eine Reihe großer Statuen von Gottheiten und

Für immer gefangen
Das Kloster von Ta Prohm wurde von den Archäologen in jenem Zustand gelassen, in dem sie es vorgefunden haben, halbzerfallen und von einer alles verschlingenden Vegetation gefangen.

Dämonen, die in ihren Händen die mythische siebenköpfige Schlange Naga halten, die als Geist des Wassers und als Stammahne der Khmer gilt. Zum Wahrzeichen der neuen Religion wurde der Haupttempel Bayon, ein stufenförmiger Bau mit drei sich verjüngenden Terrassen, die von reich verzierten Galerien umgeben waren. Besonders aufsehenerregend sind hier die 49 Türme, die allesamt auf allen vier Seiten mit einem bis zu 2,5 m hohen Gesicht versehen sind und in ihrer Form den Blättern der Lotosblüte nachempfunden sind. Insgesamt sind hier also 196 Skulpturen zu bestaunen, die als Darstellungen Buddhas oder der verschiedenen Könige gelten. Jayavarman VII. ließ zu Ehren seiner Mutter u. a. auch den Tempel Ta Prohm errichten, der von den späteren französischen Entdeckern so gelassen wurde, wie sie ihn vorgefunden hatten, nämlich von gewaltigen Bäumen und Pflanzen überwuchert, deren Wurzeln wie Tentakel von den Mauern Besitz ergriffen hatten. Im Jahr 1431 griffen die aus Siam stammenden

Dem Gott Vishnu geweiht
Anders als die anderen Tempel war Angkor Wat dem Gott Vishnu bzw. Shiva geweiht. Oben ist der östliche Eingang zu sehen.

Göttlicher Herrscher
Die Türme des bedeutendsten Tempels von Angkor Thom, Bayon genannt, sind mit 196 in Stein gehauenen Gesichtern geschmückt, die Buddha mit den Gesichtszügen des Herrschers Jayavarman VII. zeigen.

Offenherzige Tänzerinnen
Reliefs dieser Art zeigen sowohl buddhistische als auch vedische Traditionen. Die Einflüsse der vedischen Religion werden vor allem in den Darstellungen von Tänzen deutlich.

Thais Angkor an, das nach siebenmonatiger Belagerung fiel. Kurze Zeit, nachdem die Eroberer sich zurückgezogen hatten, verließen auch die Bewohner die Stadt, und das Zentrum des verbliebenen Königreiches der Khmer wurde nach Süden verlegt, in das Gebiet des heutigen Phnom Penh. Die Entscheidung der Khmer, ihrer ursprünglichen Heimat den Rücken zuzukehren, gibt Anlass für viele bislang ungelöste Fragen. So gibt es unzählige Theorien über die möglichen Motive, angefangen von der friedvollen Glaubensgrundlage des Buddhismus über Probleme im Bereich der Bewässerungsanlagen bis hin zu Glaubenskämpfen, Rebellionen oder Epidemien.

Verborgene Schätze
Angkor ist berühmt für seine Weitläufigkeit und die detailreichen, einzigartigen Basreliefs, die zum größten Teil hervorragend erhalten geblieben sind.

FRANZÖSISCHE ARCHÄOLOGEN IN DER VORREITERROLLE

Es war der französische Missionar Charles-Èmile Bouillevaux, der im Jahr 1850 inmitten des tropischen Regenwaldes auf einige Tempel von Angkor stieß und diese Entdeckung auch in seinen Berichten schriftlich festhielt. Acht Jahre später unternahm sein Landsmann, der Schmetterlingsforscher Henri Mouhot, eine Reise zu den Ruinen. Nach seinem Tod wurden im Jahr 1863 seine Berichte und insbesondere seine Zeichnungen, die er von den faszinierenden kambodschanischen Tempelanlagen angefertigt hatte, veröffentlicht. Infolge des großen öffentlichen Interesses beschloss der Forscher Louis Delaport, die erste wissenschaftliche Expedition nach Angkor zu unternehmen. Von seiner Reise brachte er eine Vielzahl von Zeichnungen, Steinen, Statuen und Tempelbruchstücken nach Paris mit, wo er auch einen mit zahlreichen Zeichnungen versehenen Bericht veröffentlichte. Im Jahr 1878 erweckten mehrere, im Rahmen der Pariser Weltausstellung präsentierte Statuen aus Angkor das Interesse der Europäer an der Kunst der Khmer, sodass neue archäologische Untersuchungen in die Wege geleitet wurden und die ersten »Touristen« die Tempel direkt vor Ort besuchten. Einen großen Anteil am Ruhm Angkors hatten u. a. der französische Schriftsteller Pierre Loti, der nach einem Aufenthalt in Kambodscha den Roman *Un pèlerin d´Angkor* schrieb, sowie der Bildhauer Auguste Rodin, der 1914 von den königlichen Tänzerinnen eine Reihe von Zeichnungen anfertigte. Diese Tänzerinnen galten als Nachfolgerinnen der *Apsaras,* die von den thailändischen Eroberern dazu gezwungen wurden, prunkvolle Gewänder anzulegen, bevor sie vor dem König tanzen durften. Auch heute noch tragen die Tänzerinnen des Königlichen Balletts in Kambodscha diese Kostüme *(siehe unten).*

DIE NURAGHEN VON BARUMINI

Der Nuraghenkomplex bei Barumini auf Sardinien ist das Erbe eines antiken Volkes, um das sich bis heute eine Vielzahl von Geheimnissen ranken. Wann, warum und wie entstanden Tausende dieser Türme auf der italienischen Insel? Zu welchem Zweck wurden sie erbaut? Und warum verschwand die Nuraghenkultur wieder so plötzlich?

Die auf Sardinien während der Bronze- und Eisenzeit (1500–500 v. Chr.) lebenden Stämme wurden vor allem durch den Bau der Nuraghen bekannt, das sind massive Türme in konischer Form, die aus Steinen in Trockenmauertechnik (also ohne Mörtel) errichtet wurden. Innerhalb der runden Türme befanden sich auf mehrere Etagen verteilte Kammern, die über Innenstiegen miteinander verbunden waren. Im Lauf der Zeit wurden die Nuraghen immer komplexer, bis sie schließlich zu richtig gehenden Anlagen mit einem zentralen Kern wurden, der mittels eckiger Türme und robuster Mauern befestigt war. Auf Sardinien sind Überreste von ca. 7000 Nuraghen entdeckt worden, wobei der Großteil davon isoliert steht und als Wohn- und Verteidigungsturm genutzt wurde. Die Ausnahme bilden ganze Anlagen mit Dorf, Gemeinschaftsgrab und heiligem Brunnen. Die Forscher der Antike zeigten sich erstaunt über die Massi-

Die Nuraghenkultur
Oben sind glockenbecherförmige Keramiken zu sehen, die mittels Punze und gezahntem Rad verziert wurden (ca. 2000 v. Chr.); links ist eine nuraghische Statuette zu sehen, die einen Stammesführer zeigt. In den Händen hält er als Zeichen seiner Autorität ein Schwert und einen Stock.

Die Anlage von Giara di Gesturi
Die Anlage von Giara di Gesturi in der Nähe des Ortes Barumini ist eine weitläufige Hochebene aus Basalt, die einen hervorragenden natürlichen Schutzwall darstellt. Die Vertreter der prähistorischen Nuraghenkultur haben diese Vorteile erkannt und errichteten hier zahlreiche Nuraghen. Auf dem großen Bild über beide Seiten sowie auf den kleineren Bildausschnitten ist die Anlage von Su Nuraxi zu sehen.

Ein Fenster in die Vergangenheit
Bevor mit den Ausgrabungen begonnen wurde, gab es in Barumini nur dieses kleine »Fenster« aus Steinen, um das sich mehrere Legenden rankten.

vität der Anlagen: So wurden die Türme in pseudo-aristotelischen Texten sowie in Schriften von Strabon Iolaos, dem Sohn Iphikles (Halbbruder des Herkules), zugeordnet, während Diodorus Siculus und Timaios die Bauten als Werk Daidalos' betrachteten. Da die Etagen in den Nuraghen mit Kraggewölben abgeschlossen wurden, die große Ähnlichkeit mit den Gewölben in mykenischen Gräbern aufwiesen, ist ein möglicher architektonischer Einfluss aus dem peloponnesischen Raum nicht auszuschließen. Auch die Tatsache, dass zwischen den beiden Gebieten ein reger Handelsverkehr herrschte, weist in diese Richtung.

Su Nuraxi

Im Jahr 1949 legte ein heftiger und langer Regen auf einem künstlich angelegten Hügel in der Nähe von Barumini am Rand der Hochebene von Giara di Gesturi (60 km nördlich von Cagliari) einen Nuraghenkomplex frei, der von Professor Giovanni Lilliu archäologisch genauestens untersucht und analysiert wurde. Die *Su Nuraxi* genannte Anlage stellt den größten und besterhaltenen nuraghischen Komplex auf Sardinien dar und die Geschichte ließ sich lückenlos rekonstruieren. Ungefähr um 1500 v. Chr. wurde hier aus großen Basaltsteinblöcken ein einfacher Turm errichtet, der 19 m in die Höhe ragte und im Inneren drei übereinander gelagerte Kammern aufwies. Zwischen dem 9. und dem 8. Jahrhundert v. Chr. wurde dieser Turm mit vier eckigen, zweigeschossigen Türmen verbunden, sodass nunmehr eine Bastion entstand. Diese ursprünglich 18 m hohen Türme – heute sind es nur mehr 9 m – wurden nach den vier Himmelsrichtungen ausgerichtet erbaut. Zwei Jahrhunderte später wurde die Anlage durch den Bau weiterer Mauern zusätzlich befestigt und die Anzahl der Türme erhöhte sich auf 13. Trotz der massiven Bauweise konnten die Mauern dem Ansturm der Karthager im 6. Jahrhundert v. Chr. nicht standhalten, die daraufhin die Anlage in Besitz nahmen und teilweise zerstörten. Der Komplex wurde bis ins römische Zeitalter frequentiert; in dieser Zeit wurde der Eingangs- und Hofbereich des zentralen Nuraghen als Friedhof genutzt.

Das nuraghische Dorf von Su Nuraxi

Auf der östlichen Seite des zentralen Nuraghen wuchs langsam ein Dorf, dass sich schließlich bis in die Zwischenräume der zwei Mauerreihen ausbreitete. Der Kern des Dorfes bestand aus einer Ansammlung mehrerer runder Steinhütten mit Strohdächern, die auf gemeinsame, durch Mauern abgetrennte Höfe hinausgingen. Nach der Eroberung durch die Karthager wurden Hütten mit ovalem Grundriss errichtet, und durch punisch-römische Einflüsse entstanden schließlich unterschiedliche Hütten mit insgesamt bis zu 250 Kammern. Archäologische Funde wie Feuerstellen, Becken, Keramiken und andere Gegenstände ermöglichen einen Blick auf das Alltagsleben der Dorfbewohner, deren Anzahl sich bis auf 2000 belief und die sich vermutlich aus den Familien der etwa 500 bewaffneten Krieger zusammensetzten. Von der Plattform des zentralen Turms umfasste die Aussicht die Ebene sowie die flachen Ränder der nahen Hochebene, wo sich etwa 50 weitere Nuraghen befanden. War die befestigte Anlage von Barumini also möglicherweise der Vorposten eines komplexen Verteidigungssystems und Sitz des Anführers? Die aus archäologischer Sicht interessanteste Hütte des Dorfes hat einen runden Grundriss und ist nahezu 40 m² groß. Im Inneren befindet sich eine Bank, die den Rundungen der Wand folgt; in den zahlreich vorhandenen Nischen wurden ein großer Kultstein in Form eines Nuraghen, eine kleine Schale und ein Steinbecken gefunden, die auf eine allgemeine Nutzung des Raums hindeuten. Die Wissenschaftler sind der Meinung, dass dieser Raum den Versammlungen der Anführer oder der Alten vorbehalten war. In einer weiteren Hütte mit bogenförmigem Eingang befindet sich ebenfalls eine entlang der Wand verlaufende Rundbank sowie ein großes Becken in der Mitte, möglicherweise diente dieser Raum der Durchführung religiöser Zeremonien.

Stein als Baumaterial
Die Nuraghen wurden größtenteils aus Trachyt- und Basaltblöcken, seltener aus Kalk- oder Granitsteinblöcken errichtet.

Das Grab der Riesen
Im »Grab der Riesen« bestatteten die einzelnen Nuraghenstämme ihre Toten, sodass die sterblichen Überreste von Hunderten in diesen Gräbern gefunden wurden. Auf dem unteren Bild ist der Eingang eines solchen »Grabes der Riesen« zu sehen.

Die Nuraghenkultur – Fakten und Hypothesen

Die Nuraghenkultur ist im zentralen Mittelmeerraum die bedeutendste Megalithkultur und hat sich bis in die Eisenzeit hinein durch Übernahme des baulichen und kulturellen Wissens der Vorgänger gehalten. In den Anfängen lassen sich äußere kulturelle Einflüsse aus dem ägäischen Raum und im Folgenden von der Villanovakultur und den Etruskern aus Mittel- und Norditalien erkennen, doch die ureigensten kulturellen Ausprägungen der Nuraghenkultur blieben stets im Vordergrund. Das auf Sardinien lebende Volk bestand aus mehreren Stämmen, die von einzelnen Anführern angeführt wurden und sich möglicherweise feindlich gesinnt waren.

Im Verlauf der ganzen 1000 Jahre wollten oder konnten die einzelnen Stämme sich nicht zu einer politischen oder militärischen Gemeinschaft zusammenschließen, sodass sie den Angriffen feindlicher Aggressoren nahezu ungeschützt ausgeliefert waren. Ab 535 v. Chr. stürmten die Karthager die befestigten Anlagen, brannten die Dörfer nieder und zerstörten die Tempel. Trotz heftiger Gegenwehr wurden die Nuragher besiegt und eine 1000 Jahre alte Kultur wurde vom Erdboden getilgt. Nicht alle Forscher sehen jedoch in den Nuraghen Verteidigungstürme: So ist Professor Massimo Pittau z. B. der Ansicht, dass sowohl die einfacheren als auch die komplexeren Nuraghen religiösen und kulturellen Zwecken gedient hatten, die kleineren also als eine Art Familienkapelle, die größeren als allgemein zugängliches Stammesheiligtum. Eine andere Theorie besagt, dass die Terrassen der Türme einerseits als Aussichtsplattformen und andererseits als ritueller Platz für die Toten genutzt wurden, da diese erst nach erfolgter Verwesung des Fleisches in das gemeinschaftliche »Grab der Riesen« gebracht wurden. Andere Forscher sehen die Nuraghen als Sonnenobservatorien, während wieder andere Sardinien für das sagenhafte Atlantis halten und die Vertreter der Nuraghenkultur für dessen geheimnisvolle Bewohner. Die Vielzahl der unterschiedlichen Hypothesen macht deutlich, wie sehr dieses faszinierende Volk, von dem bislang nur wenig bekannt ist, die Menschen auch heute noch in seinen Bann zu ziehen vermag – selbst wenn manche der aufgestellten Theorien bisweilen mehr auf Fantasie, denn auf historischen Fakten zu beruhen scheinen …

DIE NURAGHEN ALS SINNBILD EINER GANZEN KULTUR

Abgesehen von Su Nuraxi befinden sich auf Sardinien noch zahlreiche andere beeindruckende Nuraghen, insbesondere im nordwestlichen Teil der Insel sind diese verbreitet. In der Nähe von Torralba (Sassari) steht der »dreilappige« Nuraghe Santu Antine mit einem gewaltigen zentralen dreigeschossigen Turm von ursprünglich 21 m Höhe und einer starken dreieckigen Bastion zu dessen Schutz. An den Ecken der Bastion befinden sich kleinere Türme, die durch beeindruckende Galerien miteinander verbunden sind. Der dreieckige Tholos-Nuraghe von Losa di Abbasanta (Oristano) ist von einem weitläufigen Mauergürtel umgeben; im Inneren des Turms befindet sich eine Kammer, am Fuße liegen die Überreste eines Dorfes. Der Nuraghe Orrubiu von Orroli (Nuoro) wurde auf einer Anhöhe in der Nähe des Lago del Medio Flumendosa errichtet. Auf einer Fläche von 2000 m² befindet sich hier eine komplexe Anlage mit konzentrischen Steinmauern und 13 Türmen. Der Nuraghe Palmavera liegt mit seinem Dorf inmitten der Weinberge von Alghero (Sassari) und ist das Ergebnis mehrerer Bauphasen, in denen nach und nach Türme und eine äußere Begrenzungsmauer hinzugefügt wurden. Unweit von Oliena (Nuoro) befindet sich im Tal von Lanaittu ein nuraghisches Dorf aus dem 8. Jahrhundert v. Chr., zu dem u. a. eine große Schmiede gehörte. Hier wurden verschiedene Metallgegenstände wie die berühmten Votivfiguren aus Bronze (Darstellungen von Kriegern, Tieren, kleinen Schiffen …) gefertigt, die einmal mehr die kulturelle Einzigartigkeit der Nuraghenstämme zum Ausdruck bringen.

Eine Kultur voller Geheimnisse

Links ist der Nuraghe von Orrubiu zu sehen, ein typisches Beispiel für einen Nuraghen mit fünf Ausbuchtungen. Oben ist der Nuraghe von Losa zu sehen, der aus der Mitte der Bronzezeit stammt; im Gegensatz zu anderen großen Nuraghen verfügt er jedoch über keinen Innenhof. Oben links ist eine kleine Statuette aus Bronze aus dem 8. Jahrhundert v. Chr. abgebildet, die einen Kriegsgott darstellt.

Die steinernen Dörfer der Anasazi-Indianer

Das Gebiet im Südwesten der Vereinigten Staaten war zwischen 185 v. Chr. und 1300 n. Chr. von den Anasazi-Indianern besiedelt. Wie und unter welchen Bedingungen lebten diese primitiven Stämme? Warum verlegten sie ihre Dörfer von den Hochebenen in die Höhlen steiler Felswände? Welches Geheimnis verbirgt sich hinter ihrem plötzlichen Verschwinden?

Das Vierländereck zwischen Utah, Colorado, Arizona und New Mexico heißt in der Landessprache *Four Corners,* da hier die Grenzen dieser vier Staaten in einem rechten Winkel aufeinander treffen. Wenngleich dies in den gesamten Vereinigten Staaten einzigartig ist, beruht das große Interesse an dieser Region auf anderen Gründen: Hier in diesem weitläufigen Gebiet, in dem sich flache, trockene Hochebenen und felsige Anhöhen sowie tiefe Canyons, die im Laufe der Jahrtausende u. a. von den Flüssen Rio Grande, Green River und Colorado ins Gestein gegraben wurden, befinden, lebten einst die bedeutendsten drei Indianerkulturen: im Süden die Mogollon (»Volk aus den Bergen«, 150–1500 n. Chr.), die Hohokam (»die Verschwundenen«, 300–1250 n. Chr.) und insbesondere die Anasazi (»die Alten«, 185 v. Chr.–1300 n. Chr.). Die Anasazi besiedelten zu ihrer Blütezeit das gesamte Gebiet der oben genannten vier Staaten bis in das südliche Nevada. Durch Vermischung der drei Hauptstämme entwickelten sich die Fremont-Indianer im Norden und das Volk der Pataya im Südosten.

Für jeden Geschmack etwas
Die Behausungen der Anasazi-Indianer zeichnen sich durch ein hohes Maß an Unterschiedlichkeit aus, so sind auch konische oder kuppelförmige Bauten darunter. Auf den beiden Seiten sind Bildausschnitte des fantastischen Landschaftspanoramas des Vierländerecks »Four Corners« zu sehen.

Das Volk der Anasazi

Ursprünglich besiedelten die Anasazi die Hochebenen, wo sie sich von Jägern und Sammlern langsam zu Bauern und Viehzüchtern entwickelten. Sie lebten in Höhlen, die sie tief in die Erde gegraben hatten und bis ca. 500 n. Chr. widmeten sie sich der Kunst der Korbflechterei (»Korbflechterperiode«). Schließlich zogen sie von den Hochebenen hinunter und errichteten in den Tälern Häuser aus Stein und Schlamm. In dieser Zeit kam zur Korbflechterei auch das Töpferhandwerk hinzu (»erweiterte Korbflechterperiode«) und die produzierten Keramiken zeichneten sich durch ein beeindruckendes und elegant anmutendes Schwarz-Weiß-Muster aus. Die alten, in die Erde gegrabenen Behausungen wurden jedoch weiterhin gepflegt und zu so genannten *Kivas* umfunktioniert, also zu zeremoniell genutzten Räumen. Die *Kivas* waren den Männern des Stammes vorbehalten, die hier zusammenkamen, um Probleme zu diskutieren und religiöse Riten zu vollziehen. In einer Ecke des unterirdischen Raumes befand sich eine kleine, als *Sipapu* bezeichnete Grube, die den Leib der Großen Mutter darstellte, aus dem die Menschheit gekommen war und der die für den Stamm notwendige Lebensenergie spendete. Ungefähr um 950 wurden die Dörfer an den Rand der Hochebenen in die Nähe der Felsüberhänge der Canyons verlegt, und zwei Jahrhunderte später errichteten sie ihre Behausungen direkt in den nischenartigen Höhlungen unter den Felsüberhängen, die durch Wind- und Wassererosion entstanden sind und die nicht so ohne weiteres zu betreten waren. Waren es also möglicherweise Bedrohungen von außen, die die Anasazi zu derart drastischen Maßnahmen greifen ließen? In anderen Gegenden entstanden eng an die Wände der Canyons gepresst beeindruckende befestigte Dörfer, die Pueblos, die terrassenförmig über mehrere Stockwerke errichtet wurden. Zwischen 1276 und 1299 kam es zu einer verheerenden Dürreperiode und unmittelbar danach verließen die Anasazi plötzlich ihre Dörfer und verschwanden aus der Geschichte. Erst gegen 1770, nach der Zeit der spanischen Besatzung, kamen die Stämme der Navajo und Apachen in dieses Gebiet, und noch heute leben hier ihre Nachkommen in eigenen Reservaten.

Unterirdische Behausungen
Die Kivas wurden früher als unterirdische Behausungen genutzt, erst später dienten sie als Versammlungs- und Zeremonienstätte.

Überreste einer faszinierenden Kultur
Das Bild unten zeigt das so genannte »Square Tower House« in Mesa Verde. Auf dem kleinen Bildausschnitt links sind Felszeichnungen zu sehen, die im Canyon de Chelly gefunden wurden.

Die bedeutendsten Siedlungen

In Colorado befinden sich die beeindruckendsten Anlagen auf den Hochebenen des bis zu 2600 m hohen Plateaus Mesa Verde sowie in den hier befindlichen Canyons, deren 200 bis 600 m hohen Felswände weitläufige Höhlungen aufweisen. Hier errichteten die Anasazi im Schutz der Felsüberhänge ihre typischen Felsbehausungen, *Cliff Dwellings* genannt. Ab dem 12. Jahrhundert wurden die mit Holz und Schlamm gedeckten Häuser, die sich terrassenförmig über zwei bis drei Stockwerke erhoben, gemauert. Davor befand sich ein zentraler Hof mit mehreren *Kivas*. Das in Wetherhill Mesa in einer 90 m langen Höhlennische entdeckte *Longhouse* bestand aus 50 Räumen und 21 *Kivas*; das über zwei Terrassen gehende *Balcony House* war verputzt und ging auf einen weitläufigen, gepflasterten Hof hinaus, der mit einem Geländer gesichert war (dahinter befand sich ein 200 m tiefer Abgrund). Die Größe der einzelnen Räume variierte zwischen 6 und 8 m^2; der Zugang zu den unterirdischen *Kivas* ist kreisförmig mit Steinen eingefasst.
Im Chaco Canyon in New Mexico errichteten die Anasazi, die mit landwirtschaftlichen Produkten (Mais, Bohnen, Kürbissen) und Schmuck (Türkise, Muscheln, Papageienfedern) handelten, zwischen 950 und 1300 n. Chr. 75 *Pueblos* und 300 kleinere Siedlungen, die durch ein 640 km langes Netz aus gerade verlaufenden Straßen miteinander verbunden waren. Die bedeutendste, in etwa einen Hektar große Anlage trägt den Namen *Pueblo Bonito* und wurde D-förmig eng an die hohen und Schutz bietenden Felswände gebaut. Die nur über mobile Holzleitern zu betretende Siedlung wurde als Halbkreis über vier Stockwerke errichtet, wobei die oberen Etagen immer weiter zurücksprangen, sodass über den Dächern der jeweils unteren Häuser Terrassen entstanden. Die gemauerten Häuser verfügten insgesamt über 800 Räume, in denen an die 1200 Menschen lebten. Der weitläufige, halbkreisförmige Hof umfasste 37 *Familienkivas*, die sich neben den Lagern im ebenerdigen Geschoss befanden. Ein großer zentraler *Kiva* war allen zugänglich. In manchen der *Kivas* wurden Stoffe und Keramiken hergestellt, andere dienten erwiesenermaßen als Sonnenobservatorien zur Bestimmung der Frühlings- und Herbsttagundnachtgleichen.
In Arizona befindet sich im Chelly-Canyon (abgeleitet von dem Wort *Tsegi* – »felsiger Canyon«) eine extrem hohe und glatte Felswand, die ungefähr in der Mitte einen weitläufigen Überhang aufweist, in dessen Schutz die Anasazi-Indianer ebenfalls eine beeindruckende Siedlung aus

Sichere und geschützte Felsenstädte
Die Anlage Cliff Palace *(Bild oben und rechts) wurde terrassenförmig im Schutz eines Überhangs eng an die Felswand eines Canyons des Plateaus Mesa Verde gebaut.*

Treppen und Leitern
Die verschiedenen Anlagen waren durch Stiegen miteinander verbunden, die zum Teil aus Stein, meist jedoch aus Holz gefertigt waren (Bild links, im Hintergrund ist eine Holzleiter zu sehen).

Indianische Kunst
Ein aus Türkisen und Silber von den Navajo-Indianern gefertigtes Schmuckstück. Die Navajo besiedeln seit dem 18. Jahrhundert das Gebiet der einstigen Anasazi-Stämme.

Steinhäusern errichteten. Auch das *Castle of Montezuma* ist eine Anasazi-Anlage mit über fünf Stockwerke errichteten Häusern; am Fuße der Felswand befindet sich eine weitere, wenngleich weniger gut erhaltene Siedlung. In Utah wurde bei Boulder eine Anlage mit 80 Häusern entdeckt, die von 1075 bis 1275 bewohnt war.

Das Ende

Die Siedlungen der Anasazi blieben ungefähr um das Jahr 1300 verlassen zurück – die archäologischen Funde lassen jedoch weniger eine Abwanderung, denn vielmehr eine scheinbar überhastete Flucht vermuten, da die Bewohner sämtliche persönliche und alltägliche Gegenstände zurückließen. Die Gründe für dieses unerklärliche Verschwinden von mindestens 50.000 Menschen liegen jedoch nach wie vor im Dunkeln, und mehrere Wissenschaftler halten die jeweils eigene Theorie für zutreffend. Als mögliche Ursachen gelten eine Dürreperiode (die es jedoch auch schon zuvor mehrmals gegeben hat), ein massiver Bevölkerungszuwachs (dieser hätte jedoch nur eine teilweise Abwanderung zur Folge gehabt), ein Angriff durch neue Stämme (doch über Jahrhunderte hinweg nahm niemand die verlassenen Häuser in Besitz), eine Epidemie (diese lässt sich jedoch in keiner Nekropole nachweisen) sowie die Ausführung eines Befehls der Götter (nur eine einzige Legende berichtet von der Abwanderung in das Tal des Rio Grande, sonst gibt es keine Hinweise auf die Richtigkeit dieser Theorie). Lässt man die häufig bemühte These einer Entführung durch Außerirdische sowie aus der Luft gegriffene Zusammenhänge mit zeitgleichen Ereignissen in Mittelamerika außer Betracht, so erscheint die 24 Jahre andauernde Dürreperiode als Auslöser für das Verschwinden der Anasazi als am wahrscheinlichsten – doch nichtsdestotrotz erscheint es seltsam, dass ein von Hunger beinahe zu Tode erschöpftes Volk, das sich dazu entschließt, seiner Heimat den Rücken zuzukehren, sein gesamtes Hab und Gut zurücklässt …

FELSRITZUNGEN UND -MALEREIEN

Im gesamten Vierländereck »Four Corners« finden sich zahlreiche Felsritzungen auf oxidierten Felswänden oder einzelnen Blöcken aus Sandstein sowie eine Vielzahl an Malereien im Inneren von Höhlen oder an von Felsen geschützten Plätzen. Die ältesten Ritzungen wurden 9000 v. Chr. von den ersten Menschen, die in dieses Gebiet kamen, gefertigt; viele der Zeichnungen stammen jedoch von den Anasazi-Indianern sowie von anderen indigenen Stämmen wie dem Fremont- oder dem Hohokam-Stamm. Die Figuren der Anasazi weisen häufig einen trapezförmigen Torso auf und werden allein, zu zweit oder in langen Reihen dargestellt. Einige von ihnen tragen Waffen oder werden gerade von einem Speer getroffen, andere haben den Kopf eines Vogels, die Körper scheinen zu tanzen. Es gibt Zeichnungen von Flötenspielern, Jagdbeutetieren und *Kachinas* (Masken) sowie Handabdrücke und verschiedene andere Figuren. Von der Analyse dieses fantastischen kulturellen Erbes erhofft sich die Fachwelt mehr Aufschluss über die Glaubensvorstellungen und das Alltagsleben dieser alten Stämme, möglicherweise können die Bilder sogar eine Erklärung für das plötzliche und rätselhafte Verschwinden der Anasazi liefern.

Faszinierende Felszeichnungen
Das Bild zeigt in Arizona entdeckte Felsmalereien, die tanzende Figuren mit großen Händen zeigen.

TEOTIHUACÁN – STADT DER GÖTTER

Eine große Stadt im Herzen des antiken Mexikos, von der heute noch grandiose Monumente geblieben sind, war einst die Hauptstadt eines unbekannten Volkes. Doch wie entstand diese Stadt und auf welche Geschichte blickt sie zurück? Aus welchem Grund wurden gewaltige Stufenpyramiden errichtet? Warum wurde die Stadt später verlassen? Und wer nahm später von ihr Besitz?

Als die Azteken die zentrale Hochebene Mexikos im Jahr 1325 n. Chr. erreichten, stießen sie hier auf die Ruinen einer über alle Maßen beeindruckenden Stadt, deren gewaltige Monumentalbauten – obwohl bereits seit Jahrhunderten verlassen – noch immer die Landschaft prägten. Angesichts der Erhabenheit der Bauten waren die Azteken davon überzeugt, auf eine von Riesen erbaute Stadt gestoßen zu sein; auf eine von Göttern auserwählte Stätte, sodass sie dieser den Namen Teotihuacán (»Ort, wo man zum Gott wird«) gaben. Sie hielten die großen Stufenpyramiden für Begräbnisstätten und brachten diese mit dem Lauf der Sonne und des Mondes in Zusammenhang. Die große, gerade verlaufende Straße wurde als »Straße der Toten« bezeichnet. Die gesamte Stadt wurde von den Azteken verehrt und als Heiligtum erachtet, und sie begruben hier ihre Anführer. Der Aztekenkönig Montezuma II. wollte von Tenochtitlán (heutiges Mexico City) den 48 km langen Weg nach Teotihuacán als Pilgerreise zu Fuß zurücklegen, um der Stadt seine Ehrerbietung zu erweisen.

Ursprung und Entstehungsgeschichte

Die Ursprünge Teotihuacáns liegen in einer Höhe von 2285 m im fruchtbaren Tal Anahuac, durch das sich die Flüsse San Juan und San Lorenzo ziehen, unweit des Lago Texcoco. Die erste Besiedelung fand zwischen dem 2. und dem 1. Jahrhundert v. Chr. statt, als ein Landwirtschaft und Viehzucht betreibender Stamm sich in der Nähe einer Grotte niederließ, die als »heiliger Leib der Erde« verehrt wurde. Dem Glauben dieses Stammes nach stellte diese Grotte, die über einen ca. 100 m langen Gang 6 m tief in die Erde führte, sowohl den Ursprung der Menschheit als auch jenen der Zeit dar. Das Innerste der Grotte wurde in Form eines vierblättrigen Kleeblattes angelegt. Es ist nicht bekannt, woher die ersten Siedler kamen oder welchen Namen sie trugen, und auch das Wissen um ihre Nachfahren, die die erste umfassende und geschlossene Zivilisation Mesoamerikas begründeten, ist äußerst beschränkt. Man weiß nur, dass dieses Volk bis 750 n. Chr. hier lebte, von einem Priesterkönig regiert wurde und allem Anschein nach von einer starken religiösen Ideologie beseelt war. Auch in wirtschaftlicher Hinsicht war diese Zivilisation hoch entwickelt, da über weite Distanzen hinweg reger Handel mit anderen Völkern getrieben wurde, sodass der Einflussbereich stetig wuchs. Ein Jahrhundert nach Entstehen belief sich die Einwohnerzahl bereits auf 7000; im 3. Jahrhundert n. Chr. – als die beeindruckenden Monumente also bereits errichtet worden waren – waren es bereits 50.000, und in der Blütezeit (450–650 n. Chr.) lebten hier mehr als 100.000 Menschen.

Beunruhigende Masken
Das Bild oben zeigt ein Terrakotta-Relief, das den Gott Tlaloc zeigt. Ganz oben ist eine kleine Scheibe in Form eines Totenkopfes zu sehen, das aus der Sonnenpyramide stammt, und oben links ist eine Jademaske abgebildet.

Die Ruinen Teotihuacáns befinden sich auf einem 23 km² großen Areal, 4 km² davon werden von den Kultbauten eingenommen. Die 2,5 km lange und 40 bis 95 m breite »Straße der Toten« verläuft von Nord nach Süd; allem Anschein nach war sie jedoch einst doppelt so lang und verlief weiter in Richtung Cerro Gordo, einem erloschenen Vulkan, der den Erbauern der so sorgfältig geplanten Stadt vermutlich als Bezugspunkt gedient hatte. Eine zweite breite Straße verlief von West nach Ost und bildete so die andere Achse eines rechtwinkeligen Kreuzes. Darunter floss einst der Fluss San Juan, der jedoch bereits in antiken Zeiten umgeleitet und befestigt worden war. Die Stadt war somit in vier gleich große Felder unterteilt; in der Mitte befand sich ein zeremonielles Zentrum mit großen, abgeflachten Pyramiden und kleineren Plattformen. Alle Bauwerke waren nach strengen geometrischen und symbolischen Richtlinien errichtet worden. Des Weiteren befanden sich viele öffentliche Bauten, luxuriöse und einfache Wohnquartiere und ein Viertel für ausländische Händler und Handwerker in der Stadt. Insgesamt gab es 5000 Bauten, von denen ungefähr die Hälfte als Wohnhäuser diente. Die Wirtschaft basierte auf Handwerkskunst sowie auf einer hochentwickelten Form der Landwirtschaft, bei der kleine rechteckige Felder, *Chiamas* genannt, in der sumpfigen Landschaft des Lago Texcoco urbar gemacht wurden. Die regelmäßige Beimischung von Wasserpflanzen und Schlamm erhöhte die Fruchtbarkeit dieses Gebiets noch beträchtlich. Die Entdeckung von über 350 Werkstätten, in denen aus Obsidian Schwerter, Messer, Pfeilspitzen und andere Gegenstände wie z. B. Schmuck hergestellt wurden, zeugen von den bedeutendsten Exportprodukten, zu denen auch hochwertige Keramiken (insbesondere die typischen zylindrischen Dreifußgefäße mit Deckel) und Steinskulpturen gehörten.

Beeindruckende Straßen und Pyramiden
Das über beide Seiten gehende Bild zeigt die symmetrische Aufteilung der Stadt. Auf dem kleineren Bildausschnitt oben ist die Sonnenpyramide zu sehen.

Ein gefährliches Lächeln
Der Tempel des Quetzalcoatl war zahlreich mit Köpfen der Gefiederten Schlange verziert, die als Symbol für den Tod und die Wiedergeburt galt.

Straße ohne Wiederkehr
Die »Straße der Toten« erhielt ihren Namen von den Azteken, die die niederen Bauten entlang der gewaltigen Allee irrtümlich für Grabstätten hielten.

Fantastische Bauten

Die bedeutendsten Bauwerke wurden entlang der »Straße der Toten« errichtet, die im Norden von der Mondpyramide und einem großen davor befindlichen Platz abgeschlossen wird. Die Mondpyramide besteht aus fünf terrassenförmigen Etagen, über die eine steile Treppe nach oben führte. Am höchsten Punkt (43 m) befand sich einst ein Tempel; die Seitenlänge der Basis beträgt 145 m. Um die Mondpyramide herum befinden sich 15 kleinere Pyramiden mit abgeflachter Spitze sowie der Palast von Quetzalpapalotl (Gottheit, halb Quetzalvogel, halb Schmetterling), der um 500 v. Chr. errichtet wurde und vermutlich Sitz der großen Priester war. Eine mit Zinnen versehene Mauer zog sich um einen Hof, der durch ein säulengestütztes Portal zu betreten war. Die Säulen waren mit Vogeldarstellungen verziert, deren Obsidianaugen geheimnisvoll glänzten. Die Fachwelt geht davon aus, dass alle Pyramiden verputzt und rot bemalt waren, die Wände waren mit mythischen Darstellungen verziert.
Beinahe in der Mitte der »Straße der Toten« befindet sich auf der östlichen Seite die gigantische Sonnenpyramide, die über der früher verehrten Heiligen Grotte errichtet wurde. Die Sonnenpyramide ist das größte Bauwerk der Stadt und ihre Achse ist nach dem Punkt des Sonnenuntergangs am Tag der Sommersonnenwende ausgerichtet. Die Seitenlänge des quadratischen Grundrisses misst 225 m (entspricht den Maßen der Cheopspyramide), die Höhe be-

läuft sich auf 70 m. Ursprünglich hatte die Sonnenpyramide vier Stufen; die fünfte Stufe wurde von dem ersten Entdecker Leopoldo Batres zwischen 1905 und 1910 hinzugefügt. Die Sonnenpyramide wurde im 2. Jahrhundert n. Chr. in 30-jähriger Bauzeit errichtet. Berechnungen zufolge haben an die 3000 Arbeiter ungefähr 2,5 Millionen Tonnen gebrannter Ziegel und Geröll hier verarbeitet. Der auf der obersten Terrasse einst befindliche Tempel ist leider nicht mehr vorhanden; die Ähnlichkeit der Pyramide mit den mesopotamischen *Zikkurats* ist jedoch verblüffend. Weiter südlich, über den verbauten Kanal des Flusses San Juan hinweg, befindet sich die *Ciudadela* (»Zitadelle«), ein quadratischer, etwas tiefer liegender Platz mit einer Seitenlänge von 400 m. Umgeben ist die *Ciudadela* von 12 kleineren Pyramiden und im Zentrum liegt die große Pyramide des Quetzalcoatl. Die Seitenlängen dieses im Jahr 100 n. Chr. erbauten Tempels belaufen sich auf 65 m; die aktuelle Höhe beträgt 19,4 m. Einst war der Tempel um einiges höher, da er ursprünglich aus sechs oder sieben Stufen bestanden hatte. Der Stil entspricht der Talud-Tablero-Bauweise, bei der abwechselnd ein rechteckig vorspringendes Steinmörtelpaneel (Tablero) einer abfallenden Schräge (Talud) folgte. Nach einem Brand wurde der ursprüngliche Tempel im 4. Jahrhundert mit einer Pyramide (»Adosada«) überbaut, deren Fassade 366 Skulpturen schmückte, die die bedeutende Gefiederte Schlange mit aufgerissenem Maul, gebleckten Zähnen, großen Augen und dem Schwanz einer Klapperschlange sowie den Gott Tlaloc zeigen. Während die Gefiederte Schlange als Symbol für die Verbindung zwischen Luft und Wasser, zwischen Himmel und Erde galt, gebot Tlaloc über den Regen, das Gewitter und den Mais. Im Inneren der Pyramide fanden Archäologen eine Reihe von Gräbern, die Skelette von geopferten Priestern enthielten – ein Beweis dafür, dass selbst die dominierende Priesterkaste von Menschenopfern nicht ausgenommen war.

Die Mondpyramide

Den Überlieferungen der Azteken zufolge befand sich auf der Mondpyramide (oben) eine gewaltige Statue mit einem Gewicht von über 20 Tonnen.

Der Jaguarpalast

Das Bild unten zeigt die Ruinen des Jaguarpalastes, der seinen Namen der Darstellung zweier großer Katzen verdankt, in deren Klauen sich mehrere Schnecken befinden.

Ein blutrünstiger Gott

Tlaloc, der Regengott, forderte wiederholt Menschenopfer, die den Feldern das lebensnotwendige Nass sichern sollten.

Die Sternenstadt

Die Erbauer Teotihuacáns richteten die Stadt mit den beiden Hauptstraßen exakt nach den vier Himmelsrichtungen aus. Die Kreuzung dieser beiden Achsen galt als Nabel der Welt und kosmisches Zentrum des Universums. Die »Straße der Toten«, die dem Lauf der Sonne während eines Jahres entsprach, stellte die Verbindung zwischen dem Himmel (Sonnen- und Mondpyramide) und der Erde (Pyramide der Gefiederten Schlange) dar. Die Sonnenpyramide war allem Anschein nach auf die Position des Sonnenuntergangs während der Sommersonnenwende ausgerichtet, doch ist dies nicht die einzige astronomische Besonderheit dieses Bauwerks: Sowohl am 29. April als auch am 12. August findet dasselbe Schauspiel statt, wobei im August zu diesem Zeitpunkt erstmals die Konstellation der Plejaden am Himmel erscheint, wenn die Mittagssonne den Breitengrad der Stadt überschreitet. Zwischen dem 29. April und dem 12. August liegen 105 bzw. 260 Tage, dies ergibt in Summe 365 Tage: Die zwei gebräuchlichen Kalender (Sonnen- und Kultjahr) wiederholen sich in einem Zyklus von 52 Jahren. Die Sonnenpyramide war über der bereits erwähnten Heiligen Grotte errichtet worden, deren Lage möglicherweise die Ursache für den hier entstandenen Kult gewesen ist. Auch die anderen Pyramiden von Teotihuacán basierten auf astronomischen Erkenntnissen, die sich in ihrer Errichtung und ihrer Position entlang der Straßenachsen widerspiegelten. Die Analyse des Grundrisses der Stadt hat ergeben, dass möglicherweise je ein Bauwerk für jeden Tag des Jahres errichtet worden war, sodass das Resultat ein außergewöhnlicher, urbaner Kalender war. Auch in der peruanischen Stadt Cuzco war das Straßennetz so angelegt, dass die Sonne je eine Straße an jedem Tag des Jahres erhellte; die größeren Straßen entsprachen den Monaten.

Die Atlanten von Tula
Die Atlanten von Tula (oben), aufgestellt auf der abgeflachten Spitze einer Pyramide, hatten möglicherweise die Aufgabe, die gefallenen Krieger auf ihrem Weg ins Jenseits zu begleiten. Tula war die Hauptstadt der Tolteken, die als mögliche Ursache für das Verlassen von Teotihuacán gelten.

Ein mystisches Spiel
Das linke Bild zeigt ein Relief mit einem Ballspieler als Motiv. Das Ballspiel an sich war weit verbreitet und hatte aufgrund seines symbolischen Bedeutungsgehalts (der Sonnengott wurde als Kugel dargestellt) einen hohen Stellenwert.

Ungelöste Rätsel

Der Ursprung Teotihuacáns liegt nach wie vor im Dunkeln. Als erwiesen gilt ein anfänglicher Einfluss der Olmeken, der ersten Kultur Mesoamerikas (1800–300 v. Chr.), die einige Wissenschaftler für direkte Vorfahren der Erbauer Teotihuacáns halten. Zur Untermauerung dieser These verweisen sie auf die Gemeinsamkeiten der beiden Kulturen wie die Errichtung von Stufenpyramiden, die Einführung zweier Kalender, das Ballspiel (in Teotihuacán fand dies vermutlich in den rechteckigen, vertieften Plätzen neben der »Straße der Toten« statt; ein entsprechendes Gemälde gibt es im Tepantitla-Palast) sowie die grundlegenden Glaubensvorstellungen. Von der Kultur der Totonaken (der Mayakultur ähnlich) übernahmen die Erbauer von Teotihuacán möglicherweise die Bearbeitung von Stein und die Herstellung von Keramiken; vom momentanen Stand der archäologischen Forschung aus gesehen erscheint jedoch die Theorie, wonach sich mehrere Kulturen, angezogen von der Fruchtbarkeit des hiesigen Gebietes, miteinander vermischten, als am wahrscheinlichsten. Möglicherweise war auch die hier befindliche Heilige Grotte ein Grund für den Zustrom verschiedenster Kulturen. Die Verschmelzung der unterschiedlichen Zivilisationen und ein möglicher kultureller Einfluss von außen führten zur Entstehung eines geeinten

Volkes, dessen Reich beinahe ein Jahrtausend Bestand hatte und selbst die Macht des späteren Aztekenreiches überstieg. Angesichts dieser Fakten fällt es schwer zu verstehen, wie eine derart hoch entwickelte Zivilisation gegen 750 n. Chr. plötzlich verschwinden konnte, ohne dabei Spuren zu hinterlassen, die eine mögliche Erklärung für dieses Phänomen bieten könnten – nicht einmal der Name dieses Volkes wurde überliefert. Zwischen 650 und 700 n. Chr. wurden neben den bis zu diesem Zeitpunkt üblichen religiösen Fresken und Skulpturen plötzlich Figuren von Kriegern gefertigt; in dieser Zeit begann auch der langsame Abstieg der Stadt. Ob dafür ein Angriff von aus dem Norden kommender Völker oder eine interne Rebellion verantwortlich war, lässt sich aus heutiger Sicht nicht mehr feststellen. Tatsache ist, dass Teotihuacán nur zehn Jahre später bereits so gut wie verlassen war. Doch wer waren die möglichen Invasoren? Einigen Theorien zufolge könnten es die barbarischen und kriegerischen Tolteken gewesen sein, doch die Datierung ihres Auftauchens auf der Hochebene widerspricht dieser These: Ausgrabungen in der toltekischen Hauptstadt Tula haben ergeben, dass diese Kultur erst um 950 n. Chr. in Erscheinung getreten ist. Jahrhunderte nach Verlassen Teotihuacáns nahmen die Azteken die in Vergessenheit geratene Stadt in Besitz und gaben ihr so zumindest einen Teil ihres einstigen Glanzes und Ruhmes als bedeutendes religiöses Zentrum zurück.

DAS LEBEN IN TEOTIHUACÁN

Die wohlhabendsten Bewohner der Stadt waren die Händler, deren Produkte selbst in die entlegensten Regionen der anderen theokratischen Reiche Mittelamerikas, vor allem in jenes der Maya, exportiert wurden. Die Händlerfamilien bewohnten einzeln stehende einstöckige Häuser, die von hohen Außenmauern umgeben waren. Die Gebäude im Inneren hatten einen quadratischen Grundriss mit einer Seitenlänge von 50–60 m. Die zahlreichen Zimmer gingen auf Innenhöfe hinaus, in denen kleine Altäre auf Plattformen standen. Die Böden waren verspachtelt und poliert und die Wände mit Fresken, die im Allgemeinen mythische Szenen und Personen darstellten, verziert. Der Palast Tepantitla z. B. war mit wunderschönen Wandgemälden geschmückt, die Szenen aus dem *Paradies von Tlaloc* zeigten. Beeindruckende Darstellungen von Tänzen und Spielen, von Tieren und Figuren eingebettet in einen paradiesischen Hintergrund, erfreuten das Auge des Betrachters. Möglicherweise basierten die Motive dieses Gemäldes auf einem landwirtschaftlichen Kult.
Die verstorbenen Familienmitglieder wurden entweder in ausgehobenen Schächten in den Innenhöfen oder unter dem Boden spezieller, den Ahnen vorbehaltenen Räumen des Hauses bestattet. Das einfache Volk lebte hingegen in einer Art »Siedlungshäuser«, die entweder mehrere kleine Räume oder Einzelzimmer enthielten und eng aneinander gebaut waren. Sämtliches Abwasser floss in den überbauten Kanal des Flusses San Juan.

Luxuriöse Häuser
Das Bild oben zeigt den Innenhof eines Hauses; auf dem unteren Bild ist die Rekonstruktion einer Wandmalerei zu sehen, wie sie häufig in den reichen Häusern zu finden war.

MACHU PICCHU – VERLOREN UND NEU ENTDECKT

Die Entdeckung einer geheimnisvollen Stadt im Herzen der Anden im Jahr 1911 warf eine Vielzahl von Fragen auf. Welchem Zweck diente diese Stadt und wann wurde sie erbaut? Wer waren ihre Bewohner und wie lebten sie? Welche Bedeutung hatte das astronomische Wissen der Inka für ihre Zivilisation? Und wann und warum verließen sie die Stadt?

In seinem Buch *Canto General* beschrieb der chilenische Literatur-Nobelpreisträger Pablo Neruda die einsamen Höhen von Machu Picchu und die Einzigartigkeit der Landschaft mit ihrer beeindruckenden Flora und Fauna. Zweifellos stellen die Überreste dieser Stadt einen der herausragendsten und bedeutendsten archäologischen Schauplätze weltweit dar. Machu Picchu (»alte Bergspitze«) ist eine Inka-Stadt und liegt in einer Höhe von 2280 m auf einem extrem steilen und felsigen Grat der Vilcabamba-Kordilleren. Das isoliert liegende Felsmassiv wird von zwei Bergspornen begrenzt; die 500 m über den Ufern des Flusses Urubamba (*Wilka maio* oder »Fluss der Sonne«) gelegene Landschaft mit den waldbedeckten Gipfeln und tiefen Schluchten ist atemberaubend.
Im Jahr 1911 traf Hiram Bingham, ein amerikanischer Forscher der Universität Yale, auf mehrere Einheimische, die ihn in das völlig von Pflanzen überwucherte Machu Picchu brachten. Inmitten des Grüns entdeckte er eine Siedlung aus Steinhäusern, von denen die meisten noch sehr gut erhalten waren. Hiram Bingham ging davon aus, das legendäre Vilcabamba entdeckt zu haben, das als letzte Zufluchtsstätte des Inkakönigs Manco gilt und im Jahr 1572 von den Spaniern erobert wurde. In Wahrheit war er jedoch auf die Überreste einer Stadt gestoßen, von der die spanischen Eroberer nichts wussten und die bereits seit Jahrhunderten verlassen worden war. Die Stadt erhielt den Namen des nächstgelegenen Gipfels, des Machu Picchu. Die alte Inka-Hauptstadt Cuzco liegt 112 km weiter südöstlich und ist heute leicht mittels Eisenbahn durch das Heilige Tal des Urubama in nur dreistündiger Fahrt zu erreichen.

HIRAM BINGHAM

Zwischen 1906 und 1915 leitete Hiram Bingham (1875–1956) fünf abenteuerliche Expeditionen in Peru mit dem Ziel, die legendäre Stadt Vilcabamba, die letzte Hauptstadt der Inka, zu finden. Im Juli des Jahres 1911 wanderte er sechs Tagesreisen von Cuzco entfernt durch die Landschaft, als er auf einen Indio traf, der ihm von einer geheimnisvollen und verlassenen Stadt in den Wäldern des Gipfels eines Berges über dem Urubamba-Tal erzählte. Im Laufe des Gespräches zeigte sich der Indio bereit, Hiram Bingham zu dieser besagten Stadt zu führen. Nach einem langen und anstrengenden Marsch durch die dichtgewachsene Vegetation überquerten sie eine wenig vertrauenserweckende Hängebrücke, legten das letzte Stück durch die Wildnis zurück und erreichten schließlich die Ruinen der Stadt. Die Erhabenheit und Komplexität der Anlage raubten Bingham den Atem: Vor seinen Augen sah er eine Gigantenstadt aus gewaltigen zugeschnittenen Felsblöcken, die perfekt ineinander passten, und er schrieb: »Alles erschien mir wie ein Traum, es war einfach unglaublich. Was war dieser Ort? Warum hat nie jemand etwas über ihn geschrieben?« Als er den Sonnentempel und den königlichen Palast entdeckte, erstaunte ihn erneut die feine und präzise Bearbeitung der Steine und er schrieb, dass die Bauten Machu Picchus den Vergleich mit den schönsten und berühmtesten Bauwerken der Welt nicht zu scheuen brauchten. Bingham fragte seinen Begleiter nach dem Namen der Stadt und der erklärte ihm nur, dass der nahegelegene Gipfel Machu Picchu (»alte Bergspitze«) hieß. In der Überzeugung, dass er Vilcabamba entdeckt hätte, kehrte Bingham im Jahr darauf zurück und wurde dabei finanziell von der National Geographic Society unterstützt. Er ließ die überwucherten Steine freilegen und brachte so nach und nach beeindruckende Bauten, Plätze, Stufen und künstliche Terrassen ans Licht. 1914 und 1915 hatte er auch das umliegende Gebiet erforscht und katalogisiert. Bingham war bis zu seinem Tode davon überzeugt, das legendäre Vilcabamba entdeckt zu haben, doch einige Jahre nach seinem Ableben fanden Forscher diese Stadt weiter nordwestlich in der entlegenen Espiritu Pampa-Region.

Dem Himmel so nah
Erbaut auf einem von steilen Felsen umgebenen Felsmassiv scheint Machu Picchu selbst heute noch in jahrhundertealtes Schweigen gehüllt zu sein und unlösbare Geheimnisse in sich zu bergen. Das kleine Bild oben zeigt den Fluss Urubamba.

Eine steinerne Festung

Die Ruinenstadt Machu Picchu wurde entlang einer königlichen, gepflasterten Straße errichtet, die Teil eines 40.000-km-Netzes war, das das gewaltige Inka-Reich von den Bergen bis zur Küste durchzog. Im Allgemeinen waren diese *Nan Cuna* (»Straßen der Sonne«) genannten Straßen zwischen 4 und 6 m breit, doch der Weg nach Machu Picchu wurde absichtlich so gewählt, dass Teilabschnitte der über tiefen Abgründen liegenden Straße so schmal sind, dass nur ein Mann sich auf den vertikal in den Fels getriebenen Platten fortbewegen konnte. Die Stadt selbst konnte nur über eine freischwebende, über eine tiefe Schlucht gespannte Hängebrücke betreten werden, eine Tatsache, die das Streben der Bewohner nach Sicherheit als oberste Priorität verdeutlicht. Auch der oberhalb einer langen Treppe befindliche »Torreon

Die steinerne Festung
Die besondere Lage Machu Picchus und die tiefen Schluchten machten diesen Ort zu einer uneinnehmbaren Festung.

Erstaunliche Präzision
Die Geschicklichkeit in der Steinbearbeitung und das hohe Maß der Präzision versetzen die Fachwelt noch heute in großes Erstaunen. Aufgrund der genauen Einpassung der Steine war keinerlei Bindemittel bei der Errichtung der Mauern nötig.

Der Zahn der Zeit
In den 500 Jahren seit Verlassen der Stadt hat die Zeit einzig und allein den Stroh- und Schilfdächern der Häuser Schaden zugefügt.

Militar«, ein quadratischer Bau mit fünf trapezförmigen Fenstern und zahlreichen Nischen im Inneren, scheint dies zu bestätigen. Die perfekt gearbeiteten und exakt ineinander passenden Granitblöcke der Wände der Bauten zeugen von der Geschicklichkeit der einstigen Bewohner, denen Eisen noch fremd war. Das Rohmaterial stammte von einem ca. 1 km entfernten Steinbruch, wo die herausgebrochenen Blöcke sofort bearbeitet und anschließend mittels Holzstämmen und aus Binsen gedrehten Seilen an ihren Bestimmungsort transportiert wurden. Um die Steine dann aufzustellen und an ihren Platz zu setzen, bedienten sich die Bewohner Machu Picchus verschiedener Hebelsysteme. Obwohl einige der Blöcke mehrere Tonnen wogen, waren sie derart perfekt eingepasst, dass keinerlei Bindemittel benötigt wurde. Einigen Theorien zufolge wurden zur Glättung der Steine Hämatitbruchstücke verwendet, doch wurden bislang keine diesbezüglichen Beweise gefunden.
Machu Picchu ist im südöstlichen Bereich durch eine 5 m hohe Mauer befestigt; die übrigen Seiten sind durch Felsüberhänge geschützt. Den archäologischen Erkenntnissen zufolge lässt sich die Stadt in drei Sektoren unterteilen: ganz oben, auf dem Grat, befand sich der Zeremonialbezirk mit verschiedenen Tempeln und dem Königspalast, darunter lag – getrennt durch den großen, zentralen Platz – das Wohnviertel mit Werkstätten, Häusern, Läden und dem Friedhof. Im Westen und im Süden befanden sich die terrassenförmig angelegten Felder *(Andenes)*, die von Stützmauern aus grob bearbeiteten Steinen unterteilt waren. Hier bauten die Bewohner Machu Picchus Mais (daraus wurde ein alkoholisches Getränk namens *Chica* gebraut), Kartoffeln und Heilkräuter an und pflanzten Blumen.

Die gesamte Siedlung bestand aus mehr als hundert Häusern, in denen ungefähr 1000 Menschen Platz fanden. Durch die gesamte Anlage ziehen sich unzählige Treppen, die zum Teil direkt aus dem Fels geschlagen wurden, mit insgesamt 3200 Stufen. Die hohen Spitzdächer der Häuser bestanden aus einem aus Holz und Schilf gefertigten Rahmen, der mit Stroh eingedeckt wurde. Das Volk der Ketschua errichtet seine Häuser auch heute noch auf diese Weise. Das Wasser wurde über Kanäle in die Stadt geleitet, die als Rinnen in den Felsen getrieben wurden. Seltsamerweise haben archäologische Grabungen nur Fundstücke aus Bronze, Stein und Holz, nicht jedoch aus Silber oder Gold ans Licht gebracht, obwohl diese Edelmetalle bei den Inkas sich großer Beliebtheit erfreuten. Von den 173 Skeletten, die in Machu Picchu gefunden wurden, waren gut 150 weiblich, sodass sich hier die Frage stellt, ob die Stadt möglicherweise den *Ajillas*, den heiligen Jungfrauen der Sonne, geweiht war.

Hochgelegene Felder
Die Felder, die dem felsigen Boden in einer Höhe von über 2000 m mühselig abgerungen wurden, wurden sorgfältig terrassiert und kultiviert.

FASZINIERENDES NATURSCHUTZGEBIET

Machu Picchu wurde im Jahr 1983 von der UNESCO zum Weltkulturerbe erklärt. Die Stadt liegt inmitten des 32.592 Hektar großen Naturschutzgebietes Ceja de Selva, das von dichtem Feuchtwald bewachsen ist und sich durch eine einzigartige Fauna und Flora auszeichnet. Die faszinierende und abwechslungsreiche Landschaft mit den hohen Bergen, den tiefen Schluchten und den reißenden Flüssen zieht Touristen aus der ganzen Welt in ihren Bann. Die Gipfel sind über 5000 m hoch; zu den typischen Pflanzen des Regenwaldes gehören *Ulcumanos*, Zedern und Lorbeerbäume. In der Tierwelt sind es vor allem die Brillenbären *(Tremarctos ornatus)*, der Rote Felshahn *(Rupicola peruviana)*, der Buntfalke *(Falco sparverius)*, der Puma *(Felis concolor)* und natürlich der Kondor *(Vultur gryphus*, unten), die dieses Gebiet so einzigartig machen. Das Ansinnen der Bevölkerung, aus dem hierher strömenden Tourismus größtmöglichen finanziellen Nutzen zu ziehen, geht hierbei leider häufig auf Kosten der in höchstem Maße schützenswerten Umwelt, sodass hier entsprechende Interventionen notwendig sind. Vor allem der geplante Bau einer Seilbahn von Aguas Caliente nach Machu Picchu für den direkten Transport der Touristen ruft hier die Umweltschützer auf den Plan.

Der Aufbau der Stadt

Der Zugang zu Machu Picchu befindet sich am oberen Ende einer 150 Stufen zählenden Stiege, die neben den terrassierten Feldern angelegt wurde. Das die aus großen Blöcken errichtete Mauer durchbrechende Tor mit einem Monolith als Architrav konnte mittels eines Systems aus Bolzen, Riegeln und Zapfen von innen verschlossen werden. Eine gepflasterte Straße führte ebenerdig zu den großen Lagerräumen für Nahrungsmittel sowie zu zwei Tempeln. Der Tempel der drei Fenster, der einen herrlichen Blick auf das Gebirgspanorama bot, hatte drei trapezförmige Öffnungen auf der östlichen Seite des aus weißen Andesitblöcken errichteten Gebäudes. Der Zweck dieses sorgfältig erbauten Tempels ist nicht bekannt, möglicherweise diente er als zeitweilige königliche Residenz. Im rechteckig angelegten Haupttempel (der Eingang ist nicht mehr vorhanden) befindet sich ein großer quaderförmiger Steinaltar mit einer Länge von 4 m; daneben stehen zwei kleinere quadratische Blöcke und darüber befinden sich sieben Nischen. Vom großen, zentralen Platz aus erreicht man über eine Treppe mit 60 Stufen den höchstgelegenen und heiligsten Punkt der Stadt, das Heiligtum *Intihuatana,* ein pyramidenförmig behauener Steinblock, der als »Sitz der Sonne« gilt. Aus dem Monolith war ein Altar herausgearbeitet worden, auf dessen Fläche sich eine schmale, 36 cm hohe Säule befindet, die

Den Höherstehenden vorbehalten
Machu Picchu war nicht so sehr eine Stadt im herkömmlichen Sinn, sondern vielmehr ein Komplex aus Tempeln, Palästen und Observatorien, die der dominierenden Kaste der Inka vorbehalten waren.

Verbindung zur Sonne
Zur Wintersonnenwende band der Priester die Sonne symbolisch am heiligen Stein Intihuatana *fest, um so ihre jährliche Wiederkehr zu gewährleisten.*

Drei Fenster in die Unendlichkeit
Die Bedeutung des Tempels der drei Fenster ist nicht bekannt; möglicherweise diente der in der Mitte befindliche Monolith astronomischen Beobachtungen.

den Priestern als Sonnenuhr gedient hatte. Mit Hilfe des wandernden Schattens wurden die Jahreszeiten, die Monate und die Stunden des Tages bestimmt. Am Tag der Wintersonnenwende wurde die Sonne in einer bedeutenden Zeremonie durch Opferung von Tieren und vermutlich auch von Kindern symbolisch »angebunden«, um ihre Wiederkehr zu garantieren. Die Beobachtung der Sterne war für die Inka von großer Bedeutung, und sie glaubten, dass die Sonne *(Inti)* ihr aller Stammvater war, von dem der König in direkter Linie abstammte. Zudem galt die Sonne als Bruder und Mann des Mondes *(Mama Quilla)* mit unzähligen Planeten und Sternen als Gefolge. Dem Glauben der Inka zufolge war der Gott Viracocha der Schöpfer aller Dinge, also auch der Menschen, die aus den Steinen entstanden waren. Viele Steine wurden von den Inka als heilig verehrt, eine Tatsache, die möglicherweise die Sorgfalt und Präzision der Felsbearbeitung erklärt.

Heilige Tempel und Brunnen

In der Nähe des Großen Platzes befinden sich der bedeutende Sonnentempel und der Tempel des Kondors. Der Sonnentempel besteht aus einem halbrunden, zweistöckigen Turm mit einem Monolith als Altar im Zentrum. Am Tag der Sommersonnenwende fällt das Licht der aufgehenden Sonne direkt auf eine im Altarstein befindliche Rille. Vermutlich wurden auch hier astronomische Beobachtungen und Opferrituale durchgeführt. Am Fuße des Tempels liegt das Königliche Grab, dessen Wände mit feinst bearbeiteten Platten verkleidet waren. Im Inneren befindet sich ein steinerner Thron oder Altar, auf den die Bewohner ihre Opfergaben legten. Ein Kanal speiste die 16 Heiligen Brunnen in der Nähe des Tempels des Kondors mit Wasser; der Name des Tempels beruht auf einem speziellen Stein, der den Kopf des als heilig verehrten Vogels darstellt. Der Wohnbezirk bestand aus mehreren Steinhäusern mit quadratischem Grundriss; die Zwischenräume wurden mit kleinen Steinsplittern verfüllt. Der Friedhof befand sich am *Grabesfelsen,* wo auch das Haus des Friedhofwächters stand. Auf einem speziellen Altar oder Tisch wurden hier vermutlich die Toten aufgebahrt. Des Weiteren befindet sich hier das Haus des Hohen Priesters mit dem »Stein mit den 32 Ecken«, der ein Meisterwerk der Steinbearbeitung darstellt. Möglicherweise war es die Aufgabe der Sonnenjungfrauen gewesen, diesen Stein zu fertigen. Ein Haus für zeremonielle Bäder und ein Gebäude, das möglicherweise als Gefängnis gedient hatte, befinden sich ebenfalls hier. Der steile Gipfel des nahegelegenen Huayna Picchu (»junge Bergspitze«) ist über eine Treppe mit 600 Stufen zu erreichen; auch hier befinden sich eine Reihe von steinernen Bauten, deren Zweck nicht näher bekannt ist, die aber vermutlich als Aussichtspunkte gedient haben. In eine natürliche Höhle hineingebaut befindet sich hier der Mondtempel mit einem Altar und mehreren Nischen.

Der Kondor
Der Tempel des Kondors hat seinen Namen von einem Stein am Boden, der in Form des als heilig geltenden Vogels gearbeitet wurde (links). Möglicherweise fanden hier spezielle Opferungsriten statt.

Präkolumbianische Kunst
In Machu Picchu wurden weder Gegenstände aus Gold noch aus Silber gefunden, obwohl die Inka geschickt in der Verarbeitung dieser Edelmetalle waren. Das Bild rechts zeigt eine kleine Inka-Statuette aus Silber.

Die Stadt als Heiligtum

Die Frage nach dem Grund für das Entstehen Machu Picchus lässt sich zu diesem Zeitpunkt noch nicht eindeutig beantworten. Entlang der königlichen Straßen befanden sich viele *Llactas*, kleine Siedlungen, die autonom Teile des großen Reiches verwalteten und kontrollierten. Die *Llactas* waren ständig von Beamten, Priestern, Sonnenjungfrauen, Handwerkern und Künstlern bewohnt. Möglicherweise wurde auch Machu Picchu als eine dieser autonomen Siedlungen gegründet, doch die außergewöhnliche Lage der Stadt zwischen den hohen Gipfeln der angrenzenden Berge inmitten der Anden machte diese zu etwas Besonderem: So eignete sich dieser Ort besonders für die Beobachtung der Sterne, und das fantastische Landschaftsbild untermauerte neben der hohen Anzahl an Priestern und Sonnenjungfrauen die zunehmend sakrale Bedeutung Machu Picchus. Das Volk der Inka glaubte, dass die schönsten Landschaften der Natur *(Waka)* übernatürliche Kräfte besaßen, und Machu Picchu war wie geschaffen als Bindeglied zwischen Himmel und Erde. Lange Zeit ging man in der Fachwelt davon aus, dass das Areal Machu Picchus schon lange vor Ankunft der Inka besiedelt und die beeindruckenden Anlagen mit ihren Megalithmauern das Werk prähistorischer Völker gewesen sei. Tatsächlich haben jüngste Studien jedoch gezeigt, dass Machu Picchu um 1450 herum von Pachakuti Yupanqui (Inka-Herrscher von 1438–1471) gegründet wurde. Möglicherweise hielt sich Pachakuti Yupanqui nur in den Sommermonaten in Machu Picchu auf, da das Klima hier milder war als in Cuzco, der damaligen Hauptstadt des Reiches.

Das Ende eines Reiches
Unter der Führung Francisco Pizarros brachten die Spanier das Reich der Inka zu Fall. Verließen die Bewohner Machu Picchus aus diesem Grund ihre Stadt?

Neben der Bedeutung als Sommerresidenz stand die sakrale Bedeutung Machu Picchus mit seinen heiligen Zeremonien und der Sternenbeobachtung jedoch zweifelsfrei im Vordergrund. Die Stadt Cuzco wurde im Jahr 1533 von den Spaniern unter Francisco Pizarro erobert; Vilcabamba, die letzte Hauptstadt, fiel im Jahr 1572 und mit ihr das fantastische Reich der Inka. Vermutlich verließen die Bewohner Machu Picchus die Stadt irgendwann zwischen 1533 und 1572, doch gibt es dafür keine Beweise, sodass die Frage nach dem tatsächlichen Zeitpunkt des Verlassens der Stadt unbeantwortet bleibt. Die wichtigste Frage dreht sich jedoch nicht so sehr um das »Wann«, als vielmehr um das »Warum«.

Pachacutec Yupanqui
Machu Picchu wurde von dem Inka-König Pachacutec Yupanqui gegründet, unter dem das Reich seine größte Ausdehnung erlebte. Das Bild unten zeigt die Treppe mit den 16 Brunnen.

Farbenprächtige Keramiken
Die ausgeprägte Handwerkskunst der Inka ließ farbenprächtige Keramiken entstehen, deren interessante Formen und feine Verarbeitung heute noch erstaunen. Das Bild oben zeigt eine beeindruckende Doppelvase.

Der Sonnentempel
Im Sonnentempel befindet sich ein seltsam geformter Altar; vor dem Tempel ergoss sich eine Quelle in mehrere Brunnen, die vermutlich rituellen Waschungen dienten.

Mögliche Gründe für das Verlassen der Stadt

Bis heute konnte nicht eindeutig geklärt werden, warum Machu Picchu nach einem Jahrhundert von seinen Bewohnern verlassen wurde. Die Möglichkeit eines Angriffs von außen kann so gut wie ausgeschlossen werden, da es keinerlei Spuren eines Kampfes oder willkürlicher Zerstörungen gibt. So bleiben nur zwei mögliche Thesen, die derzeit noch wissenschaftlich geprüft werden: Die erste These basiert auf einer eventuellen Pockenepidemie, die die Bevölkerung dahingerafft und die Überlebenden dazu veranlasst hatte, die Stadt so schnell wie möglich zu verlassen. Wissenschaftlichen Untersuchungen zufolge starb der Inkakönig Huayna Capac (regierte von 1493 bis 1525) aller Wahrscheinlichkeit nach an den Pocken, zudem gibt es weitere Hinweise darauf, dass das Jahr 1525 für die Völker in den Anden kein gutes war. Viele starben an Krankheiten, die mit den Europäern in ihr Land gekommen waren und gegen die sie keinerlei Abwehrkräfte zur Verfügung hatten. Zur Beantwortung der noch offenen Fragen wäre es wichtig, die Todesursache der 160 Verstorbenen herauszufinden, deren Überreste im Friedhof der Stadt gefunden wurden. Entsprechende Untersuchungen wurden bis dato jedoch leider noch nicht durchgeführt.

Die zweite Theorie sieht die verlassene Stadt als Resultat einer furchtbaren Bestrafung, der eine Vergewaltigung einer *Ajilla,* einer Sonnenjungfrau, vorausgegangen war. Gemäß den Berichten von Garcilaso de Vega, des Sohnes einer Inka-Königin und eines spanischen Adeligen, wurde die Vergewaltigung einer *Ajilla* mit dem Tod des Schuldigen, seiner Familienangehörigen, seiner Nachbarn und möglicherweise sogar der ganzen Gemeinschaft geahndet, da der auf diese Art entweihte Boden weder von Mensch noch von Tier mehr bewohnt werden durfte. Doch bei Vollzug dieser Strafe wurde der betreffende Ort des Geschehens dem Erdboden gleichgemacht – in Machu Picchu jedoch sind keinerlei Anzeichen einer Zerstörung zu finden. Vielleicht müssen die historischen Zusammenhänge im Hinblick auf die Eroberung durch die Spanier noch genauer analysiert und mehr über die tatsächlichen Aufenthaltsorte der Inka-Herrscher in der fraglichen Zeit in Erfahrung gebracht werden, um endlich Antworten auf die vielen noch offenen Fragen zu finden. Ob noch intensivere Studien uns den Antworten jedoch wirklich näher bringen, wissen allein die Götter.

DIE RUINEN VON GROSS-ZIMBABWE

Groß-Zimbabwe, einstige Hauptstadt der Shona, ist neben den ägyptischen Pyramiden heute einer der bedeutendsten archäologischen Fundorte Afrikas. Doch wann und warum wurde die Anlage gebaut? Welche Funktion hatte der kegelförmige Steinturm? Warum verließen die Bewohner diesen Ort und wer entdeckte ihn wieder? Gibt es tatsächlich eine Verbindung zwischen den Ruinen Groß-Zimbabwes und der legendären Königin von Saba?

Im Südosten Afrikas liegt das 23 Hektar große Groß-Zimbabwe in einem Gebiet zwischen den Flüssen Sambesi und Limpopo. Die am Rande eines Granithochlands inmitten von Weiden und Akazien errichtete Stadt war im Mittelalter die Hauptstadt des Reiches der Shona, die ungefähr um 900 n. Chr. hierher gekommen waren. Zwar entsprach die Lebensweise der Shona der zeitgenössischen afrikanischen Kultur, doch die Errichtung von Stein- und Lehmziegelhäusern in Trockenbauweise (*Zimbabwe* bedeutet soviel wie »Steinhaus«) war eine absolute Novität in diesem Gebiet, da die Häuser hier traditionell aus Holz und Lehm gebaut wurden. Die Siedlung entstand entlang der Hauptverbindungsstraße zwischen den Goldminen von Matala und dem islamischen Hafen Sofala am Indischen Ozean. Über mehrere Jahrhunderte hinweg war Groß-Zimbabwe ein bedeutendes wirtschaftliches, politisches und religiöses Zentrum in Südafrika.

Die Entstehungsgeschichte von Groß-Zimbabwe

Zwischen dem 2. und dem 4. Jahrhundert n. Chr. kamen Stämme aus dem Norden in dieses Gebiet, die vor allem Jäger und Sammler waren. Bereits kurze Zeit später (bis 1050) wechselten diese Stämme zu Viehzucht und Landwirtschaft; im 9. Jahrhundert wurde Groß-Zimbabwe zudem zum Sklavenhandelszentrum für die Deportation der Gefangenen nach Arabien. Nach einigen

Vergangenheit und Gegenwart
Obwohl immer wieder die Theorie aufkam, wonach es Verbindungen zwischen der legendären Königin von Saba (oben rechts) und Groß-Zimbabwe gegeben haben soll, ist diese völlig haltlos, da die Königin von Saba über 2000 Jahre vor der Gründung der Stadt gelebt hatte. Das Bild unten zeigt einen Karanga-Führer.

Das Great Enclosure
Das Great Enclosure *wurde zur Gänze in Trockenbauweise errichtet, dazu wurden Granitblöcke in Ziegelform gebracht.*

Jahrzehnten übernahmen die Mbire-Stämme, die als Vorfahren der Shona gelten, die Herrschaft über dieses Gebiet. Die Mbire bauten u. a. Hirse, Erbsen und Bohnen an und wanderten mit ihren Tieren von Weideland zu Weideland. In der dritten und letzten Phase (von 1050 bis 1450) entwickelten sich die Shona zu geschickten Erbauern von steinernen Häusern und Anlagen, die sie entlang ihrer Wanderstrecken als Versammlungs- und Zufluchtsorte errichteten. Doch ungeachtet dieser ausgeprägten baulichen Fertigkeiten waren die Shona vor allem als Händler und Kaufleute erfolgreich. Tatsächlich tauschten sie das Gold aus den Minen, das Kupfer aus dem Norden, Elfenbein und Sklaven gegen arabische Erzeugnisse oder Handelsgüter (Stoffe aus Indien, Porzellan aus China) ein. Die Hauptstadt des weitläufigen Shona-Reiches war Groß-Zimbabwe, dessen Häuser mit den stabilen, in Trockenbauweise errichteten Mauern nicht nur der Verteidigung dienten, sondern vor allem auch den Bewohnern Respekt und Ansehen einbringen sollten. Kurze Zeit, nachdem die Shona die Stadt im Jahr 1450 verließen, nahmen die Rozvi von den Häusern Besitz. Die Rozvi waren äußerst geschickt in der Metallverarbeitung, und der Großteil der entdeckten Fundstücke wurde von diesem Stamm hergestellt. Die Rozvi wandten sich wieder vermehrt der Viehzucht zu und die von den Shona errichteten steinernen Anlagen wurden zu Gehegen umfunktioniert. Der Reichtum der einstigen Shona-Hauptstadt war mittlerweile zur Legende geworden: Im Jahr 1552 schrieb der portugiesische Historiker João

GROSS-ZIMBABWE UND DIE KÖNIGIN VON SABA

Die Theorien von João dos Santos haben lange Zeit den Glauben an eine Verbindung Groß-Zimbabwes mit der legendären Königin von Saba genährt und man meinte, hier in Afrika auf die legendäre Goldstadt Ophir aus der Bibel gestoßen zu sein: »Und Salomo baute auch Schiffe [...] Und Hiram sandte auf die Schiffe seine Leute [...] zusammen mit den Leuten Salomos. Und sie kamen nach Ofir und holten dort vierhundertundzwanzig Zentner Gold« (*Buch der Könige*, 9, 26–28). Wem sollten diese Goldminen gehören, wenn nicht der legendären Königin von Saba, die ebenfalls in diesem Zusammenhang in der Bibel erwähnt wird (*Buch der Könige*, 10, 10/11): »Und sie gab dem König hundertundzwanzig Zentner Gold ...«, und weiter (14/15): »Und das Gewicht des Goldes, das für Salomo in einem Jahr einkam, war sechshundertsechsundsechzig Zentner ...« Tatsächlich regierte Salomo, König von Israel, von 961 bis 922 v. Chr., also nahezu 2200 Jahre vor der Gründung Groß-Zimbabwes als Hauptstadt des Shona-Reiches. Die legendäre Königin von Saba (in Äthiopien heißt sie Makeda und in Arabien Bilkis) stattete dem König von Israel im Jahr 930 v. Chr. einen Besuch an seinem Hofe ab, beide historische Persönlichkeiten standen also in keinerlei Zusammenhang mit Groß-Zimbabwe – der einstigen Hauptstadt des Shona-Reiches.

Von Holz zu Stein
Da die Lebensweise der Shona in Groß-Zimbabwe den herkömmlichen afrikanischen Traditionen folgte, ist bis heute nicht klar, warum plötzlich anstelle des seit jeher gebräuchlichen Holzes Stein für die Errichtung der Häuser verwendet wurde. Das Bild links zeigt traditionelle Hütten; rechts ist eine Shona-Skulptur zu sehen.

de Barros in seinem Werk *Da Asia* von der Existenz einer Goldmine und einer vergessenen Stadt mit großen steinernen Bauten. Von diesem Text ließ sich João dos Santos, seines Zeichens ebenfalls Schriftsteller, inspirieren und er kam zu dem Schluss, dass es sich hier möglicherweise um das biblische Goldland Ophir handeln könnte. Trotz des offensichtlichen Interesses kamen die Portugiesen nie nach Groß-Zimbabwe, das erst im Jahr 1867 von dem Jäger Adam Renders und dem deutschen Geologen Karl Mauch entdeckt wurde. Die nachkommenden Abenteurer und Forscher nahmen die wertvollsten Fundstücke an sich; die an Ort und Stelle verbliebenen Gegenstände (kleine Statuen, Edelsteine, Keramiken) ermöglichten dennoch eine Datierung der Anlage und die eindeutige Zuordnung zur afrikanischen Kultur.

Der Zimbabwe-Vogel
In Groß-Zimbabwe wurden acht Statuetten gefunden, die den Zimbabwe-Vogel zeigen. Auf einer Statue (unten) wird der Vogel scheinbar von einem Krokodil bedroht.

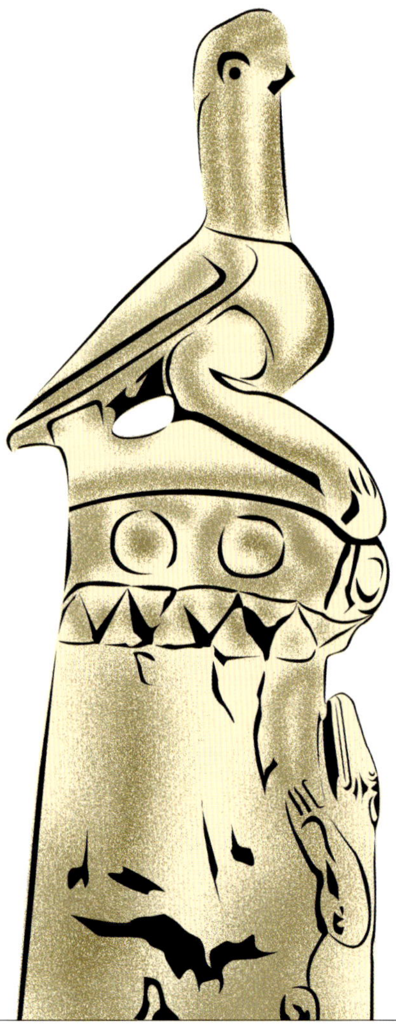

Groß-Zimbabwe heute

Im 13. Jahrhundert besiedelten die Shona eine Anhöhe *(Akropolis)* über einer Ebene, die mit unzähligen Felsblöcken übersät war. Dem natürlichen Terrain folgend errichteten sie eine Reihe von Mauern rund um den höchsten Punkt des Hügels; der innere Bereich war über enge Gänge und Stiegen zu erreichen. Die einzelnen Teilbereiche scheinen unterschiedlichen Zwecken zu entsprechen: So liegt z.B. im Westen das Haus des Anführers und im Norden der Platz des Zimbabwe-Vogels. Auch heute noch wird dieser Vogel als mythischer Gottkönig verehrt und ziert die Flaggen des Staates Zimbabwe. Ein entdeckter Schmelztiegel zeigt die Stelle, wo die Shona das Gold geschmolzen haben. Auf der südlichen Seite wurde eine Höhle gefunden, deren akustische Eigenschaften erstaunlich sind: So sind die in der Höhle gesprochenen Worte weithin im unter der Anhöhe liegenden Tal und vor allem im »Great Enclosure« zu hören. Das »Great Enclosure« wurde ungefähr 1 km unter der »Akropolis« genannten Anhöhe errichtet und stellt somit das beeindruckendste Bauwerk der gesamten Anlage dar. Eine stabile, 250 m lange und 7 bis 9 m hohe Mauer aus Granitsteinen umschließt ellipsenförmig eine zweite, teilweise bereits eingestürzte Mauer; dazwischen verläuft ein enger Gang. Dieser Korridor führt zu einem kegelförmigen Turm, dessen Funktion bis heute jedoch nicht geklärt werden konnte. Der Turm ist 11 m hoch, der Umfang an der Basis des sich nach oben verjüngenden Bauwerks beläuft sich auf 17 m. Weder Fenster noch Türen sind in die Mauern eingearbeitet, die interessanteste Tatsache ist jedoch, dass der Turm innen nicht hohl ist. Welchem Zweck könnte dieses seltsame und geheimnisvolle Bauwerk also nun gedient haben? Verschiedene Thesen versuchen auf diese Frage eine Antwort zu finden, so könnte es sich bei dem Turm um ein Phallussymbol, ein religiöses Kultobjekt oder ein Stammeszeichen handeln, auch eine Bedeutung als astronomisches Observatorium, als Aussichtsturm oder als Leuchtsignalturm mittels Feuer erscheint einleuchtend. Eine eindeutige Beantwortung der Frage nach dem Zweck ist zum derzeitigen Wissensstand jedoch nicht möglich. Im darunter liegenden Tal der Ruinen befinden sich weitere, von niedrigen Steinmauern eingegrenzte Grundstücke, die Wohnstatt der Frau des Königs, die Lagerräume für die Nahrungsmittel, Hütten aus ungebrannten Ziegeln und eingestürzte Lehmhütten *(Daga)* aus jüngerer Zeit.

Ein geheimnisvoller Turm
Der Zweck des kegelförmigen, stiegen- und fensterlosen Turms ist derzeit noch unbekannt; das Innere ist interessanterweise nicht hohl.

Unüberwindliche Mauern
Der eindrucksvolle Mauergürtel des so genannten Great Enclosure *lässt sich auf keiner Seite überwinden. Zwischen der äußeren (10 m hoch) und der inneren Mauer verläuft ein enger Korridor.*

Die verlassene Stadt

Einer Legende des Stammes der Balemba (die Nachfahren der Shona) zufolge wurde dieses Gebiet einst von einem mächtigen Gottkönig bewohnt, den anzusehen bei Todesstrafe verboten war. Nur die vom Gipfel eines Hügels durch ein angsteinflößendes Echo weitergetragenen Worte durften von den Menschen vernommen werden. Nach dem Verschwinden des mächtigen Gottkönigs kam es zu heftigen Kämpfen und die Bewohner mussten fliehen. Bald darauf gründeten sie Dzata als neue Hauptstadt. Möglicherweise war tatsächlich ein Krieg zwischen einander feindlich gesinnten Stämmen der Grund für das Verlassen von Groß-Zimbabwe im Jahr 1450. Andere Thesen wie eine Austrocknung der Böden, das Fehlen von Brennholz, der Zusammenbruch der Handelsbeziehungen oder eine Dürreperiode lassen sich derzeit noch nicht beweisen. Auch gibt es in der Stadt keinerlei Spuren von Bränden oder Kämpfen, sodass der tatsächliche Grund für das Verlassen Groß-Zimbabwes noch immer im Verborgenen liegt.

Das Zentrum des Great Enclosure
Im Zentrum des Great Enclosure *befinden sich die Überreste mehrerer großer Hütten, von denen angenommen wird, dass sie einst als königliche Wohnstätte, als Werkstätten und als Lagerräume dienten.*

ATLANTIS – MYTHOS ODER REALITÄT?

Die Erzählung Platons von der Existenz einer großen Insel, auf der das Volk der Atlanter in einer demokratischen Idealgesellschaft zusammenlebte, fasziniert selbst noch nach beinahe 2400 Jahren die Menschen. Doch gab es das sagenumwobene Atlantis wirklich? Wo hat es sich befunden? Und welche Katastrophe führte schließlich dazu, dass es in den Fluten des Meeres versank?

Der Mythos einer Existenz, auf der die Menschen glücklich und zufrieden, in Wohlstand und voller Weisheit lebten, war Gegenstand mehrerer Werke griechischer Schriftsteller der Antike, doch nur Platon (428–347 v. Chr.) beschrieb in den beiden Dialogen »Timaios« und »Kritias« die Insel Atlantis in allen Einzelheiten. Als Quelle nannte Platon die Erzählungen Solons, der die mündlich überlieferte Geschichte im Jahr 590 v. Chr. wiederum im Zusammenhang mit dem Mittleren Reich (2040–1552 v. Chr.) von den ägyptischen Sais-Priestern erzählt bekommen hatte. Aristoteles, ein Schüler Platons, glaubte nicht an den Wahrheitsgehalt der Erzählungen seines Lehrmeisters, und Herodot, der ebenfalls die Sais-Priester kannte, erwähne nichts von einer derartigen Legende in seinem Werk *Historien*. Bis heute wurden über Atlantis mehr als zweitausend Bücher und Tausende Artikel verfasst und unzählige mehr oder weniger wissenschaftliche Studien durchgeführt. Nicht wenige Menschen haben ihr ganzes Leben und all ihre Energie darauf verwandt, Beweise für die Richtigkeit von Platons Beschreibungen und somit für die Existenz des sagenumwobenen Atlantis zu finden.

Platons Erzählungen

Platon zufolge existierte außerhalb der »Säulen des Herkules«, also des heutigen Gibraltar, eine Insel namens Atlantis, die größer als Afrika und Asien zusammen gewesen war. Die Bewohner, die ein fantastisches Reich erschaffen hatten, das auch den Mittelmeerraum bis zur Türkei und Ägypten umfasste, waren Nachkommen des Gottes Poseidon und der Sterblichen Klito. Die von hohen Bergen geschützte Insel war in zehn Regionen unterteilt, die von ebenso vielen Königen regiert wurden. Gemeinsam mit ihren Untertanen, Seefahrern und Reitern lebten die Herrscher in perfekter Harmonie und in unermesslichem Wohlstand zusammen. Die außergewöhnliche Hauptstadt von Atlantis befand sich auf einer Anhöhe in der Nähe der Küste und war durch einen gerade verlaufenden Kanal mit dem Meer verbunden. Dieser Kanal speiste drei weitere Kanäle, die kreisförmig um die Stadt angelegt waren und eine Gesamtlänge von 22 km hatten. Innerhalb der konzentrischen Wasserstraßen mit den zwei Häfen lagen zwei Inseln, auf denen sich der Herrscherpalast, Laufbahnen für Pferderennen, Gartenanlagen, Anlagen für sportliche Wettkämpfe, Kasernen und Tempel befanden. Die einzelnen Ringe waren von Mauern aus Edelmetallen, Zinn und Steinen geschützt. Doch im Verlauf der Zeit wurden die Atlanter immer unzufriedener, mit dem was sie besaßen, und so zogen sie aus, um Kriege gegen andere Völker zu führen und die Welt zu erobern. Doch die Athener stellten sich ihnen erfolgreich in den Weg und befreiten alle von den Invasoren besetzten Länder. Poseidon zeigte sich sehr erzürnt über das Verhalten der Atlanter und bestrafte sie mit einer Naturkatastrophe, die das Ende der einst so glücklichen und friedvollen Zivilisation bedeutete. Dies alles geschah 9000 Jahre vor Solons Geschichte, und jede Spur der im Meer versunkenen Insel war für immer vom Erdboden getilgt.

Wo lag einst das sagenumwobene Atlantis?
Vielleicht lag Atlantis einst auf der alten Insel Thera *(Bild auf den beiden Seiten) oder es lag außerhalb der »Säulen des Herkules« (das heutige Gibraltar, auf dem Bild auf der rechten Seite). Die Legende erzählt, dass der Gott Poseidon (oben, auf einem Mosaik aus dem 2. Jahrhundert n. Chr.) die Insel im Zorn zerstörte.*

Der Philosoph des verlorenen Paradieses
Links ist eine Büste des griechischen Philosophen Platon zu sehen, der das geheimnisvolle Atlantis in allen Details beschrieb.

Unzählige Geheimnisse

Die These, dass Platon den Mythos von Atlantis erfunden hatte, um seine Gedankenmodelle hinsichtlich der Moral und der Politik besser verdeutlichen und untermauern zu können, ist allgemein verbreitet. Möglicherweise wollte Platon mit seiner Erzählung die Folgen von Habgier und Neid aufzeigen, die mit dem Zorn der Götter bestraft wurden. Vor allem ist es jedoch die Datierung der fraglichen Geschehnisse, die Zweifel am Wahrheitsgehalt der Erzählung aufkommen lassen: Im Jahr 9000 v. Chr. existierte im Mittelmeerraum noch keine wie immer geartete Zivilisation; Athen entwickelte sich erst ab dem 15. Jahrhundert v. Chr. und Pferde waren in Europa nicht vor dem 3. Jahrtausend v. Chr. verbreitet. Außerdem bezieht sich Platon auf die Organisation eines persischen Stadtstaates aus dem 1. Jahrtausend v. Chr. Wie lassen sich also diese offensichtlichen Widersprü-

che nun erklären? Nun, die Antwort erscheint ganz einfach: Möglicherweise fanden die fraglichen Ereignisse nicht »9000 Jahre vor Solon«, sondern vielmehr »900 Jahre vor Solon« statt, die Erklärung könnte also in einer falschen Transkription der Jahreszahlen liegen. Würde dies der Wahrheit entsprechen, so würden die Geschehnisse in eine Zeit fallen, die durchaus mit einigen Aspekten der Erzählung übereinstimmt. Auch der gewaltige Vulkanausbruch auf der Insel *Thera* fand in jener Zeit statt, der eine Erklärung liefert für das Versinken der sagenumwobenen Insel in den Fluten des Meeres.

Die Suche nach Atlantis

Insgesamt gibt es mehr als 40 Orte, an denen Atlantis vermutet wird, angefangen vom Atlantischen Ozean (Azoren, Kanarische Inseln) und der Karibik (Bahamas, Hispaniola, Kuba) über Europa (Arktis, Schweiz) bis hin zu Afrika (Sahara) und dem Mittelmeerraum (Sardinien, Kreta, *Thera*). Lässt man die gänzlich abwegigen Theorien beiseite, so bleiben zwei Thesen, von denen eine Atlantis im Atlantischen Ozean vermutet. Diese Theorie, die vor allem um 1930 herum großen Anklang fand, nahm die Erzählung Platons wörtlich und betrachtet die vulkanischen Inseln der Azoren und der Kanaren als Überreste des infolge einer Naturkatastrophe im Meer versunkenen Kontinents. Als Beweis dafür gelten die Wassertiefen 500 km südlich der Azoren, in denen infolge von Vulkanausbrüchen

Von Asche und Gestein begraben
Wenngleich seit dem Vulkanausbruch auf Thera *mehr als 3500 Jahre vergangen sind, ragen die Ruinen der einstigen Stadt noch immer aus der bis zu 4 m dicken Geröllschicht.*

Die Kanaren
Viele Wissenschaftler sind der Ansicht, dass die Kanaren (links oben) Überreste des sagenumwobenen Atlantis sind.

versunkenes Land verborgen liegen soll. Auch die geologischen Ähnlichkeiten der beiden Archipele könnten darauf hindeuten, dass sie einst Teil eines einzigen Kontinents waren. Leider konnten auf keiner der Insel Spuren gefunden werden, die auf eine Zivilisation, wie sie auf Atlantis gelebt haben soll, hindeuten. Die zweite These sieht in den »Säulen des Herkules« die Dardanellen und vermutet somit das sagenumwobene Atlantis im Mittelmeer. Die Theorie, wonach Troja möglicherweise mit Atlantis identisch sein soll, entbehrt jedoch aufgrund der Tatsache, dass die Überreste dieser Stadt keinerlei Ähnlichkeiten mit den Beschreibungen Platons aufweisen, jeglicher Grundlage. Einleuchtender erscheint hingegen die These, dass die antike Insel *Thera* (das heutige Santorin) am südlichsten Punkt der Kykladen Schauplatz der legendären Geschehnisse war. Dafür sprechen einerseits die einstige Topographie *Theras* in der Antike und zum anderen die zwischen 2500 und 1600 v. Chr. hier lebende kykladisch-minoische Zivilisation, die durchaus Ähnlichkeiten mit der von Platon beschriebenen Kultur aufwies. Vor allem aber war *Thera* in dieser Zeit Schauplatz einer verheerenden Naturkatastrophe, die Teile der Insel im Meer versinken ließ.

Kalliste, *die Schönste*

Die Insel Thera, in der Antike wegen ihrer herausragenden Schönheit auch Kalliste genannt, war ursprünglich ein in den Fluten des Meeres versunkener Vulkan, dessen großer Krater infolge mehrerer Ausbrüche und submariner Verschiebungen schließlich einen runden, mit Wasser gefüllten Kessel bildete. Die weitläufigen Ränder des Kraters wurden zur kreisförmigen Insel, kurze Zeit vor dem letzten Ausbruch war der Kreis auf der westlichen Seite jedoch unterbrochen, sodass ein natürlicher Zugang zu einem Hafen und einer kleinen Insel im Inneren entstanden. In den Ruinen von Akrotiri wurden bedeutende Fundstücke entdeckt, die Aufschluss gaben über eine hochentwickelte, von Einwanderern aus dem phönizischen Raum begründete Zivilisation. Ein gewaltiger Vulkanausbruch bedeckte das gesamte Gebiet mit einer 60 m dicken Lava- und Ascheschicht, nichtsdestotrotz gelang es vielen Menschen, sich noch rechtzeitig in Sicherheit zu bringen. Der im Jahr 1628 v. Chr. stattgefundene Ausbruch ließ den westlichen Teil der Insel an zwei Stellen einbrechen; die kleine Insel Thirasia entstand. Der Kessel, nunmehr halbmondförmig,

Von der Katastrophe verschont
Viele Bewohner Theras *verließen nach mehreren heftigen Erdbeben angsterfüllt die Insel noch vor dem gewaltigen Vulkanausbruch. Sie ließen viele mit Nahrungsmitteln gefüllte Amphoren zurück, so als ob sie mit ihrer raschen Rückkehr rechneten.*

vergrößerte sich auf 11 x 7,5 km, die Tiefe betrug rund 400 m und die seitlichen Wände waren nunmehr 300 m hoch. Als Folge der Aktivität und der Verschiebungen ragten nunmehr im Zentrum zwei kleine Vulkaninseln aus dem Wasser. Obwohl dieser Ausbruch wissenschaftlich belegt ist, sind noch eine Reihe von Fragen offen.

Die Katastrophe ist weder schriftlich belegt noch gibt es mündliche Überlieferungen, ungeachtet der Tatsache, dass die klimatischen Veränderungen infolge des Vulkanausbruchs über ein Jahrzehnt lang zu spüren waren: Die Menschen jener Zeit mussten Hunger leiden und der Seehandel kam nahezu zum Erliegen. Auch hinsichtlich der Datierung gibt es einige Widersprüchlichkeiten: So wurden im Zuge von Ausgrabungen unter der Leitung des griechischen Archäologen Spyridon Marinatos Gegenstände sowie einige Stämme unter den Ascheschichten entdeckt, deren Untersuchung mit der Radiokarbonmethode eine Datierung von 1456 v. Chr. ergaben. Das Aussehen der Insel und der hohe Grad der Entwicklung der einst hier lebenden Zivilisation (eindrucksvolle, in Akrotiri gefundene Fresken zeugen davon) lassen durchaus Ähnlichkeiten mit der von Platon beschriebenen Hauptstadt von Atlantis erkennen. Nichtsdestotrotz stimmen weder die Größe (Platon schrieb von einem gewaltigen Kontinent) noch die Chronologie mit den Erzählungen des griechischen Schriftstellers und Philosophen überein. Der Mythos von Atlantis ist ungebrochen, seine Geheimnisse sind weiterhin ungelöst.

Der Mythos auf der Leinwand
Auch die Filmindustrie machte sich die Faszination der legendären Insel zunutze und produzierte mehrere Filme zu diesem Thema.

DER VULKANAUSBRUCH IM JAHR 1628 V. CHR.

Der Vulkanausbruch auf *Thera* im Jahr 1628 v. Chr. hatte weitreichende verheerende Folgen, die in einem Umkreis von 1000 km im gesamten Mittelmeerraum zu spüren waren. Die noch in 3000 km Entfernung zu hören gewesene Explosion ließ eine Säule aus Lava, Asche und Bimsstein 20 km in den Himmel wachsen; sogar in der Türkei und in Ägypten prasselte Geröll auf die Erde herab. Der Vulkanausbruch löste ein Seebeben aus, das sich bis an die Küsten Kretas und in den östlichen Bereich des Mittelmeeres fortsetzte. Die Folgen waren verheerend: Berechnungen zufolge starben mehr als 40.000 Menschen, der Himmel blieb ein Jahr lang verdunkelt, die Ernte verdarb und ein Seehandel war kaum mehr möglich. Über zehn Jahre hinweg sank die Durchschnittstemperatur um 2 Grad und die erboste Bevölkerung erhob sich gegen die Priester, die es nicht vermocht hatten, die Katastrophe abzuwehren. Das Ende der minoischen Kultur war besiegelt. Analysen der Moore Irlands, der Gletscher Grönlands und der Jahresringe der Bäume beweisen die zerstörerische Kraft des Ausbruchs und ermöglichen eine exakte Datierung dieser verheerenden Katastrophe.

Geographisches Verzeichnis

Geheimnisvolles Achteck
Die faszinierende oktogonale Symmetrie des Castel del Monte in der Nähe von Andria (Bari).

Heilige Anhöhe
Die Kathedrale von Chartres (Frankreich) wurde auf einer Anhöhe errichtet, die seit Menschengedenken als heilig gilt.

Unvergängliches Bauwerk
In Cuzco (Peru) steht der Coricancha oder Sonnentempel.

Auf den Seiten dieses Buches konnte nur ein Teil der faszinierendsten und geheimnisvollsten heiligen Stätten, magischen Orte und versunkenen Städte und Länder der Welt in aller Ausführlichkeit präsentiert werden. In diesem geographischen Verzeichnis werden jedoch weitere achtzig Kultstätten, eingeteilt nach Ländern und in alphabetischer Reihenfolge, mit den wichtigsten Daten und Fakten vorgestellt. Unzählige Fragen bleiben jedoch auch in diesen Fällen ungeklärt, da die Zeit und der Mensch vieles unwiederbringlich zerstören, das Aufschluss über eine Geschichte geben könnte, die uns alle betrifft.

Zeugen aus Stein
Beeindruckende Sandsteinformationen in der Wüste Tassili (Algerien).

Ein sardonisches Lächeln
Diese Terrakottamaske aus dem 4. Jahrhundert v. Chr. stammt aus Karthago.

Dionysische Riten
Im Bacchus-Tempel von Baalbek (Libanon) wurden dionysische Riten in Form orgiastischer Kulte gefeiert.

Europa

Arles, *Frankreich*
Unweit von Arles befinden sich entlang der Ufer der Rhone fünf megalithische Galeriegräber mit gewaltigen Trag- und Decksteinen. Das größte Grab, die *Grotte des Fées* (Grotte der Feen), besteht aus einem 23 m langen und 3 m breiten Gang und zwei kleineren, seitlichen Kammern. Die Datierung der Fundstücke zeigte, dass die Gräber zwischen 4000 und 3500 v. Chr. errichtet wurden und einige Forscher halten eine Verbindung zwischen den Erbauern und der sagenhaften Zivilisation von Atlantis für möglich. Die *Grotte des Fées* gilt als Vorlage für die Gräber der spanischen Los-Millares-Kultur.

Biskupin, *Polen*
Die frühgeschichtliche Siedlung von Biskupin (225 km von Warschau entfernt) wurde auf einer Insel errichtet und war durch einen mit Erde verfüllten, aus Baumstämmen errichteten Ringwall befestigt. Eine mit Holzbohlen gepflasterte Straße verband das Dorf mit dem Festland. Die Ausgrabungen haben gezeigt, dass die Siedlung von der Urnenfelderkultur (die Asche der Verstorbenen wurde in Urnen in eigenen Feldern vergraben) errichtet worden war, die in Europa während der Eisenzeit weit verbreitet war. Im Dorf, das ungefähr um 550 v. Chr. entstand, wurden viele Fundstücke aus Bronze und Eisen entdeckt, u. a. einer der ersten Pflüge Europas. Die Bewohner huldigten der Sonne und dem Mond; die exakte Herkunft dieses Volkes konnte bislang jedoch noch nicht geklärt werden.

Bryan Celli Ddu, *Großbritannien*
Auf der nordwestlich von Wales gelegenen Insel Anglesey befindet sich ein Ganggrab, das von einem Hügel mit einem Durchmesser von 50 m bedeckt ist. Die Basis bilden Steinkreise, die mit Geröll verfüllt wurden. In der inneren Kammer, in der sich eine bearbeitete Steinsäule befindet, wurden menschliche Knochen gefunden, deren eindeutige Zuordnung bislang jedoch noch nicht möglich war. Das Grab wurde ungefähr um 2000 v. Chr. errichtet, der darin bestattete Verstorbene könnte jedoch einer der letzten Keltenführer gewesen sein, die gegen die eindringenden Römer kämpften.

Ein befestigtes Dorf
Auf dem unten stehenden Bild ist der Eingang des Dorfes von Biskupin in Polen zu sehen. Die aus der Eisenzeit stammende Siedlung bestand ursprünglich aus mehr als 100 Häusern.

Callanish, *Großbritannien*
Auf der Insel Lewis auf den Äußeren Hebriden in Schottland befindet sich in der Nähe von Stornoway einer der interessantesten Steinkreise Großbritanniens. Eine von Steinen gesäumte Allee führt zu einem Kreis aus 13 hohen und schlanken Menhiren (ursprünglich waren es viel mehr), die zwischen 3000 und 1500 v. Chr. hier aufgestellt wurden. Die Ausrichtung der Steine zeigt, dass es sich hier um ein prähistorisches Observatorium handelte, mit dessen Hilfe die Jahreszeiten bestimmt werden konnten.

Castel del Monte, *Italien*
Das Castel del Monte wurde vom Hohenstaufenkaiser Friedrich II. im 13. Jahrhundert vermutlich als Jagdschloss errichtet. Der Kalksteinbau erinnert an eine Festung und diente möglicherweise eher Astronomen und Eingeweihten als den Jägern. Der gleichschenkelige achteckige Grundriss beherbergt 16 Säle (8 pro Stockwerk), die durch Treppen in drei der acht ebenfalls achteckigen Türme verbunden sind. Im Inneren des Hofes wirft die Sonne Schatten auf die Wände, die geometrische Figuren mit komplexer mathematischer und esoterischer Bedeutung bilden.

Castelluccio, *Italien*
Das prähistorische Dorf von Castelluccio befindet sich auf einem felsigen Bergsporn zwischen Siracusa und Ragusa. Die in der Nähe befindliche Nekropole stammt aus der Bronzezeit (1800–1400 v. Chr.) und wurde direkt aus den Felswänden herausgearbeitet. Heute sind hier die Öffnungen von mehr als 200 Gräbern zu bestaunen. Die Tatsache, dass in den Gräbern zahlreiche Keramiken und Grabbeigaben gefunden wurden, jedoch keinerlei Spuren menschlicher Überreste, stellt die Fachwelt auch heute noch vor ein Rätsel. Die Gräber waren mit steinernen Türen verschlossen, in die häufig Spiralsymbole geritzt worden waren.

Chartres, *Frankreich*
Um eine der schönsten gotischen Kathedralen der Welt ranken sich eine Vielzahl von Geheimnissen. Einst hatten Druiden hier ein religiöses Zentrum gegründet, das einem Fruchtbarkeitskult geweiht war. Als Symbol für diesen Kult diente eine hölzerne Statue, die eine Mutter mit Kind zeigte. Im 3. Jahrhundert n. Chr. wandelte der Bischof Adventus den alten Kult in den Marienkult der »Schwarzen Madonna« um, da die betreffende Statue sich mittlerweile schwarz verfärbt hatte. Aus welchem Grund wird eine ganz bestimmte Steinplatte am Boden während der Sommersonnenwende von den Lichtstrahlen hell erleuchtet? Welche symbolische Bedeutung haben die vielen Statuen und Glasfenster der

Kirche? Und in welchem Zusammenhang stand Chartres mit den Templern?

Drenthe, *Holland*
Zwischen den Städten Assen und Emmen wurden zwischen 3400 und 2300 v. Chr. in einem sumpfigen Gebiet über 50 von Steinkreisen umgebene Ganggräber *(Hunebedden)* errichtet. Die Gemeinschaftsgräber bestehen aus Steinplatten, die den Zugang bilden, und einer mit horizontalen Steinen überdachten Kammer. Diese Art von Gräbern wurde vermutlich von Polen oder Deutschland nach Holland gebracht; die Erbauer sind jedoch bis heute unbekannt.

Dunadd, *Großbritannien*
In der Ebene zwischen Kilmartin und Lochgilphead in der schottischen Region Strathclyde erhebt sich ein Hügel, von dem die Legende besagt, dass sich hier einst der Sitz der Könige des legendären Reiches Dalriada befand. Neben den Mauerresten befindet sich ein Felsen, in den die Zeichnung eines Wildschweins geritzt wurde, die Inschrift daneben ist nicht mehr zu entziffern. Der Abdruck eines Fußes auf einem Stein wird mit der Tradition in Verbindung gebracht, wonach der Herrscher des Gebiets bei seiner Krönung einen Fuß auf einen Felsen stellen musste.

Evora, *Portugal*
Östlich von Evora befindet sich eine der ältesten Megalithanlagen Europas. Ungefähr um 4000 v. Chr. wurden hier sieben megalithische, mit Hügeln *(Antas)* bedeckte Ganggräber errichtet – die Datierung hat eine neue Debatte über den Ursprung der Megalithkulturen entfacht: Entstanden diese Kulturen autochthon und gelangten dann nach Großbritannien oder kamen sie aus nördlichen Regionen? Jüngste Analysen weisen darauf hin, dass die Wiege dieser Kulturen in Großbritannien lag.

Externsteine, *Deutschland*
In der Nähe von Detmold, ungefähr 80 km von Hannover entfernt, ragt im Teutoburger Wald eine Sandsteinformation mit fünf gewaltigen, natürlichen Türmen hervor. Diese als »Externsteine« bezeichneten Felsen haben eine bizarr anmutende Oberfläche und Form, die infolge von Verwitterung und Erosion entstanden ist. In den Felsen hinein baute der Mensch zahlreiche Gänge, Treppen und Kammern. Die offene *Kapelle* auf der Spitze eines Turms diente als Observatorium; das im Jahr 1020 in den Stein gemeißelte *Kreuzabnahmerelief* weist zahlreiche esoterische Symbole auf. In Deutschland gelten die Externsteine als Kraftort, von dem positive Energien ausgehen, und erfreuen sich somit großer Beliebtheit bei Touristen und Esoterikern.

Eine antike Nekropole
Die sardische Nekropole von »Li Muri« wurde von der »Ozieri-Kultur« um ca. 2500 v. Chr. errichtet.

Filitosa, *Frankreich*
Zwischen Ajaccio und Propriano befand sich auf einer Anhöhe eine Kultstätte mit mindestens 15 anthropomorphen Felsen und 20 Menhiren. Unter Verwendung der Steinmonumente wurde später hier ein Dorf mit einer gewaltigen Mauer und Steintürmen errichtet. Leider konnte im Zuge archäologischer Grabungen nur mehr ein Teil der ursprünglichen Menhire wiederentdeckt werden. Hinsichtlich der Datierung ist sich die Fachwelt nicht ganz einig: Die erste Phase der Errichtung fand vermutlich zwischen 2800 und 1350 v. Chr. statt, die zweite Phase steht möglicherweise in engem Zusammenhang mit den geheimnisvollen »Torreanern«, die einigen Forschern zufolge mit dem kriegerischen Seevolk »Shardana« identisch waren. Das Volk der »Shardana« führte zwischen 1200 und 1400 v. Chr. grausame Streifzüge im Mittelmeerraum durch und verbreitete unter den dort lebenden Menschen Angst und Schrecken.

Finale Ligure, *Italien*
In der Höhle von Arene Candide bei Finale Ligure wurden viele antike Gräber gefunden. Das berühmteste ist das »Grab des jungen Prinzen«, das ungefähr vor 20.000 Jahren angelegt wurde. Das darin enthaltene Skelett gehörte einem jungen Mann von hohem Rang, der eine Verstümmelung des Unterkiefers und andere Knochenbrüche aufwies. Entstanden diese Verletzung im Rahmen einer Stammesfehde oder durch den Angriff eines wilden Tieres? Waren die Haube aus Muscheln auf dem Kopf des Mannes sowie das verzierte Geweih eines Elchs eine Art Herrscherinsignien?

Gotland, *Schweden*
Die größte Insel (3140 km²) der Ostsee war in prähistorischen Zeiten verhältnismäßig dicht besiedelt, so gibt es hier 400 Hügelgräber aus der Bronzezeit, 70 befestigte Anlagen aus der Eisenzeit und unzählige Steinritzungen der Wikinger aus dem 1. Jahrtausend n. Chr. Besonders bekannt sind das begehbare Steinlabyrinth von Trojeborg bei Visby und die Steingräber in Schiffsform aus der Bronzezeit. Vermutlich sollten diese die Reise ins Jenseits symbolisieren (ähnlich den ägyptischen Sonnenbarken) – oder erinnerten sie nur an die Arbeit als Fischer der Verstorbenen zu Lebzeiten?

Le Murghe, *Italien*
Das Gebiet Apuliens ist reich an kegelförmigen Steinbauten, die in Trockenbauweise errichtet wurden und von der hiesigen Bevölkerung »Specchie« genannt werden. Häufig befinden sich im Inneren dieser Hügel Ganggräber aus der Eisenzeit, während die Funktion anderer Hügel, deren abgeflachte Spitze über einen gewundenen Aufgang erreicht werden kann, unbekannt ist. Möglicherweise wurden hier der Lauf der Sterne beobachtet oder spezielle Zeremonien durchgeführt; die Plattform könnte jedoch auch der Entfleischung der Verstorbenen vor der Beisetzung gedient haben. Wer die steinernen Hügel errichtete, ist ebenfalls nicht bekannt.

Li Muri, *Italien*
Im nordöstlichen Teil Sardiniens befinden sich einige der ältesten Megalithmonumente der Insel. 8 km von Arzachena entfernt erhebt sich am Rand einer Anhöhe die Anlage »Li Muri« mit fünf einander kreuzenden Steinkreisen. Im Zentrum eines jeden Kreises befindet sich eine Kuhle für einen Monolith, umgeben von weiteren Steinen. Die Bedeutung der Kultstätte als Nekropole gilt durch die Funde menschlicher Knochen und Grabbeigaben als erwiesen, die Datierung ergab eine Errichtung der Anlage um ca. 2500 v. Chr. Die Fachwelt geht davon aus, dass die Kreise einst von Erdhügeln bedeckt waren, die Urheber und Nutzer der Anlage sind jedoch nicht bekannt.

Das Schatzhaus des Atreus
Das Schatzhaus des Atreus besteht aus mehreren, kreisförmig übereinander gelagerten Steinreihen, deren Durchmesser mit zunehmender Höhe immer mehr abnimmt.

Los Millares, *Spanien*
Ungefähr 20 km von der Stadt Almeriá entfernt befindet sich auf einer Anhöhe oberhalb des Flusses Andarax eine Megalithanlage, die zwischen 3100 und 2850 v. Chr. hier errichtet wurde. Die Siedlung besteht aus mehreren gemauerten Häusern und einer weitläufigen Nekropole mit Kuppelgräbern. Besonders interessant ist ein gewaltiger, von einem Steinkreis umgebener Hügel. Charakteristisch für diese Kultstätte ist ein an ein Auge erinnerndes Symbol, das in Keramiken und in Knochenplatten geritzt wurde. Dieses stand für den wohlwollenden Blick der Götter, deren Schutz die Menschen erbaten.

Mahòn, *Spanien*
In der Umgebung der Stadt Mahòn, der Hauptstadt der iberischen Insel Menorca, liegt auf dem Gipfel eines bewaldeten Hügels die größte Megalithanlage der Balearen. Sie besteht aus fünf *Talayots* (runde, in Trockenbauweise errichtete Türme), einer *Taula* (Tafel aus T-förmig aufgestellten Steinblöcken), mehreren Steinkreisen (einer in Schiffsform) und einigen hypogäischen Kammern. Die Megalithmonumente wurden um 1000 v. Chr. errichtet; die Urheber waren ein unbekanntes Volk, bezeichnet als »talayotische Kultur«. Die Frage, ob die *Taula* als Altar für Opferungen diente oder die Grabstätte eines Anführers kennzeichnete, ist nicht geklärt. In Trepuco befindet sich auch eine *Naveta,* ein Monument, das als Gemeinschaftsgrab diente.

Mykene, *Griechenland*
Die älteste Stadt Griechenlands entstand auf einem Hügel, ungefähr 10 km von Argos entfernt; die ersten Steine wurden hier bereits während des Neolithikums aufgestellt. Heute stehen davon nur mehr die Ruinen der Akropolis und die königlichen Gräber des äußeren und inneren Rings (2000–1600 v. Chr.). Später wurden die Königsgräber an den Rand des Hügels verlegt und durch die Anlage von Korridoren und weitläufigen Kuppelgräbern ausgebaut. Die bedeutendste Grabstätte ist jedoch das so genannte *Schatzhaus des Atreus,* hier wurde eine außergewöhnliche Totenmaske aus Gold gefunden, von der es heißt, dass sie einst dem legendären König gehört hatte. Das Kuppelgrab hat einen Durchmesser von 14,50 m und eine Höhe von 12,30 m und besteht aus 33 übereinander geschichteten und vorspringenden Steinreihen. Über die Bestattungszeremonien in der Zeit um 1400 v. Chr. ist nur wenig bekannt, doch allem Anschein nach folgten dem verstorbenen König auch die treuesten Diener und seine Gemahlin ins Grab.

Monte d'Accoddi, *Italien*
Entlang der Straße, die im Norden Sardiniens von Sassari nach Porto Torres führt, erhebt sich – ähnlich einem mesopotamischen Zikkurat – ein 12 m hoher, terrassenförmig angelegter Hügel. Der zweistöckige Bau besteht aus einer in Trockenbauweise errichteten Steinmauer, eine von zwei Menhiren gesäumte Rampe führt auf die oberste Ebene. Daneben steht ein Dolmen sowie ein großer ovaler Fels, in dessen Oberfläche ein geschwungenes Motiv eingeritzt wurde, das möglicherweise die Sonne symbolisiert. Die ungefähr um 1700 v. Chr. errichtete Anlage diente ohne Zweifel zeremoniellen Zwecken, doch die Gottheit, der dieses Monument geweiht ist, ist ebenso wenig bekannt wie die Erbauer der Anlage.

Nebra, *Deutschland*
Am Gipfel des Mittelbergs, in der Nähe der Städte Wangen und Nebra in Sachsen-Anhalt, wurden in einem Erdwall zahlreiche Bronzegegenstände gefunden, die ungefähr um 1600 v. Chr. gefertigt worden waren. Dazu gehörten u. a. zwei mykenische Schwerter, zwei Äxte, ein Meißel und zwei Spiralarmreifen, der bedeutendste Fund war jedoch zweifelsfrei die so genannte »Himmelsscheibe von Nebra«. Dabei handelt es sich um eine Scheibe mit einem Durchmesser von 32 cm, auf der in Goldeinlegearbeiten der Vollmond, ein Halbmond, zwei Horizontbögen, die symbolische Darstellung der Sonnenbarke, die sieben Sterne der Plejaden sowie 23 weitere Sterne abgebildet sind. Die Fachwelt geht davon aus, dass die »Himmelsscheibe von Nebra« die älteste bekannte Darstellung des Sternenhimmels ist; möglicherweise diente sie als Kalender zur Bestimmung des bäuerlichen Jahres von der Vorbereitung des Ackers bis hin zur Ernte. Die tatsächliche Bedeutung der Scheibe ist jedoch nach wie vor unbekannt; auch auf die Frage, wer sie geschaffen hat und warum sie vergraben wurde, konnte bislang keine Antwort gefunden werden.

Paphos, *Zypern*
Paphos (an der Westküste Zyperns) war in der mykenischen Zeit eine griechische Kolonie, die im Jahr 294 v. Chr. von Ptolomaios I. von Ägypten, der hier eine neue Hauptstadt der Insel gründete, erobert wurde. Im nahegelegenen Ort Kouklia (damals *Paleopaphos*) befinden sich die Überreste eines Heiligtums, das der Überlieferung zufolge Aphrodite, der Göttin der Liebe, geweiht war. Die Legende erzählt, dass Aphrodite aus dem Schaum der Meereswellen geboren und von den Winden zuerst auf den Peloponnes und schließlich nach Paphos auf Zypern gebracht wurde. Beide Orte beanspruchen daher für sich, als Geburtsstätte Aphrodites zu gelten.

Palermo, *Italien*
Auf dem Monte Pellegrino in der Nähe von Palermo wurden in der »Grotta dell'Addaura« Felszeichnungen gefunden, die ungefähr um 15.000 v. Chr. in die Oberfläche geritzt wurden. Ein Bild zeigt neun im Kreis aufgestellte Männer, die um zwei weitere, einander gegenübergestellte, möglicherweise gefesselte Männer herumstehen. Die Männer in der Mitte liegen entweder am Boden oder scheinen über diesem zu schweben. Bislang ist es nicht gelungen, mehr über die Bedeutung der Zeichnung herauszufinden. Möglicherweise stellen die Männer in der Mitte Initiierte dar – oder sollten sie auf grausame Weise geopfert werden?

Pontremoli, *Italien*
In der Gegend von Lunigiana wurden mehr als sechzig anthropomorphe Statuen aus der Bronze- und Eisenzeit gefunden, die mit Waffen ausgestattete und mit Ketten geschmückte männliche und weibliche Personen zeigen. Möglicherweise handelt es sich hier um Darstellungen von Gottheiten oder Helden, die als Götter verehrt wurden; die Bedeutung der Statuen als Grabbeigaben ist jedoch umstritten. Da viele der Figuren ohne Zweifel gewollt zerstört wurden, stellt sich die Frage, ob dies infolge der Christianisierung geschah oder ob dies das Werk einfallender Völker mit anderen religiösen Glaubensvorstellungen war.

Popovo Polje, *Kroatien*
Ungefähr 50 km von Dubrovnik entfernt befindet sich ein Friedhofsareal mit zahlreichen Gräbern, die mit geheimnisvollen Figuren und Darstellungen geschmückt sind. Die Darstellungen sind zum Teil aus Stein gemeißelt, zum Teil bemalt und zeigen Menschen, Pferde, die Sonne, den Mond und ein Hakenkreuz. Die anfängliche Annahme, dass diese Gräber von den Bogomili angelegt wurden, ist zweifelhaft, da auch unzählige Kreuze die Gräber zieren. Möglicherweise wurden diese jedoch erst im Zuge der Christianisierung hier aufgestellt.

Sarum Ley, *Großbritannien*
Der *Sarum Ley* gehört zu den wichtigsten, als heilig geltenden gedanklichen Linien *(Ley)*, die bedeutende Kultstätten und Kraftformen in gerader Linie miteinander verbinden. Den Ausgangspunkt bildet ein neolithischer Hügel, von hier aus verläuft der *Sarum Ley* in nordöstlicher Richtung über die Landschaft von Wiltshire und Hampshire, verbindet die Stätten Stonehenge, eine befestigte Anlage aus der Eisenzeit bei Sarum, die Kathedrale von Salisbury und ein Dorf aus dem 1. Jahrtausend v. Chr. bei Learbury Ring miteinander. Den Schlusspunkt bildet die befestigte Anhöhe von Frankenbury Camp.

Tustrup, *Dänemark*
In der Nähe von Vivild in Dänemark wurden noch vor dem 3. Jahrtausend v. Chr. entlang der Küste einige Megalithmonumente errichtet, zu denen u. a. ein *Dyss* (einfacher Dolmen), ein Galeriegrab und ein Ganggrab gehören. Die verschiedenen Monumente stammen von unterschiedlichen Kulturen, beinhalteten jedoch dieselbe Art von Keramik. Ein in der Nähe befindlicher Bau aus Holz diente vermutlich der Durchführung von Begräbniszeremonien. Da die Gräber nicht von späteren Kulturen in Besitz genommen wurden, lässt sich die Vielfalt der Monumente möglicherweise durch verschiedene Glaubensvorstellungen der Menschen jener Zivilisation erklären.

Die Felsen im Tal von Valcamonica
Die Felszeichnungen im Tal von Valcamonica gehören zu den bedeutendsten Europas und wurden mittels verschiedener Techniken und Gerätschaften aus Stein oder Metall in die Gesteinsoberfläche geritzt.

Valcamonica, *Italien*
Ungefähr 60 km von Brescia entfernt liegt das Gebiet von Valcamonica, in dem die bedeutendsten Felsritzungen des gesamten Alpenraums mit über 250.000 Motiven gefunden wurden. Die ersten wurden bereits im Neolithikum (6000 v. Chr.) angefertigt; die jüngsten stammen aus der Zeit der römischen Eroberung (16 v. Chr.). Die Ritzungen zeigen schematische Darstellungen von der Sonnenscheibe, Menschen und Tiere, Szenen des alltäglichen Lebens sowie komplexere Kompositionen mit religiösen Zeremonien, Kampfszenen und Gruppen von Tieren, mit Waffen verziert. Des Weiteren sind hier kupellenartige Motive sowie Menhire zu finden, die über und über mit Darstellungen bedeckt sind, deren Bedeutung nicht immer eindeutig ist. Die Ritzungen sind das Werk der Camunen, eines prähistorischen Volkes, das das Tal in der Jungsteinzeit besiedelte.

Visbek, *Deutschland*
In der Umgebung von Bremen befinden sich auf einer begrenzten Anhöhe im Wald von Visbek mehrere Gangdolmen. Unweit davon erstaunen die *Visbeker Braut* und der *Visbeker Bräutigam* die Besucher, dies sind zwei quadratische Steinsetzungen mit 110 m bzw. 80 m Seitenlänge. Im Zentrum befinden sich zwei große, von einem Hügel bedeckte Ganggräber, die noch vor dem 3. Jahrtausend v. Chr. hier angelegt wurden. Neben der Bedeutung als Grabstätte ist eine Bedeutung als Zeremonien- und Kultstätte nicht auszuschließen, so könnten hier z. B. auch astronomische Beobachtungen gemacht worden sein.

Wéris, *Belgien*
In der Nähe von Erezée, ungefähr 5 km von Wéris entfernt, befindet sich in den Ardennen ein beeindruckender Megalithkomplex, der hier zwischen 3000 und 2500 v. Chr. entstanden ist. Dazu gehören u. a. in Linien aufgestellte Steinblöcke wie z. B. eine Gruppe aus drei hohen Menhiren und einem teilweise noch von einem Hügel bedeckten Dolmen, in dem menschliche und tierische Knochen sowie Keramikscherben gefunden wurden. Die kulturelle Zugehörigkeit der Erbauer der Anlage ist ungeklärt, möglicherweise diente die linienförmige Anordnung der Steine *(Alignement)* der Beobachtung einer nicht näher bekannten Sternenkonstellation.

Afrika

Abalessa, *Algerien*
Unweit der Oase von Abalessa, in der von dem Gebirgsmassiv Ahaggar umgebenen Saharawüste, wurde 55 km westlich von Tamanrasset im Jahr 1925 ein königliches Grab aus dem 4. Jahrhundert n. Chr. entdeckt. Der steinerne Bau umfasste mehrere Kammern, eine von ihnen enthielt das Skelett der Königin Tin Hinan, von der nur bekannt ist, dass sie mit einem ledernen Gewand bekleidet war und an den Armen Silber- und Goldreifen trug. Neben den sterblichen Überresten der »Amazonenkönigin« wurden römische Münzen (308 bis 324 n. Chr.) mit dem Konterfei Kaiser Konstantins gefunden. Einigen Forschern zufolge war Tin Hinan die Stammmutter des Nomadenvolkes der Tuareg.

Berenike Panchrysia, *Sudan*
Im Zuge einer Expedition kamen im Jahr 1989 die Brüder Alfredo und Angelo Castiglioni in das Tal des Wadi Allaqi in der nubischen Wüste im Norden des Sudan. Sie entdeckten hier eine antike Minenstadt, die sie für das legendäre Berenike Panchrysia hielten, die von Plinius dem Älteren in seinen Schriften erwähnte »Goldstadt«. Die im Jahr 270 v. Chr. von König Ptolemäus II. Philadelphos gegründete Stadt befand sich in einem goldreichen Gebiet und sicherte den ägyptischen Königen ausreichende Mengen des Edelmetalls. Die Frage, ab wann Gold in den Minen abgebaut wurde, konnte bislang jedoch noch nicht eindeutig geklärt werden.

Karthago, *Tunesien*
Der Überlieferung zufolge wurde das antike Karthago 814 v. Chr. gegründet. Von den Griechen im Jahr 310 v. Chr. erobert, sollen die Karthager zur Besänftigung der Wut der Götter beschlossen haben, 500 Kinder zu opfern, möglicherweise die Erstgeborenen einer jeden Familie. Die Analyse der verkohlten Knochen von Kindern, die im *Tophet* in Salambo gefunden wurden, lassen jedoch weder eine derart hohe Anzahl noch einen unnatürlichen Tod vermuten. Nach den neuesten Erkenntnissen neigt die Fachwelt dazu, das Ausmaß der Kinderopfer als deutlich reduzierter anzunehmen; möglicherweise war die Opferung von Kindern auf Zeremonien zu Ehren der Gottheiten Baal und Tanit beschränkt. Das antike Karthago wurde im Jahr 146 v. Chr. von den Römern zerstört.

Die Goldstadt
Berenika Panchrysia bestand aus zwei Festungen mit einem Kern aus Wohnhäusern in der Mitte.

Ife, *Nigeria*
Die Stadt Ife wurde der Überlieferung zufolge im 11. Jahrhundert n. Chr. von Oni, dem Sohn Oduduwas, als Hauptstadt der Yoruba gegründet. Der Ort liegt westlich der Tropenwälder und des Flusses Niger und gilt als Wiege der Menschheit. Der Palast von Oni verfügte über bearbeitete Türen aus Terrakotta, in der Nähe wurden beeindruckende Köpfe aus Bronze, Kupfer, Messing und Ton gefunden. Die Köpfe standen in engem Zusammenhang mit einem Ahnenkult und gelten als künstlerische Meisterleistung.

Karnak, *Ägypten*
Die berühmte Tempelanlage von Karnak liegt zwischen Theben und Luxor; mit dem Bau wurde im Jahr 1500 v. Chr. begonnen. Die Anlage umfasst mehrere Tempel mit erstaunlich hohen Säulen, einige von Sphingen gesäumte Prachtstraßen und eine Vielzahl an außergewöhnlichen, mehrfarbigen Reliefs. Der Tempel von Amun ist auf einer 2400 m² großen Fläche erbaut und besteht aus zehn, durch Höfe voneinander getrennten Bereichen. Das Dach des Saales von Ramses I. ruht im Mittelteil auf 14 24 m hohen Säulen; die sieben Seitenschiffe werden durch insgesamt 126 Säulen gestützt.

Kerkouane, *Tunesien*
Diese im Jahr 1952 an der tunesischen Küste am Kap Bon entdeckte punische Stadt wurde ungefähr im Jahr 570 v. Chr. nach einem sehr fortschrittlichen Stadtplan errichtet. 256 v. Chr. eroberten jedoch die Römer die Stadt und tilgten sie vom Erdboden. Im Zuge von Ausgrabungen entdeckte man mit Ton verputzte Wohnhäuser sowie vornehmere Häuser, zu denen einst zahlreiche Mosaiken und Wasserbecken gehörten. Der Zustand der Ruinen lässt leider keinerlei Schlüsse auf die ursprüngliche Bedeutung der Stadt zu; auch die Gottheit, der die Stadt möglicherweise geweiht gewesen war, ist nicht bekannt.

Punier und Römer
Das Bild rechts zeigt die in Karthago zwischen 146 und 162 n. Chr. errichtete römische Antoniustherme.

Feste im Tempel
Der Festsaal von Thutmosis II. im Inneren des Amun-Tempels in der Anlage von Karnak.

Lalibela, *Äthiopien*
Das einstige *Rohan,* die heilige Stadt Äthiopiens, entstand im zentral-nördlichen Gebiet des Landes zwischen dem 12. und dem 13. Jahrhundert. Sie wurde regiert von König Lalibela, nach dem sie benannt wurde und der auch heute noch als Heiliger verehrt wird. Der mächtige Herrscher veranlasste den Bau von mehreren Kirchen, die allesamt als Monolithe aus dem Tuffstein des Bodens herausgearbeitet wurden. Die Gebäude wurden dabei von oben nach unten mit allen Reliefs und Ornamenten aus dem Gestein gemeißelt. Die größte Kirche ist die Erlöserkirche mit einer Länge von 33 m, einer Breite von 23 m und einer Höhe von 11 m. Die ursprünglichen Motive für die Errichtung der elf beeindruckenden Monolithbauwerke konnten nie eindeutig geklärt werden.

Meroë, *Sudan*
Unweit des Nils, ungefähr 6 km nördlich von Kabushia, befinden sich die Überreste einer Stadt, die einst zum Reich von Kusch gehörte, dessen Bewohner sich ca. im 7. Jahrhundert v. Chr. hierher zurückgezogen hatten. Anders als bei den Ägyptern befanden sich die Grabkammern nicht im Inneren der von ihnen errichteten Pyramiden, sondern darunter. Im Jahr 350 n. Chr. wurden die Meroiter von den aus Axum kommenden Äthiopiern vertrieben – wohin sie sich danach zurückzogen, ist nicht bekannt. Die Meroiter verfügten über eine eigene Schrift, die auf den ägyptischen Hieroglyphen basierte, jedoch ein richtiges Alphabet mit Konsonanten und Vokalen umfasste. Bislang konnte leider nur ein geringer Teil dieses Schriftsystems entschlüsselt werden.

Einzigartige Bauwerke
Die Kirchen von Lalibela sind unterirdisch durch Stollen und Gänge miteinander verbunden. Die dem hl. Georg geweihte Kirche steht als einzige isoliert.

Tassili N'Ajjer, *Algerien*
Der algerische Nationalpark Tassili N'Ajjer befindet sich auf einem wüstenhaften Hochplateau aus Sandstein, dessen Felsen mit insgesamt 10.000 Felsbildern verziert wurden. Die Bedeutung vieler Darstellungen ist bis heute noch unklar. Die Bilder zeigen u. a. Tiere, die in dieser Gegend schon lange nicht mehr vorkommen (Flusspferde, Rhinozerosse, Elefanten, Giraffen, Büffel), und stellen somit eine Dokumentation der klimatischen und biologischen Veränderungen dar. Die anthropomorphen Darstellungen zeigen Menschen bei der Ernte oder bei der Jagd, in Kampfszenen oder Betstellung. Die mit Lanzen bewaffneten Reiter wurden um 1200 v. Chr. in die Oberfläche geritzt und stellen libysche und garamantische Krieger dar. Auch geheimnisvoll anmutende Figuren wie z. B. der »Astronaut« wurden in den Stein graviert.

Tipasa, *Algerien*
Ungefähr 68 km von Algier entfernt befinden sich die Ruinen eines phönizischen Vorpostens aus dem 5. Jahrhundert v. Chr., der im 5. Jahrhundert n. Chr. zerstört wurde. In den tausend Jahren seines Bestehens entstanden hier viele faszinierende Bauwerke, deren Ruinen die Besucher auch heute noch in Erstaunen versetzen. Dazu gehört u. a. ein rundes Mausoleum mit einem Durchmesser von 63 m und einer Höhe von 23 m, das von 60 Halbsäulen umgeben ist. Die mit einer stufenförmigen, elliptischen Kuppel überdachte Basilika ist der hl. Salsa geweiht. Möglicherweise befand sich hier die Grabstätte der königlichen Familie von Juba II.

Antike Festungsmauern
Der Fall der Mauern Jerichos, die von einigen Forschern als erste vom Menschen errichtete Festungen gehalten werden, in einer Miniatur aus dem 15. Jahrhundert.

Naher Osten

Alexandropolis, *Ukraine*
Südöstlich von Kiew befindet sich ein großes, 18 m hohes Hügelgrab *(Kurgan)* mit mehreren Grabkammern, das von den Skythen hier errichtet wurde. Die Skythen lebten zwischen 700 und 400 v. Chr. in den weiten Steppen der Ukraine und unternahmen neben den Kimmeriern weitläufige Streifzüge von Assyrien bis Urartu. Im 2. Jahrhundert v. Chr. wurden die Skythen jedoch von den Sarmaten und anderen Völkern, die aus Zentralasien hierher kamen, besiegt und verdrängt. Die skythische Kunst war bemerkenswert und beeinflusste nachweislich andere Kulturen. Als Totem diente der Hirsch, der zugleich auch begehrtestes Jagdziel war.

Baalbek, *Libanon*
Die nördlich von Damaskus befindliche Stadt Baalbek lag im Laufe der Geschichte einst in phönizischen, griechischen und römischen Händen. Die Stadt war umgeben von einer kyklopischen Mauer, deren Steinblöcke ca. 20 m lang und bis zu 750 Tonnen schwer waren. Außerhalb des Tempelbezirks befindet sich der »Stein des Südens«, der mit 21,36 m Länge, 4,6 m Breite, 4,33 m Höhe und 2000 Tonnen Gewicht als der größte bearbeitete Monolith der Welt gilt. Zu den bedeutendsten Ruinen der Stadt gehört der Jupitertempel, der auf einem 4300 m^2 großen Areal erbaut worden war, und der Bacchustempel (möglicherweise war er auch Venus oder Merkur geweiht). Von der phönizischen und hellenistischen Stadt sind kaum mehr Überreste vorhanden. Der Name der Stadt leitete sich von dem Gott Baal ab, unter den Griechen erhielt sie jedoch den Namen *Heliopolis* (»Stadt der Sonne«).

Catal Hüyük, *Türkei*
Im südlichen Zentralanatolien befindet sich die größte neolithische Stadtanlage des Nahen Ostens. Die zwischen 6500 und 5600 v. Chr. errichtete Siedlung bestand aus mehreren Häusern, die aus ungebrannten Ziegeln auf einer 20 m hohen Anhöhe errichtet wurden. Da es keine Straßen oder Plätze gab, betraten die Bewohner ihre Häuser über Öffnungen in den Dächern mit Hilfe von Holzleitern. Einige der Häuser waren mit Reliefs und Wandmalereien verziert, sodass angenommen wird, dass diese Kultzwecken dienten. Die Entdeckung mehrerer figürlicher Darstellungen verweisen auf den verbreiteten Kult des Heiligen Stiers und der *Magna Mater* (»Große Mutter«).

Dilmun, *Bahrain*
Die wüstenartige Insel Bahrain im Persischen Golf diente während der Bronzezeit als Nekropole, von der heute noch mehr als 100.000 Hügelgräber zeugen. Die Insel wurde aus diesem Grund auch als »Insel der Toten« bezeichnet. Die gefundenen Überreste (Gegenstände, Keramiken) einer Siedlung aus dem 4. Jahrtausend v. Chr. stammen aller Wahrscheinlichkeit nach von der legendären Stadt Dilmun, die in alten Schriften als »Paradies der Sumerer« galt. Warum diese Stadt jedoch später zur Nekropole wurde, ist bislang nicht bekannt.

Ephesos, *Türkei*
Ephesos liegt an der ägäischen Küste, ungefähr 6 km von Seldschuk entfernt, und wurde der Überlieferung zufolge im 11. Jahrhundert v. Chr. von ionischen Griechen gegründet. Schon bald entwickelte sich die Stadt zum bedeutendsten Zentrum des Artemiskultes (von den Römern der Göttin Diana gleichgestellt); der Göttin zu Ehren wurde in der zweiten Hälfte des 8. Jahrhunderts v. Chr. ein einzigartiger, 115 m langer und 55 m breiter Tempel (Artemision) erbaut. Um den Tempel herum wurden zahlreiche Säulen errichtet, von denen einige vermutlich von dem griechischen Bildhauer und Architekten Skopas von Paros stammen. Der außergewöhnliche Tempelkomplex galt aufgrund seiner Einzigartigkeit als eines der Sieben Weltwunder. Unglücklicherweise wurde der Tempel jedoch durch einen Brand zerstört, den Herostratos, der mit dieser Tat unsterblich werden wollte, gelegt hatte. Der Überlieferung zufolge erblickte genau in jener Nacht Alexander der Große das Licht der Welt; auf seinen Befehl hin wurde der Tempel 344 v. Chr. wiederaufgebaut.

Jericho, *Palästina*
Die ca. 6000 v. Chr. errichtete Stadt Jericho liegt ungefähr 22 km nordöstlich von Jerusalem am westlichen Ufer des Jordans und war ursprünglich dem Gott des Mondes geweiht. Die zwanzig archäologischen Schichten zeugen von der bewegten Geschichte dieses Ortes, obwohl sie nur bis in die mittlere Bronzezeit (1750–1550 v. Chr.) reichen, als es noch zum Reich der Hyksos (aus Asien stammende Könige der 15. und 16. ägyptischen Dynastie) gehörte. Weitere Schichten sind leider nicht vorhanden, sodass die Überlieferungen des Neuen Testamtens, wonach Jericho im 13. Jahrhundert v. Chr. von Josua durch den Fall der Mauer infolge der Posaunen des israelitischen Heeres zerstört wurde, keine Bestätigung finden.

Hatra, *Irak*
Zwischen Euphrat und Tigris wurde in Mesopotamien, etwa 90 km südwestlich von Mosul, im 1. Jahrhundert v. Chr. von den Parthern die

Das Artemision
Der Tempel der Artemis in Ephesos war dreimal so groß wie der Zeustempel von Olympia und bestand aus 117 Säulen, die mehr als 18 m hoch waren.

Die Stadt der Perser
Dieses Relief, das neben vielen anderen den königlichen Palast von Persepolis zierte, zeigt zwei Adelige. Viele Skulpturen des Herrscherhauses haben eine symbolische Bedeutung.

Stadt Hatra gegründet, die schon bald zu einem bedeutenden wirtschaftlichen und religiösen Zentrum wurde. Unter römischer Herrschaft wurde die Stadt im Jahr 240 n. Chr. jedoch von den Sassaniden zerstört. Geschützt von großen Steinmauern befand sich innerhalb der kreisförmig angelegten Stadt der ebenfalls aus Stein errichtete Tempel des Sonnengottes, der noch zusätzlich mit einer eigenen Mauer umgeben war. Im Zuge archäologischer Ausgrabungen wurden zahlreiche Statuen von Gottheiten und Herrschern sowie reiche Grabbeigaben entdeckt. Die Parther pflegten und verbreiteten eine eigene Form der höfischen Poesie, die ihren Ursprung in der iranischen Mythologie hatte und von Arsakes I., dem Begründer des Reiches der Arkasiden (3. Jahrhundert v. Chr.), an seine Nachfolger weitergegeben wurde.

Hattusa, *Türkei*
Wo sich heute die Stadt Bogazköy (150 km östlich von Ankara) befindet, gründeten 1700 v. Chr. die Hethiter in der gerade eroberten assyrischen Kolonie auf der anatolischen Hochebene eine Ansiedelung. Diese erhielt den Namen Hattusa und wurde schon bald zur Hauptstadt des Reiches. Um die Stadt herum zog sich eine 6 km lange Mauer; im Inneren gab es mehrere Tempel, von denen einer dem Gott des Donners geweiht war. In den königlichen Archiven wurden 10.000 Tontafeln mit in Keilschrift gehaltenen Texten entdeckt, die wertvolle Informationen bezüglich des Reiches der Hethiter enthielten. Die Stadt wurde 1190 v. Chr. von den *Seevölkern* erobert und den Flammen preisgegeben. Vermutlich waren es diese Völker, die nicht nur der hethitischen, sondern auch der mykenischen Kultur ein Ende bereiteten.

Karmir-Blur, *Armenien*
In der Umgebung von Jerevan, in der bergigen Region um den Vansee, entstand zwischen dem 9. und dem 6. Jahrhundert v. Chr. das Reich Urartu, dessen König Rusa II. ein Netz aus Festungen zur Verteidigung der Hauptstadt Erebuni errichtete. Karmir-Blur war eine dieser Festungsanlagen und bestand aus robusten Zitadellen, die aus Ziegeln gebaut oder direkt aus dem Felsen geschlagen worden waren. Die entdeckten Fundstücke zeugen von der Geschicklichkeit der Urartäer in der Metallverarbeitung. Ein dem Gott Chaldis geweihtes Heiligtum befand sich in der Nähe des Vansees.

Nemrut Dag, *Türkei*
Auf dem Gipfel eines Berges (2150 m) des erloschenen Vulkans Nemrut Dag entstand in der Nähe des Vansees zwischen 60 und 30 v. Chr. ein Mausoleum und Heiligtum des Königs Antiochos I. von Kommagene. Das aus Kies aufgeschüttete Hügelgrab hatte einen Durchmesser von 160 m und eine Höhe von 50 m, im Inneren befanden sich das königliche Grab und ein Heiligtum. Im Osten und im Westen wurden enorme Steinstatuen aufgestellt, die Löwen und Adler darstellten; der Platz vor dem Hügel wurde mit fünf 9 m hohen Statuen versehen, die einst den Herrscher sowie griechische und persische Gottheiten zeigten. Heute sind davon nur mehr am Boden verteilte Bruchstücke vorhanden. Im Heiligtum selbst befand sich ein Relief mit dem Horoskop des Königs, dieses gilt als ältestes dieser Art in der Geschichte und wird mit 62 v. Chr. datiert.

Persepolis, *Iran*
Unter Dareios I. (bestieg den Thron 522 v. Chr.) und seinem Sohn Xerxes entstand auf der iranischen Hochebene im Südosten des Landes die Stadt Persepolis als beeindruckende Residenz der achaimenidischen Herrscher. Der Königspalast konnte mehr als 10.000 Menschen beherbergen; besonders beeindruckend sind die Überreste des Thronsaales und des Audienzsaales *(Apadana)* mit ihren gewaltigen Säulen. Die Mauern an der Seite der Zugangstreppe sind mit Reliefs verziert, die die Soldaten und Untertanen der persischen Könige zeigen. Seitlich des »Xerxes-Tores« befinden sich zwei geflügelte Wesen mit dem Kopf eines Menschen, dem Körper eines Stieres und den Schwingen eines Adlers. Persepolis wurde von Alexander dem Großen im Jahr 330 v. Chr. erobert und zerstört, die Motive dafür konnten nie geklärt werden.

Sinai, *Ägypten*
Der Berg Sinai erhebt sich im zentralsüdlichen Gebiet der trockenen, gleichnamigen Halbinsel. Der Gipfel aus Granitgestein erreicht eine Höhe von 2285 m und gilt in der Bibel als jener Berg *(Horeb)*, auf dem Moses die Tafeln mit den Zehn Geboten bekam. Jüngste Untersuchungen des Gebietes um den 847 m hohen, an der Grenze zwischen Israel und Ägypten liegenden Berg Har Karkom lassen jedoch Zweifel an der Authentizität des Berges Sinai als »echten« Berg des Moses aufkommen. Grund dafür sind mehr als 600 Ausgrabungsstätten mit Siedlungen, die ab dem 4. oder 3. Jahrtausend v. Chr. bewohnt waren, sowie über 40.000 Felsbilder, die in vielerlei Hinsicht mit der biblischen Überlieferung übereinstimmen. Ist der wahre Berg des Moses also möglicherweise der Har Karkom?

Susa, *Iran*
Das heutige Schusch an den Hängen des Zagrosgebirges war im 2. Jahrtausend v. Chr. die Hauptstadt des Reiches Elam und ab 522 v. Chr. die Hauptstadt des achaimenidischen Reiches. Im Zuge archäologischer Ausgrabungen wurden u. a. bemalte neolithische Keramiken einer Ansiedlung (5000 v. Chr.), der Königspalast des Dareios I. und eine gigantische Bronzestatue der Königin Napur-Asu mit einem Gewicht von 1750 kg (steht heute im Louvre) entdeckt. Französische Archäologen fanden eine Stele mit dem Kodex des Hammurabi, die als Kriegsbeute aus Babylonien hierher gebracht worden war, sowie zahlreiche Tontafeln mit diversen Inschriften.

Asien und Ozeanien

Anuradhapura, *Sri Lanka*
Die Ursprünge der Stadt Anuradhapura (»Stadt der glücklichen Menschen«), der Hauptstadt des heutigen Sri Lanka, gehen auf das 2. Jahrhundert v. Chr. zurück; geplant wurde sie jedoch schon im Jahrhundert davor von dem König Dutthagamani. Im Jahr 450 n. Chr. wurde die Stadt um mehrere Prachtbauten und einige Heiligtümer (so genannte *Stupas* mit rundem Grundriss und Glockenform) erweitert. Nachdem die Stadt zwischen dem 11. und dem 12. Jahrhundert von den Bewohnern verlassen wurde, nahm der Wald von ihr Besitz und überwucherte die Bauten. Erst gegen Ende des 19. Jahrhunderts wurde die Stadt von den Engländern wiederentdeckt. Die entdeckten Chroniken berichten von einem Palast mit 900 Zimmern, die mit Mobiliar aus Silber und Statuen aus massivem Gold und Edelsteinen eingerichtet waren.

Ajanta, *Indien*
Ungefähr 100 km nordöstlich von Hyderabad hat das Flüsschen Waghora eine Schneise mit hohen Seitenwänden in den Felsen gegraben. Zwischen dem 2. und dem 6. Jahrhundert n. Chr. wurden hier von Menschenhand 29 Grotten (fünf Heiligtümer und 24 buddhistische Klöster) angelegt. In neun Grotten der Höhlenanlage Ajanta befinden sich einzigartige Wandmalereien, die Motive aus dem Leben Buddhas in elegantem Gupta-Stil zeigen. Die Bilder zählen zu den besten Kunstwerken Indiens jener Zeit. Die Klöster faszinieren durch eine eindrucksvolle Atmosphäre; ein auf Säulen ruhender Arkadengang liegt vor den Zellen der Mönche. Warum die Wahl für die Grabung der Höhlen einst auf diese einsame und herb anmutende Landschaft fiel, ist bis heute nicht bekannt.

Ban Chieng, *Thailand*
Über 700 km nordöstlich von Bangkok liegen die Überreste einer sehr alten Siedlung, bei der die archäologischen Ausgrabungen zu einem überraschenden Ergebnis führten: Nach Analysen mittels der Radiokarbonmethode wurde die Siedlung 3600 v. Chr. errichtet, ein Resultat, das mehr als erstaunlich ist, da zahlreiche Waffen und Schmuckstücke aus Bronze gefunden wurden. Die Entdeckung von Bronze wird jedoch mit ca. 3000 v. Chr. datiert, eine Diskrepanz, die zahlreiche Fragen aufwirft. Aufgabe der Wissenschaft ist es nun herauszufinden, ob die ermittelte Datierung der Siedlung schlichtweg falsch ist oder ob die weltweite Chronologie hinsichtlich des Gebrauchs von Metallen in der Menschheitsgeschichte neu geschrieben werden muss.

Die Chinesische Mauer
Die große Mauer Wang Li Cheng (die »Mauer der 10.000 li«) ist für das chinesische Volk ein Symbol für Beständigkeit und Fleiß.

Bhubaneswar, *Indien*
Im Delta des Flusses Mahanadi, an der sumpfigen Küste von Orissa, entstand zwischen dem 7. und dem 15. Jahrhundert die »Stadt der Tempel«, in der einst mehr als 100 Tempel und Heiligtümer standen. Heute sind neben ca. 500 Gräbern nur mehr 30 Tempel zu bewundern; der berühmteste ist der um 1000 errichtete und dem Gott Shiva geweihte Lingaraja-Tempel. Die Außenwand dieses Tempels ist ebenso wie jene der anderen Tempel mit detaillierten Skulpturen geschmückt, die erotische Motive zeigen und die Frau in ihrer Schönheit als Überbringerin der Liebe und der Freude darstellen. Das umgebende Areal trägt den Beinamen »Wald des vollkommenen Seins« und lädt ein zur Kontemplation in der Natur und zur Weiterentwicklung des Geistes.

Borobudur, *Indonesien*
Ungefähr 50 km nordwestlich von Yogyakarta erhebt sich auf der Spitze eines vulkanischen Hügels ein buddhistischer Tempelkomplex, der zwischen 750 und 850 hier errichtet wurde und als größtes Meisterwerk der indonesischen Architektur gilt. Um eine 50 m hohe, auf einer quadratischen Basis (die Seitenlänge beträgt 152 m) ruhende Pyramide laufen sechs Galerien, an deren Wänden sich 1460 Basreliefs befinden, die das Leben und Wirken Buddhas zeigen. Aus bislang unbekannten Gründen wurde das Heiligtum ungefähr um 1000 verlassen und von den angrenzenden Wäldern verschlungen.

Efate, *Vanuatu*
Der Archipel Vanuatu im Südpazifik besteht aus ca. 40 Haupt- und zahlreichen Nebeninseln. In Efate entwickelte sich um 350 n. Chr. eine Kultur, deren Sozialstrukturen mit jenen der Steinzeit in Europa vergleichbar waren. Charakteristisch für diese Kultur war jedoch das Aufstellen von Dolmen, Menhiren und Steinaltären als Megalithmonumente. Allem Anschein nach praktizierten die Inselbewohner, deren Vorfahren vermutlich von der Insel Malekula stammten, Kannibalismus, da sie glaubten, der Geist des Getöteten würde auf diese Weise durch spezielle Riten und Zeremonien auf sie übergehen.

Die Chinesische Mauer, *China*
Die größte, vom Menschen je errichtete Befestigungsanlage ist die berühmte Chinesische Mauer. Sie besteht aus mehreren Teilstücken, die in sechs Hauptphasen zwischen 400 v. Chr. und 1644 n. Chr. errichtet wurden. Wenngleich sie vom militärischen Standpunkt aus gesehen nicht

wirklich Schutz bieten konnte (durch die Teilstücke war es möglich, die Mauer zu umgehen), ermöglichte sie das rasche Fortkommen von Menschen, Tieren und Gütern. Die Gesamtlänge konnte nie ganz ermittelt werden; nur der in der Epoche Ming (1368–1644) errichtete Teil misst über 2700 km. Den Anfangspunkt bildet die Grenze mit dem heutigen Nordkorea, dann verläuft sie weiter über Simatai bis über Peking. Hier verzweigt sie sich nun in mehrere Abschnitte. Der einheitliche Verlauf setzt sich dann ab Badalong in Laoying fort, nach einer Biegung nach Südosten verläuft sie wieder in Richtung des Ausgangspunktes nach Datong, hier gibt es eine Biegung nach Westen und schließlich nach Süden in Richtung der Hochebene von Löss. Von den Grenzen der Wüste von Tenggen aus folgt die Mauer teilweise der Seidenstraße und endet bei Yumenguan an dem Jadetor. Trotz ihrer beachtlichen Größe ist die Chinesische Mauer vom Mond aus nicht zu sehen.

Harappan, *Pakistan*
Die bronzezeitliche Stadt ist Namensgeber für die bedeutendste Kultur des Industals (Harappakultur) und war zwischen der zweiten Hälfte des 3. Jahrtausends und der zweiten Hälfte des 2. Jahrtausend v. Chr. die Hauptstadt eines großen Reiches. Sie entstand am Fluss Ravi, ungefähr 360 km südlich von Islamabad, auf einem künstlich angelegten Hügel und war mit einem Mauergürtel aus Lehmziegeln befestigt. Zwischen 2300 und 1750 v. Chr. lebten hier an die 25.000 Menschen. Die im Zuge archäologischer Grabungen gefundenen Statuen verweisen auf einen Fruchtbarkeitskult. Zahlreiche Siegel mit noch nicht übersetzten Inschriften könnten bedeutende Informationen über die noch im Dunkeln liegende Geschichte dieser Stadt beinhalten.

Nan Matol, *Föderierte Staaten von Mikronesien*
Auf der Insel Ponape, auf dem Archipel der Karolinen, befinden sich die Ruinen einer alten Siedlung namens Nan Madol, bestehend aus 90 kleinen, künstlichen Inseln, die durch seichte Kanäle miteinander verbunden sind. Die Häuser bestanden aus Basaltblöcken mit dem einheitlichen Maß von 4 x 4 m. Die Anfänge dieser außergewöhnlichen Anlage, die ungefähr 1000 Menschen Platz bot, liegen jedoch einige Jahrhunderte zurück. Auch über die Glaubensvorstellungen (die Menschen verehrten hier einen Gott mit eiförmigem Kopf) weiß die Wissenschaft erst wenig.

Pagan, *Birma*
Diese inmitten des Tropenwaldes, etwa 145 km südwestlich von Mandalay, gelegene Stadt war zwischen dem 10. und dem 13. Jahrhundert

n. Chr. Hauptstadt und Heiligtum eines Reiches, dessen Größe jener des heutigen Birma entsprach. Die Ruinen von gut 2217 Stein- und Ziegelbauten sind hier zu finden, etwa 800 davon waren Tempel. Zu den größten buddhistischen Heiligtümern zählen u. a. der Ananda-Tempel aus dem 11. Jahrhundert mit vier 9 m hohen Goldstatuen Buddhas und die Shwezigon-Pagode, eine große Stufenpyramide, die mit Fialen, Glocken, Treppen und einem *Stupa* mit goldener Kuppel geschmückt ist. Im Jahr 1287 wurde die Stadt von Kublai-Khan, einem mongolischen Großkhan (seit 1280 Kaiser von China), zerstört.

Patan, *Nepal*
Die Stadt Patan, auch Lalitpur (»Stadt der Schönheit«) genannt, liegt etwa 9 km südöstlich von Kathmandu. Vier große *Stupas* markieren die Ecken des rechteckigen Grundrisses der Stadt und weisen gleichzeitig in die vier Himmelsrichtungen. Den Überlieferungen zufolge wurden sie auf Geheiß des indischen Herrschers Asoka hier errichtet, als er die Stadt im Jahr 250 v. Chr. besuchte. Asoka war es auch, der den Buddhismus zur offiziellen Religion des Reiches erklärte und der die religiös motivierte Kunst vorantrieb. Die Resultate der bisherigen Ausgrabungen haben jedoch nur Funde bis 650 n. Chr. zu Tage gebracht, sodass die frühere Geschichte Patans sowie die Ursprünge noch im Dunkeln liegen.

Sanchi, *Indien*
In Zentralindien, ungefähr 50 km nordöstlich von Bhopal, befindet sich auf dem Gipfel einer Anhöhe ein großes buddhistisches Zentrum, das hier im 3. Jahrhundert v. Chr. auf Geheiß des Herrschers Asoka errichtet wurde. Zu Beginn standen hier nur die Säule des Herrschers mit dem Edikt und vier, nach den Himmelsrichtungen ausgerichteten Löwen sowie ein aus Ziegeln errichteter *Stupa*. Ein Jahrhundert später wurde dieser mit Steinplatten verkleidet und mit Zaunpfeilern umgeben. Alle hier errichteten Bauwerke sind mit Reliefs, die Motive aus dem Leben Buddhas zeigen, verziert.

Ein Heer aus Terrakotta
Das Bild links zeigt einen der 6000 Terrakotta-Soldaten, die im Grab des Kaisers Qin Shi Huangdi in Xian gefunden wurden.

Taishan, *China*
Der Berg Taishan (1544 m) ist der heiligste Berg für die Anhänger des Taoismus und auch des Buddhismus und gilt als stärkstes Energiezentrum Chinas. Den Überlieferungen zufolge wurde der Tempel des Jadekaisers auf dem Gipfel des Berges im Jahr 2000 v. Chr. von dem mythischen Herrscher Shun errichtet. Hierher zog sich 219 v. Chr. auch der erste Kaiser Qin Shi Huangdi zurück. Um den Gipfel erreichen zu können, muss ein Aufstieg mit 7000 Stufen überwunden werden. Dieser Pilgerweg dauert in etwa sieben Stunden, unterwegs gibt es in den zahlreichen Heiligtümern entlang des Aufstiegs genügend Möglichkeiten zum Ausruhen. Am Gipfel angekommen, verweilt man bis zum Sonnenaufgang, der hier ein fantastisches Naturschauspiel bietet.

Todaiji, *Japan*
Im Südosten von Kobe errichtete im Jahr 752 n. Chr. Kaiser Shomu am Fuße eines Gebirges einen Tempel (Mausoleum und Heiligtum), um die Einführung des Buddhismus als offizielle Religion zu feiern. Zudem ließ er hier die größte Bronzestatue Buddhas weltweit mit einer Höhe von 16 m und einem Gewicht von 560 Tonnen errichten. Im Jahr 1880 fiel der Tempel einem Feuer zum Opfer und der Kopf der Buddhastatue schmolz in der großen Hitze. Das Volk glaubt fest daran, dass die Statue eines Tages ins Leben zurückkehren wird.

Xian, *China*
In der Provinz Shaanxi machten Archäologen 1974 eine der bedeutendsten Entdeckungen des 20. Jahrhunderts. Ein künstlich aufgeschütteter Hügel barg das Grab von Qin Shi Huangdi, des ersten Kaisers der Qin-Dynastie (221–210 v. Chr.). In einer Entfernung von rund 1 km wurden 6000 in Lebensgröße dargestellte Terrakotta-Soldaten ausgegraben, die sich durch viele Details voneinander unterscheiden. Dieses Heer sollte den Kaiser auf seiner Reise ins Jenseits Schutz und Geleit bieten. Die Ausgrabungsstätte wurde noch nicht zur Gänze erforscht, so auch das Hügelgrab, in dem – wie man bereits weiß – die Erbauer des Mausoleums sowie die zahlreichen Konkubinen des Kaisers, die ihrem Herrscher in den Tod folgen mussten, bestattet wurden.

Amerika

L'Anse-aux-Meadows, *Kanada*
Im Norden der Insel Neufundland wurden in einer einsamen Region im Jahr 1961 die Überreste einer Wikingersiedlung gefunden, deren Häuser um 970–1000 n. Chr. aus Sandsteinblöcken errichtet worden waren. Neben zahlreichen Alltagsgegenständen wurden hier auch Feuer- und Herdstellen entdeckt, in denen auch Eisen geschmiedet wurde. Hatten die Wikinger also noch vor Christopher Columbus Nordamerika erreicht?

Bighorn Medicine Wheel, *USA*
In den Bergen von Wyoming, in der Nähe eines 3000 m hohen Gipfels, befindet sich auf einer ebenen, felsigen Fläche ein aus Steinen gelegter Kreis mit 24 m Durchmesser und 28 Speichen; außerhalb befinden sich sechs symmetrisch angelegte Steinhaufen. Bislang ist weder der Urheber noch der Zeitpunkt der Erschaffung dieser Steinfigur bekannt, doch die Fachwelt geht davon aus, dass sie in engem Zusammenhang mit dem Sonnentanzweg der Schamanen steht. Tatsächlich könnte der Kreis als eine Art primitives astronomisches Observatorium gedient haben.

Blythe Figures, *USA*
Im Hinterland von Los Angeles, in der Nähe des Städtchens Blythe, windet sich der Fluss Colorado durch eine Enge mit hohen Felswänden an den Seiten. Auf diesen Felswänden befinden sich einige große Ritzungen, die u. a. ein menschliches Profil (51 m Höhe), einen heiligen Kreis (43 m Durchmesser) und ein Tier (11 m Länge), möglicherweise ein Pferd oder ein Bison, darstellen. Die Felsbilder sind das Werk der hiesigen Indianerkulturen. Sollte es sich bei dem Tier tatsächlich um ein Pferd handeln, so lässt sich das Alter der Bilder leichter bestimmen, da Pferde erst im Jahr 1540 durch die Spanier wieder ins Land kamen.

Cahokia, *USA*
Cahokia (»Wilde Ente«) war die größte indianische Ansiedlung Amerikas nördlich des Rio Grande. Die um 800 n. Chr. errichtete Stadt war von einer »D«-förmigen Palisade umgeben; im Inneren befand sich ein 4 Hektar großer Platz mit mehreren Hügeln, auf denen Plattformen errichtet wurden. Im nördlichen Bezirk erhob sich der gewaltige, rechteckige Hügel des Herrschers, der von seinem Volk als die »Große Sonne« verehrt wurde. Die Plattform auf dem Hügel nahm eine Fläche von 6 Hektar ein, die Breite belief sich auf 213 m und die Höhe auf 30 m. Der Hügel war in vier Terrassen auf unterschiedlicher Höhe unterteilt und bestand aus mehr als 600.000 m^3 Erde. Auf dem höchsten Punkt wurde ein Tempel aus Holz errichtet, der aller Wahrscheinlichkeit nach den kosmischen Berg als Bindeglied zwischen Himmel und Erde symbolisierte.

Chichén Itzá, *Mexiko*
Die von den Maya um 600 n. Chr. gegründete Stadt war zwischen 1000 und 1200 ein bedeutendes Zentrum der Tolteken. Zu der Stadt gehörten ein Tempel, einige Pyramiden, ein Feld für Ballspiele und ein tiefer, natürlicher Brunnen *(Cenote)*, dem auch Menschenopfer dargebracht wurden. Ein weiteres bedeutendes Bauwerk war der als astronomisches Observatorium dienende Rundturm *(Caracol)*, dessen Spitze mit einer Kuppel überdacht war. Mit Hilfe spezieller Scharten in der Mauer konnten komplexe Berechnungen äußerst präzise erstellt werden. Auch die Stufenpyramide *(Castillo)*, der Hof der Tausend Säulen und der Kriegertempel zeugen von einer faszinierenden und einzigartigen Kultur. Chichén Itzá wurde im 13. Jahrhundert aus bislang noch unbekannten Gründen von seinen Bewohnern verlassen und dem Verfall preisgegeben.

Chichén Itzá und Copán
Das Bild unten zeigt die Stufenpyramide »El Castillo« von Chichén Itzá, deren Tempel an der Spitze der Schlangengottheit Kukulkán geweiht war. Rechts oben sind die Ruinen von Copán zu sehen; die Inschriften auf dem Altar zitieren die Namen der 16 Könige.

Copán, *Honduras*
Als bedeutendes Zentrum der Mayas war Copán von 250 bis 900 n. Chr. besiedelt. 16 Stufenpyramiden als Tempel, 38 enorme, feingearbeitete Stelen (die älteste stammt aus dem Jahr 496) und ein Platz für Ballspiele prägten das Stadtbild. In Copán wurden bedeutende astronomische Studien durchgeführt, so wurde hier ein Kalender erstellt und um 700 n. Chr. trat hier ein »Rat« aus Astronomen zusammen, die über die Änderung des Kalenders infolge der tatsächlich errechneten Dauer des jährlichen Sonnenzyklus berieten. Aus bislang unbekannten Gründen wurde Copán plötzlich verlassen und aufgegeben.

Die Festung von Sacsayhuaman
Die auf dem höchsten Punkt einer Anhöhe liegende Festung von Sacsayhuaman wurde einst zum Schutz der Stadt Cuzco errichtet.

Cuzco, *Peru*
Das in 3500 m Höhe in Südperu befindliche Cuzco war die Hauptstadt des alten Inkareiches. Errichtet wurde die Stadt im Jahr 1438 auf Geheiß des Herrschers Pachacutec Yupanqui, der sie als »Nabel der Welt« bezeichnete. Zwei einander kreuzende Hauptstraßen teilten die Stadt in vier symmetrische Bezirke mit 12 Neben- und 36 kleineren Straßen. Jede einzelne dieser Straßen wurde entsprechend den Monaten und Wochen des Jahres einmal ganz von der Sonne erhellt, während die 365 in der ganzen Stadt verteilten Tempel einer nach dem anderen an einem einzigen Tag in Sonnenlicht getaucht waren. Das religiöse Zentrum der Stadt war das Sonnenheiligtum Coricancha, dessen Wände mit 700 schweren Goldplatten mit je 2 kg Gewicht verkleidet waren.

El Panecillo, *Ecuador*
Auf den Hügeln über Quito, der Hauptstadt Ecuadors, befindet sich ein von den Inkas um 1500 n. Chr. erbauter Turm mit wabenförmigen Anbauten und einer Ziegelgalerie, die unter der Erde weiterverläuft. Der Zweck dieses Bauwerks ist nicht bekannt; die verbreitetste Theorie geht davon aus, dass es sich um ein astronomisches Observatorium gehandelt hat, auch die Funktion eines befestigten Aussichtsturms erscheint jedoch als wahrscheinlich.

El Tajin, *Mexiko*
In der Küstenebene von Vera Cruz, ungefähr 30 km vom Golf von Mexiko entfernt, entstand zwischen dem 5. und dem 13. Jahrhundert ein religiöses Zentrum der Totonaken auf einer Fläche von 1000 Hektar. Die um 600 n. Chr. errichtete Nischenpyramide hatte sieben Ebenen; in den äußeren Wänden befanden sich 365 Nischen. Am höchsten Punkt der Pyramide stand ein Tempel des Sonnenkults. Insgesamt gab es 12 Plätze für Ballspiele, auf denen Wettkämpfe mit religiösem Hintergrund ausgetragen wurden: Das Feld repräsentierte den Kosmos, der Ball die Sonne. Die Spieler mussten den Ball durch weit oben an Mauern montierte Steinringe werfen, dabei durften nur die Hüften, die Knie und der Kopf zu Hilfe genommen werden, der Einsatz von Händen und Füßen war verboten. Die Verlierer wurden den Göttern geopfert und die abgetrennten Köpfe auf den Mauern zur Schau gestellt.

La Venta, *Mexiko*
La Venta, eines der bedeutendsten religiösen Zentren der Olmeken, wurde um 1100 v. Chr. gegründet und war zwischen 900 und 400 v. Chr. eine wohlhabende und mächtige Stadt. Hohe Wälle aus Tonerde, weitläufige Plätze und eine große kegelförmige Erdpyramide mit einer Höhe von 34 m prägten das Stadtbild. Im Zuge von Ausgrabungen wurden hier bearbeitete Steinsäulen, Statuen aus Jade, Basalt und Serpentin sowie enorme steinerne Köpfe mit einem Gewicht zwischen 11 und 24 Tonnen und einer Höhe von fast 3 m gefunden. Über die Religion der Olmeken-Kultur ist nur wenig bekannt, am wahrscheinlichsten gilt jedoch ein Sonnenkult.

Monte Albán, *Mexiko*
Im Oaxaca-Tal, im Süden von Teotihuacán, fiel zwischen 400 v. Chr. und 800 n. Chr. die Wahl der Menschen für die Errichtung eines religiösen Zentrums auf den Monte Albán: später wurden hier Spuren der Olmeken, Mixteken und Zapoteken gefunden. Der Hauptpalast faszinierte durch unterschiedlich gestaltete Fassaden und Winkel und die Basreliefs auf den Wandverkleidungen zeigen komplexe Darstellungen. Von den Zapoteken weiß man, dass sie zwei Kalender benutzten (einen religiösen und einen zivilen) doch wurde kein Bauwerk, das als Observatorium dienen hätte können, gefunden.

Mystery Hill, *USA*
Im Norden von Boston befindet sich auf einer bewaldeten Anhöhe in der Peripherie von North Salem der Mystery Hill, ein Megalithkomplex mit trocken errichteten Mauern sowie mehreren, 1,5 m hohen Menhiren, einer Reihe von dolmenartigen Kammern mit steinernern Wänden und einer großen, nahezu fünf Tonnen schweren Steinplatte, genannt der »Opferaltar«. Der Fund einer Votivtafel, die allem Anschein nach eine in *Ogham*-Schrift gehaltene Inschrift zeigt, hatte eine Reihe widersprüchlicher Theorien und heftig geführter Debatten zur Folge. Zweifellos ist der Mystery Hill mit den Megalithkultstätten Europas vergleichbar, doch die Inschrift, die demnach ja viele Jahre vor den Kelten in die Tafel geritzt worden sein muss, gibt zahlreiche Rätsel hinsichtlich der Datierung auf.

San Agustín, *Kolumbien*
In dem üppigen Tal des Flusses Magdalena befinden sich in der Nähe der Stadt San Agustín die Überreste einiger alter Siedlungen, die zwischen 600 und 1500 n. Chr. von einer Kultur errichtet wurden, deren Ursprünge nicht bekannt sind. Im so genannten »Tal der Statuen« wurden neben megalithischen Tempeln und Dolmen ca. 300 große Skulpturen (in erster Linie Götter- und Dämonendarstellungen) gefunden. Der *Lavapatas,* ein Steinblock mit einer Größe von 10 x 10 m, wurde innen ausgehöhlt, die entstandenen Gänge und Höhlen sind miteinander verbunden. Wird der Fels überflutet, so spritzen hohe Wasserfontänen aus den verschiedenen Öffnungen. Die Zivilisation, die hier lebte und kurz vor 1500 verschwand, hinterließ keinerlei Spuren, die eine Zuordnung der Kultur möglich machen würden.

Unzählige Stufen
Das Bild rechts zeigt einen der Tempel auf dem Großen Platz von Tikal. Es dauerte Jahrzehnte, um die antike Stadt aus der engen Umarmung des Dschungels zu befreien.

Tenochtitlán, *Mexiko*
Die heutige Stadt Mexico City wurde auf den Ruinen der alten aztekischen Hauptstadt errichtet, die im Jahr 1325 n. Chr. entstand und von Fernando Cortés und seinen Soldaten im Jahr 1521 zerstört wurde. Bislang wurden hier nur wenige Mauerreste gefunden wie z. B. jene eines Tempels, der einst auf dem heutigen »Plaza Mayor« gestanden hatte. Der Ruhm der Stadt beruhte zum einen auf der Pracht und Erhabenheit der Bauten, zum anderen aber auf grausamen Ritualen, bei denen bis zu 20.000 Menschen (meist Kriegsgefangene) zugleich geopfert wurden. Die Spanier standen den Azteken in dieser Hinsicht jedoch in nichts nach: Der größte Teil der Bewohner Tenochtitláns wurde grausam niedergemetzelt, alle wertvollen Gegenstände geraubt und eine ganze Zivilisation mit einem Mal ausgelöscht.

Schutzgott
In dem Heiligtum Kalasasaya von Tiahuanaco befindet sich ein Bauwerk, das von zwei Statuen, El Fraile *genannt, bewacht wird. Möglicherweise war dies die Gottheit des Titicacasees.*

Tiahuanaco, *Bolivien*
Auf einer unwirtlichen Anhöhe, 3280 m über dem Titicacasee, befindet sich ca. 100 km von La Paz entfernt eine Ansiedlung, die zwischen 1500 v. Chr. und 1200 n. Chr. von den Vertretern einer unbekannten Kultur errichtet wurde. 600 n. Chr. entstand hier in Form eines weitläufigen Rechteckes die Kultstätte *Kalasasaya,* die mit Steinstatuen und Köpfen mit grinsenden Gesichtern geschmückt war. Das aus einem Andesitmonolith gefertigte *Sonnentor* wurde mit einem Basrelief, das eine Gottheit mit zwei Schlangenzeptern zeigt, verziert. Als die Spanier hierher kamen, zerstörten sie alle Bauten und ließen nur die Ruinen zurück.

Tikal, *Guatemala*
Diese inmitten des Regenwaldes errichtete Mayastadt wurde 250 n. Chr. gegründet; die Blütezeit erlebte sie zwischen 700 und 800 n. Chr. Auf einer Fläche von 60 Hektar befanden sich hier 10.000 Bauten, die von ungefähr 30.000 Menschen bewohnt wurden, sowie Plätze, Tempel in Form von Stufenpyramiden, Paläste und Zisternen für die Wasserversorgung. Der größte Tempel war 70 m hoch, die kleineren erreichten eine Höhe von 43 bis 47 m. Der älteste wurde im Jahr 292 errichtet, der jüngste wurde um 869 erbaut. Nach einer Zeit des langsamen Verfalls wurde Tikal um 900 n. Chr. möglicherweise aufgrund der immer schlechteren Versorgungslage infolge einer Dürreperiode verlassen.

Tula, *Mexiko*
Die einstige Hauptstadt der Tolteken erhob sich ungefähr 65 km nördlich der heutigen Stadt Mexico City. Die um 900 n. Chr. erbaute und gegen 1168 von den Chichimeken zerstörte Stadt war 14 km² groß und bot 30.000 bis 40.000 Menschen Platz. Die Ruinen umfassen zwei weitläufige Plätze, mehrere Ballspielplätze und eine Stufenpyramide mit einem dem Gott Quetzalcoatl geweihten Tempel auf der abgeflachten Spitze. Des Weiteren wurden hier neben gewaltigen, nahezu 5 m hohen steinernen Gottheiten auch noch verschiedene Statuen *(Chac-mool)* gefunden. Diese Figuren sind auf dem Rücken liegend mit angezogenen Knien dargestellt, die Arme ruhen auf der Brust und halten eine Schale in Erwartung des noch schlagenden Herzens der Opfer.

Krieger und Kojote
Diese mit Perlmutt verzierte Skulptur aus Tula stellt einen Kojoten dar, zwischen dessen Lefzen das Gesicht eines Kriegers hervorblickt.

Glossar

A

Adobe
Luftgetrockneter Lehmziegel, der vor allem von den indianischen Stämmen Amerikas verwendet wurde.

Ahnenkult
Religiöse Verehrung der Verstorbenen, die in vielerlei Formen in den verschiedenen Kulturen zum Ausdruck kommt.

Ahu
Heute zum größten Teil zerstörte Steinplattformen auf der Osterinsel, die als Basis für die Errichtung der gigantischen Statuen *(Moai, siehe dort)* dienten.

Akropolis
Befestigte Stadt in der Antike, die auf einem Berg oder einer Anhöhe errichtet wurde und das Zentrum des öffentlichen Lebens darstellte. Innerhalb der Befestigung befanden sich die Tempel sowie die bedeutendsten öffentlichen Gebäude.

Akroterion
Dekoratives Element der Bildhauerei, das sich häufig in der Mitte oder an den Ecken am Giebel eines Tempels oder anderer Bauwerke befindet.

Apotropäum
Figürliche Darstellung eines Tieres, eines menschlichen Gesichts oder sonst eines Objekts mit vermeintlich magischen Kräften zur Abwehr des Unheils.

Äquinoktium
Tagundnachtgleiche: An diesen Tagen (21. April und 23. September) haben sowohl der Tag als auch die Nacht eine Dauer von 12 Stunden.

Auskragung
Bau- und Konstruktionselement, das über das Hauptelement hinausragt. Beispiel dafür ist ein Kraggewölbe oder die Bauweise eines griechischen *Tholos (siehe dort)*.

B

Basrelief
Aus ebener Fläche gearbeitetes Relief, das sich nur leicht über die Basis erhebt.

C

C-14-Methode
Spezielles Verfahren zur Altersbestimmung geologischer und historischer Objekte organischen Ursprungs durch Ermittlung ihres Gehalts an radioaktiven Kohlenstoffisotopen, wobei die Halbwertszeit dieses Stoffes als Ausgangswert dient.

Cella
Kultraum in einem antiken Tempel, in dem die Statue oder das Abbild des verehrten Gottes aufbewahrt wurde.

D

Dendrochronologie
Verfahren zur Altersbestimmung und zur Analyse klimatischer Veränderungen der Vergangenheit durch Untersuchung der Jahresringe der Hölzer.

Dolmen
Megalithisches Grab für kollektive Bestattungen, das aus vertikalen Trägersteinen und einem oder mehreren horizontalen Trägersteinen besteht. Darüber wurde meist ein Erd- oder Schutthügel errichtet.

E

Epigraph
In Stein oder eine andere harte Oberfläche gravierte Inschrift.

Esoteriker
Person, die in die geheimen Lehren einer Religion, Philosophie oder Geheimwissenschaft eingeweiht ist.

F

Felszeichnungen
An einem Felsen mit Hilfe eines spitzen Gegenstandes oder einem Meißel angebrachte prähistorische Zeichnung mit religiösem oder symbolischem Bedeutungsinhalt.

Finsternis
Himmelsphänomen, bei dem ein Himmelskörper einen anderen ganz oder teilweise verdeckt. Bei der Sonnenfinsternis fällt der Schatten des zwischen Erde und Sonne vorbeiwandernden Mondes auf die Erde; bei der Mondfinsternis verschwindet der Mond im Schatten der Erde.

G

Ganggrab
Spezielle Form prähistorischer, von einem Hügel *(siehe dort)* bedeckter Megalithgräber, bei denen die Grabkammer über einen langen Gang zu betreten ist.

Glockenbecher-Kultur
Europäische prähistorische Kultur (Ende Neolithikum-Kupferzeit), die sich durch die Produktion spezieller Ritualgefäße in Glockenform auszeichnete. Die verschiedenen Gefäße wurden mit geometrischen Mustern verziert.

Gnomon
Schattenstab. Astronomisches Messgerät, durch dessen Schattenlänge auf einer waagrechten Ebene die Höhe der Sonne gemessen werden kann.

H

Haruspex
Orakelpriester bei den Etruskern, der zumeist aus den Eingeweiden von Opfertieren den Willen der Götter las und verkündete.

Hellenismus
Geschichtlicher Zeitraum zwischen dem Ende des 4. und dem 1. Jahrhundert v. Chr., der vor allem durch die Ausweitung der griechischen Kunst und Kultur im Mittelmeerraum geprägt war.

Henge
Kreis aus aufgerichteten Steinblöcken auf einem Erdwall. Diese Steinkreise hatten eine sakrale Bedeutung und sind vor allem in England weit verbreitet.

Hieroglyphen
Ägyptische Schriftzeichen mit Piktogrammen, die von Ende des 5. Jahrtausends v. Chr. bis zum 4. Jahrhundert n. Chr. gebräuchlich waren. Der Fund des Steins von Rosette im Jahr 1799 ermöglichte die Entschlüsselung der alten ägyptischen Schrift.

Hügelgrab
Von einem runden oder länglichen Hügel aus Erde, Geröll oder anderem Material bedeckte

prähistorische Grabstätte für Einzel- oder Kollektivgräber.

Hypogäum
Unterirdisches Grab oder Gewölbe, das als Kultstätte dient. Häufig wird der Begriff auch für natürlich entstandene Höhlen mit entsprechender sakraler Bedeutung in der Vergangenheit verwendet.

I

Ideogramm
Graphisches Schriftzeichen, das für einen ganzen konkreten oder abstrakten Begriff steht, ohne einen phonetischen Wert zu besitzen.

Irdenware
Bezeichnung für in Öfen aus Ton gebrannte Gegenstände.

J

Jakobsmuschel
Muschel mit fächerförmig gerippter Schale (Mittelmeer und Atlantik), die zum Symbol der erfolgreichen Pilgerreise nach Santiago de Compostela wurde.

K

Ka
Entsprechend den alten ägyptischen Glaubensvorstellungen die dem Menschen innewohnende Lebenskraft, die den Körper nach dem Tod verließ.

Keilschrift
Im antiken Vorderasien (3. bis 1. Jahrtausend v. Chr.) verwendete Schrift, bei der keilförmige Zeichen mit Hilfe von Rohrgriffeln in Tontafeln gedrückt wurden.

Kiwa
Unterirdische Zeremonienkammer der in Südamerika lebenden Puebloindianer *(siehe dort)*, in der sich die Stammesmitglieder zu religiösen oder sozialen Versammlungen trafen.

Kosmogonie
Zusammenfassender Begriff aus der Religionsgeschichte, der alle Mythen von der Entstehung der Welt umfasst.

Kraggewölbe
Gewölbe über kreisförmigen Räumen, das aus nach oben immer weiter vorkragenden Steinreihen und einer Abschlussplatte besteht. Das Kraggewölbe wird auch *Tholos (siehe dort)* oder falsches Gewölbe genannt.

Kromlech
Ein Kreis oder mehrere konzentrisch angeordnete Ringe aus *Menhiren (siehe dort)*, die als Abgrenzung prähistorischer Kultstätten oder als einfache Observatorien dienten.

Kyklopische Mauern
Mauern von Bauwerken oder Verteidigungsanlagen, die mit Steinblöcken gewaltiger Größe errichtet wurden.

M

Mastaba
Ägyptischer Grabbau in Form einer abgeflachten Pyramide mit unterirdischen, häufig mit Wandmalereien verzierten Kammern.

Megalithe
Prähistorische, aus gewaltigen bearbeiteten oder unbearbeiteten Steinblöcken errichtete Bauten wie Gräber, Tempel, Kreise, Alignements von Menhiren *(siehe dort)* oder befestigte Anlagen.

Megaron
Hauptraum in den Gebäuden des Griechenlands der Antike, bestehend aus einem rechteckigen Saal, einem mit Säulen gestützten Portikus und einem Vorraum. Meist diente das Megaron für Audienzen des Herrschers.

Menhir
Hoher und schlanker Stein, der allein oder in einer Gruppe aufrecht aufgestellt wird (ein Teil davon steckt in der Erde). In prähistorischen Zeiten wurden mit Menhiren heilige Plätze oder eine Grabstätte gekennzeichnet.

Mesa
Hügel oder flache, trockene Ebene im Südwesten der Vereinigten Staaten.

Mesoamerika
In Mittelamerika gelegenes geographisches Gebiet zwischen Mexiko und Guatemala, in dem sich zwischen 2000 v. Chr. und der spanischen Eroberung die Kulturen der Tolteken, der Mayas, der Azteken und von Teotihuacán entwickelten.

Minoische Kultur
Griechische Kultur aus der Bronzezeit, die sich auf der Insel Kreta entwickelte. Charakteristisch waren prächtige Palastbauten und eine auf Seehandel mit den anderen Kulturen des Mittelmeerraums basierende Wirtschaft.

Moai
Große anthropomorphe Statuen aus vulkanischem Tuffstein auf der Osterinsel, die zwischen 1100 und 1600 n. Chr. aufgestellt wurden. Die Blütezeit lag vermutlich zwischen 1200 und 1500 n. Chr.

Mythos
Geschichte oder Erzählung mit Wurzeln in der Vergangenheit über den Menschen oder das Universum, basierend auf übernatürlichen Ereignissen oder außergewöhnlichen Persönlichkeiten (Götter, Helden).

N

Nekropole
Gräberstadt, in der die Verstorbenen der antiken Zivilisationen bestattet wurden.

Nuraghe
Megalithische Bauten in Form eines runden, kegelförmigen Turms, die auf Sardinien in der Antike gebaut wurden. Im Inneren befanden sich Räume mit Kraggewölben *(siehe dort)*.

O

Omphalos
Nabel der Welt, Mittelpunkt des Universums der antiken Kulturen.

Oppidum
Römische Bezeichnung für befestigte Siedlungen auf Anhöhen, auch allgemeine Bezeichnung für ähnliche Anlagen der Antike.

P

Peristyl
Mit Säulen umgebener Innenhof der Häuser und Paläste der wohlhabenden Familien der Antike.

Pharao
»Großes Haus«. Diese Bezeichnung bezog sich anfangs auf die realen Paläste der Herrscher des alten Ägyptens, später wurden die Könige selbst so genannt.

Piktogramm
Bildzeichen der ältesten und einfachsten Schriftsysteme (z. B. Hieroglyphen, *siehe dort*).

Pueblo
Auf mehreren Ebenen errichtetes Dorf aus Stein- oder Ziegelhäusern, das typisch für die Indianerstämme im Südwesten der Vereinigten Staaten war.

S

Sarkophag
Prunksarg aus bearbeitetem Stein, Terrakotta oder anderem Material, der im alten Ägypten aber auch von anderen Zivilisationen zur Bestattung der Toten verwendet wurde.

Sarsen
Block aus Sandstein, mit dem in Südengland Megalithtempel oder -komplexe errichtet wurden.

Scharrbilder
Erdzeichnungen, die Tiere, menschenähnliche Gestalten oder geometrische Figuren darstellen, und erst aus großer Höhe zu erkennen sind. Ein Beispiel hiefür sind die Figuren in der Ebene von Nazca.

Sibylle
Mythische Prophetinnen der Antike, die meist mit dem Kult des Gottes Apollon in Zusammenhang standen. Mehr als zehn Sibyllen sind im Mittelmeerraum bekannt.

Sonnenbarke
Im alten Ägypten bei Begräbniszeremonien verwendetes Schiff, das dem Verstorbenen eine angenehme Reise in die Himmelsgefilde ermöglichen sollte.

Sonnenwende
Ein Tag im Winter (22. Dezember) und ein Tag im Sommer (21. Juni) mit der kürzesten bzw. längsten Dauer im Jahr.

Stele
Als freistehender Pfeiler oder Säule errichteter heiliger Stein mit Inschriften oder skulptiertem Dekor zur Markierung sakraler Plätze oder Stätten besonderer Begebenheiten (Grabstätten, Siege, Widmungen ...).

Stupa
Buddhistisches Heiligtum mit einer Kuppel, in dem Reliquien mit sakraler Bedeutung aufbewahrt werden.

T

Tholos
Kreisförmiges Monumentalgrab mit einem Kraggewölbe *(siehe dort)* im antiken Griechenland.

Tierkreis
Ring oder Gürtel auf der Himmelsscheibe, bestehend aus 12 Sternkonstellationen, die als »Stern«- oder »Tierkreiszeichen« bekannt sind. Schon die Astrologen der Antike schrieben diesen Konstellationen mythologische Bedeutungen zu.

V

Verjüngung
Bezeichnung für den abnehmenden Durchmesser einer Säule (meist von unten nach oben) aus ästhetischen oder optischen Gründen.

W

Werkstein
Bearbeiteter Steinblock mit regelmäßiger Form, der für die Errichtung von verschiedenen Bauwerken benötigt wurde.

Z

Zikkurat
Stufenförmiger, sich nach oben hin verjüngender Turm mit einer Plattform an der Spitze, auf der sich meist ein Heiligtum befand. Der Zikkurat ist typisch für Mesopotamien (ab dem 2. Jahrtausend v. Chr.).

Ziste
Rechteckiges, aus Steinplatten gebautes Bestattungsbehältnis, das in der Erde vergraben oder unter großen Erdhügeln versteckt wurde.

Index

Bildnachweis

Die Abbildungen in diesem Buch stammen von DeA Picture Library (A. Attini, G. Berengo, M. Bertinetti, M. Borchi, W. Buss, G. Cappelli, G. Cigolini, G. Cozzi, A. Dagli Orti, G. Dagli Orti, P. Ghirotti, P. Jaccod, E. Quemerè, G. Roli, L. Romano, C. Sappa, G. Sioen, S. Vannini, G. Veggi, A. Vergani, G. Wright);
mit Ausnahme der folgenden:
E. Andrighetto 118o, 118u, 118–119, 119o, 119u, 120, 120–121, 121, 122u, 186u, 188u; Corbis /Y. Arthus-Bertrand 89, 91, /C. Cormack 93, 94, 95 /Greenhalf Photography 90, /C. Hoskins, Cordaiy Photo Library 195, /C.E. Rotkin 110–111 /A. Woolfitt 88–89, /M.S. Yamashita 111; Il Papiro 43u, 46–47, 50–51 Ausschnitt, 51u, 52o, 53u, 84, 84–85, 85, 86, 86–87, 87r, 96u, 96–97, 97, 98, 99, 100o, 100r, 101l, /Franco Mezzena 50u, 50r, 51o, 52u.

Zeichnungen: E. Bernardini 22u, 23, 24u, 30, 44, 48; F. Cotronei 41, 69, 194.
Karte: R. Besola 8–9.

In der Reihe sind erschienen:

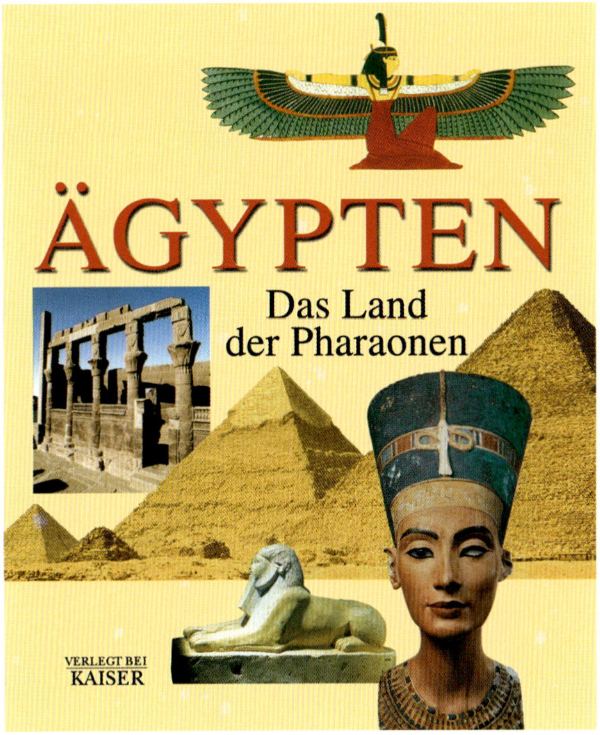

ISBN 3-7043-5052-4
224 Seiten, 24,5 x 29 cm
durchgehend farbig, gebunden

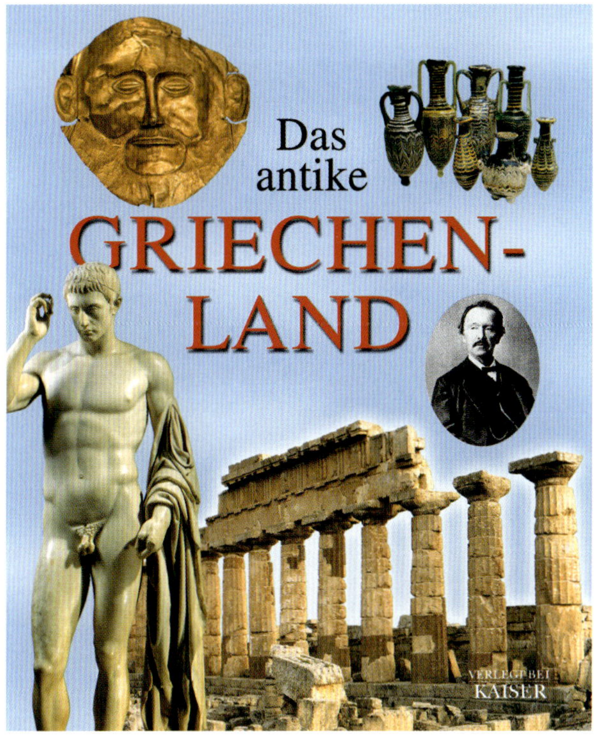

ISBN 3-7043-5049-4
216 Seiten, 24,5 x 29 cm,
durchgehend farbig, gebunden

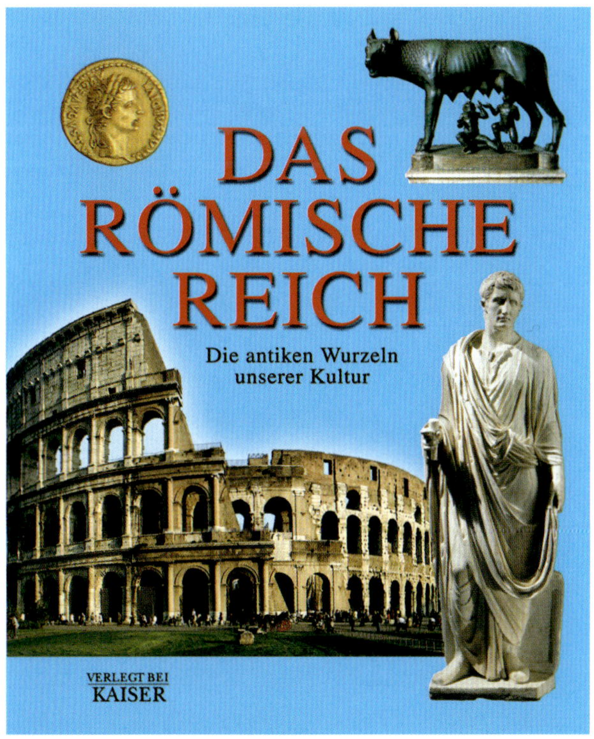

ISBN 3-7043-5051-6
216 Seiten, 24,5 x 29 cm
durchgehend farbig, gebunden